Serie Mayor
BIBLIOTECA
DE ENSAYO
15

James Hillman
El mito del análisis
Tres ensayos de psicología arquetípica

Traducción de
Ángel González de Pablo

Ediciones Siruela

Todos los derechos reservados. Ninguna parte de esta publicación puede ser reproducida, almacenada o transmitida en manera alguna ni por ningún medio, ya sea eléctrico, químico, mecánico, óptico, de grabación o de fotocopia, sin permiso previo del editor.

Título original: *The Myth of Analysis.*
Three Essays in Archetypal Psychology
Diseño gráfico: Gloria Gauger
© James Hillman, 1992
© De la traducción, Ángel González de Pablo
© Ediciones Siruela, S. A., 2000
Plaza de Manuel Becerra, 15. «El Pabellón»
28028 Madrid. Tels.: 91 355 57 20 / 91 355 22 02
Telefax: 91 355 22 01
siruela@siruela.com   www.siruela.com
Printed and made in Spain

Índice

Prefacio — 13

El mito del análisis

Introducción — 17

Primera parte: Sobre la creatividad psicológica — 25
¿Cuál es el principio paterno de la psicología? — 27
El *opus* de la psicología: la creación de alma — 37
Nociones de creatividad — 47
La creatividad como instinto humano — 51
Una base arquetípica para las nociones
   de creatividad — 59
Ánima y psique — 69
Eros — 79
El eros socrático — 91
Psique y Eros en la experiencia afectiva profunda — 99
El sufrimiento del amor imposible — 113
La transferencia — 129

Segunda parte: Sobre el lenguaje psicológico   137
Dos formas de descripción   139
¿Está enferma la psicología?   143
Los nombres del territorio: el «caso clínico»
    de la psicología   149
Sexualwissenschaft   163
Psique = mente, mente = cabeza   171
Un primer resumen   177
Una multiplicidad de almas   187
La pérdida de «memoria» de la psicología   191
La psicopatología reimaginada: 1. Hacia
    un yo imaginal   207
La psicopatología reimaginada: 2. Mito
    y enfermedad mental   217
Reflexiones concluyentes: el discurso del alma   233

Tercera parte: Sobre la feminidad psicológica   243
El lado abismal del hombre corpóreo   245
Primero Adán, luego Eva   249
La simiente femenina   259
Aristóteles   263
Blanco-rojo   267
Maduro-inmaduro, esférico-ovoide,
    derecho-izquierdo   269
Galeno   275
Freud   277
Sobre la debilidad mental fisiológica de la mujer   283
Primeras conclusiones   287
La histeria   293

Dioniso y la consciencia bisexual	301
El Dioniso equivocado	307
Dioniso reimaginado	313
Volver a entrar en la consciencia dionisíaca	323
Conclusión: el fin del análisis	331
Notas	343
Índice onomástico	389

Para mi padre y mi madre, con gratitud

Prefacio

Los tres ensayos que conforman este libro han sufrido varias metamorfosis. Empezaron siendo conferencias para los encuentros Eranos de 1966, 1968 y 1969. Posteriormente fueron ampliados y revisados para su publicación en los correspondientes *Eranos Jahrbücher* y volvieron a ser revisados más adelante para su aparición como serie en *Art International*. Al ser originariamente conferencias, contenían una cierta retórica que no ha sido suprimida en las diversas revisiones. Hay que señalar, además, que fueron concebidos como escritos independientes y que no se ha llevado a cabo ningún intento de refundirlos y recomponerlos a fin de que constituyeran un sistema uniformemente articulado. La revisión para su publicación en este libro ha consistido fundamentalmente en una ampliación, dirigida a resaltar su coherencia interna y a suscitar algunas reflexiones adicionales sobre ese extraordinario fenómeno psicológico del siglo XX que es el análisis.

Esta nota me ofrece la oportunidad de hacer explícito de nuevo mi agradecimiento a Rudolf Ritsema, por su invitación a las conferencias de Eranos y por su aliento crítico, así como a Adolf Portmann, por haberme renovado la invitación en momentos de una especial significación personal. El buen entendimiento con el círculo Eranos y el estímulo recibido por su parte han contribuido en medida esencial a este trabajo. James Fitzsimmons, al disponer generosamente la publicación de estos trabajos en *Art International*, me brindó la oportunidad de una segunda revisión. Erwin Ackerknecht me ayudó a orientarme en la historia de la psicopatología. Debo reconocimiento a Rafael López-Pedraza por haber discutido conmigo muchas de las ideas aquí expuestas y a Eleanor Mattern por sus labores mecanográfica y de edición. Tampoco puedo olvidarme de Jeffrey Satinover y de Francesca Bush, quienes, con la ayuda de Jan Crawford, realizaron el índice.

James Hillman
Zúrich, octubre de 1969

El mito del análisis

La definición del hombre es la definición de su alma.
Aristóteles

Introducción

Mientras trabajaba en los problemas metodológicos de la psicología arquetípica para un libro sobre el *puer aeternus*, caí en la cuenta de que una presentación coherente de mi punto de vista, y de sus diferencias con respecto a la psicología basada en el análisis (la psicología analítica), dependía de ideas discutidas en estos tres ensayos. Me encontraba en la disyuntiva de o bien repetir esas ideas en el libro sobre el *puer aeternus*, o bien hacer disponibles estos tres ensayos en un libro aparte aunque complementario de aquél. Me acabé decidiendo por la segunda alternativa, ya que las dos obras son de hecho complementarias y fueron escritas incluso al mismo tiempo. El examen de la estructura arquetípica de la eterna juventud, que obliga necesariamente a abordar el problema de la renovación psicológica y de la renovación de la psicología, fue, en su origen, parte de la misma serie de conferencias Eranos a la que pertenecen estos tres ensayos. Además, ambos libros comparten un mismo tema central: la transformación de la psique en vida.

La expresión «transformación de la psique en vida» puede entenderse de varias maneras. Dicho de la forma más sencilla posible, yo la entiendo como la liberación de los fenómenos psíquicos de la maldición de la mentalidad analítica. Esto entraña una reflexión sobre la mentalidad analítica que nos permite percibir sus predilecciones por la psicopatología, así como constatar el hecho de que esa psicología se ha convertido en un sistema formidable, aunque sutil, dirigido, por un lado, a distorsionar la psique mediante el convencimiento de que hay algo «erróneo» en ella y, por otro, a analizar su imaginación mediante categorías diagnósticas. Con esto no quiero decir que la psique no sufra o no caiga enferma. Llevar la psique a la vida no significa apartarla de la enfermedad, sino de esa visión enferma de sí misma que la sitúa como necesitada de cuidado, conocimiento y amor profesionales. Todas las profesiones encaminadas a proporcionar algún tipo de ayuda –ya pertenezcan al campo de la educación, la asistencia social, la actividad pastoral o la psicoterapia– están obligadas a considerar el sufrimiento y la enfermedad como algo «erróneo». Tienen un marcado interés personal en que la psicología siga siendo concebida como lo es ahora. Su actividad consiste en descubrir la enfermedad en el alma de manera tal que puedan penetrar en ella y llevar a cabo su trabajo. Pero supongamos que las fantasías, los sentimientos y la conducta que provienen de nuestra parte imaginal son arquetípicos en su enfermedad y por lo tanto naturales. Supongamos que son auténticos, que pertenecen a la naturaleza misma del hombre; y supongamos incluso que su extraña irracionalidad es necesaria para la vida, porque sin ella nos marchitaríamos dentro de los rígidos tallos de la razón. ¿Qué hay que analizar entonces? Seguro que existen otros recursos aparte del análisis que permiten diferenciar los distintos fenómenos psíquicos. Lo inconsciente y su psicodinámica no constituyen el único modelo de consideración de nuestros sentimientos, fantasías y comportamientos. Posiblemente lo «inconsciente» y la «psicodinámica» no sean sino fantasías reemplazables por otras mejores. En estos ensayos ofrezco algunos modelos arquetípicos para entender el sufrimiento de la psique y sus síndromes, que en mi opinión son tan buenos como los ahora en uso.

    Una psicología arquetípica pediría a la psique que entrara en la vida *con* su enfermedad. Han pasado ya tres generaciones desde Freud y llevamos un tiempo más que suficiente dividiéndonos en dos almas para dos mundos: una psique normal para la vida y otra extraña para el análisis. La antigua división religiosa entre días laborables y domingos, entre lo secular y lo numinoso, ha sido transferida a la fractura entre lo normal y lo analítico, en donde una cosa u otra –la psique o la vida– aparecen como «enfermos». Así, o huimos de la enfermedad del mundo contemporáneo hacia el análisis, convertido en santuario del alma, o nos lanzamos a la vida «real» para evitar a toda costa la patología constelada en el análisis.

Tanto desestimar la enfermedad, canjeándola por «vida real» o por «curación», como dejarla en las manos del terapeuta ocasiona la exclusión de una porción demasiado grande del alma. A lo largo de estos setenta años de análisis hemos aprendido una lección fundamental: en los sufrimientos de la psicopatología es donde encontramos el sentimiento del alma, donde la percibimos. Cuando estoy postrado por la miseria de las depresiones, de los síntomas o de los anhelos más violentos, me encuentro ante la irrefutable evidencia de la independencia de las fuerzas psíquicas. Me encuentro frente a algo que vive en mí y que no es obra mía. Este demonio –que habla en los sueños, las pasiones y los dolores– no soltará su presa, sino que me forzará a reconocer, por un lado, su valor para profundizarme más allá de mi usual noción de mí mismo como Yo, así como, por otro, su importancia para conferir a mi mente el sentimiento del alma y de la muerte. Así, llevar la enfermedad a la vida significa llevar el alma consigo donde quiera que se vaya y reaccionar ante la vida desde la perspectiva del alma. De la misma manera que la enfermedad es contagiosa, mi interés por el alma también puede serlo si llevo el alma a la casa de otros, si llevo la psique a la vida. En ese caso, también la vida –y no sólo el análisis– se convierte en un lugar eficaz para hacer alma. Transformar la psique en vida significa también tomar la vida como psique, como una aventura psicológica vivida por amor al alma.

Lo que la psique ha experimentado durante los últimos setenta años en la terapia analítica debería poderlo vivir igualmente en cualquier otro sitio. Los significados simbólicos, las intuiciones, el eros, el cuerpo, la locura y los aspectos inferiores de los dioses –en suma, la libertad de imaginar y de sentir la realidad psíquica– pueden tener lugar en cualquier situación y no sólo en el tratamiento terapéutico. La psique, si consigue acrecentar su confianza en sí misma, puede sobrellevar perfectamente su imaginación y vivir de ella sin ayuda profesional. Para ello, deberá antes de nada expulsar ese «analista interno» que ocupa un sillón en nuestra mente. Porque él mismo no es sino una fantasía más, evocada por un Yo que tiene necesidad de su apoyo para impedir que las peculiaridades intrínsecas de cada cual, necesarias para la individualidad, amenacen su dominio. Ser individual significa ser peculiar, ser peculiarmente lo que uno es, conviviendo con esos extraños modelos propios de respuestas arquetípicas. De esta manera, no tenemos por qué guardarnos bajo llave nuestro desorden en un manicomio interior, ni vernos obligados a someternos diariamente a autotratamiento. Las peculiaridades pueden ser vividas disfrutándolas; y la vida también puede disfrutar de ellas. Pero, en todo caso, no hay que confundirlas con esas rarezas o pequeñas manías que aportan una cierta seguridad a las personalidades inmaduras. Las genuinas peculiaridades son aperturas hacia abajo, hacia las dimensiones colectivas de los modelos míticos. No somos nunca únicamente personas; también somos Madres, Gigantes, Víctimas, Héroes y Bellas Durmientes. Titanes, Demonios y Diosas Magníficas han gobernado nuestras almas durante miles de años; Aristóteles y Descartes hicieron su tarea lo mejor que pudieron, y las mentes analíticas que los siguieron la continuaron, pero las fuerzas míticas no han sido aniquiladas. Como demuestran estos ensayos, lo mítico aparece persistentemente dentro del lenguaje, dentro de las observaciones, e incluso dentro de las teorías científicas. El análisis no deja de ser en sí mismo una fantasía más sostenida por un mito, que, si fuese reconocido, significaría el fin del análisis en la forma en la que hemos venido conociéndolo a lo largo de esta centuria.

Se han hecho recientemente varios intentos para ir más allá del análisis, como la terapia de grupo o el «adiestramiento de la sensibilidad», por mencionar algunos. Todos ellos se limitan, sin embargo, a trasplantar la mentalidad analítica al grupo o a su líder, desplazando el foco y el contenido de lo que es analizado. Pero la persona en sí continúa siendo analizada y sigue esperando, mediante el análisis, hacerse más consciente. El amor en grupo y los viajes con drogas son otras tentativas para desembarazarse del elemento analítico, pero la conversión de la razón en sinrazón es únicamente una enantiodromia. Nada fundamental cambia, especialmente en lo referente al sentimiento de alienación y a las confusiones acerca del amor. El análisis es demasiado potente para poder librarse de él tan fácilmente. Constituye una parte sustancial de la concepción que este siglo tiene de sí y es un requisito básico de su psicología del Yo. El análisis terminará cuando descubramos qué mito está siendo representado, un descubrimiento que puede no suceder de repente, pero que toma carta de naturaleza a medida que se nos va revelando la relación entre el análisis y el hacer alma. Porque el hacer alma es lo que nos mantiene apegados, fascinados, al análisis. Lo que nos seduce del análisis no es el diagnóstico de lo que no va bien, ni tampoco la curación de nuestra enfermedad, sino el potencial que posee la terapia analítica para hacer alma.

En la primera parte del libro se desarrolla esta perspectiva y se reconoce el poder creativo del análisis, puesto que no se puede negar su significación durante el presente siglo en el redescubrimiento del alma y la reavivación de su imaginación. Pero el modelo para las emociones peculiares e intensamente personales que acontecen en el análisis no es ni clínico ni tampoco personal. Estas emociones surgen de la puesta en escena de un mito, lo que indica que el análisis es un procedimiento hacedor de mito, mitopoyético, o simplemente mítico. Hacer alma y hacer mito están interrelacionados. Si el análisis es una puesta en escena, se necesita un relato, un cuento, sobre este ritual, es decir, un mito. Las emociones suscitadas en este ritual son consideradas en este primer ensayo como necesarias, como miembros de pleno derecho. En tanto auténticas en relación con el ritual y necesarias para hacer alma, estas emociones pertenecen al modelo mítico y no necesitan más tratamiento que el de ser conducidas al exterior (educadas) y ser confirmadas. No son reactivaciones o sustituciones que deban ser reconducidas (reducidas) a dinamismos personales primarios. No han sido transferidas de otro tiempo o de otro lugar, ni tampoco provienen de alguna respuesta perteneciente a otras personas. Son propias del proceso de la experiencia mítica de hacer alma. De este modo, la primera parte podría subtitularse «El final de la transferencia». Está enfocada hacia el analizando y sus emociones; su tema es la relación psicológica.

A continuación se impone, consecuentemente, un replanteamiento del trabajo psicológico. Si hacer alma no es un tratamiento, ni una terapia, ni tan siquiera un proceso de autorrealización, sino que es esencialmente una actividad imaginativa, una actividad del reino imaginal, que interviene en todos los aspectos de la vida y que no necesita ni de los analistas ni del análisis, entonces el profesional tiene que afrontar la necesidad de reflexionar sobre sí mismo y sobre su labor. Debe preguntarse qué fantasía tiene de aquello que hace. El segundo ensayo aborda esta reflexión. Recurre primero a la historia, al espíritu de la Ilustración y del siglo XIX, de donde proceden nuestras ideas sobre lo inconsciente, la psicología y la psique. Pero la historia aquí es tan sólo una vía de acceso a ulteriores reflexiones; su valor para la psicología reside en que nos revela modelos arquetípicos. En la segunda parte se intenta meditar, pues, desde la perspectiva arquetípica, sobre el lenguaje de la psicología, sobre los términos con los que concebimos los fenómenos psíquicos, en especial los fenómenos imaginales, como, por ejemplo, las alucinaciones, el masoquismo, etc. Nuestra reflexión mostrará prontamente que este lenguaje es el resultado de un proceso psicológico –la yoización ilustrada de la psique– que aprendió a afrontar la oscuridad de la psique por medio del diagnóstico y que reemplazó su poder imaginal por el concepto de inconsciente. Así, la segunda parte podría llevar el subtítulo de «El final de lo inconsciente». Está enfocada al analista como profesional; su tema es el lenguaje psicológico.

La tercera parte está enfocada hacia la consciencia analítica; sus temas son el análisis y su meta. La vía de aproximación la constituye el mitema de la inferioridad femenina. Veremos que esta idea es básica para la estructura de la mentalidad analítica y para el tipo de consciencia que encontramos tanto en las neurosis como en su tratamiento. La misoginia aparecerá como inseparable del análisis, el cual a su vez no es sino una manifestación tardía del Yo occidental, protestante, científico y apolíneo. Esta estructura de la consciencia no ha sabido nunca qué hacer con la parte oscura, material y pasional de sí misma, a no ser rechazarla y llamarla Eva. El término «consciencia» ha acabado por significar para nosotros «luz»; y esta luz es inconcebible para dicha consciencia sin ese otro lado, opuesto a ella e inferior, identificado con lo femenino en los contextos griego, judío y cristiano.

Desde esta perspectiva, el tema del fin del análisis se torna más profundo, pues advertimos que el análisis no puede terminar a menos que ese tipo de consciencia acabe y se establezca otra estructura arquetípica, con una luz más oscura y tenue, basada en otros mitos, menos heroica y apolínea, más dionisíaca, y que posibilite que lo femenino y lo inferior sean inherentes a la consciencia y no su amenaza. La perspectiva que aporta este cambio posibilita mirar de otra manera el propósito o fin de la neurosis, la cual aparece ahora como la forma de imponer por la fuerza la feminidad y la inferioridad a la consciencia. La neurosis compensa esa estructura unilateral, masculina y superior, con la que se identifica la consciencia.

Pero, si la consciencia se modifica, entonces la neurosis, a la que identificamos como su contrapartida, habrá llegado a su fin; y lo mismo pasará con el análisis, que se originó como respuesta a la neurosis. Si nuestras intuiciones consiguen penetrar en el análisis hasta sus fundamentos míticos, éste se derrumbará sobre sus tres pilares caídos –la transferencia, lo inconsciente y la neurosis–, a los que preferimos denominar, con arreglo a la perspectiva mítica, lo erótico, lo imaginal y lo dionisíaco.

**Primera parte:
Sobre la creatividad psicológica**

¿Cuál es el principio paterno de la psicología?

Llama al mundo, te lo ruego, «valle del hacer alma». Descubrirás entonces su utilidad...
John Keats[1]

...y el alma no puede existir sin su otra parte, que siempre se encuentra en un «Tú».
C. G. Jung[2]

La psicología profunda –o psicología de lo inconsciente, como también ha sido llamado nuestro campo de trabajo– desconoce quién es su padre. Nuestra psicología no se encuentra bajo la tutela de ningún dios, no tiene santo patrón, ni está bajo los auspicios de ninguna musa. La moderna psicología se ha asumido como un producto de la medicina, porque nació en las consultas de dos médicos vieneses y en las salas cerradas de un hospital psiquiátrico zuriqués. A los que trabajan en psicología se los considera pertenecientes a la familia de las artes sanadoras, bajo la égida de Asclepio, hijo de Apolo, y nuestro trabajo como psicoterapeutas se supone que debe limitarse al cuidado y asistencia de la psique enferma. Pero el hecho de que la psique, a finales del siglo pasado, estuviera tan enferma como para aparecer principalmente en las inmediaciones de la medicina no es una razón para que tenga que quedarse siempre allí. La presencia de la psique en el consultorio médico fue una fantasía necesaria del siglo XIX; pero es muy posible que hoy, pasados unos setenta años, la psique y nuestra forma de estudiarla hayan cambiado sustancialmente. Quizás la enfermedad, tal y como ha sido concebida, no sea ya el problema inmediato, porque no podemos considerar la enfermedad de la psique hasta que no hayamos reflexionado de un modo nuevo –como haremos a lo largo de estas páginas– sobre «psicopatología». Si persistimos en los modelos del pasado reciente, podemos perder de vista completamente las necesidades de la psique y nuestra misión para con ellas.

Entre esos modelos decimonónicos, uno de los que han sufrido una transformación radical es la noción misma de «psicología». Ya no es posible dar por sentado este término, aceptando sin más que se limita a hacer referencia a un área académica ordenada en una serie de cursos. En el lenguaje popular la palabra «psicología» ha adquirido una significación más profunda, que hace referencia a los hallazgos de la psicoterapia. Psicología implica en la actualidad algo que uno aprende a través del «análisis»; remite a unos procesos de la mente, del corazón y del alma que no estaban incluidos en el ámbito de la psicología del pasado siglo. La psicología cambia cuando su materia –la psique– muestra nuevas facetas con el transcurso del tiempo. La segunda parte estará dedicada a mostrar cómo la «psicología» penetró en la consciencia a principios del siglo pasado, con qué determinados prejuicios lo hizo y qué consecuencias deparó ese sesgo a nuestra alma y a nuestro conocimiento de sus enfermedades. La palabra «psicología» debe reflejar –y así la usaremos nosotros– el alma contemporánea, es decir, la psique desde Freud y Jung, y por ello ha de ser considerada en función de sus descubrimientos.

«Psicología» significará para nosotros esa psicología que surgió en el contexto de la psicoterapia y que ha sido llamada «psicología profunda». Aunque ésta nació originariamente como una especialidad empírica, finalmente se convirtió –por medio de Jung– en una ontología del alma basada en los arquetipos. Dicha psicología pretende un auténtico *lógos* de la psique, ya que toma en consideración las profundidades del alma hasta su nivel más subjetivo, trascendente e impersonal y sostiene que la conducta personal se deriva de algo que está más allá de lo personal. Solamente una psicología dispuesta a trascender las limitaciones personales y a permitir que opere la función especulativa del alma, en tanto que una de las necesidades de la psique, puede aproximarse a reflejar la totalidad de la psique y a merecer el nombre de «psicología». Cualquier variación de este campo de acción necesita de adjetivos calificativos que señalen sus límites específicos, como, por ejemplo, psicología académica, social, experimental, clínica, médica, etc. Todas estas parcelaciones de la psicología están dedicadas a ramificaciones específicas de la actividad del alma. Pero para nosotros el alma está en el centro; sus profundidades arquetípicas son previas a los ámbitos en los que se manifiestan. La psicología, así, se convierte en psicología *arquetípica* para adecuarse a su materia, la psique. Por eso, empleamos la palabra «psicología» de un modo bastante diferente al de la práctica convencional, tan peyorativo para la psicología y para el alma. Pues los psicólogos han considerado las profundidades del alma y los hallazgos allí realizados como derivaciones de procesos conscientes, sociales o patológicos, lo que ha conducido a que las cosas más importantes para el alma se hayan transformado en un apartado de la teoría del aprendizaje o de la teoría de la información, en sucesos sociales o económicos o simplemente en psicología anormal.

Con la creciente individualización del cuidado y la atención de la psique por obra de distintos terapeutas, comenzaron a hacer su aparición corrientes encontradas que han puesto cada vez más en tela de juicio la pretensión de una descendencia única de Asclepio. Aun cuando se siga manteniendo por todos el objetivo apolíneo de iluminar la consciencia, el procedimiento para conseguirlo es objeto de discusión: ¿mediante individuos o mediante grupos?, ¿a partir de la comunicación o del contenido?, ¿interviniendo en las crisis u obrando con profundidad a largo plazo?, ¿actuando sobre el paciente o sobre sus vínculos sociales?, ¿a través del cuerpo o de la palabra? La literatura especializada está preocupada por la técnica (cómo escenificar la terapia) y por la transferencia (la experiencia profunda de la relación). Esta dedicación a la técnica y a la transferencia indica que las controversias del encuentro terapéutico, aparte de poner sobre el tapete las cuestiones fundamentales de qué es hoy el análisis verdaderamente y cómo practicarlo, han destapado la profunda incertidumbre sobre la metáfora-raíz, el auténtico mito del análisis.

En función del arte y del estilo de cada cual –que, a su vez, derivan del mito individual vivido interiormente por cada analista– se ofrece una notable variedad de modelos de práctica terapéutica: algunos son sumos sacerdotes del culto del alma o sus confesores o sus directores espirituales; otros son pastores de almas, líderes de grupo; unos son dialécticos, sofistas, educadores; otros son pragmáticos, consejeros prácticos o minuciosos biólogos escrutadores de la historia vital; algunos son madres solícitas alentadoras del crecimiento, inspiradoras o confidentes; y todavía hay otros que pueden ser desde un *mystēs*, un *epoptēs*, pasando por un chamán o un iniciador, hasta un gurú del cuerpo dedicado a despertar su sensibilidad. La medicina es una oferta más, e incluso los modelos de la práctica médica varían entre sí. Depende mucho, como Jung dijo en repetidas ocasiones, de la «ecuación personal», que no es sino el mito individual de cada terapeuta.

¿Es posible descubrir el modelo colectivo, la metáfora-raíz esencial de la psicología misma? ¿Podríamos encontrar su mito general, dentro del cual encajaran y funcionasen las distintas variedades específicas? Descubrir este modelo (*pattern*) significaría hallar nuestro patrón (*patron*)[3], el padre que crea y que es el principio creador en nosotros. Tal es nuestro primer objetivo. Tenemos que investigar cómo la psicología toma carta de naturaleza dentro de la psique antes de ponernos a discutir sus deformaciones históricas particulares. Debemos descubrir qué es lo que hace de padre del alma en nosotros, antes de examinar los orígenes de sus neurosis, la terapia de esas supuestas neurosis y las posibles finalidades de las neurosis y de la psicoterapia.

Hasta que no se despeje la confusión sobre nuestra paternidad, estarán justificadas las afirmaciones sobre la bastardía de una psicología que no es ni arte ni ciencia, ni medicina ni religión, ni académica ni libre, ni investigadora ni curativa, sino una amplificación sincrética, un popurrí –o *pot-pour-rire–* de cualquier cosa que tenga que ver remotamente con el alma humana. Hasta que no se encuentre al padre, todos nosotros estaremos condenados a andar a tientas entre los fenómenos, inventando lenguajes, diagnosticando, elaborando técnicas para atar y desatar los diez mil componentes del alma, siempre inseguros de nuestros actos, porque dudamos de nuestro autor, de la figura de la que se derivaría nuestra autoridad y nuestra autenticidad. Agitando las manos entre las sombras, chamán y director espiritual, portador de luz y traficante de oscuridad, consejero de asuntos mundanos y guardián del misterio, no soy sino una prostituta veleidosa que se gana su soldada con sueños y pasiones. Soy un ser proteico, con la astucia y la picardía de todo hijo bastardo, cuya dudosa paternidad me hace fácil presa de la identificación con otro hijo espurio: el mismo Lucifer.

La psicología sufre de muchas maneras a causa de su complejo de padre ausente. Soportamos cotidianamente la ansiedad que nos deparan la bastardía y las proyecciones de ilegitimidad que recaen sobre nosotros. Y, por compensación, hemos abusado del refugio en el regazo materno, esas familiares explicaciones de nosotros mismos y de nuestro trabajo –reduccionistas y genéticas, confortables y materialistas– que nos impiden la claridad del pensamiento y la libertad del sentimiento. Los cometidos maternos –la infancia y la familia– han dominado la psicología. En cuanto tiramos un poco del hilo, acabamos encontrándola; el materialismo no es sino maternalismo aceptablemente disfrazado. Otro resultado de nuestra incierta paternidad, y no el de menor importancia, es la imposición que ha recaído sobre nosotros de desempeñar el papel de héroe (personaje de nacimiento singular y de padre ambiguo), esa figura salvadora del Hombre-Dios que refleja en parte las expectativas que tenemos de nosotros mismos y de nuestro campo de trabajo: la psicología de lo inconsciente y el análisis como salvadores de la civilización o –en otras palabras– el «análisis para todos». Esta visión no se limita a los comienzos del movimiento psicoanalítico o a los inicios de muchos análisis. Aquel que carece de padre está obligado a convertirse en su mismo padre, a crear su propio patrón, convirtiéndose así en el héroe creador que se crea a sí mismo. Cada analista funda su propia rama de la psicología –ecléctica, neo lo que sea, iconoclasta– a partir de su Yo. Se le empuja dentro del papel de héroe. Pero tampoco él, independientemente de que esté más o menos relacionado con algún grupo, puede librarse de la carga de la ambigüedad existencial del hombre moderno derivada de la pérdida de su mito. En su trabajo con el paciente se convierte en el creador existencial; ambos son personas arrojadas juntas a una situación existencial donde cada cual está en busca de su ser. El analista también está en busca de un padre, de ese espíritu que garantice su papel existencial, de ese mito sustentador que le dice a uno «cómo ser».

Sin ascendencia paterna carecemos de genealogía. Sin genealogía, que proporciona a la mitología su estructura y contenido –y que es en sí misma una mitología[4]–, sucumbimos al matriarcado colectivo, que busca ocultar los inexplicables movimientos de la psique mediante su reducción a causas sociales, impulsos animales, problemas familiares o cualquier otra explicación obsoleta del malestar espiritual del alma. Somos incapaces de afrontar una crisis espiritual sin etiquetarla inmediatamente de social, religiosa o de cualquier otra cosa matriarcalmente aceptable y resoluble mediante una receta colectiva. Sin el principio paterno, cada analista elabora una genealogía personal, trazando líneas de descendencia a través de otros analistas hasta llegar a los padres-genios, Freud y Jung, agrupándose a continuación en familias con tótems patriarcales, conexiones intrincadas, tabúes y odios ancestrales.

Pero, entre todo el daño a que ha dado lugar, con lo que el complejo de padre ausente ha originado un perjuicio mayor ha sido con el emplazamiento en el centro de la psicología del mito de la paternidad incierta, debido a que Freud lo situó en el núcleo de la personalidad. Al elegir el mito de Edipo, Freud no nos dijo tanto qué mito era la esencia de la psique cuanto que la *esencia de la psique es el mito*, que nuestro trabajo es mítico y ritual, que la psicología es en último término mitología, el estudio de los relatos del alma. Y, al escoger un mito griego, Freud nos dijo además que la delimitación de la consciencia psicológica debía basarse en la delimitación de lo inconsciente, que tiene en la cultura mitológica griega una expresión especialmente variada y elaborada[5]. Pero la historia que él eligió para hacérnoslo ver ha dejado tras de sí consecuencias malditas[6]: asesinato del padre, guerra de generaciones, anhelos irresolubles de incesto y enredos incestuosos en las relaciones y en las ideas, distorsión de lo femenino dentro del molde de Yocasta, la idea del ánima como un enigma intelectual con el cuerpo de un monstruo y, en último término, destrucción por doquier –suicidio, ruina y esterilidad, incertidumbre, ceguera– que cae sobre las generaciones futuras. ¿Es éste nuestro mito? Si lo es, ¿cómo podríamos acceder desde él a la «creatividad psicológica»? Y, sin embargo, la psicología profunda ha probado su creatividad. Es posible que el mito edípico haya sido relevante sólo hasta una cierta fase –una etapa temprana y enferma– de ese campo en continua transformación que es el alma y, como sucede también con la visión médica misma, quizás ese mito no haga sino prolongar la enfermedad de la visión enferma de la psique. Un mito erróneo colocado en el centro puede distorsionar nuestras percepciones psicológicas, de idéntica manera que un mito cosmológico inadecuado puede distorsionar las observaciones astronómicas y geográficas.

Mucho, por consiguiente, se encuentra en juego con el reconocimiento del verdadero padre. El descubrimiento de nuestra autenticidad podría reportarnos aceptación y legitimación dentro de nosotros mismos y de la sociedad, librándonos de la necesidad de volvernos hacia modelos prestados. Podría liberarnos de la madre y de la tragedia edípica (y no únicamente en el sentido personal e individual). Y podría ayudarnos a hacer más humano lo que hasta ahora ha sido un campo de trabajo demasiado heroico y numinoso. Nuestra búsqueda, pues, se dirige a los orígenes, a los genitales que nos engendraron, a la semilla que nos creó. Pero esto no es un proceder histórico, no es la búsqueda de un padre histórico a través de la genealogía, y no puede emplearse aquí un abordaje historiográfico. La búsqueda se encamina más bien hacia lo que continúa creando en la psique, hacia la específica naturaleza del principio creativo en el campo de la psicología. ¿Qué espíritu crea psique? y ¿de qué forma el espíritu mueve al alma? ¿Qué engendra al psicólogo? ¿Qué atrae a una persona hacia la psique, hacia el alma, como vocación?

¿No podría la creatividad en psicología –que, después de todo, no nació antes de Freud y Jung– tener algo que ver con esos padres-maestros? ¿Podría comenzar a descubrirse el principio paternal mediante el examen de esos padres reales y del principio creativo en ellos presente?

Antes de responder, conviene hacer algunas precisiones sobre lo que consideramos factores, de forma específica, «psicológicamente creativos» en Freud y Jung. ¿Nos referimos con este término a la originalidad de sus ideas? ¿Aludimos al descubrimiento de nuevas áreas y la extensión del orden en ellas, así como la invención de un equipamiento metodológico para manejarse en esas áreas y producir ese orden? ¿O radica su «creatividad» principalmente en la productividad de sus vidas, en ese cuerpo de trabajo que ha dado lugar a escuelas, sistemas, seguidores, comentarios? ¿Se trata acaso del aspecto estético del estilo literario de Freud, el cual le llevó a ganar el premio Goethe? ¿O es la capacidad intuitiva de Jung para delimitar esa singularidad que revoluciona y reforma el modelo general, tornando coherente de paso dicha singularidad? ¿O es la vitalidad, el dinamismo, de sus espíritus? Porque sus ideas, genuinas *idées-forces*, son un escándalo todavía hoy, académicamente inaceptables, un *bouleversement* de los intereses personales de mentes estrechas que niegan la realidad de la psique como hecho humano primario. ¿O puede que, para definir la creatividad de Freud y Jung, debamos fijarnos más bien en la amplitud de su visión, que abarcaba la historia y el arte, la ciencia y la religión, la biología y la filosofía, el lenguaje y la etnología; una síntesis, en resumidas cuentas, lo suficientemente vasta como para contener la psique del moderno ser humano? ¿O consistió su creatividad simplemente en el reencuentro de Freud (mediante el descubrimiento de la «curación por la palabra», como su método fue llamado en un principio) y de Jung (merced a su disposición para escuchar y creer las fantasías de los esquizofrénicos a su cargo) con esas partes del alma que habían sido abandonadas a la inconsciencia, y en la generación en sí mismos y en otros, a partir de su propia fascinación por el descubrimiento, de un nuevo sentimiento del alma, de una nueva forma de percibirla? Si en esto último consistiese su especial creatividad psicológica, deberían incluirse ahí también sus vidas ejemplares, verdaderas encarnaciones de la psicología; psicología hecha vida que les hizo liberadores, sanadores, maestros, padres, y les llevó a vivir apurando su mito hasta el límite, enseñándoles a domeñar sus instintos y a aceptar las vicisitudes de ese impulso que les llevó a convertirse en lo que cada uno era. A este respecto, los dos fueron leales consigo mismos y con su campo de trabajo, la psicología, a la que ambos crearon dentro de sí y a través de sí.

Sin embargo, dado que sus vidas fueron un compuesto –uno de cuyos elementos más significativos fue el vivir de principio a fin dentro del modelo arquetípico del viejo sabio–, debemos extraer todavía ese componente que hizo *psicológica* su creatividad. (Afirmar que eso respondía a que se expresaban mejor en psicología que en medicina, filosofía o historia, no pasa de ser una constatación preliminar. Decir que Freud y Jung fueron psicólogos creativos porque vivieron su instinto creador, siendo conformados por él, y vivieron ese instinto en la psicología, es una tautología. No nos dice nada ni de lo creativo ni de lo psicológicamente creativo.) Para delimitar dicho elemento, debemos indagar con mayor detalle cómo se vive lo creativo en psicología. Dediquemos algún tiempo a resolver esta cuestión.

El *opus* de la psicología: la creación de alma

El pintor, el místico o el médico cuentan en su tradición con un modelo preestablecido en el cual pueden vivir su mito. En todas estas vocaciones, el sujeto tiene, por así decirlo, una manera de saber dónde se encuentra: cuenta con colecciones pictóricas, con un corpus de rituales, plegarias y preceptos místicos, o con una historia de la ciencia médica. Además, puede dirigirse a los estudios biográficos para aprender cómo pintaban los pintores, cómo contemplaban los místicos o cómo practicaban los médicos. Puede también ponerse de aprendiz con un maestro para obtener formación y consejo. Puede, incluso, alterar el modelo tradicional mediante su propia creatividad. Pero lo que no puede hacer nunca es sobrepasar los límites que le han sido dados inmediatamente, concretamente, por su *opus*. Este *opus* es la objetivación del campo dentro del cual dicho sujeto vive su vida, dedicándose de lleno a él, y con el que se encuentra en continua interrelación. Un determinado campo –ya sea el de la pintura, la mística o la medicina–, aun cuando puede ser fertilizado por *conocimientos* provenientes de otros terrenos[7], requiere generalmente el sacrificio de cualquier otra creatividad ajena a la suya. El campo objetivado en el *opus* responde a la Gestalt de la fuerza creadora y, a su vez, la determina. Lo creativo queda configurado tanto por los límites generales del campo como por los límites específicos del *opus* en el que se vierte. La *œuvre* conforma a la persona con la que está en relación: «No es Goethe el que crea a Fausto, sino Fausto el que crea a Goethe»[8]. Experimentamos nuestra relación con el *opus* como satisfacción y como sufrimiento: satisfacción, porque en el *opus* lo creativo queda contenido y realizado; sufrimiento, porque las limitaciones inherentes a todo *opus* y a todo campo coartan trágicamente las posibilidades creativas dentro de los confines determinados por su realización concreta. Así, el pintor puede solamente ser pintor[9], y su *opus* debe ser el lienzo y no la arcilla, ni el folio ni el cuerpo humano. Desde el comienzo el *opus*, como problema y fantasía, determina mi relación con su autor. El *opus* me sitúa frente a mis sacrificios y establece las posibilidades a través de las cuales puedo llevar a cabo un trabajo. Las personas creativas, más que preocupadas por la creatividad, están fascinadas por un *opus*.

Ahora bien, ¿qué es el *opus* en psicología? Si el pintor está situado frente al lienzo como *opus* y frente a la tradición pictórica como campo, el místico, a su vez, frente a Dios y frente a la tradición de las disciplinas religiosas, y el médico frente a la persona enferma y frente a las artes y las ciencias sanadoras, ¿ante qué está situado el psicólogo? Y si el éxito o fracaso del pintor, del místico o del médico están determinados por los resultados creativos de sus *opera* en sus respectivos campos, ¿cuál es la meta mediante la cual se determina como creativo un resultado en *psicología*?

Siguiendo con esta analogía, el *opus* en nuestro campo sólo puede ser la psique misma. Se objetiva en esa otra persona que pone los límites de mi trabajo y da respuesta a mis acciones, como hacen la tela con el pintor, Dios con el místico y el cuerpo enfermo con el médico. El juicio sobre sus resultados viene determinado por lo que se ha conseguido en, con y por la psique del otro. El camino hacia esos resultados, así como los modelos de actividad dispuestos a lo largo de su trayecto, tienen tanta similitud con lo que sucede entre el médico y el paciente, o entre el maestro y el alumno, que a veces uno se pierde dentro de esos modelos.

Pero éstos son sólo patrones parciales, sólo son parcialmente útiles. Por consiguiente, nuestra tradición tan sólo está representada parcialmente por los modelos médicos de nuestros predecesores, por Galeno, Mesmer, Pinel, Charcot y otros muchos, cuyas contribuciones, así como las singulares circunstancias en que surgieron, serán examinadas en la segunda parte de este libro. De forma similar, los modelos de director espiritual, de gurú, de rabino, de Ignacio o Fénelon, o de maestro zen, son meros sustitutos que nos sirven de muleta provisional, al carecer de certeza acerca del verdadero modelo de la psicología. Dado que la psique se encuentra oculta en la enfermedad y en la ignorancia, debe procederse a su curación e instrucción. Por dicha razón, somos encasillados en esos otros papeles –en el de médico y en el de maestro– basados en modelos ajenos a la psicología. Pero hay que tener presente que es el *opus* mismo el que nos hace representar estos papeles ajenos con el propósito de poder alcanzar su fin fundamental, que no es ni la curación ni la instrucción, sino el despertar del alma o, si se quiere, el engendrar alma.

El alma del otro como *opus*. Y ¿qué pasa con nuestra propia psique? ¿No es también su individuación el objetivo de la vida psicológica? Y, además, ¿es necesario que el alma tenga que estar localizada tan personalmente, o en mí o en ti? Debe de haber ciertamente un nivel del alma donde ésta sea psique *per se*, un conjunto de procesos vivientes, independientes de nuestras nociones personales de individualidad y redención. Si la psique llegara a ser concebida de esta manera impersonal, el *opus* trascendería todo lo que tú o yo hiciéramos con nuestras almas durante nuestra vida. Podríamos hablar entonces del desarrollo psíquico como *opus* y de la psicología como campo considerándolos completamente independientes de cualquier personalidad humana particular.

Sin embargo, ¿de qué manera, si no es a través de la interrelación subjetiva con esos procesos, se logra el *opus* o se crea alma? El alma no es simplemente naturaleza; nuestra intervención, ya sea confusa o intencionada, parece necesaria para sus movimientos. Podemos perfectamente hablar de psique objetiva y experimentar los movimientos psíquicos en la fantasía, en las imágenes y en los impulsos como necesidades que no son personalmente nuestras; pero, con todo, persiste el sentimiento de que el alma tiene una localización personal. De alguna manera la noción de alma implica una persona individual como su portador. Volvemos, así, a la cuestión del portador del *opus*: ¿yo o un otro?

Quizás la pregunta esté mal planteada. Porque, aunque sea necesaria una persona para el *opus* de hacer alma, eso no implica que haya que distinguir nítidamente de qué persona se trata. Es imposible operar en el campo psicológico de otra persona a menos que se trabaje con la propia alma como instrumento. Por otro lado, la misma palabra «individuación» implica un contexto de otros, en distinción a los cuales se diferencia un estilo de destino único. Los confines del alma son imprecisos y el *locus* de la labor psicológica no puede ser nunca sólo tú o sólo yo; abarca a ambos.

Llegados a este punto, sería pertinente dar una definición de «alma», pero ni yo ni nadie puede definirla adecuadamente. En otro lugar he escrito una amplificación de lo que entiendo como «alma»; quizás sea de utilidad rescatar aquí algunos de aquellos pasajes:

> Alma no es un término científico. Aparece en contadas ocasiones en la psicología actual y, cuando lo hace, se escribe habitualmente entre comillas, como para impedir que contamine el ambiente científico estéril que la rodea (...). Hay muchas palabras de esta índole cargadas de significado y que, sin embargo, no tienen sitio en la ciencia actual. El que el método científico las excluya no significa que aquello a lo que estas palabras hacen referencia no sea real (...). Su significado viene dado principalmente por el contexto (...). La metáfora-raíz del punto de vista del analista es que el comportamiento humano resulta comprensible porque posee un significado interno. El significado interno se sufre y se experimenta (...). El término «alma» se amplifica con otras palabras asociadas a ella desde antiguo, tales como mente, espíritu, corazón, vida, calor, humanidad, personalidad, esencia, interioridad, propósito, coraje, virtud, moralidad, sabiduría, muerte, Dios (...). El lenguaje «primitivo» ha elaborado frecuentemente conceptos en relación con principios animados que los etnólogos han traducido por «alma». Para estos pueblos, el alma es una idea altamente diferenciada que hace referencia a una realidad dotada de una gran influencia. El alma ha sido imaginada como el hom-

bre interior y como la hermana o la esposa internas, como el lugar o la voz de Dios dentro de nosotros mismos, como la fuerza cósmica de la que todas las cosas vivientes participan, como algo otorgado por Dios, como consciencia, como multiplicidad (...). Uno puede buscar su propia alma, y también el alma de uno puede ser puesta a prueba. Hay palabras que describen la posesión del alma por el diablo o su venta (...), su desarrollo (...), sus viajes (...), las búsquedas emprendidas en pos de ella, que siempre abocan a las «profundidades» (...). Esta exploración por la palabra muestra que estamos tratando no tanto con un concepto como con un símbolo. Los símbolos, como es sabido, no están completamente bajo nuestro control, lo que hace que no podamos evitar el emplear este término de una forma ambigua, aun cuando hagamos referencia con él a ese factor humano desconocido que hace posible el significado, que convierte los sucesos en experiencias, que se comunica en el amor y que tiene una vertiente religiosa. El alma es un concepto deliberadamente ambiguo (...) al igual que todos los símbolos primordiales que proveen de metáforas-raíz a los sistemas del pensamiento humano. «Materia», «naturaleza» y «energía» tienen en última instancia la misma ambigüedad; como igualmente la tienen «vida» y «salud»[10].

Paradójicamente, esta interioridad que parece más mía, más privadamente personal, apenas me pertenece. Las distintas tradiciones han puesto al alma en todo tipo de relaciones con el cuerpo y el espíritu, llegando incluso a hacerla substrato de la consciencia sintiente, pero nunca se ha afirmado que pertenezca al Yo o que sea una parte del *proprium* puesta a disposición de la voluntad y comprensible por la razón. Aquello que es lo más auténticamente mío y sólo mío, mi alma, no puede ser elaborado solamente por mí. Más bien, el alma debería imaginarse, como en la Grecia arcaica, como un factor relativamente autónomo hecho de una sustancia vaporosa[11]. Podríamos concebirlo entonces como algo dependiente y vulnerablemente poroso. La dependencia y la necesidad son básicas y se mostrarán a la experiencia con toda su fuerza siempre que intentemos constreñir el alma dentro de los confines de una existencia delimitada. El campo emocional, imaginal e interior de la psique, esa metáfora-raíz del analista, se mantiene en estado fluido y no puede limitarse a un «mí» o a un «mío». «No encontrarás los confines de la *psyché* por más que viajes en cualquier dirección, tal es la profundidad de su *lógos*», dijo Heráclito (fr. 45, Diels). No un diamante sino una esponja, no una llama privada sino una fluida participación. Una maraña compleja de filamentos cuyos enredos son también «tuyos» y «suyos». La naturaleza colectiva de las profundidades del alma significa simplemente que ningún hombre es una isla.

Jung reconoció rápidamente la interrelación de las almas en la terapia, e influyó en que Freud se mostrara a favor de que la primera tarea del analista consistía en hacerse analizar él mismo[12]. El interés de Freud en su propia psique durante el período de la cocaína[13] y su prolongado autoanálisis señalaron el nacimiento de la psicología profunda. El análisis empezó, pues, cuando Freud, en el contexto de su relación con Fliess, se dirigió, fascinado, hacia su propia alma[14]. «Lo que es creativo debe crearse a sí mismo», dijo John Keats, y nuestro campo, la psicología, fue creado en lo profundo cuando la libido de Freud fue atraída hacia su psique en el autoanálisis. Pero eso no ocurrió en estado de aislamiento. Requirió de Fliess y de una amistad a la que se ha calificado como «la más íntima de toda su vida»[15]. Necesitó de la interrelación de las almas. Como Jung dijo en repetidas ocasiones, sólo podemos andar con un otro si hemos andado previamente con nosotros mismos. Lo que también significa que podemos andar con nosotros mismos *sólo si antes hemos andado con un otro*. Las razones más profundas de esta interdependencia de las psiques en la generación del alma se irán aclarando a medida que avancemos en dicha relación. Es más, deben hacerse más claras o, de lo contrario, nunca se llegará a captar qué es eso que nos empuja dentro de la intimidad de las situaciones terapéuticas, ni tampoco aquello que nos vincula en ellas con la transferencia.

En su ensayo sobre la transferencia Jung subrayó la importancia de la relación humana para hacer alma, declarando que «el alma (...) puede vivir sólo en –y a partir de– las relaciones humanas; (...) la consecución consciente de la unidad interior se aferra desesperadamente a las relaciones humanas como condición indispensable, porque sin el reconocimiento y la aceptación conscientes de los lazos que nos unen con aquellos que nos rodean no puede haber síntesis de la personalidad»[16]. Las relaciones humanas pueden ser una condición indispensable, pero el *opus* sigue siendo el alma. Ni las relaciones, ni los sentimientos ni cualquiera de los variados contextos humanos en los que la psique se da a conocer a sí misma deben confundirse con el *opus* de hacer alma. Cuando se comete este error, dirigimos la atención a los instrumentos y a los medios, olvidándonos del fin. El incremento de las relaciones y el establecimiento de contactos con los sentimientos no equivale sin más a creatividad psicológica. El alma puede permanecer estéril si se mantiene limitada al ámbito de lo humano, el cual no puede nunca reemplazar a los dioses. Y, sin embargo, este círculo humano es necesario para la creatividad psicológica, pues es allí –con la familia, las figuras tutelares, el grupo de amigos, la persona amada o los enemigos personales– donde aparece la necesidad de un mundo íntimo y personal. *El mundo y su humanidad son el valle del hacer alma.*

En este punto de nuestro deambular, el espíritu y el alma deberían separarse y los senderos de la disciplina espiritual y del desarrollo psicológico tendrían que divergir. Esta divergencia queda, sin embargo, generalmente incomprendida e irrealizada, pues los complejos de la psique tienen tendencia a volatilizarse fácilmente en las rarefacciones de las fórmulas espirituales. Buscamos, en este caso, guía espiritual para solventar los enredos psicológicos, confundiendo con ello la psicoterapia con el yoga y al analista con el maestro. Las disciplinas espirituales pueden, en los comienzos, comportar personificaciones de la meta y resaltar la importancia de la comunidad y del maestro, pero esas personificaciones tienen que disolverse más adelante en experiencias con un mayor grado de abstracción e independientes del objeto concreto. Las personas y las vinculaciones deben permanecer, para estas disciplinas, en un segundo plano. La psique, con sus emociones, sus imágenes y su cortejo antropomorfo, es aquí fundamentalmente una molestia. Además, para las disciplinas espirituales, incluso la comunidad y el maestro no son en último término sino abstracciones transpersonales. Las personas no son nunca tan reales como lo es el espíritu. El valle del mundo se trasciende mediante el retiro, la meditación y la oración. El espíritu nos llama siempre hacia arriba y hacia fuera; venceremos, nos dice, trascendiendo incluso el «nosotros».

Pero el desarrollo psicológico se detiene en el aislamiento; parece incapaz de renunciar al contexto de las otras almas. Por esta razón, al psicólogo le encantan las fantasías clínicas, sus casos, sus familias; su fascinación por los detalles sociales y personales refleja el primordial nivel personal que puede alcanzar su *vinculación* con el *opus*. ¿Por qué estamos tan ávidos de chismes? ¿Por qué los cotilleos reportan unos beneficios tan pingües? Quizás el inmiscuirse en las vidas ajenas sea, después de todo, una actividad básica de la psique. Algo psicológico acontece en esa ansia de historias sobre almas sumidas en algún tipo de tribulación. Estas historias son un trasunto de la función mitopoyética, hacedora de mito, que la psique desarrolla de un modo personal con sus historias y cháscharas. Cuando el psicólogo menosprecia los chismes, puede que esté volando demasiado alto, puede estar navegando por las regiones superiores del espíritu. El chismorreo proporciona el lastre psíquico de lodo humano que nos mantiene sujetos a los vínculos mundanos. Parece como si el hacer alma tuviese una grieta dionisíaca a través de la cual el alma individual fuera atraída a una «locura» comunal, mal llamada «contagio psíquico». Esta filtración, esta contaminación entre las almas, disuelve el aislamiento paranoide y parece ser imprescindible para el alma, al contrario de lo que ocurre con el espíritu, que procede –como dijo Plotino– de lo solo a lo solo. Quien está inmerso en las disciplinas espirituales excluye la vida personal, limitándose a hablar de la naturaleza objetiva de sus experiencias: sus visiones, sensaciones, textos, dietas o ejercicios. En la alquimia se nos enseña acerca de sustancias y operaciones, no acerca de emociones biográficas; en el misticismo, sobre plegarias, rituales y doctrinas, no acerca de la relación con otros monjes o monjas. Pero la psicología se crea dentro del valle de la intimidad viviente.

Mientras que el espíritu asciende, encaminándose a la separación y a la trascendencia, la preocupación por el alma nos sumerge en la inmanencia: Dios en el alma o el alma en Dios, el alma en el cuerpo, el alma en el mundo, alma compartida por todo el mundo o alma del mundo. En tanto perteneciente a esta inmanencia, el diálogo no es un puente construido entre sujetos y objetos aislados, entre los distintos «Yoes» y «Túes», sino que es una relación intrínseca e interna, una característica de la inmanencia del alma. El «Yo-Tú» es una necesidad, un apriori dado con el regalo del alma. El alma se convierte, así, en el factor operativo para la conversión del ello en un Tú, haciendo alma de los objetos, personificando, antropomorfizando mediante la psiquización, transformando el objeto en un compañero con el que se queda comprometido y en el que se infunde alma. A través de nuestras almas –como muestran nuestros sueños, proyecciones y emociones–, somos inmanentes en un otro. El que las almas estén ontológicamente implicadas significa que estamos vinculados existencialmente. Nos guste o no, por más que el espíritu tire hacia fuera y hacia arriba, el implicarse es una necesidad psíquica. La vinculación deviene así la primera condición para ser admitido en el ámbito psíquico, en el campo de la psicología.

Al establecer que la conexión con otra alma constituye lo específico de la creatividad psicológica, además de caracterizar uno de sus aspectos más importantes, hemos diferenciado de paso ésta de otras formas de creatividad. En una primera aproximación, podemos decir que la creatividad psicológica difiere de los otros tipos de creatividad en que su *opus* es la psique misma y no cualquiera de sus contenidos o talentos específicos; es decir, la creatividad psicológica no hará necesariamente que se desarrolle nuestro pensamiento, nuestra facultad musical o nuestra inteligencia. La creatividad psicológica concierne al alma como *opus*. Se limita a los efectos que origina en ella. Se ciñe a la creación de alma, a su generación, a su despertar, a su iluminación y a su individuación. El modo concreto en que estos efectos se manifiesten en este contexto o en aquel atributo es algo secundario. Aun cuando el *opus* sea otra alma, la creatividad psicológica actúa utilizando como instrumento el sentimiento de alma propio, al igual que el diapasón o la lira, que al emitir un acorde hacen vibrar otras notas, en una continua reverberación, recíprocamente en armonía o en disonancia. La instrucción de la sensibilidad, la participación en grupos y el énfasis en la experiencia corporal y en la imaginación han sido tentativas preliminares necesarias para el despertar de la psique, haciéndonos percibir que el alma se extiende no sólo por todo el cuerpo propio, sino que también se expande a los otros y al reino de lo imaginal. Estos métodos persiguen hacernos apreciar el alma, atenderla y cuidarla en relación con muchas manifestaciones que hasta ahora habían sido descuidadas por la psicología. Sin embargo, de nuevo el método queda confundido en estas tentativas con el fin, que no consiste en la consciencia sensorial, ni en la imaginación visual, ni en los sentimientos o vínculos grupales, sino más bien en la consciencia psíquica, entendiendo por tal la experiencia de la vida como representación mítica y vivencia del alma como objetivo del destino individual. Es una consciencia enfocada al alma y a lo mítico, a las fuerzas arquetípicas que salen a escena a través del alma. Finalmente, hay que recalcar que lo creativo en psicología no opera únicamente dentro del propio recinto cerrado, dentro del propio proceso privado de individuación con sus símbolos y experiencias. El *opus* que estimula lo creativo, pero que también limita su potencial y lo somete a la prueba definitiva, es siempre la otra alma humana. Estas limitaciones establecidas por el *opus* se sienten simultáneamente en cualquier relación como la realización y como la tragedia del vínculo humano.

Nociones de creatividad

La creatividad se ha puesto de moda en la psicología académica, con lo que cuestiones como las «diferencias individuales», la educación para la «excelencia» o el «proceso creativo» han adquirido un renovado interés. ¿Cómo desarrollar talentos para nuestros fines nacionales? ¿Cómo fomentar individuos creativos en nuestra lucha por la supervivencia?

Siempre que la luz y el calor de la consciencia científica inciden sobre algún campo, dan lugar en él a una repentina proliferación y a la consiguiente descomposición del objeto de estudio en diez mil aspectos distintos. A raíz de este nuevo interés por lo creativo y la creatividad, la psicología académica ha contraído la misma enfermedad de hiperdiferenciación que padecieron la investigación cancerológica, la virológica o la nuclear: cuanta más atención se presta a los particulares, tantos más aparecen a los que debe prestarse atención. Cuando la psiquiatría francesa de la pasada centuria se concentró sobre la locura, encontró al menos cuarenta formas de *délires*. Cuando la psicología se vuelve hacia la inteligencia y el aprendizaje, aparecen cada vez más factores y variables. Uno de ellos, el sueño, se dividía sólo en ligero y profundo; ahora existen numerosos tipos y niveles, a algunos de los cuales ni siquiera puede considerárselos verdaderos sueños. No es de extrañar, por tanto, que Taylor haya dado más de *un centenar de definiciones de creatividad* en su análisis del proceso creativo[17]; que contemos, asimismo, con bibliografías dedicadas exclusivamente a recopilar las contribuciones francesas[18] o italianas en este terreno[19]; que Stein y

Heinze hayan elaborado un grueso volumen reuniendo simplemente la literatura aparecida últimamente sobre la creatividad[20]; y que otro psicólogo académico, Golann, esté intentando ordenar todo este material en un estudio sobre las aproximaciones metodológicas a la creatividad[21]. Cuando se estudia la metodología se hace evidente que el tema de la creatividad se ha desbordado y se ha vuelto no creativo. La creatividad ha sido también el último asunto que ha atraído la atención del cronista de nuestro *Zeitgeist*, Arthur Koestler, quien ha publicado un volumen de setecientas páginas al respecto[22].

El término «creatividad» es moderno. Antes de la Ilustración, cuando todos éramos criaturas de Dios viviendo en Su creación, la palabra *creativo* con ese sentido de «creatividad» fue apenas utilizada en la lengua inglesa. «Creativo» como «productivo» entró en uso en 1803 con el nuevo Yo del siglo XIX. Ahora que «Dios ha muerto» y, concomitantemente con la suya, se ha hecho presente la amenaza de muerte para todos los seres humanos, el hombre ha pasado a ser cada vez más nítidamente el portador de la creatividad, de tal manera que la palabra en sí misma se ha convertido en un símbolo conceptual que aúna las proyecciones de esperanza y de libre individualidad y, posiblemente, también la de supervivencia. Pero una investigación sobre la preocupación contemporánea por lo creativo, y sobre lo que dicha fascinación reporta, supera los límites de este trabajo.

Podemos, no obstante, separar los filamentos de significado que se han ido incorporando a este símbolo conceptual, sin aventurarnos en un análisis más profundo del estado de la consciencia moderna que se refleja en las proyecciones hechas sobre este símbolo. Lo cual no significa en absoluto que vayamos a desentrañar la «naturaleza de la creatividad», ejercicio que los psicólogos han realizado *ad absurdum*. Convertir el misterio creativo en un problema que se debe solucionar no sólo es indecente sino además imposible. El análisis de la creatividad equivaldría a dejar desnuda la naturaleza del hombre y la naturaleza de la creación[23]. Dos misterios que atañen a las preguntas de dónde venimos, de qué vivimos y a dónde volveremos, que no consienten ni el análisis ni la psicología explicativa. Podemos, eso sí, especular, fantasear y, con nuestro *lógos,* contar una historia –es decir, fabular un poco–, aportando con ello un mitologema como tributo a la «creatividad», para celebrarla, para entrar en comunión con ella; pero no asistiremos a su sacrificio (suponiendo que algo así fuera posible), a su desmembramiento ritual por el análisis psicológico. No iremos, por tanto, en pos de una definición que limite y recorte, sino de una amplificación que extienda y conecte[24].

La creatividad como instinto humano

Podríamos comenzar esta amplificación con algunos pasajes tomados de un trabajo de Jung, escrito en inglés y del que se sirvió para dar una conferencia en Harvard en 1936, titulado «Psychological Factors Determining Human Behaviour»[25]. En estas pocas páginas Jung expone algunos pensamientos fundamentales sobre la conexión entre psicología y biología. En sus propias palabras, buscaba «establecer claramente lo que a mí me parece que es la relación entre los instintos y la psique». Jung considera que los instintos son más antiguos, previos y externos a la psique (ectopsíquicos) y que se caracterizan ante todo por la *compulsión*. El instinto, sin embargo, está sujeto a «psiquización»; esto es, puede ser modificado mediante varias estructuras psíquicas. La psiquización de los instintos proporciona el colorido a aquello que vemos. Es así como el instinto se experimenta, se siente y se observa en el comportamiento. En tanto ectopsíquico *an sich*, el instinto viene dado objetivamente por la naturaleza biológica y puede ser concebido como las longitudes de onda objetivas que originan la experiencia sensible del color.

Nos llevaría demasiado lejos examinar la aproximación de Jung a la biología y su uso del concepto de «instinto». Como además en biología este concepto es sumamente enrevesado, es mejor soslayar los problemas que podríamos encontrar a este respecto y limitarnos a seguir al pie de la letra lo que Jung dice de él. Jung presenta el «instinto», de una manera bastante clásica y lineal, como un modelo de comportamiento organizado de forma estable, dado biológicamente a los organismos en general, y caracterizado por la compulsión y el desencadenamiento en función de satisfacciones específicas[26]. La psique puede atemperar las compulsiones (o intensificarlas), puede posponer su desencadenamiento y puede modificar las metas de satisfacción. Todo lo que sabemos sobre los instintos en nosotros ha atravesado previamente un proceso de psiquización. Sólo tenemos percepciones del instinto en tanto que filtradas a través del prisma de nuestra psique.

En este mismo trabajo Jung describe también cinco grupos instintivos básicos, a los que llama, en resumen: el hambre, la sexualidad, el impulso activo, la reflexión y, el último de todos, el instinto creativo. Los cuatro primeros son equiparables a los grandes grupos establecidos por Konrad Lorenz: la alimentación, la reproducción, la agresión y la huida[27]. La agresión puede ser vista como el análogo al «impulso activo» junguiano, y la huida como el análogo a la «reflexión» de Jung, que consiste, según sus propias palabras, en una *reflexio*, un «replegarse», un hurtarse a los estímulos, un «volverse hacia lo interno», alejándose del mundo y del objeto en favor de las imágenes y experiencias psíquicas. Lorenz no menciona el quinto instinto, la creatividad, porque se basa en observaciones del comportamiento animal, mientras que Jung, que estudia los seres humanos, sí lo hace.

Si aceptamos la hipótesis de un instinto creativo, entonces ese instinto debe estar sujeto también a psiquización. Como las otras pulsiones, puede ser modificado por la psique y estar sujeto a la interrelación y contaminación con la sexualidad o la actividad, por ejemplo. (Pero ni los impulsos sexuales, ni la actividad productiva en el mundo, ni la consciencia reflexiva, ni la ambición contendiente constituyen el terreno o la manifestación de la creatividad del individuo.) Además, en tanto instinto, está capacitado para producir imágenes de los fines que persigue y para orientar la conducta hacia su satisfacción. Como instinto, lo creativo es necesario para la vida, y la satisfacción de sus necesidades, un requerimiento de la vida. En el ser humano, la creatividad, como cualquier otro instinto, exige cumplimiento. De acuerdo con la visión junguiana del hombre, la actividad y la reflexión no bastan; hay un quinto componente, tan básico en el hombre como puedan serlo el hambre o la sexualidad: la creatividad. ¡Qué vastas posibilidades se abren aquí! No sé de ningún otro psicólogo que haya declarado lo creativo como la esencia del hombre tan valiente y tajantemente. Pero tampoco he encontrado en cualquier otra parte de los trabajos de Jung algún desarrollo de esta posición. Y, sin embargo, su principal interés, tanto en la terapia como en sus escritos, recayó siempre en las manifestaciones y vicisitudes del instinto creativo y el modo de desenmarañarlo de los otros cuatro. Lo cual nos lleva a decir, consecuentemente, que la psicología de Jung está basada primariamente en el instinto creativo y a inferir, acto seguido, que la psicología junguiana es primariamente una psicología creativa.

Jung no acabó de elaborar esta idea suya debido a un malentendido en el que todos tendemos a caer: la frecuente confusión de lo creativo con lo artístico. Cuando Jung trató la creatividad, lo hizo generalmente en relación con la personalidad artística y la obra de arte, limitando así el instinto creativo –por considerarlo «no común»– a casos especiales[28]. Pero, si éste es un instinto humano fundamental, no parece que el tenerlo por *rara avis* sea lógica y aceptablemente consecuente. Por otra parte, Jung, en los distintos casos que analiza, siempre considera lo que sería el instinto creativo como tal bajo la perspectiva de otras concepciones: el impulso de totalidad, el impulso hacia la individuación o al desarrollo de la personalidad, la pulsión espiritual, la función trascendente hacedora de símbolos y la función religiosa. En otras palabras: considera el instinto creativo propiamente dicho como el impulso del Sí-mismo a realizarse[29]. Afirma taxativamente que este impulso a la autorrealización actúa con la compulsión de un instinto[30]. Somos impelidos a ser nosotros mismos. El proceso de individuación es una *dýnamis*, no una cuestión de elección o algo reservado para una minoría. Y en la terapia es evidente que el instinto creativo y sus vicisitudes eran lo que tenía para él la máxima importancia[31]. Como él mismo dice, a menudo sus casos habían atravesado largos períodos de análisis (en los cuales, presumiblemente, la principal preocupación la constituían los problemas derivados de las modificaciones psíquicas de los otros instintos) y ya «no sufrían de una neurosis clínicamente definible, sino de la falta de sentido y de finalidad de sus vidas (...), la neurosis característica de nuestro tiempo»[32]. Se podría decir que esos pacientes sufrían, como lo hacemos nosotros, de alteraciones de la psiquización del impulso creativo. Por eso, Jung caracterizó la terapia, en este mismo pasaje, como el proceso en el cual «debemos dejarnos guiar por la naturaleza y en el que aquello que el médico hace no es tanto una cuestión de tratamiento como de desarrollo de las posibilidades creativas latentes en el paciente».

Jung afirmó a menudo que el instinto creativo es *sui generis* e independiente de la psicodinámica neurótica[33]. No es un don, ni una gracia especial, ni una capacidad, ni un talento, ni una habilidad. Más bien es esa inmensa energía que viene de fuera de la psique humana y que empuja a dedicarse a uno mismo a través de este o aquel medio específico. La creatividad impele a la devoción por la propia persona en su proceso de devenir a través de ese medio, comportando una sensación de impotencia y de creciente consciencia de su numinoso poder. Por eso nuestra relación con la creatividad favorece la actitud religiosa y frecuentemente hacemos uso del lenguaje religioso al describirla. Las experiencias que tenemos de la fuerza de la individualidad y de la incesante presión que ésta ejerce sobre cada alma para que desarrolle su potencial son difíciles de distinguir de las experiencias de los dioses inmanentes en sus papeles creativos. Los dioses también son ectopsíquicos, son externos al alma, no están ni enteramente en ella ni son totalmente de ella.

Los dioses creadores son también los dioses destructores. Como dijo Jung, «la creación es tanto destrucción como construcción»[34]. La fuerza instintiva ectopsíquica, en tanto que dimana de fuera de la psique, es más que humana y más poderosa que su poseedor, quien, de hecho, corre siempre el peligro de ser poseído. Actuando al modo de una compulsión, la fuerza siempre es «excesiva».

Uno se pasa la vida entera intentando refrenarla, domeñarla, intentando otorgarle el tiempo y el espacio suficientes, porque su prisa es el diablo destructivo que reside en el impulso creativo. El suicidio permanece siempre como la posibilidad fundamental de la creatividad psicológica, como su reverso, pues la destrucción del alma es la contrapartida de la creación del alma.

El *opus* se encuentra siempre en peligro de destrucción. Uno de esos peligros manifiestos es el suicidio, pero no el único. Podemos comprender, así, la extrema importancia que debe otorgarse a los vínculos, cuyas exigencias ayudan a evitar que el hacer alma desemboque en un destruir alma. Los estudios muestran la creciente posibilidad de suicidio que existe cuando acontece la pérdida de un «otro significativo». La pérdida de la pareja, de un hijo, de un padre, el final de una relación pueden dejar libre el camino al alma para crearse o para destruirse. El *opus* puede ser destruido por el instinto creativo cuando pierde la piedra de toque de los otros, el contexto humano de las reacciones psíquicas. A veces nos encontramos con ilusiones de hacer alma completamente llenas de expresiones grandilocuentes del estilo de «dedicación», «integración», «realización» y «Sí-mismo» descubierto por «introversión», que no hacen sino enmascarar un proceso destructivo de gradual aislamiento en la subjetividad. Introversión no ha significado nunca aislamiento de la comunidad humana. La introversión es una actitud, una descripción del flujo de energía, no la condición previa para hacer alma, y debe ser cuidadosamente diferenciada en la teoría y en la práctica del *opus*.

Dado que la creatividad psicológica se mueve, como cualquier instinto, entre un polo destructivo y otro constructivo, hay que afrontar que *hacer alma conlleva destruir alma*. Un análisis dirigido a hacer alma comporta inevitablemente un riesgo de destrucción. En otro contexto, en el que me he extendido sobre el análisis desde la perspectiva del suicidio, describí el proceso terapéutico como un «hundimiento prolongado» en donde «análisis significa morir»[35]. La alquimia nos proporciona toda una serie de imágenes para esas partes del *opus* destructoras del alma: la mortificación, el sacrificio, la putrefacción, la fermentación, la tortura y el desmembramiento. Además, existen delirios, denominados técnicamente «neurosis de transferencia», que brotan y crecen a expensas de algún tipo de relación. La ilusión terapéutica más destructiva para el alma es la que se niega a ver lo que realmente sucede, sosteniendo, por ejemplo, que todo lo que acontece dentro del contexto del análisis es un hacer alma, mientras que cualquier actividad destructora del alma se sitúa en su exterior (en los padres o en el matrimonio, en los enemigos, en las instituciones, en la sociedad, etc.). En este caso el análisis provoca una escisión entre los aspectos destructivos y constructivos, lo que conduce en realidad a que la creatividad quede enfrentada a sí misma. Pero la esencia de la creatividad radica en que esos aspectos coexisten el uno dentro del otro *en cada acto*: lo que construye al mismo tiempo demuele; lo que despedaza simultáneamente reestructura. Cuando el analista (o cualquiera que haya establecido una relación íntima, ya sea amorosa, terapéutica, consultora, didáctica o religiosa) no ve que su trabajo constructivo con el alma es también destructivo, la destrucción sucede inadvertidamente, inconscientemente, y se achaca a cualquier cosa externa a dicha labor. Éste es uno de los modos en los que nos convertimos en víctimas de la terapia y de sus buenas intenciones; modo además en donde el analista puede escapar impune, atribuyendo la destrucción del vínculo a esa palabra mágica que es la «transferencia», calificada de negativa, irresuelta o cortada.

La amenaza de la destrucción del *opus* que acompaña a toda empresa creativa confiere una importancia capital a la forma de manejarla. El estudio de la vida de los «grandes» puede resultar fascinantemente aleccionador en lo referente a ese manejo de lo creativo. Respecto a la creatividad psicológica en concreto, dos son sus procederes: primero, la imposición al *opus* de una disciplina (lo que en psicología supone descubrir y afrontar las necesidades peculiares del alma); segundo, el sometimiento del impulso creativo a los límites dictados por la psique (a través de un contexto de relaciones). El primero significa descubrir la forma de cultivar el alma, de abrirle perspectivas, de ejercitarla, de darle placer y de responder a su siempre recurrente interés por la muerte. El segundo significa considerar las relaciones como rituales que proporcionan canales para derivar las presiones creativas. Las relaciones suministran recipientes para la locura. Cuanto más profundos son, tanta más pueden contener. Nos ofrecen lugares para el sacrificio y para resguardarnos de los aspectos destructivos de lo creativo. Cuando esos canales se desatienden, cuando el instinto no puede modelarse mediante adecuadas modificaciones psíquicas y, especialmente, cuando no hay un *opus* para contener la creatividad, los arquetipos irrumpen directamente en la escena, y, con ellos, el impulso primordial creativo-destructivo, el hombre compulsivo, desesperado, desmembrado, el Sí-mismo en pleno brote psicótico.

Podemos, pues, concluir que lo creativo, en tanto instinto, no puede quedar limitado a unos pocos genios o artistas. Esta limitación mantendría la confusión de lo artístico con lo creativo. Si es un instinto básico, como lo son el hambre o la sexualidad, la actividad o la reflexión, entonces lo creativo ha sido dado a todo el mundo. No hay necesidad de dividir la humanidad en dos grupos, como hicieron Jung primero y Neumann después, para quienes la creatividad y la persona creativa eran distintas, especiales, algo que, a diferencia del común de los mortales, se situaba fuera de las leyes de la naturaleza[36]. (Esta visión de *das Schöpferische* [lo creativo] y del hombre creativo está determinada arquetípicamente, como veremos más adelante, por una de las formas con las que observamos y experimentamos la creatividad.) Es posible que el llamado genio creativo tenga una relación más directa y sencilla con su instinto; que pueda estar dotado de un talento constitutivo especial (por ejemplo, artístico, matemático o contemplativo) que facilite la psiquización. Muchos factores entran aquí en juego, incluidos los personales y los históricos. Sin embargo, cualquier noción que establezca dos clases de psicología –una para ti y para mí y otra para la persona creativa– elimina lo creativo del común de la humanidad y, de paso, a ti y a mí de la creatividad. Muchos de los grandes –Eliot, Mann, Freud, Matisse, por citar sólo ejemplos recientes– han recalcado numerosas veces su nada excepcional regularidad y la monotonía burguesa de su vida personal. Si el instinto creativo, así como su modificación por parte de la psique, es algo que ha sido otorgado a todos y cada uno de nosotros, no puede entonces sostenerse por más tiempo la existencia de una escisión, de una fractura, entre el ser humano y el genio[37].

¿Por qué la persona que vive preponderantemente en función del instinto creativo tiene que ser expulsada de la humanidad común? Y, a la inversa, ¿por qué el hombre común no puede cambiar su noción decimonónica de genio, heroicamente romántica, tan cargada de ambición y de envidia, y acabar de una vez por todas con esa fantasía de la personalidad extraordinaria? ¿No es cada uno de nosotros un genio? ¿No tiene todo genio un alma humana? ¿No podemos acaso encontrar algo igualmente excepcional dentro de nosotros mismos cuando experimentamos el instinto creativo? Aun sin ningún talento artístico, aun sin estar dotado nuestro Yo de una gran fuerza de voluntad, aun careciendo de la fortuna favorable, siempre permanecerá disponible al menos una forma de lo creativo: la creatividad psicológica, el hacer alma, el engendrar alma. O, como Jung dejó dicho: «¿Pero qué puede "crear" un hombre al que no le ha tocado en suerte ser un poeta? (...). Si no tienes nada en absoluto que crear, créate entonces a ti mismo»[38].

Una base arquetípica
para las nociones de creatividad

Nos queda todavía explorar las distintas nociones de creatividad. Habíamos puesto el principio de creatividad fuera del terreno de la psique y, debido a su carácter ignoto y misterioso, lo habíamos llamado vagamente unas veces «instinto», otras «espíritu» y otras «divino». Pero ¿qué relación tienen nuestras *nociones* –ese centenar de connotaciones conceptuales presentes en el término– con el instinto creativo? ¿De dónde provienen? ¿Podemos volvernos hacia atrás y reflexionar, no sobre la creatividad, sino sobre sus *nociones*, a fin de comprender mejor qué acaece en nosotros cuando utilizamos la palabra «creativo»? ¿Pueden esas nociones decirnos algo fenomenológico acerca de la creatividad en sí misma? En otras palabras, ¿podemos usar nuestra psicología no para analizar el principio creativo, sino para analizar las ideas que tenemos sobre él?

Nuestro estudio de la creatividad no apunta tanto al entendimiento del «instinto» y de su «proceso», o al de la «naturaleza del genio», como al descubrimiento de lo que la psique dice acerca del instinto cuando habla de creatividad. El impulso ectopsíquico pertenece a lo externo del ser humano, pertenece a los dioses; pero lo psíquico sí cae dentro de lo que podemos examinar y diferenciar. Al aplicar la psicología a la psicología –lo cual constituye la finalidad principal y el método del presente libro–, podemos aprender algo psicológico, encontrando otro modo de aprovechar el cúmulo de la investigación hecha en torno a la creatividad. Vamos a examinar ese material de investigación, no a partir de sus «hechos» científicos, objetivos y positivos, sino en función de las fantasías que se expresan en ellos. Vamos a interrogar a la psicología académica sobre su *contenido psíquico* (como también lo haremos más adelante con la psiquiatría y la embriología), a fin de discernir lo que está diciendo la psique sobre sí misma a través del lenguaje de la investigación. No tomaremos este lenguaje en su sentido literal; nos aproximaremos a él a través de sus fantasías, obrando del mismo modo que cuando consideramos los sueños, la alquimia o las afirmaciones religiosas como expresiones psíquicas. Las afirmaciones sobre la creatividad también pueden ser examinadas en relación con sus metáforas-raíz. Al igual que todo símbolo básico (la materia, la naturaleza, Dios, el alma, el instinto), la creatividad posee numerosas nociones. La misma existencia de tantas nociones evidencia la variedad de metáforas-raíz por las que la psique percibe y conforma sus nociones. Las percepciones se filtran a través del prisma de la psique. Siempre estamos inevitablemente en la luz de una u otra banda de color y eso nos confiere una perspectiva y una inclinación bien precisas. Aplicando la psicología a la psicología, analizando nuestras formas de ver las cosas, nos percatamos de nuestras perspectivas y de sus inevitables prejuicios. Nuestro método se convierte entonces en parte del *opus* de hacer alma; conduce al alma a la percepción de su relación con los símbolos fundamentales, uno de los cuales es la creatividad. Quizás esta clarificación pueda llevar a la psicología a una relación más ágil con las posibilidades creativas de su propio campo.

Las nociones de creatividad proceden principalmente de las autopercepciones de aquellos que han estado especialmente dominados por ese instinto y que dejaron descrito el proceso creativo en diarios, apuntes, cartas o memorias. El estudio de sus vidas (así como el de las distorsiones compulsivo-destructivas en el caso de las vidas psicóticas) nos ha proporcionado, a pesar de su considerable variedad, una serie bastante uniforme de ideas sobre lo creativo. Estas nociones forman una fenomenología de los modos en los que se percibe lo creativo. Surgen empíricamente de la experiencia profundamente sentida, de los sucesos intensamente vividos en la vida real, como percepciones psíquicas de los procesos instintivos. Jung ha llamado al arquetipo o imagen primordial «la percepción del instinto por sí mismo»[39]. Puede esperarse, por tanto, que la uniformidad de las nociones que tenemos sobre los distintos instintos tenga una base arquetípica; esto es, que en las descripciones de la creatividad se encuentren unos modelos arquetípicos precisos que configuren tanto nuestra experiencia de la creatividad como nuestras nociones sobre ella. Incluso las ideas que el «artista» o el «genio» tienen sobre lo que les sucede y sobre lo que hacen están arquetípicamente condicionadas por esas subestructuras perceptivas. Veamos ahora estas nociones típicas de creatividad y su trasfondo arquetípico.

1. «En el principio Dios creó el cielo y la tierra.» El mito del Génesis muestra la creación como obra del poder paterno, el inmenso Él que separa, diferencia y forma, a la par que declara la bondad de su trabajo. Diferenciación, orden y bondad proceden conjuntamente. El orden es bueno; el orden es Dios; Dios es bueno. Y solamente hay un Dios, un solo camino recto, una verdad. Él es supremo y único. La noción de creatividad, filtrada a través del arquetipo del padre, revela método y jerarquía, un reino estructurado. El acto o la palabra deben ser transformados en ser; un área de existencia debe ser ordenada mediante una fórmula, cartografiada, esculpida en piedra. Sin producción, activa o reflexiva, nada se crea. Debe quedar un monumento, una semilla que continúe a perpetuidad engendrando generaciones según el propio tipo. Portadores de esta semilla pueden ser el alumno, el hijo, el heredero o simplemente una organización impersonal, pero nunca el amigo o el sujeto amado. Éste fue el caso de Kant, procediendo metódicamente a través de los reinos de la razón; de Bach, que puso en este mundo veinte hijos y recreó toda la música, sin dejar una sola forma musical tal como la había encontrado; de Hobbes, quien a los cuarenta años encontró su vocación a través de la geometría y se dedicó a analizar los principios del poder civil y del orden matemático hasta los noventa. Y también de aquellos que identifican el proceso creativo con la diferenciación (Linneo, por

ejemplo) y de quienes con su trabajo intentan producir lo finalmente definitivo, lo incuestionable, lo clásico, lo permanente, mediante la coherencia sistemática y la ley axiomática. *La creatividad, entonces, se define como un proceso ordenador,* de integración hacia la unidad, con el mandala como meta. El orden moral y el estético están, asimismo, aunados: justicia, proporción, adecuación, sistema; todo tiene un sitio preciso. El *noûs* se convierte pronto en un *pleroma* sin ninguna parte irracional o en movimiento; y la creatividad, al adecuarse cada vez más a la noción arquetípica, configurándose así de una forma perfectamente estable, acaba adquiriendo la esterilidad del *senex*[40]. La oscuridad de la materia, el mal temporal y el caos resurgen bajo la forma, despreciada, de lo femenino (nos ocuparemos de esta misoginia en la tercera parte). Tal es la noción del instinto creativo conformada por la imagen paterna primordial.

2. Otra noción diferente mantiene que la creación es novedad y que lo creativo sólo se hace merecedor de tal nombre en tanto *creatio ex nihilo* que da lugar a algo completamente nuevo. Lo creativo se extiende al futuro, y la persona creativa tiene un aura de futuridad. Lo creativo se encuentra ligado al tiempo. Puede ser enemigo de su tiempo o hijo de su tiempo, pero, en cualquier caso, debe romper las limitaciones temporales para alcanzar la eternidad. O también puede ser portador de su tiempo, *Zeitgeist* en marcha y creador, quizás a la manera de Bergson –desarrollando el futuro desde sí mismo–, quizás mediante la dinámica marxista de la historia, o quizás como un ascenso teológico al modo de Teilhard de Chardin. Está siempre en movimiento, un movimiento que parte de lo conocido y se dirige a lo desconocido, desde lo viejo a lo nuevo. Es una noción cubierta de esperanza y optimismo, de crecimiento y de alegría. Tiene un futuro resplandeciente ante sí, nuevas tierras y nuevas expectativas. Enfatiza lo único, lo excepcional, lo exclusivo. *La creatividad vendrá aquí definida principalmente por la palabra «originalidad» y su expresión negativa será la irresponsabilidad narcisista.* Nada permanece; no se puede hacer que algo perdure sin matar la chispa creadora, que no ha sido hecha

para persistir. Debe haber, por tanto, flexibilidad y flujo continuos, avance, espontaneidad, *inspiración desde lo divino* incondicionada, sin causas ni precedentes. La consolidación y la madurez impiden el fogonazo genial de la novedad proteica. Su método no es el trabajo sino el juego, la suerte, la picardía, la yuxtaposición extravagante; y la juventud es su tiempo. «Toujours ouvert, toujours disponible», como Gide lo formuló. Libre, abierto, sensible a todo. De todo lo anterior se desprende que esta noción de lo creativo corresponde a la autopercepción del instinto a través de la imagen del *puer aeternus*[41] y del arquetipo del Niño divino.

3. Si se considera que lo nuevo debe romper con lo viejo y si *ex nihilo* implica la aniquilación de lo que es, la creatividad quedará matizada por una nueva pincelada: se caracterizará también por el fermento, por la irrupción de nueva savia en el leño reseco, por la *turba*, Wotan, Śiva, o Rudra el aullador. La emotividad cabalga el tigre de la noche, bramamos henchidos de furia iconoclasta, esgrimimos la rebelión en nombre de la liberación, el proceso creativo como protesta. Bajo la égida de la Sombra, lo creativo queda contaminado con actividad (los primitivos niveles de agresividad), con hambre (la avidez insaciable y el culto a la experiencia) y con sexualidad (el falo se convierte en pene potente). Esta contaminación parece ser, además, el auténtico fin de la influencia de la Sombra, como si buscara reforzar el instinto creativo mediante la apropiación de otra energía instintiva. Tal apropiación indebida de energía se justifica mediante la supuesta oscuridad del impulso creativo, que, acorde con el dogma de la Sombra, estaría preservado en la oscuridad irracional para que su poder primordial no quedara inhibido[42]. *La creatividad se convierte en una potencia primordial* en sí misma, que se refleja en lo anormal, en lo extraordinario, en la capacidad para alcanzar intensidades extremas. La libido queda desencadenada, desublimada en la liberación, y deviene trasunto del dios, de Liber; de esa libertad (*freedom*) que muestra en el inglés sus raíces verbales en Frey y Frigg, los modelos arquetípicos que están tras la liberación del hombre inferior y en estado salvaje. Oponiéndose al intelecto y la razón, la creatividad signifi-

ca lo primitivo, lo desnudo, lo ignorante, lo negro, lo despojado, lo depravado. El poder en estado puro se convierte en creatividad, pero también lo hace su contrario: el desmembramiento salvaje, lacerado y lacerante, en el drama creativo de la Sombra. Desde esta concepción, la creatividad tiene que entrar en conflicto con todo lo que subyugue su poder, ya sean los cánones culturales, los criterios del buen gusto o de la moralidad burguesa. Porque la fuente de esta vitalidad dinámica reside en la oscuridad, ella en sí es una invocación de lo oculto, exige un descenso al abismo del desorden, incluso por medio del trastorno de los sentidos (con drogas, bebidas, magia o perversiones). Se nutre del exceso y del conflicto, aúna *Genie und Irrsinn*, «el lunático, el amante, el poeta», y nos deja como corolario la noción de que lo creativo se encuentra a sus anchas en la frontera destructiva, próximo al mal, cercano a la muerte.

4. La asociación de la creatividad con el mal y con la oscuridad a través de la Sombra no incluye lo relacionado con el ardid y el hurto, que también pertenecen a la noción de creatividad, pero caen dentro de otra constelación. El robo prometeico del fuego no provino de la Sombra ni se perpetró para ella. Fue más bien el anuncio a los dioses de que el yo humano había hecho su aparición en la escena. Todos los seres humanos conocen el fuego, pero ningún animal lo posee. El fuego permite alterar las sustancias naturales y acelerar los procesos de la naturaleza. Mediante el fuego el hombre puede inventar y descubrir; puede convertir el misterio de la naturaleza en un problema resoluble, extendiendo de esa manera el ámbito controlado por la consciencia. *Lo creativo, tal y como lo percibe el Yo, es un resolver problemas con inventiva, cualquier proceder que conlleve una extensión o una ampliación de la consciencia.* Su noción de creatividad no es reverente ni romántica; contempla el fuego profano utilitario, no el *feu sacré*. Es precisamente esta visión funcional la que predomina en nuestra cultura actual, caracterizada por su énfasis en la psicología del yo.

El yo se origina en contra de los dioses. El yo obtiene su luz robándola de la *lumen naturae* y la expande, no a expensas de la oscuridad primordial, de donde no se puede tomar ninguna luz, sino a costa de despojar de su tenue luz, cuasidivina, al mundo prodigioso de la infancia, a la imaginación y a la mente simbólica y natural. La creatividad mediante el Yo es necesaria y, sin embargo, no deja de ser un hurto[43], un pecado, una caída luciferina. Cuando a la consciencia agrandada se le arrebata su luz, el mundo primordial se sume en la oscuridad, lo divino y lo humano se escinden y la recompensa del Yo es el dolor. La luz del Yo debe conservarse, el fuego tiene que mantenerse encendido con el sudor de la frente, mediante la atención paciente y concentrada y el *trabajo duro del hombre*. Esta noción sostiene que las actividades creativas son «sudor en un noventa por ciento», de lo cual son buenos ejemplos John Wesley, el predicador itinerante que daba quince sermones a la semana y que era capaz de leer mientras cabalgaba a lo largo de los más de 8.000 kilómetros que recorría anualmente, Anthony Trollope, que producía 250 palabras cada cuarto de hora, o la prodigiosa resistencia física de Lope de Vega, Miguel Ángel, Voltaire, Scott, Balzac o Edison.

5. Otra noción, generalmente poco considerada, merece también nuestra atención porque se trata de un hecho psicológico. En la mentalidad popular y en los sueños, la creatividad se identifica con lo eminente, con la cima en cualquier campo, ese lugar en el que el camino de la ambición queda coronado con el éxito de la fama. Lo creativo se percibe aquí a través de lo que Jung denominó con el término latino de *persona* (la máscara del actor o el papel que representa en la tragedia). Lo externo y lo público invaden y consumen lo interno y lo privado; uno se convierte en su propia imagen. Y esta imagen, en tanto parte de la consciencia colectiva, guía la cultura como su *représentation collective* y, al mismo tiempo, es víctima de sus proyecciones. Así, el individuo que lleva la máscara ya no puede quitársela porque ella misma se ha convertido en el portador psíquico del instinto creativo, lo cual llega a veces a originar el sacrificio del sujeto en el suicidio y su tragedia individual a cuenta de esa imagen de la personalidad que se ve forzado a llevar en tanto representante público. El individuo no pue-

de desprenderse de su papel, en parte por motivos de poder, pero sobre todo a causa de que el papel ha pasado a detentar su eficacia creativa. Su máscara representa una fuerza colectiva, transpersonal, arquetípica, de tal forma que debe llevarla para poder estar en relación con los dioses. *Persona* en este caso no significa apariencia exterior, representación teatral que esconde el verdadero ser; ella es ahora el verdadero Sí-mismo en su puesta en escena arquetípica. ¿Hay algo más «real» que esta representación? El término *persona* recupera de esta manera su significado originario, necesario para la realidad del teatro y de la tragedia, en donde el mundo entero es escenario. Cuando la *persona* absorbe el instinto creativo, todas las rarezas y facetas de una vida devienen simbólicas. Los gustos del káiser, los hábitos del dictador, las dietas y las opiniones de las estrellas cinematográficas y de los héroes del deporte adquieren una importancia suprema, mítica. Y cuando estas figuras aparecen en los sueños, indican la visita al alma del numen de una era, mediante cuya figura el que sueña puede estar reconociendo la necesidad de expresar su creatividad de forma efectiva en el mundo, fusionando su individualidad con la sociedad, realizándose como un configurador de la consciencia colectiva, como un actor en un drama histórico.

6. Otra idea básica de creatividad aparece en los trabajos de los psicólogos y de los historiadores de la religión y de la cultura, así como en los escritos de los grandes hombres. A la creatividad se le da aquí el sentido de *renovación*, y el sendero que conduce hasta ella es el de la *regresión cíclica*. Lo creativo se presenta ahora como el indestructible e intemporal terreno de la naturaleza: como tierra, casa, raíz, útero, o como el mar en permanente transformación que circunda el mundo. Nosotros somos sus sirvientes, pasivos, a la espera. Lo creativo es una fuerza externa, una inconsciencia maternal, nutricia y regeneradora, situada en los fundamentos del ser humano y sujeta por naturaleza, como las estaciones, a esterilidades periódicas. La creatividad puede caer como un manto sobre su hijo favorito, el héroe creativo, que debe combatirlo e incluso aniquilarlo. Pero, a pesar de su seriedad, esta lucha es sólo un si-

mulacro, porque la fuente primordial no puede ser derrotada nunca; no existe muerte real, sólo renacimiento. No creo que se necesite completar más esta noción de creatividad derivada del arquetipo de la Gran Madre.

Una vida puede verse afectada por varias de estas nociones, por varios de estos estadios arquetípicos de la experiencia de lo creativo. Podemos proceder pasando del Niño al Yo y luego al Padre, o bien pasar del Yo a la Sombra y de ahí a la Madre, y así sucesivamente. Las *crisis* creativas pueden ser atribuidas a dificultades en estas transiciones, como, por ejemplo, el período crítico de la mitad de la vida, en donde se requiere una nueva psiquización del instinto, que trae consigo una nueva autopercepción tanto en estilo como en contenido[44]. La vivacidad de una obra juvenil *(puer)* puede dar lugar a un tomo erudito, serio y ordenado (Padre); o puede renunciarse al éxito *(persona)* para lanzar un ataque destructivo (Sombra) a la sociedad que auspició ese éxito; o también se puede abandonar el trabajo metódico (Padre) y pasar años de esterilidad y gestación (Madre). Las *posesiones* creativas podrían reflejar identificaciones con algunas de estas modalidades arquetípicas, que harían que el sujeto se aferrara a un solo modelo, mientras que las *tensiones* creativas indicarían alguna contienda entre las distintas modalidades. Estas percepciones del instinto no sólo ofrecen diferentes nociones de lo que es la creatividad, cada una proporciona también su propio sentido de significado y su propio modo de consideración de la verdad. Todo ello explica que se encuentren puntos de vista consistentes pero diametralmente opuestos sobre la naturaleza del arte creativo o de la persona creativa, cada uno de los cuales, si se penetra en ellos lo suficiente, revela una base arquetípica derivada de la autopercepción del instinto creativo a través de una de estas constelaciones primordiales[45].

Puede haber además *contaminaciones*, conjunciones impías, de esas experiencias arquetípicas de lo creativo: el Niño y la Sombra pueden no estar lo suficientemente separados, dando lugar al *enfant terrible*; el Niño y el Padre juntos originan el viejo loco, el mago diletante, el inepto Falstaff o el charlatán falso sabio; y, peor todavía, la Madre y la Sombra, que, aunadas, enturbian toda claridad y diferenciación, generando la barbarie regresiva y el culto a la tierra y a la sangre en nombre de la «fuerza a través de la alegría» y de la renovación vital.

Hasta aquí todo bien. Sin embargo, estas nociones arquetípicas no han respondido a nuestras preguntas iniciales: ¿Cuál es el principio creativo paterno de nuestra psicología? ¿Cuál es el genio psicológico, el genio de la psicología, el genio que engendra el sentimiento de alma, su percepción, y genera la realidad psicológica? ¿Qué mito estamos escenificando en el ritual del análisis, si éste no es el de la tragedia edípica de Freud ni el mito del héroe de Jung? Si el alma es el *opus* de la psicología, ¿qué es lo que la engendra? Y ¿por qué esta generación de alma depende tanto de la relación humana?

Ánima y psique

Hay todavía otro modelo de creatividad que nos da una noción femenina, pero distinta a la de la Madre. En la literatura académica, el aspecto de esta noción que tiene que ver con la *personalidad* creativa se describe como «ambivalencia psicosexual» o «sensualidad, sensibilidad, interés estético o feminidad»[46]. Al aspecto relacionado con la *actividad* creativa se le denomina incubación, así como gravidez y nacimiento. Y, finalmente, al aspecto del *producto* creativo se le llama imaginación y belleza. Así, pues, encontramos aquí: pasividad, receptividad hacia lo que viene, ingestión, el fluir de las imágenes de la fantasía –bien flotando sobre el individuo, bien llevadas por la corriente emocional de su interior–, la sensibilidad a flor de piel que absorbe el mundo a través de los poros hasta llevarlo a su torrente sanguíneo; rabietas y enfados al albur de los caprichos pasajeros, los humores, los amores, las extravagancias y, situándose por encima de todo esto, el servicio humillante a una señora, al opuesto principio femenino, en cuyas manos están tanto la fluidez de las imágenes como los cánones de la belleza.

Jung nos ha posibilitado conocer mejor esta noción de lo creativo. Su elaboración del *anima* como función de la personalidad de todo hombre, de todo sujeto masculino, traslada la discusión de la experiencia creativa desde el caso especial del artista hasta el caso de cada uno de nosotros. Todos y cada uno de nosotros tenemos un ánima y a través de nuestra experiencia de «ella» nos aproximamos a lo que ocurre en los otros.

Jung nos dio el concepto de ánima, ciertamente, pero lo limitó por definición a la psicología del hombre. Empíricamente, el ánima se revela sobre todo allí donde la consciencia del hombre es débil y vulnerable, reflejando su contrasexualidad interior como una inferioridad femenina, a la que además maldice y de la que abomina. Sin embargo, el *arquetipo* del ánima no puede quedar limitado a la peculiar psicología masculina, puesto que los arquetipos trascienden tanto al hombre como a la mujer, así como sus diferencias biológicas y sus papeles sociales. Las representaciones del ánima en la mitología griega, donde este arquetipo aparece bajo la configuración de ninfas, ménades, amazonas, nereidas, etc., o en las formas divinas, más numinosas y articuladas, de Perséfone-Coré, Afrodita, Artemisa, Hebe o Atenea, se refieren a una *estructura de la consciencia* relevante tanto para la vida de los hombres como de las mujeres. Por esta razón, la creatividad psicológica no se limita al hombre, ni el arquetipo del ánima es una prerrogativa masculina.

Si hemos reconocido que el *opus* de la psicología es el alma, y si el ánima es *âme, alma, Seele, soul*, ¿no tendrá algo que ver la creatividad psicológica con el engendrar alma o psique a través del ánima? Tanto el ánima como la psique son tradicionalmente femeninas. Pero ¿indica eso que son idénticas? ¿Qué relación tienen con el «alma»? Siguiendo a Jung, «ánima», en su acepción moderna, tiene el significado de personificación del alma, y las figuras que encarnan el ánima son consideradas imágenes del alma que revelan su carácter y predilecciones. En un escrito postrero, Jung dejó claro que, para él, el ánima era «un concepto empírico, cuyo único propósito es dar un nombre a un grupo de fenómenos psíquicos análogos o relacionados»[47]. Y advirtió que «no debe confundirse con ninguna idea cristiana dogmática sobre el alma, ni con ninguna otra concepción filosófica previa de la misma»[48]. En su lugar, Jung remitió a las ideas clásicas –incluidas las chinas– para evitar cualquier asimilación de su concepto empírico, derivado de los fenómenos del análisis y de la vida, a las ideas religiosas usuales sobre el alma. Lo que explica que Jung procurase generalmente evitar el término «alma» y usara en su lugar los de «ánima», «psique» o «Sí-mismo».

Psique y alma pueden ser diferenciadas en función de distintos esquemas o fantasías. Jung definió la psique como la totalidad de los procesos psíquicos y el Sí-mismo como la subjetividad intencional de esa totalidad. El alma, para Jung, es un complejo funcional de la psique que actúa como una personalidad mediadora entre la totalidad de la psique, que es principalmente inconsciente, y el Yo común. La imagen de la personalidad del alma, en tanto opuesta a este Yo habitual, es contrasexual; por eso, empíricamente, en el hombre esta «alma» es femenina, es decir, es el ánima.

El alma, sin embargo, presenta ciertos aspectos que van más allá de la feminidad inconsciente del hombre, como indican su relación con la personalidad interior y su conexión con una serie de figuras oníricas femeninas de las que se sirve como imágenes predilectas. Estos aspectos más amplios tocan los problemas de la pérdida del alma, la inmortalidad y la redención, la vitalidad humana, así como su relación con el ámbito humano y con el sagrado; y también evocan el *anima mundi* cósmica, en tanto que aluden a un alma del mundo, esto es, a la psique en sus niveles comunes de subjetividad. Alma, psique, ánima y ánimus (a diferencia del «Sí-mismo», que es un símbolo más abstracto y reflexivo) mantienen asociaciones etimológicas con las experiencias del cuerpo y son términos concretos, sensuales y emocionales, como lo es también el de vida.

La dificultad de estos términos deriva de que no son auténticos conceptos; son más bien símbolos que evocan significados pertenecientes a un ámbito distinto del delimitado por las definiciones. El ánima despertará siempre resonancias, derivadas de sus influencias griegas y latinas[49], que conducen a su mixtura con la *psyché* y con las experiencias de esta última como presencia viviente, emocional y sin forma precisa, de gran valor para el individuo humano. En este sentido, «hacer alma», que evoca el sentimiento de esta presencia, implica el despertar de un factor vivo y emotivo de extraordinaria importancia para mi actual bienestar y para mi muerte. Una psicología cuyo objetivo consista en hacer alma toca acordes totalmente distintos –en el alma misma– de los que entona la psicología del yo. La «psicología profunda», como fue llamada originariamente en alemán, conduce en último término al reconocimiento del alma como el factor de la personalidad que, orientado hacia lo interno y hacia lo inferior, proporciona profundidad.

Podemos concebir también la relación entre ánima y psique como un ejemplo de la que existe entre lo potencial y lo actual. El alma en tanto ánima, como personalidad interior, recogerá todos los aspectos desestimados por la *persona* exterior. En un primer nivel, estos aspectos son necesariamente inconscientes, delicados y afeminados, y poseen los rasgos típicos del ánima descritos por Jung. Pero, una vez conducidos internamente, vividos y fantaseados, adquieren un carácter psicológico cada vez más pronunciado, proporcionando intuiciones, símbolos y conexiones. Y, de hecho, estamos obligados a desarrollar esas diferenciaciones psicológicas si queremos mantener nuestro equilibrio en medio de las obsesiones del ánima. A través del interés en esos aspectos femeninos, mediante el diálogo y el trato con ellos, algo psicológico acaba emergiendo del ánima. En otras palabras, el ánima se convierte en psique, proporcionándonos un sentimiento del alma cada vez mayor a medida que se realiza esa transformación. La psique, por consiguiente, se encuentra latente en todas las confusiones del ánima, pugnando por despertarse; y esta psique, como nos dice la antigua fábula recogida por Apuleyo, era una bellísima muchacha, triste, inclinada al suicidio y bastante inexperta, sumamente ingenua en el trato con sus hermanas y las diosas.

Si el ánima es el camino que lleva a la psique, entonces las experiencias anímicas constituirán una vía iniciática para la creatividad psicológica. En este sentido, Jung habla del ánima como el camino que conduce a la totalidad psíquica y menciona reiteradamente la *coniunctio* con lo femenino mediante sus diferentes etapas de desarrollo. Esto no puede significar tan sólo que el ánima traiga consigo «el otro lado», o que el ánima se limite a tener una relación especial con el «viejo sabio» como hija suya, o que el sendero hacia la sabiduría y la estupidez de la condición masculina en su conjunto pase por el cultivo del ánima. Debe significar más bien que, ya en el inicio del proceso, el ánima es la psique misma, aunque sólo esbozada, todavía lábil y desconocida. Y en el centro de toda la fascinación que sentimos por el ánima está la irresistible belleza de la más bella de todas las formas creadas: Psique. El deseo erótico, como aclara el Sócrates platónico, tiende siempre hacia la belleza: «Amar es engendrar en lo bello, tanto en el cuerpo como en el alma» (*Banquete* 206b). Aquello que nos atrae por encima de todo –más incluso que Afrodita, la diosa de la belleza– es la mortal Psique, la mortal psique humana.

En los sueños del hombre, el ánima es a menudo la imagen de los síntomas neurovegetativos y de los procedentes de la labilidad emocional; es decir, representa aquellos acontecimientos semisomáticos que no son todavía experiencias psíquicas, que no han pasado todavía por una suficiente psiquización. En esos sueños el ánima aparece encerrada, bajo el agua, «incapaz de salir»; puede ser tan mágica e incomprensible como los síntomas mismos; puede tomar la apariencia de una niña en el umbral de la pubertad; puede comparecer ahogada, quemada, congelada, idiotizada, empequeñecida como una enana o sifilítica, esto es, necesitada de cuidados; y otras veces forma parte de un panorama mítico interior donde hadas y animales deambulan entre una vegetación que permanece todavía intacta por parte de la percepción humana[50].

En estos sueños, el hombre puede intentar abrirse paso a través de una pared para llegar a «la muchacha que está en la habitación de al lado»; o quizás encuentre la línea telefónica ocupada, de tal manera que «no puede establecer comunicación». Otras veces la atractiva muchacha habla sólo una lengua extranjera, o procede de alguna cultura pagana y tira de él hacia el pasado histórico; tales figuras aparecen, excitan eróticamente al soñador y desaparecen. Puede pasar también que un insecto o un ratón a los que intenta aplastar den lugar a una diminuta muchacha maravillosa. Nada tiene sentido; las seducciones abundan. Día tras día el hombre es víctima de sentimientos y fantasías que atraen su atención continuamente. Y en el preciso momento en que las velas de la fantasía se hinchan y el viaje de la imaginación está a punto de comenzar, los síntomas le abandonan. Los medios tradicionalmente usados ante los asaltos de otros arquetipos, como el rechazo de la Madre y el enfrentamiento con la Sombra, fallan aquí estrepitosamente. Si se la interroga, sonríe y se desvanece. El sujeto se queda dormido o malgasta el día malhumorado. El ánima resiste todas las aproximaciones psicoanalíticas que intentan reducirla, interpretarla o explicarla. Sólo un camino parece quedar abierto, un indicio del cual es su facilidad para ser seducida. Ese camino no es otro que el de la vía erótica. Al hombre se le pide que ame su propia alma[51].

Las conclusiones a las que nos fuerzan los datos empíricos del trabajo analítico son que el *ánima se convierte en psique a través del amor* y que *es el eros quien engendra la psique*. Llegamos así a una nueva noción de lo creativo, esta vez percibida mediante el arquetipo del ánima. *Lo creativo es un resultado del amor*. Está marcado por la *imaginación* y la *belleza*, así como por su conexión con la *tradición* como fuerza viviente y con la *naturaleza* como cuerpo viviente[52]. Esta percepción del instinto creativo insiste en la importancia del amor: nada puede crearse sin amor; el amor se muestra como el origen y principio de todas las cosas, como en la cosmogonía órfica. Dado que esta perspectiva parece la más acorde con las intenciones de la psique en su configuración como ánima, intentaremos desarrollar esta visión de la creatividad en lo que tiene que ver con el *opus* del trabajo analítico.

El despertar del alma adormecida mediante el amor es un tema tan recurrente en los mitos, los cuentos populares y el arte, así como en las experiencias subjetivas, que podría calificarse justificadamente de arquetípico. Si a esto se añade que el proceso de desarrollo psíquico, de despertar y generar el alma, es una autodescripción o una autopercepción de la creación de psique, nada parece más adecuado entonces que ofrecer un mito fundamental de la creatividad psicológica y, por tanto, también de nuestro trabajo y de nuestro campo. El mito que representa este modelo ha sido interpretado psicológicamente por Erich Neumann en su trabajo sobre el relato de Amor y Psique escrito por Apuleyo[53]. Su esclarecedor análisis es uno más de una larga serie que se remonta a Fulgencio y que se continúa hasta el presente. Es una historia que ha suscitado el interés de los estudiosos de la antigüedad clásica, de la literatura, de los *Märchen,* y también el de los psicólogos. Merkelbach ha reunido más de una docena de trabajos escritos acerca de dicho relato durante el siglo pasado[54], pero a este material hay que adjuntarle los escritos que estudiaron su importancia en el Renacimiento y en el Romanticismo. Los académicos resaltan, claro es, los antecedentes históricos y los paralelismos literarios. Pero tienden a dejar de lado el contexto *psicológico* del relato tal y como lo narró originalmente Apuleyo en *El asno de oro,* que es un texto mistérico sobre la transformación de la personalidad[55].

Aunque Neumann (en el epílogo de su libro) señala el trasfondo egipcio y oriental de la fábula de Amor y Psique, reconociendo así la importancia de los estudios filológicos, lo que más le interesa es resaltar el significado excepcional que este cuento tiene para la psicología. Merkelbach, por su parte, parece no darse cuenta del hecho de que su insistencia en el aspecto iniciático del relato, más que refutar, corrobora la interpretación psicológica de Neumann. Es precisamente la función iniciática del cuento la que lo ha hecho, en cualquier época, tan revelador y valioso para la transformación de la consciencia (con Keats, en el período romántico; con Bridges, en la década final del siglo XIX; o, en nuestros días, con la reelaboración hecha por C. S. Lewis en *Mientras no tengamos rostro).* En la lectura de los estudios en donde se abordan los orígenes históricos, conviene no olvidar que un mitologema viviente no puede ser entendido tan sólo mediante sus antecedentes y paralelos; se necesita tener en cuenta además su relevancia específica y sus efectos. En otras palabras, hay que averiguar también cómo la psique humana ha acogido el relato. Hay que tener presente, por tanto, que esta fábula, independientemente de sus antecedentes y paralelos, es la única que tenemos sobre la psique como tal, razón por la cual resulta de una particular relevancia para la psicología.

Sin embargo, a diferencia de Neumann, que lo considera una expresión arquetípica del desarrollo de lo femenino, pienso que este mito, que describe el proceso que acontece entre el eros y la psique, puede convertirse en el referente central para una psicología creativa tal y como la consideramos en la actualidad.

Porque, hoy en día, los mitos que hemos heredado, aunque necesarios, no son ya los más adecuados. Lo «inconsciente» ha dejado de ser el monstruo que una vez fue y ha pasado a ser un cachorrillo casero, algo que se da por sentado, o una divinidad doméstica a la que se venera mediante esos pequeños ritos de los diarios donde se van recogiendo los sueños, mediante la interpretación de los síntomas o mediante las técnicas para estimular o mitigar el sentimiento de culpa. Edipo en 1900 (Freud) y la travesía marítima nocturna del héroe en 1912 (Jung) atañen a las luchas de la consciencia con el problema de la familia incestuosa y con la inconsciencia en relación con la Madre negativa. Estos mitemas, que marcaron los comienzos de la psicología profunda, representan la apertura de la consciencia humana a su destino individual. Sirven para separarla y para dotarla de responsabilidad individual. Pero ¿es que acaso no hemos superado esa fase en nosotros mismos y en nuestro campo? En términos generales, la práctica confirma que el problema de la familia se ha asumido completamente y ha perdido todo su interés[56], y que la relación con lo inconsciente en psicología no es ya negativa como lo fue en el pasado. La separación de lo inconsciente y el renacimiento a través del mismo ya no constituyen la meta del héroe. La edad heroica en psicología ha pasado. El héroe de la consciencia ha avanzado mucho. Como Hércules, debe servir a la reina de Lidia, debe tejer y hallar su alma femenina; como Ulises, tiene que encontrar el camino de vuelta a casa, a Penélope, demorándose un tiempo con Circe. Los problemas con que nos enfrentamos hoy han suscitado una «nueva moral» en el pensamiento teológico y requieren también una «nueva mitología» en el pensamiento psicológico. En un primer nivel, esos problemas son los relativos al amor, al matrimonio y al divorcio; los derivados de la confusión dentro de la pareja; los de la homosexualidad; o los de la promiscuidad erótica, esa desesperada búsqueda compulsiva de la *vinculación psíquica* y de la *identidad erótica*, búsqueda que puede entenderse mejor en función de una fuerza ectopsíquica, de un instinto que ha perdido su modo de psiquización. Buscar la fuente de los problemas tan sólo en las vicisitudes del instinto sexual ha perdido su eficacia en la práctica y su validez en la teoría. La búsqueda de enfermedad produce enfermedad. Debemos volvernos, por eso, hacia el instinto creativo tal y como se aparece a la psique, es decir, hacia el fenómeno del amor, a fin de descubrir dónde está el error. Para afrontar los nuevos problemas que aparecen en el análisis actual tenemos necesidad de un nuevo mito. El relato de Eros y Psique tiene ventajas con respecto a los mitos utilizados previamente, los cuales, aunque no estaban descaminados, no pasan de ser meros predecesores suyos. Debemos contemplar la serie de mitos centrales de la psicología como los distintos actos de una representación teatral que escenifican el movimiento de la consciencia. El giro operado en la consideración de los grandes mitos clásicos, que ha pasado de dar primacía a Edipo y al héroe a poner en primer plano a Eros y a Psique, nos aporta una descripción metafórica del cambio arquetípico que se está operando tanto en la psique como en su campo, la psicología.

Se ha dicho que el mito surge siempre de un ritual, como un relato, como la narración de unos eventos, que revela el misterio de aquello que ha acontecido. Las nuevas formas de vida sobrevienen a menudo bastante antes de poder ser entendidas. El ritual —esa nueva forma de vida— que da origen a esta nueva interpretación mítica es —como ya quedó dicho al principio del libro— la *transferencia*, ese fenómeno peculiar de la relación analítica. No se ha hecho hasta la fecha ninguna aproximación adecuada a los misterios de la transferencia. El relato edípico resulta particularmente desafortunado. Jung nos ha legado una amplia base mítica para esos fenómenos, que tan frecuentemente toman forma erótica, en su enriquecedor trabajo sobre la alquimia, sobre todo en lo que respecta a las conjunciones entre lo masculino y lo femenino, de las cuales la transferencia no es sino un ejemplo. Pero la fábula de Eros y Psique, como Neumann no tardó en percibir, presenta el trasfondo mítico de una forma menos abstracta[57]. Es explícita, emotiva, humana; da la impresión de que puede representarse en *cualquier* vida. Nuestro mito describe la interacción entre eros y psique como un ritual que sigue teniendo lugar hoy entre la gente y *dentro de cada individuo*; es decir, no sólo en el análisis sino también en la vida. Su ventaja principal es que habla a todas las épocas y, por tanto, también a la nuestra, pues siempre el amor ha necesitado del alma y la psique del eros. Hoy seguimos sufriendo y enfermando a causa de su separación. Asimismo, tiene también la ventaja de ser válido tanto para el hombre como para la mujer. Es una fábula de la relación entre los sexos, de la relación entre los componentes opuestos presentes en cada sexo y de la relación entre los sexos y los dioses. Es, además, una fábula de la redención, aunque no excluye la tortura, el suicidio y a Hades. Un complejo edípico, como el de la tragedia de Edipo, no tiene ninguna redención evidente, ni tampoco el héroe de la travesía marítima nocturna, quien, tras convertirse en rey-*senex*, debe finalmente ser destronado. La maldición que pesa sobre el rey-héroe alcanza inevitablemente a las generaciones sucesivas, y una psique mimética de esos modelos arquetípicos acabará por quedar atrapada en la ciega y oscura lucha heroica del problema familiar.

Estos predecesores no pueden utilizarse más exclusivamente, porque la edad heroica en nuestro campo ha pasado. *La consciencia psicológica está cambiando.* Su interés hoy, cuando una serie de accidentes en los ordenadores puede acabar con todos nosotros, se dirige al destino del alma, a su carácter sacro, a la posibilidad de inmortalidad, a la fertilidad de su imaginación (¿será éste acaso el significado del campo florido, en donde la figura de Eros aparece tan a menudo?) y, sobre todo, a la identidad erótica de la vinculación psíquica, al vinculante nexo de amor entre los seres humanos y entre los humanos y los dioses. Y, con todo, dicha identidad y dicha vinculación están completamente más allá de lo humano, dependen en parte, como los dioses mismos, de un factor inhumano: de Eros.

Eros

Antes de la redención, antes de que el Rey desposara a la Reina en el *hierós gámos,* ambos fueron niños una vez. Todos nosotros somos niños, y más a menudo de lo que querríamos serlo. La infancia psicológica ha sido suficientemente examinada a la luz del instinto sexual y del nutricio. Pero también lo creativo debe de tener un aspecto genético. ¿Es que lo creativo carece de infancia? Esos niños-amantes que son Eros y Psique (y todos los mitologemas relacionados con ellos)[58] pueden decir mucho a este respecto. Trasladar el acento de lo oral y lo genital a lo creativo no indica que se subestime el papel del niño en la terapia práctica. Significa más bien que nuestro retorno a lo infantil no busca tanto satisfacer o transformar las gratificaciones orales y la perversidad polimorfa cuanto reconquistar lo pueril en sí. Las heridas de la niñez son menos el resultado de traumas nutricios o sexuales que del amor. Sentimos esas heridas como un abandono: bien como si nuestra persona interior (el alma) quedara privada de amor, bien como si se nos dejara a merced de la garra del deseo, bien como si fuéramos un reservorio desbordante de amor para el que no hubiera ningún recipiente adecuado o permitido. Las heridas del amor impiden el desarrollo de la psique, porque convierten la natural fragilidad y simplicidad propia de su estadio juvenil en un infantilismo defensivo. Estas heridas pueden redimirse a través del amor y del estado infantil que éste conlleva. Los primeros atisbos de la psiquización del instinto creativo se expresan a través de la aparición de la imagen de un chico o una chica, cuyo significado esencial es que se está produciendo una autotransformación en el sujeto mediante la propia *vis naturalis*.

Pero la simplicidad del niño tiene dos caras: de una parte, la del placer y la alegría; de otra, la de la herida que no percibe su propio dolor. Así, la aproximación mediante el eros nos permite retornar a aquella misma inocencia, la cual cura haciendo que el niño se percate de sí mismo, pero ahora desde una cierta distancia retrospectiva. Este distanciamiento nos permite tener en cuenta el infantilismo de la psique (esa resistencia natural a la autorreflexión) y afrontar las influencias derivadas de la inmadurez pueril del eros (los meros deseos naturales dominados todavía por el complejo materno)[59], actitudes ambas que también pueden ser elaboradas a partir de nuestra fábula. Pero la herida del niño, su «no-ser-todavía», no se cura criándolo con actitudes paternalistas. Más bien, su curación, que es decir lo mismo que su desarrollo, se verifica mediante el efecto del eros sobre la psique y de la psique sobre el eros. Se incitan mutuamente. Por eso, la curación de las heridas, las psicológicas y las eróticas, se refleja en el motivo onírico de los niños –tu figura y la mía en edad infantil– que se encuentran y crecen juntos.

Es evidente que Freud se equivocó al considerar la infancia de forma predominantemente sexual. Desde las épocas helenística y etrusca hasta bien avanzados los tiempos modernos, los amantes Eros y Psique han sido tan frecuentemente representados en estatuas y en gemas *como niños* que es obligado interpretar su amor en un sentido *no* sexual. Encontrar un predominio sexual en el eros de la infancia o en la psique infantil equivale a interpretar retrospectivamente, a ver el adulto en el niño, a trasplantar o transferir los anhelos por parte del adulto de una libertad polimórfica a la infancia imaginal del Edén. La relación eros-psique caracterizada como una unión de niños confiere un significado distinto a los términos «polimorfo» y «conjunción». Indica un hermafroditismo polimorfo originario, que es pregenital y anterior a los opuestos de un alma sin cuerpo y un cuerpo sin alma, apunta hacia experiencias en donde los opuestos no son primero hendidos y luego reunidos mediante el deseo sexual, hacia experiencias en donde el juego, la fantasía y también la sexualidad son otros tantos modos del eros y la psique. Si se les representa como niños, eso significa que el eros y la psique traban contacto en nuestra puericia y, por consiguiente, en esa forma de consciencia imaginal que es propia de la infancia.

Aparte de resaltar la importancia creativa del niño[60], hay que considerar otra imagen del eros que se presta a ambigüedades engañosas. Me refiero a las antiguas representaciones en piedra del Eros itifálico o priápico. ¿No afirman estas imágenes que el amor es un derivado del instinto sexual, que lo creativo es, en el fondo, sexual?

La visión freudiana –la cual ya se encuentra presente en Lucrecio (*De rerum natura* IV)– hace derivar el amor de la sexualidad[61]. Eros y el falo se reducen al pene. El error freudiano no ha sido tanto la importancia atribuida a la sexualidad; más grave fue el de creer que la sexualidad se limitaba únicamente a la sexualidad estrictamente física, que el falo se limitaba siempre de forma exclusiva al pene. El enigma falo-pene ha perturbado la psicología durante mucho tiempo, y esta perturbación continuará porque este enigma es un misterio esencial de la psique y no simplemente un difícil problema psicológico. La revelación de este enigma es el meollo de la iniciación y de los misterios masculinos y femeninos, y no sólo de aquellos de la antigüedad. *La iniciación como transformación de la consciencia acerca de la vida implica necesariamente la transformación de la consciencia acerca de la sexualidad.* La ausencia de iniciación y de misterios en nuestra cultura es en gran medida responsable de nuestra fijación con la sexualidad, de nuestra incomprensión y defectuosa psiquización de su naturaleza multiforme y, en consecuencia, de nuestras inmensas dificultades para conseguir la identidad erótica. La naturaleza multiforme de la sexualidad, la plasticidad –frecuentemente señalada– del instinto y su fácil contaminación con la oralidad, la agresividad y la creatividad, significan que dicha sexualidad no es nunca «siempre» o «solamente», nunca es una e inmutable. No sólo se transforma a través de las etapas evolutivas descritas por Freud, sino que también –en tanto instinto– puede ser psiquizada mediante la Sombra, la Madre, el Niño, el ánima/ánimus, etc., ofreciendo así una considerable variedad de percepciones sobre su naturaleza. La noción freudiana de genitalidad plena es, en el mejor de los casos, una descripción del instinto sexual percibido a través del arquetipo del Padre. De forma similar, las políticas de violencia y libertad son percepciones de las ideas sexuales hechas por Reich y Marcuse a través de la Sombra. La sexualidad cambia como los dioses que portan su emblema –el falo-pene–, cambian a lo largo de las fases de la vida. Pan, Príapo, Hermes, Dioniso, Zeus, Apolo, Eros, los *kouroi*, los cabiros, Sileno, los sátiros, los centauros, cada uno representa un modo de iniciación al ser sexual, cada uno representa un modelo fantástico a través del cual se hace posible experimentar el instinto. La figura de Jesús, tanto en los textos como en su iconografía (salvo raras excepciones o en los casos en los que aparece de forma camuflada), omite completamente este emblema. A resultas de lo cual, el individuo perteneciente a nuestra cultura no dispone de ninguna imagen divina como ejemplo de la iniciación al ser sexual. Una de las numerosas consecuencias desafortunadas que se derivan de esta omisión es la permanente preocupación de los occidentales por la naturaleza del eros. La iniciación nos habría provisto de modelos míticos para la psiquización de este instinto; sin sus rituales no comprendemos nuestras fantasías sexuales y las racionalizamos, convirtiéndonos en víctimas de nuestros propios complejos.

Cuando nos enfrentamos a algún misterio, los que conocen sus secretos no hablan y los que hablan no los conocen. Tan sólo podemos proceder, por tanto, sobre la base de los indicios que nos proporcionan algunos misterios iniciáticos similares que también se despliegan en nuestro trabajo analítico. Y dicha actuación está marcada siempre por la ambigüedad, pues en un determinado punto del desarrollo de la psique se requiere la discriminación entre pene y falo, entre la sexualidad y el eros, mientras que en otro momento se hace igualmente esencial que ambos se compenetren en una unidad numinosa. Edipo y el héroe de las mil caras se decantan cada uno sólo por un lado del enigma falo-pene. El primero escenifica el incesto con la madre en la carne; el segundo reniega con frecuencia de la carne y su batalla con la madre se simboliza en la castidad de la renuncia sexual. Sabemos por la práctica que amor y sexualidad no son idénticos. Hay un eros, erróneamente llamado platónico, que omite lo sexual; de la misma manera que hay una sexualidad sin eros. Pueden seguir caminos separados, aunque generalmente en detrimento de ambos. Quizás debiéramos volvernos hacia el ánima, como Sócrates se volvió a Diotima, en busca de otra aproximación. Diotima se mostró ambigua cuando dio su definición de amor: engendrar mediante la belleza o en el cuerpo o en el alma. Su superior sabiduría femenina no intenta una separación intelectual o moral de pene y falo, ni siquiera cuando se sitúa en la vía hacia lo alto. (Por lo que sabemos de Sócrates, éste no dejó nunca el nivel de los alquímicos «perro y perra», e incluso parece que denegó a Alcibíades su completa puesta en escena.) El yoga kundalini, que es una de las representaciones fundamentales de la vía hacia lo alto, insiste en la circulación hacia lo bajo, retornando continuamente a la raíz anal-genital del *muladhara*, a la que no puede abandonar. La belleza uniría el pene y el falo en un nuevo misterio, porque ¿qué es la belleza? El ánima arquetípica expresada a través de la voz de Diotima parecería inclinada a trasladar el misterio falo-pene del nivel de problema insoluble al de símbolo, al de ser objeto y fuente permanentes para la fantasía. De este modo, el misterio, al generar incesantemente fantasía y reflexión psíquica, se convierte en símbolo creativo y en símbolo de lo creativo.

El aspecto fálico del eros indica su esencia masculina. Esta cualidad ha sido algunas veces olvidada por parte de la psicología analítica, especialmente cuando el eros quedaba contrapuesto al *lógos* y, por ende, asociado al lado lunar y femenino. Kerényi me ha asegurado, sin embargo, que el uso del término «eros» en el corpus clásico se relaciona preponderantemente con un contexto masculino. Por otra parte, los avatares y las formas de Eros son masculinos; tanto si se presenta en forma de sátiro, muchacho, flecha, antorcha, Kama, Frey o Tammuz, como si se encarna en forma de amor iluminado en las figuras de Kṛṣṇa, Buda o Jesús, el principio del amor activo, la función de relación, de cópula, de *metaxý* («lo intermedio»), es masculino. Sea como descendente gracia del espíritu, sea como anhelo platónico hacia lo alto, sea como principio aristotélico del movimiento universal, el amor llama, inicia, apresta, da vida. Eros guarda conexiones míticas especiales con Fanes, el portador de luz; con Hermes, el mensajero masculino; con Príapo, la encarnación fálica; con Pan, la fuerza masculina de la naturaleza; con Dioniso, la indestructible energía viviente.

Además, sus alas, que todavía se conservan en las imágenes querúbicas barrocas de nuestro tiempo[62], representan lo que los primeros filósofos griegos formularon bajo el concepto de «automoción», la característica primaria del principio masculino.

No podemos colocar todo el amor en el altar de Afrodita. El amor tiene muchas apariencias y sólo algunas están gobernadas por la diosa; y también ella tiene muchas caras, que dan a nuestro amor diferentes perspectivas arquetípicas. Tampoco podemos eludir la masculinidad de Eros asumiéndolo como bisexual, como unión de Hermes y Afrodita, el originario hermafrodita hermano-hermana. Aun admitiendo que la forma femenina de amor sea primaria y que el eros masculino se haya desarrollado a partir de ella, como de un huevo, es necesario distinguir entre el Eros masculino en tanto principio creativo y el amor que representan la gran diosa y sus diferentes configuraciones. Así, en primer lugar, Afrodita nace de las aguas, mientras que las imágenes de Eros no lo presentan asociado al elemento húmedo, sino al fuego y el aire[63]. En segundo lugar, Eros como «hijo» encarna y pone en acción la necesidad receptiva femenina –su capacidad amorosa– y la belleza de su madre, y es, en este sentido, siempre su hijo; pero la diosa, por su parte –ya sea en la forma de Afrodita, Cibeles, Ishtar, Freyja, Kuan-Yin o María–, muestra siempre una cualidad específicamente suya: su esencia consiste en un servir más pasivo, en un aceptar más amplio, sin distingos. Expresada negativamente, esta esencia señala su exigente emotividad y su notoria promiscuidad; expresada positivamente, indica su inacabable fecundidad, así como su misericordia y compasión que todo lo abarcan. A la pérdida de esta diferenciación entre estos dos dioses, y entre lo masculino y lo femenino, podría atribuírsele nuestra pérdida de identidad erótica. La masculinidad ha acabado por significar el rechazo de lo erótico en tanto afeminado, dando lugar bien a un eros compensatoriamente más áspero, bien a su sustitución por la sexualidad. Todo el eros viene así a recaer sobre la mujer: el sentimiento, la fantasía, el amor, las relaciones, la inspiración y la iniciativa.

La facultad de relación queda emasculada y se resuelve en una mezcolanza de pasividad y promiscuidad, privada de la dirección de la flecha de Eros y de la luz de su antorcha, privada del coraje del hombre para confiar en el amor y seguirlo como realidad de lo masculino y privada también del reconocimiento por parte de la mujer de que su feminidad arquetípica no es bastante para ella misma. Eros como hijo –es decir, otro tipo de amor– necesita nacer. El desarrollo de la psique, tanto en el hombre como en la mujer, sólo comienza –siguiendo nuestra fábula– cuando uno deja de servir únicamente al principio del amor femenino y se reúne con el eros masculino.

A esa pregunta tan habitual de «¿por qué son los hombres más "creativos" que las mujeres?» puede dársele también una respuesta psicológica y no sólo las usuales de corte biológico o sociológico. Si el eros es el principio creativo trascendente, necesario para intensificar la capacidad psicológica, y si el eros es masculino, entonces resulta menos difícil (más natural) para el hombre tener un acceso directo a este aspecto. En el caso de la mujer la creación necesita de un complemento de su identidad femenina; debe sacarlo de sí, hacerlo nacer. Pero la fecundación debe ser lo primero, de ahí su búsqueda de vínculos y la fuerza con la que se aferra a ellos, para ser fertilizada y para generar. «Castración» significa entonces para la mujer la identificación con Afrodita y con esa forma solitaria de amor femenino, porque, por fecunda y promiscua que sea, sin los atributos masculinos de Eros se encuentra «castrada», es decir, no creativa. La envidia del pene puede comprenderse, así, como envidia del eros. La ecuación freudiana pene = niño es correcta cuando «niño» significa eros, el niño-hijo-amante, la nueva masculinidad creativa necesaria para la creatividad femenina.

El papel específico que Venus-Afrodita desempeña en el mito de Eros y Psique tiene una importancia crucial para cualquier comparación entre el amor masculino y femenino respecto de sus efectos sobre la psique. Psique es la sierva de la diosa, esto es, una sacerdotisa o una mujer consagrada a la forma de amor representada por la deidad. Algunos la han considerado como una representación juvenil de Afrodita –de la misma manera que Hebe es Hera de joven–, dando a entender que esa relación entre ambas alberga un misterio madre-hija. Sin embargo, en esta relación, *Afrodita está manifiestamente en contra de la unión de Eros y Psique.* La oposición de Afrodita no es tan sólo un ejemplo más de ese motivo tan común en los cuentos de la madre malvada como obstáculo para el amor. Afrodita expresa sobre todo el fundamental componente *antipsíquico* de un tipo de amor. Nuestra fábula trata de la diferencia entre el amor de Afrodita y el amor psíquico. Afrodita puede naturalmente gobernar el amor de los hombres y de las mujeres; es decir, no gobierna meramente algunos componentes de la feminidad humana o del sexo femenino. El relato presenta tres elementos distintos constitutivos del amor –Afrodita, Eros y Psique– y sus interrelaciones. Por muy devota que Psique sea de Afrodita, debe encontrar no obstante su propio estilo de amor, que es distinto del de Afrodita. Afrodita querría tener a Eros y a Psique para sí, manteniéndolos distanciados al uno del otro. Se diría que no quiere que el amor encuentre al alma o el alma al amor. Representa no sólo el componente arquetípicamente antipsíquico del amor, sino también el factor bloqueador de la transformación del eros que impide su conexión con el alma. Habida cuenta de que el amor de Eros se dirige a Psique, la psique de cada individuo debe, cuando se encuentra en estado de enardecida compulsión, discriminar en la medida de lo posible entre los movimientos del eros, que son hacedores de alma, y ese otro tipo de amor femenino que tiene a todos los eventos psíquicos por meros sirvientes de las necesidades de Afrodita. Psique, de hecho, insiste en que el amor es lo primero, llegando a arriesgar su propia vida por el amor; pero este amor es Eros, no Afrodita.

A pesar de la importancia que damos aquí al amor, cometeríamos una equivocación si pretendiésemos «localizar» el espíritu creativo de la psicología solamente dentro de lo erótico, tal y como esto último se concibe convencionalmente. Por amor no entendemos aquí «simplemente un estado que se observa en las almas»[64], los afectos y los entusiasmos de una función psíquica. Eros no es una función de Psique, así como el eros que experimentamos no es un componente de nuestra individualidad humana, algo del «interior» de nuestro «inconsciente» que puede desarrollarse, analizarse o adaptarse. Eros no es nunca algo que tengamos; él nos tiene a nosotros. «¿Qué es el amor?», se pregunta Plotino. «¿Un dios, un espíritu celestial, un estado de la mente?»[65] Si es esto último, entonces hemos psicologizado el dios.

Kerényi ha escrito que Eros «abarca en su naturaleza lo fálico, lo psíquico y lo espiritual e, incluso, trasciende la vida del ser individual»[66]. Eros se sitúa en el contexto de la consciencia griega, hasta donde podemos reconstruirla, no sólo como niño, falo-pene o activa masculinidad del amor, sino sobre todo como figura del *metaxý*, el lugar intermedio entre lo divino y lo humano, el principio copulativo entre los dos. Como afirma Robin, en Platón Eros actúa como sintetizador e intermediario[67]. Kerényi ha señalado al respecto las conexiones de Eros con Hermes, que caracterizan al primero como sintetizador y psicopompo[68]. La escasez de las representaciones arcaicas de Eros, en comparación con las dedicadas a otras figuras mitológicas, lo coloca en un mundo distinto y puede que menos representable, un mundo que no es ni enteramente arquetípico y divino, ni del todo personal o físicamente humano. Eros no aparece como un dios más; no es un amante, como Zeus. «Es significativo que en la mitología tradicional no haya ninguna historia que adscriba a Eros alguna aventura amorosa.»[69] El hecho de que no se le haya representado como a los otros indica que no es tanto una Gestalt cuanto una función divina, que no es tanto un modelo específico cuanto un medio para penetrar en cualquier modelo a fin de darle un colorido erótico. Podemos imaginar esta función operando entre y en medio de los dioses, y podemos conceptualizarla como la consubstanciación y unidad de los dioses y como su participación en el mundo humano. Eros conecta lo personal con lo que está más allá de él y lleva este más allá hasta la experiencia personal[70]. Guía al alma (psicopompo) hacia los dioses y lleva a ésta algo de la tenue luz de lo divino y también de su sublime horror (porque en el amor somos capaces de lo mejor y de lo peor). A este *metaxý*, a esta región intermedia, podría describírselo hoy como *el reino de la realidad psíquica* (que no es algo sólo personal, a diferencia del sentido que habitualmente se le da al amor), y que se extiende por un extremo hasta el espiritual eros cosmogónico y por el otro hasta lo físico y lo fálico[71].

La experiencia erótica, según la entendamos aquí, no se limita meramente a los ataques del amor, a la quemadura o a la herida de la flecha, a la *manía*, ni tampoco a un anhelo hacia lo alto, propio de una vida no completa, una vida de ascensión erótica por la escala mística. Estas imágenes nos cuentan sólo una parte de la historia, especialmente aquella en la que el amor es pasión. Todas estas tentativas de descripción de Eros mediante lo que convencionalmente se considera erótico no reconocen el *metaxý*, la naturaleza mediadora de la experiencia erótica. El impulso compulsivo del modelo de comportamiento, perteneciente a un extremo del espectro del eros, se autoinhibe mediante el otro extremo del espectro. Eros, en tanto intermediario, crea su propio espacio físico, su propio mundo intermedio, a partir de una particular interferencia o intervención psíquica –«lo inexplicable»[72]– que interrumpe, redirige y torna simbólico el comportamiento, y que algunas veces se sitúa en el centro de su secuencia y otras surge incluso antes de que el modelo se desencadene. El tiempo interviene entre el impulso y la acción. La acción directa queda impedida, convirtiéndose en indirecta e imaginativa. A través de este desarrollo del espacio interno, del tiempo y de la imaginación, el mundo psíquico pasa a ser acto, se actualiza. Nace la luz. El advenimiento del reino de lo psíquico, o de algún aspecto nuevo suyo, se muestra en sueños con el motivo de los gemelos, el duplicado de la imagen, el número dos en toda su ambivalente variedad (en vez de la unicidad de la compulsión), la diabólica duplicidad de la consciencia. Hubo un tiempo en el que a esto se le dio el nombre de *daímon*.

Según Dodds, en el epos homérico la «intervención psíquica» se atribuía a un alma oculta, a un *daímon*[73], el cual instigaba a un cambio abrupto del modelo de comportamiento y al mismo tiempo proporcionaba la razón consciente o explicación verbal de dicho cambio. Al *daímon* se le situaba o se le hacía operar en el *thymós* (que se suponía estaba en el pecho o en el diafragma), sede de la consciencia emocional[74], pudiéndose conversar con él. El doble aspecto del demonio/*daímon* –instigador/inhibidor de un modelo de acción– hace su aparición, al mismo tiempo que la primera reflexión psicológica en Occidente, en la obra de Homero. Allí este protector inmortal y portador del destino individual, el espíritu tutelar o *daímon*, parece estar inextricablemente entrelazado con el alma bestial. Y así continúa apareciendo a todo lo largo de la obra platónica hasta sus últimos escritos *(Timeo)*. Según afirma Dodds, la separación de ambos aspectos (la bestia irracional y el *daímon* controlador) no da lugar más que a escisión y a ruptura, y no sirve para describir adecuadamente al hombre empírico, en el que se dan los dos aspectos de una misma fuerza natural[75]. El impulso demoníaco y el *daímon*, los extremos rojo y azul del espectro, son inseparables, del mismo modo que lo son los polos constructivo/destructivo de la creatividad. Nunca puede estarse seguro, además, de cuál de los aspectos o extremos es el demoníaco y cuál es el constructivo. Tan sólo sabemos que *ambos* deben ir juntos, que la presencia de uno solo significa que algo falta y que la inhibición y la vía indirecta pertenecen al eros en la misma medida que la destrucción pertenece a la creatividad. La consciencia no puede sustraerse a sus orígenes ambivalentes.

El eros socrático

Para Platón, Eros era un *daímon*, como también lo eran la psique y otras «funciones» vagamente determinadas (*Banquete* 202e). Pero ¿esa experiencia individual del *daímon* personal, tal y como aparece en su forma más articulada en la figura psicológicamente creativa de Sócrates, era realmente Eros? Si el *daímon* de Sócrates –su espíritu interno admonitorio, el «no» que «nunca aconseja una acción efectiva»[76], el inexplicable momento, formado de inhibición mediadora y de presciencia, que engendra la realidad psíquica y conecta con las potencias arquetípicas– es el principio del eros, en ese caso Eros es el dios de la realidad psíquica, el verdadero señor de la psique, y nosotros hemos encontrado nuestra paternidad, el principio creativo engendrador de alma y patrón del campo de la psicología.

Pero ¿y el *lógos*? ¿No es acaso la psicología el *estudio* del alma, tal y como indican la mismas palabras *psyché-lógos*? Da la impresión de que el componente *lógos (pneûma, noûs)* queda al margen de nuestra descripción de la creatividad psicológica, lo que en parte se debe a que la generación actual está particularmente atraída por los problemas presentes en el mito de Eros y Psique. Pero el *lógos* aparece dentro mismo del eros como ese *daímon* inhibidor con el cual se puede hablar, que actúa como un *spiritus rector* y que tiene una tendencia pneumática hacia lo alto. Y, además, el *lógos*, en la paradoja de la creatividad, se expresa primariamente en el substrato mítico en el que están inmersos Psique y Eros. El *lógos* crea el mundo como un relato y, como tal, es un apriori respecto de todos los contenidos y sucesos de dicha narración. «El mito es, de hecho, la primera emanación del *lógos* en la mente humana, en el lenguaje humano; si su concepción no hubiera estado previamente formada en el mito, ni la mente humana ni su lenguaje habrían podido nunca concebir el *lógos*. El mito es el arquetipo de todo conocimiento fenoménico de que es capaz la mente humana.»[77]

El mejor ejemplo para apoyar nuestra tesis de que es el eros más que el *lógos* el que crea la psique lo constituye la figura del Sócrates platónico. Los escritos platónicos y neoplatónicos confirman el aserto de que la voz que habla a través del *daímon* personal de Sócrates no es otra que la del eros. Sócrates, el prototipo del psicólogo, cuya primera preocupación era la salud del alma, quien, aparte de otros poderes psíquicos, tenía los dones de la clarividencia y de la profecía, que él atribuía al efecto del *daímon*, cuya ánima psicológica se revelaba en su susceptibilidad ante la belleza y en su interés por ella, así como en su imaginación mitopsicológica, y que enseñaba creativamente a través de la dialéctica y de su propio ejemplo, era un psicopompo. Robin, Cornford, Gould, Dugas y, especialmente, Friedländer han corroborado esta tesis con sus investigaciones[78].

Friedländer se remite a algunas citas de Proclo: «Sócrates es, al mismo tiempo, una persona erótica y demoníaca (...). El demonio es para él el responsable máximo del amor»[79]. Gould mantiene que el tema del *Banquete* es «la identidad del deseo y el aprendizaje, del amor y la filosofía, de Eros y Sócrates»[80]. En sus diálogos, Sócrates repite de varias maneras el siguiente pensamiento: «Yo digo de mí que soy un ignorante de casi todas las cosas, excepto de la naturaleza del amor»[81]. ¿No implica esto que la ignorancia o el mal, que él quería purgar del alma por medio de sus conversaciones, no es la ignorancia de la verdad o de la correcta definición o de lo que es apropiado, sino que es la ignorancia de Eros, la única cosa que él conoce? Eros es el medio del conocimiento verdadero, lo que une y sintetiza todas las facultades psíquicas: el conocimiento, la volición y la afectividad.

Friedländer subraya que Eros tiene un doble aspecto. «El *daí-*

monion socrático tiene que haber sido para Platón una parte de lo demoníaco, como indica su nombre (...); *daímonion* y *Eros*, las fuerzas inhibidora e impulsora, no pueden por menos que aparecer profundamente afines.»[82]

Estos gemelos, la compulsión y la inhibición, son bien conocidos en todos los esfuerzos creativos en los que se está a un tiempo impulsado y bloqueado, entusiasta y crítico, inflamado y temeroso; o, como se dice en el *Banquete*, cuando se está a un tiempo «lleno» y «vacío». Imágenes todas que se refieren directamente a Eros. En nuestra tradición, la división conceptual más antigua de las incitaciones internas del ser humano es la que aparece en el lenguaje homérico como *thymós* y *psyché*. *Thymós* se corresponde con lo apasionado y se relaciona etimológicamente con el «humo»; *psyché* es afín a «hálito» e implica «frío». Puede que lo creativo sea un simple impulso, pero eso no justifica que estemos siempre indecisos, como si tuviéramos la mente «escindida»[83]. Eros es directo, como el fuego y la flecha, y también indirecto, como la guirnalda trenzada que es también uno de sus símbolos.

La ambivalencia compulsión-inhibición se muestra en el ritual y en el juego, así como en los modelos de apareamiento, de alimentación y de lucha, en donde, por cada paso hacia delante dado a instancias de la compulsión, se produce una elaboración lateral de danza, de juego o de ornamentación; esto es, un «respiro» que retarda, incrementa la tensión y expande la posibilidad imaginativa y la forma estética. Con ello, se crean modelos, deliciosos e indirectos, se enfría la compulsión de los mecanismos innatos dirigidos al cumplimiento directo en relación con el objeto-estímulo, ya se trate de aparearse con él, de comérselo o de matarlo. El *opus* es elaborado como Gestalt incluso mientras la Gestalt está siendo configurada por la elaboración. El movimiento indirecto no es un modelo de fuga, a través de la cual quede entrelazado con lo reflexivo. No es, esencialmente, ni una vuelta al objeto ni un alejamiento de él; se trata, más bien, de un avance continuo hacia él, pero de manera indirecta y *con una cadencia diferente*; supera la compulsión, satisfaciendo sus necesidades de un modo distinto.

(Podemos aventurarnos a pensar que este fenómeno, presente también en los animales superiores –el cual, según Lorenz, hace a los patrones de comportamiento agresivos susceptibles de ser transformados mediante el amor[84], y al que Portmann, en su obra magistral, se refiere como el espíritu creativo–, no sea otro que Eros, el que lleva a cabo la apertura de la región intermedia, del *metaxý*, en todo lugar donde haya vida, y crea la realidad psíquica en toda su infinita complejidad imaginativa y estética, ante la cual el ser humano reacciona con el disfrute sensual de su propia naturaleza erótica.)

Lo que Dodds llama «intervención psíquica» en Homero, aquello a lo que Friedländer en Platón da el nombre de «voz interior admonitoria» de Sócrates[85], y lo que Onians asocia al *genius* individual[86], aparece en el contexto cristiano como esa queda voz del dios inmanente a la que se ha dado el nombre de conciencia moral[87]. Curiosamente, la fenomenología de la conciencia moral, al igual que la historia de su concepto, muestra que también ella es una función inhibidora. Esta conciencia no nos dice qué es lo que tenemos que hacer; nos dice qué es lo que no debemos hacer. Dice «no». A partir de esta voz interior, denominada de forma variopinta pero experimentada muy similarmente, se origina la culpa. Como sostiene Dodds, el *daímon*, en el sentido más profundo del término «autolesión», es el verdadero portador de la culpa, lo que al mismo tiempo es una injusticia para la propia *moîra*, para la porción de destino que pertenece a cada cual. Sócrates pudo decir así, a propósito de su inminente muerte: «Del hecho de que la voz profética, el signo de dios, no se haya opuesto a mí ni una sola vez durante mi defensa, se sigue que aquello que me ha sucedido tiene que ser un bien» (*Apología* 40a-c). Es inocente porque la voz inhibidora no ha impedido sus acciones. Su *daímon* no se ha opuesto a su muerte. Su muerte fue sobre todo la expresión final de la unión realizada en él entre el eros y la psique, el acto final de su proceso constructivo-destructivo, su testimonio de hacer alma, corroborado por su fe en la inmortalidad de la psique y por el efecto ejemplar sobre todos los que le rodean.

Al no inhibir su muerte, el *daímon* de Sócrates actuó en concordancia con el eros psicopompo, el «Eros con las piernas cruzadas y la antorcha invertida (...), el más común de todos los símbolos de la muerte» en la Antigüedad tardía y en el pensamiento órfico[88]. Eros guía al alma, y no solamente en tanto instinto de vida freudiano separado de Tánatos y contrario a él; Eros es también otro rostro de Tánatos; lleva la muerte dentro de sí (el componente inhibidor que pone freno a la vida), y conduce a la vida al invisible reino psíquico situado «debajo» y «más allá» de la simple vida, dotándola de los significados conferidos al alma por la muerte.

El situar el *locus* de esta inhibición, al modo de los antiguos, dentro de la carga emocional del *thymós*, es comparable con la proximidad que hay entre *manipura* y *anahata* en el yoga kundalini, en donde el *daímon* se experimentaría como señales fugaces del sentimiento que inhiben las simplicidades compulsivas del denso y vaporoso *manipura*. El *daímon* sería ese aspecto, aéreo y cardíaco, que se desprende de la carga emocional, del mismo modo que la luz lo hace del fuego. De ahí que Fanes tenga cabeza de toro y sea, al mismo tiempo, el portador de la luz.

Y, finalmente, hay que señalar que es también el *daímon* el que produce los efectos en el otro, no sólo despertando su psique sino también inflamando su *daímon*. Malraux describe el impulso creativo en el arte con la imagen de una chispa que salta de un artista a otro a través de la obra de arte. Es lo creativo, y únicamente eso, lo que enciende lo creativo en el otro mediante el *opus*. Si aplicamos lo anterior a nuestro tema de la creatividad psicológica, estamos obligados a concluir que es únicamente el eros el que convoca al amor. Es como si el amor tuviese por naturaleza la misión de inflamar, de educar, de convertir, expandiendo su fuego proteico por el alma y transfiriéndose de una persona a otra. Es como si el eros medrara con la transferencia, reclamándola para llevar a cabo su obra creativa, pues hace las veces de combustible para su fuego y de *complicatio* para su componente sinuoso e indirecto.

El arte, la misión y la transferencia hacen que el eros se manifieste; la educación produce ese mismo efecto. Para Sócrates, toda verdadera enseñanza –es decir, la enseñanza que no es sofística ni objeto de compraventa– es posible sólo merced al *daímon* del eros. Tan sólo el *daímon* determina si la asociación educativa entre dos personas es posible o no[89]. Si la verdadera educación viene a través del amor, también es válida la proposición inversa: el amor demuestra su verdadera naturaleza cuando educa. Como dice Friedländer: «Para él, el verdadero amor es el amor que educa»[90]. Sabemos que, para Sócrates, amor y enseñanza van juntos, que el amor es la enseñanza en sí misma y que «no existe la filosofía sin amistad o amor»[91]. El despertar de la psique depende absolutamente del *daímon* del eros. La psique es educada, guiada fuera de su crisálida, mediante la recuperación de las alas que tenía previamente, es decir, mediante la recuperación de sus vinculaciones aprioristicas con la divina naturaleza arquetípica de todas las cosas. Experimentamos tales vínculos a través de las connotaciones cósmicas del alma y de sus asociaciones con la naturaleza y el pasado. El proceso educativo del amor, mediante el cual el ánima se convierte en psique, comienza cuando el alma advierte su aislamiento moderno, cuando empieza a sentir nostalgia de las conexiones arquetípicas y de las raíces culturales de la tradición, y siente la necesidad de entrar de nuevo en contacto con la unidad de todas las cosas, que no es sino la totalidad psíquica, la salud del alma, «nuestro interés primordial». Este ardiente deseo es sufrimiento; se experimenta como transferencia y es un signo de enfermedad del alma, pero también de movimiento. Es el eros el que proporciona a la psique este deseo, que es también un ímpetu educativo. Eros enseña y cura al mismo tiempo.

El eros tiene una misión en relación con el alma. Es en este sentido en el que Sócrates resaltaba la importancia del «cuidado del alma», de la *psychés therapeia*. Según Jaeger, «cuando Sócrates usa la palabra *alma*, emplea siempre un tono implorante, enfático y apasionado. Ningún griego antes de él había dado una entonación similar a esta palabra. Se tiene la sensación de que estamos ante la primera aparición en el mundo occidental de lo que todavía hoy, en determinados contextos, llamamos alma»[92]. Su filosofía no se limita al pensamiento abstracto, a las definiciones y a la erística; es más bien una misión impulsiva que busca llevar el alma a la percepción de su substrato arquetípico.

El efecto sanador de las enseñanzas socráticas lo describe detalladamente Téages en el diálogo platónico apócrifo que lleva su nombre. En la siguiente cita de dicho diálogo se deja oír el eco de nuestras experiencias contemporáneas con la transferencia en la terapia o en cualquier otro tipo de relación que posea una cierta intensidad:

Una cosa debo decirte, Sócrates, que puede que encuentres increíble, pero que es rigurosamente cierta. Nunca aprendí nada de ti, como tú bien sabes. Sin embargo me fue de mucho provecho el estar contigo; incluso cuando tan sólo estaba en la misma casa, sin encontrarme siquiera en la misma estancia; y cuando me hallaba en la misma habitación y podía tener los ojos fijos en ti mientras hablabas, percibía que el beneficio que obtenía era mucho mayor que cuando miraba a cualquier otra parte. Pero cuando sacaba el máximo provecho era cuando estaba sentado a tu lado y podía tocarte[93].

Psique y Eros
en la experiencia afectiva profunda

Volvamos ahora a nosotros mismos. Podemos sacar algunas conclusiones de nuestras propias experiencias afectivas profundas, que son siempre las que tienen la última palabra en las discusiones psicológicas. Reconocemos al eros psicológicamente creativo en los momentos de plenitud, en el flujo liberador de lo erótico y en esas aproximaciones al alma a las que puede llamarse fálicas por su repentino erigirse, la cópula que supera la distancia y la penetración en busca del engendramiento. Pero, asimismo, reconocemos lo creativo en el *daímon* cuando sentimos el vacío de la necesidad, de la pobreza, del no tener nada que dar, del aislamiento de la clausura, del admonitorio «no» del *daímon*. Demonio y *daímon* son uno; si se suprime la compulsión, se pierde el contacto con la voz guía del *daímon*. Sócrates conservó el *daímon* creativo durante toda su vida, posiblemente porque, como nos dice en la conclusión de su discurso en el *Banquete* (212b), había venerado *todos* los elementos del amor e iba a continuar rindiendo homenaje a los poderes del amor por el resto de su vida. *Aceptando lo demoníaco, Sócrates se mantuvo en contacto con el daímon.* Podemos oír el «no» inhibidor sólo cuando estamos abiertos a la compulsión, lo cual nos pone frente a la paradoja de la unión del amor y el miedo, que a su vez origina una especie de temor reverente del que surge una nueva percepción de la psique, cargada de sentido religioso, que la obliga a moverse con cuidado, temerosa pero gozosamente.

El miedo pertenece también al eros, habla a través del *thymós* e inhibe mediante la intervención psíquica. Este miedo nos mantiene unidos a la humilde realidad; es el calambre admonitorio que inhibe la *superbia*, el *Hochgefühl*, del ascendente Eros alado[94]. «Estate atento», «ve despacio», «no hagas nada», son también expresiones del eros. Tales negativas (proferidas por la misma voz que afirma) estimulan al ánima a distinguir sus necesidades psicológicas. El ánima se hace consciente de sus propias intenciones, se distancia en el tiempo y el espacio, y expande así el campo de la realidad psíquica, observando, por ejemplo, sus fantasías eróticas, sus sensaciones corporales, sus estados de ánimo, sus propias huidas. La psique, conteniendo esa tensión incrementada, puede transformar al eros y enseñarle a diferenciar las metas de sus pulsiones. La psique puede también reflejar como un espejo, asumir la guía con su lámpara, dejar el hilo a lo largo del laberinto, para encontrar el camino en una relación exterior o en la incertidumbre interior. El miedo, en tanto inhibición perteneciente a la parte demoníaca del *daímon*, es el inicio de la psicología. El rechazo, la impotencia y la frigidez pueden ser también expresiones del eros, parte del «no» del *daímon*. Dicho miedo es un regalo espontáneo del eros en la misma medida que lo es el impulso erótico mismo. Confiar y dudar, conceder y negar, abrir y cerrar, retroceder y avanzar, son parte del juego recíproco entre el eros y la psique –a través del cual el uno se va configurando por el otro–, que abarca desde el más tímido escarceo amoroso infantil hasta el ritmo de los opuestos del *mysterium coniunctionis*.

A la importancia del miedo se le ha prestado una escasa atención verdaderamente psicológica. No poseemos más que investigaciones fisiológicas, iniciadas principalmente por Cannon; interpretaciones sexualizadas, en concordancia con la teoría freudiana de la angustia; y descripciones filosóficas de conceptos como el pavor existencial. La afirmación bíblica de que el miedo es el inicio de la sabiduría tiene un denso significado psicológico. El miedo no es meramente algo negativo que debe ser superado con el coraje o, en el mejor de los casos, un mecanismo instintivo protector; es más bien algo positivo, una forma de sabio consejo. Jung, en sus inéditas *Seminar Notes*, habla del miedo *(phóbos)*, y no del poder, como del verdadero opuesto del eros. Esta idea nos resulta familiar, pues en la primera carta de san Juan (4, 17-18) se relaciona el miedo con el amor como su enemigo. El amor aviva el miedo. Tenemos miedo de amar y tenemos miedo cuando amamos, realizamos propiciaciones mágicas, buscamos signos y pedimos protección y guía. Aunque es cierto que todo el mundo ama a un amante, también lo es que el mundo teme a los amantes a causa de la destrucción que acompaña su alegría. Cuando Psique, en nuestra fábula, cae presa del pánico y se arroja al río, es salvada por Pan, que es tanto el pánico como la caprina compulsión erótica. Tánatos y Eros no están tan lejos uno de otro como Freud quiso hacernos creer. En el nivel más profundo del miedo aparece un eros, como lo muestran las frenéticas copulaciones en los tiempos de terror y de guerra o las pesadillas causadas por Pan, que son también eróticas. El miedo parece ser una necesidad inherente a la experiencia del eros; en el caso de que se encuentre ausente, podría llegarse a dudar incluso de la plena validez del amor.

Una consecuencia de este miedo es que podemos fiarnos del eros. El instinto contiene su propio autorregulador, el eros su propio *daímon*. La compulsión es refrenada por los consejos del sabio miedo, por su elaboración, por su ritualización; si no se escucha al *daímon*, la compulsión queda refrenada por los consejos de la neurosis y de los síntomas. Suponiendo que fuera posible, no tendríamos necesidad de controlar lo creativo en psicología con censuras prohibitivas del Yo o con reglas técnicas, pues el *daímon*, cuando se le da la suficiente confianza, puede gobernar por medio de las inhibiciones naturales. Sólo hay que prestarle atención, recibirlo, escucharlo, incluirlo; sólo es menester estar pendiente de sus calambres admonitorios, de su frialdad, de su serenidad. Entonces el eros no tiene ninguna necesidad de ser combatido, controlado o transformado en algo más noble. *Su meta es siempre, en cualquier caso, la psique.* Estamos obligados a confiar en el eros y en su meta. ¿Puede alguien vivir con autenticidad si no cree y confía en que los movimientos de su amor tengan un sentido último y sean fundamentalmente correctos? Podemos ser transformados por el eros, pero, aun empleando todo nuestro esfuerzo, no podemos transformarlo a él directamente, pues el eros es el impulso hacia lo alto o –en lenguaje aristotélico– la actualización, el movimiento de autorrealización que determina las transformaciones de la psique. Una idéntica ascensión y un mismo abatimiento súbito acontecen en la experiencia erótica individual en relación con la gloriosa inflación que tiene lugar siempre que se «cae» presa del amor.

Mientras que la reflexión es un movimiento hacia lo interno o un volverse hacia atrás y la actividad se dirige hacia delante y hacia lo externo, lo creativo, en cambio –equiparado al eros en los pensamientos órfico, platónico y neoplatónico–, es un movimiento *hacia lo alto*[95]. El eje es vertical: *Omnis amor aut ascendit aut descendit* (san Agustín). Los escritores clásicos nunca dejaron de señalar este extremo en sus advertencias sobre el descenso hacia el polo de la *phýsis* y de la carne. Por eso, en la literatura sobre el eros, se encuentran recurrentemente los símbolos de las chispas caídas, la escalera, el fuego ascendente, las alas y la meta olímpica de la inmortalidad. La función trascendente, entendida como ese aspecto del proceso de individuación que supera opuestos inconmensurables mediante la creación de símbolos, debe ser también atribuida al eros en tanto impulso hacia lo alto. Eros, visto como sintetizador, vinculante e intermediario, reúne los dos dominios; forma símbolos. Eros es más que la *dýnamis* de hacer símbolos y de la función trascendente; al eros se le debe atribuir el impulso para el desencadenamiento del proceso en sí, que Jung describe mediante la tradicional idea de la espiral hacia lo alto. El énfasis sobre el movimiento hacia arriba sitúa la descripción junguiana de la individuación (entendida como un proceso dialéctico de tipo socrático con visiones de inmortalidad) cerca de la tradición precristiana del eros. Lo cual contrasta con el típico pensamiento cristiano, para el que la redención a través del descenso de la gracia depende más de la *caritas* y de la *agape* que del eros.

Por lo demás, la cuestión de la confianza y de la traición en la relación eros-psique es una cuestión, en realidad, más de la psique que del eros, aunque en la antigüedad las advertencias incidían sobre todo en la necesidad de precaverse de las tormentosas consecuencias del eros, al que se etiqueta en las tragedias de «dios hostil» y en la poesía lírica de «loco, mentiroso, portador de calamidades, tirano, falso»[96] o de «un dios a temer por los estragos que causa en la vida humana (...), un tigre, y no un gatito con el que juguetear»[97]. Estas descripciones concuerdan con el eros cuando éste no se encuentra todavía contenido por la psique, cuando es todavía inconstante y se halla poseído por el complejo materno, cuando pertenece a un ánima que todavía no se ha liberado de los falsos valores, de las vanas nociones de la belleza y de la incertidumbre psicológica sobre sí misma en cuanto alma, y no es todavía, por eso, el recipiente capaz de contener adecuadamente la fuerza creativa del eros.

Debido a que la destrucción constituye uno de los polos del instinto creativo, el desarrollo psíquico se lleva a cabo a través de prolongadas experiencias de destrucción erótica. El ánima va aprendiendo merced a las posibilidades que le abre el amor y a los súbitos vaivenes, frustraciones y decepciones del impulso erótico, que es tan irresistible como poco fiable, que se compromete totalmente para desaparecer acto seguido. El movimiento que va del ánima a la psique supone el descubrimiento del aspecto psíquico de las perversiones eróticas, de los odios malignos del amor y de sus crueldades, y no el mero rechazo de todo ello con una mezcla de inocencia, resentimiento y lágrimas del ánima.

Si falta la interacción con la destrucción erótica, la psique permanece virgen. Nosotros hemos encontrado esta psique virginal en los síntomas histéricos, en esa feminidad desaforada de una psique todavía bregando por emerger de la crisálida de su ánima. Pero la psique virginal no es meramente una pseudoánima. Se caracteriza principalmente por un desplazamiento de la libido instintiva, de tal manera que el papel de lo creativo pierde su potencial y queda usurpado por otras pulsiones[98], principalmente por la reflexión. Tenemos tendencia a cometer el pecado de confundir reflexión con creatividad y a definir así inadecuadamente el objetivo de la psicoterapia como el de un «devenir consciente»[99].

Nietzsche ya advirtió que la introspección por la introspección carece de sentido: «Llegará un día en el que estaremos completamente enredados en ella». Dudo que haya alguien que no esté en la actualidad de acuerdo con esta afirmación.

La psique asociada a la reflexión es una unión de idénticos que carece de la tensión de los opuestos, ya que la psique es en sí misma lo reflectante femenino, la mente lunar especular. Una unión de idénticos reúne dos cosas que no deberían haberse escindido. Cose y cura, pero no crea, porque la radical ambigüedad de los opuestos y sus recíprocamente incómodos efectos destructivos no se constelan nunca. La psique unida a la reflexión da lugar a la *unio mentalis*, o salud mental. Sin embargo, el alma que no está conectada al cuerpo a través del eros se encuentra, por más que haga, separada de él. En otras palabras, es consciente, sí, pero no lúcida; es mental, cierto, pero con una consciencia que no procede del corazón ni del *thymós*. De ahí la importancia del aspecto fálico del eros, de ese absurdo movimiento hacia abajo que lleva a la psique a abismarse en el cuerpo, que quema las alas del alma en las llamas del vivir y que, al mismo tiempo, curiosamente, la exalta e idealiza[100].

Cuando la psique virginal queda fascinada por sueños o visiones, se sitúa al borde del descubrimiento, pero todavía permanece atada a la reflexión. No se debe confundir la creatividad psicológica con un cúmulo de bellas imágenes interiores. Las drogas alucinógenas pueden abrir panoramas interiores a voluntad, proporcionándonos la «hip-gnosis» de los equivalentes modernos de los antiguos sacerdotes-*puer* de largos cabellos pertenecientes a la Gran Madre. Las ilusiones y las visiones indican no tanto una psique fértil cuanto la fertilidad de la ardiente riqueza natural de la Gran Madre y su atrayente modo de satisfacer las necesidades orales de sus hijos con banquetes visuales. Los sueños, los panoramas interiores y las visiones no son creativos; hasta que no traspasen el umbral de la vinculación erótica sólo son distintos aspectos de la reflexión.

La imaginación creativa que revela el reino imaginal –sobre el cual tendremos oportunidad de extendernos en la segunda parte– se deriva de la vitalidad y de la pasión. Nace en la sangre de la psique despierta, no de la que está soñando. La verdadera imaginación no es ni una retirada a la fantasía ni una maníaca noción extravertida de la creatividad en tanto productividad física. La verdadera imaginación puede valerse de los espejos de la reflexión, pero su impulso emocional es el instinto creativo. Como se encuentra implícitamente en el *Banquete* 202e, Eros es necesario para tomar parte en el mundo imaginal, a través del cual el hombre traba íntimo contacto con los dioses, ya sea despierto, dormido o en trance, ya sea en las visiones, en las profecías o en los misterios. Por la experiencia analítica sabemos que la mera imaginería, e incluso la observación activa de la fantasía, si no se acompañan de una vívida participación libidinal, tienen un efecto escaso.

La condición primera para entrar en lo imaginal es el amor lleno de interés; lo imaginal es una creación de la fe, de la necesidad y del deseo. Debemos desearlo apasionadamente, aun cuando no podamos obtenerlo con la voluntad. La alquimia, Avicena, el yoga taoísta, Paracelso y Alberto Magno nos han dejado instrucciones acerca de cómo distinguir entre el imaginar falso y el verdadero, el cual, como se dijo previamente, viene del corazón (el lugar del *thymós* y del *daímon*) y se dirige al corazón del universo, al sol, y de ahí al macrocosmos. El verdadero imaginar va más allá de la *unio mentalis* de nuestra microcósmica vida fantástica, más allá del cavilar reflexivo de la mente del que surge su «consciencia».

La consciencia imaginal es hermafrodita, une la polaridad masculina con la femenina, aunque su constelación no pueda ser sino momentánea. (Volveremos sobre la consciencia hermafrodita con más detalle en la tercera parte.) Una consciencia tal difiere de la habitual consciencia yoica de la reflexión. Porque esta última discrimina, tiende a producir divisiones, jerarquizando de mejor a peor; y su continuidad depende en gran medida de la voluntad. Por su parte, la consciencia imaginal, reuniendo inconmensurables, es simbólica. El hermafrodita pone de relieve el aspecto unificador y, por ende, curativo del eros de este tipo de consciencia.

Además, dado que toda unión de opuestos es paradójica, no puede ser querida voluntariamente. Esta consciencia simplemente sucede, como suceden los momentos de sincronicidad, como suceden los símbolos.

El psicólogo que se dedica a hacer alma resulta comparable al pintor que pone su vida en la pintura, sacrificándose a los limitados requerimientos del *opus*. Pero cuando este matrimonio con la obra significa «ver el mundo psicológicamente», entonces está basado en la reflexión, lo que equivale a despotenciar los efectos eróticos del amor, tomando tan sólo una parte suya y transformándola en el instrumento mental del análisis. Nos hallamos entonces ante un falso matrimonio, en el que la psique del análisis permanece como una esposa virgen, mirando por la ventana la vida que bulle en la calle, siendo entretanto interpretada, entendida y empatizada compasivamente. El alma es hecha objeto de reflexión analítica, pero no es vivida, no es amada.

La técnica específica mediante la cual lo creativo puede ser despotenciado en favor de lo reflexivo recibe el nombre, en psicología analítica, de «retirada de las proyecciones». Este proceso es esencial, desde luego, si la consciencia del Yo debe resolver sus transferencias; pero es también la virtud que se convierte en vicio cuando da lugar a que se prefiera la imagen a la persona o a que prime el significado sobre la experiencia. La reflexión se entremezcla entonces inextricablemente con los malentendidos paranoicos propios del Yo, que intenta controlar la vinculación natural con el mundo mediante el ambicioso ideal de devenir «objetivamente consciente» acerca de él. Sólo cuando se lleva a cabo radicalmente, hasta sus últimas consecuencias, puede el abandono reflexivo de las proyecciones probar su verdadero valor. Ante todo se debe retirar la proyección primaria sobre el Yo mismo, que lo convierte en el único portador de la consciencia conseguida por la reflexión. Esto conduce a sumergirse en el campo proyectado, rindiéndose a él con amor, entrando en él hasta el punto de convertirse uno mismo en una proyección del reino imaginal, y nuestro Yo, a su vez, en fragmento de un mito. Las reflexiones pueden entonces verificarse de forma tan espontánea como las proyecciones, pero no serán ya el resultado de la voluntad ni del Yo, que buscan *hacer* consciencia abandonando las proyecciones.

Estas observaciones sobre la reflexión nos conducen a considerar el «eros terapéutico», nombre que se da frecuentemente a la empatía compasiva. ¿Existe un tipo especial de eros propio de la profesión terapéutica, un eros que «haga bien»? Sócrates dijo que la psique humana tiene algo de divino (Jenofonte, *Memorabilia* IV, 3, 14) y que el primer deber de cada uno consistía en cuidar de su salud (Platón, *Apologia* 30a-b). Nosotros sabemos, por Platón y por Jung, que la salud de la psique equivale a su integridad psicológica y que el eros es el factor integrador que liga, mantiene unidos y *conjunta los opuestos*[101]. Pero este eros no es ni benevolente, ni compasivo, ni tampoco tiene una especial preocupación terapéutica; es el amor como un todo lo que favorece la integridad. Y el amor total incluye el odio, de la misma manera que la creatividad incluye la destructividad. El llamado eros terapéutico tiene siempre en sí algo de *agape* condescendiente, de maternal y paternal, es solamente bueno a secas. ¿Cómo puede entonces cerrar una herida de abajo y de dentro? El eros verdadero, sin embargo, se aleja de cualquier responsabilidad terapéutica, por la sencilla razón de que es siempre, curiosamente, más débil que el problema que tiene que afrontar. Tiene algo de chiquillo, es alocado, espontáneo, desconsiderado en su inmediatez, pero siempre alegre. Puede, así, recrear desde dentro las heridas. No desea el bienestar ni la salud de la otra persona; desea a la otra persona. Lo que cura es la necesidad que tenemos uno de otro –incluyendo aquellos componentes que son mutuamente destructivos–, y no tu necesidad de ser curado, que lo único que hace es apelar a mi compasión. La terapia es el amor mismo, en su totalidad, y no una parte determinada de él. Podemos aquí de nuevo remitirnos a «Sócrates»:

Porque el amor, ese renombrado y sumamente engañoso poder, *incluye todo tipo de deseo* de felicidad y de cosas buenas (*Banquete* 205d).

Y a esto se debe que, por mi parte, cultive y honre *todos los elementos del amor*, y recomiende a los otros que hagan otro tanto (*Banquete* 212b).

Quizás pueda ayudarte en tu búsqueda de lo bello y de lo bueno porque yo mismo soy un amante. Cuando deseo a alguien, doy *toda la fuerza de mi ser* para ser amado por él en reciprocidad a mi amor, para desatar anhelo en respuesta a mi anhelo y para ver mi deseo de su compañía correspondido por el suyo (*Memorabilia* II, 6, 28).

La totalidad del amor incluye mi *himeros*, mi deseo ardiente de ti, mi apetencia de cualquier cosa en relación contigo y mis insensatas idealizaciones que te mejoran, te hacen crecer, te transforman y te hacen encontrar tus alas; incluye también mi *pothos*, ese anhelo, esa ansiedad, esa añoranza de todo lo tuyo; e incluye, además, mi necesidad de tu *antéros*[102], de la correspondencia de tu amor; incluye todo aquello, en suma, que me hace sentir vergüenza al admitir que me encuentro estrechamente vinculado contigo, la otra persona, o conmigo mismo y mi propia alma. Este amor está siempre presente, al igual que el instinto creativo se encuentra potencialmente presente en todos nosotros, de modo que «en realidad todos somos amantes constantemente»[103]. O, en palabras de Sócrates, «no podría nombrar un tiempo en el cual no haya estado enamorado de alguien»[104]. Estar enamorado revela, como dice Gould, «lo que verdaderamente queremos tener»; porque estar enamorado es, siguiendo el *Fedro* (250d-252c), «el estado en el cual le renacen a uno las alas espirituales», ya que «l'âme, dans son acte essentiel, est donc amour», y «el alma es enteramente alma cuando es amante»[105].

La terapia, por eso, es el amor al alma. El terapeuta que enseña y que cura –siguiendo el modelo socrático-platónico del filósofo que enseña y cura– se encuentra en el mismo plano ontológico que el amante; ambos surgen del mismo impulso primordial que subyace tras su búsqueda (*Fedro* 248d)[106]. La terapia como amor del alma es un continua posibilidad para cualquiera, y no depende ni de la situación terapéutica ni de un especial «eros terapéutico», término inapropiado que es un constructo de la reflexión. Este amor debe mostrarse en la terapia a través del espíritu con el cual nos aproximamos a los fenómenos de la psique. Por desesperados que sean los fenómenos, el eros se mantendrá en relación con el alma y buscará el camino a seguir. Este espíritu está dotado de una ingeniosa inventiva y de una inteligencia creativa, cualidades que, como nos dice nuestra fábula, Eros ha heredado de su padre, ya sea éste Poros o Hermes. El amor no se limita a encontrar un camino, sino que, como psicopompo, guía a lo largo del camino y es, intrínsecamente, el «camino» mismo[107]. Buscar las conexiones psicológicas por medio del eros es el camino a seguir por la terapia en tanto hacedora de alma. Y hoy en día éste es un camino, una *via regia*, para acceder a la psique inconsciente, tan regio como el camino que pasa a través de los sueños o el que atraviesa los complejos.

Las intuiciones creativas no son, así, solamente las reflexivas; son especialmente esas *vivencias*, esas excitantes percepciones que surgen de los vínculos. Las percepciones psicológicas informadas por el eros son dispensadoras de vida, vivificantes. Algo nuevo nace en nosotros mismos y en el otro. El amor ciega sólo la perspectiva usual, pero abre una nueva forma de ver; de hecho, uno sólo puede revelarse de forma plena a la vista del amor. Las intuiciones reflexivas pueden brotar, como el loto, del centro inmóvil del lago de la meditación, mientras que las intuiciones creativas surgen en las fronteras de la confrontación, salvajes y en estado natural pero también delicadas, en esos confines donde somos más sensibles y estamos más expuestos, y también, curiosamente, más solos. Para encontrarte, debo arriesgarme a mí mismo como yo soy. El hombre, en su desnudez, es puesto a prueba. Sería, sin duda, más seguro reflexionar en la soledad que confrontarse contigo. Pero, la máxima favorita de la psicología reflexiva –una psicología que tiene por meta principal no tanto el amor cuanto la consciencia–, «conócete a ti mismo», se queda corta para la psicología creativa. Mejor sustituir el «conócete a ti mismo», a través de la reflexión, por el «revélate a ti mismo», lo que equivale al mandato de amar, pues en ningún otro lugar nos revelamos más que en nuestro amor[108].

En ningún otro sitio, tampoco, estamos más ciegos[109]. ¿Lleva el amor en las esculturas y pinturas los ojos vendados tan sólo con la finalidad de hacernos ver su compulsión, su ignorancia y su sensual inconsciencia? El amor ciega para extinguir la falaz visión cotidiana, de tal manera que pueda abrirse otro ojo que sea capaz de percibir de alma a alma. La perspectiva habitual no puede ver a través de la espesa piel de las apariencias: del aspecto que tenemos, de lo que llevamos puesto o de nuestro estado. El ojo ciego del amor penetra en lo invisible, volviendo transparente el opaco error de mi amar. Veo el símbolo que eres tú y lo que significas para mi muerte. Puedo ver a través de esta ciega y alocada visibilidad que el resto de la gente también ve e indaga la necesidad psíquica de mi deseo erótico. Descubro que *donde quiera* que el eros vaya, allí acontece algo psicológico, y que donde quiera que la psique viva, allí constelará el eros inevitablemente. Como las figuras antiguas de Eros, estoy desnudo: soy visible, transparente; es decir, un niño. Como las figuras más tardías de Amor, estoy ciego: no veo ninguno de los valores obvios y evidentes del mundo normal; estoy abierto sólo a lo invisible y a lo daimónico.

Hoy nuestra imagen de la meta ha cambiado: no es ya la del Hombre Iluminado, el que ve, el vidente, sino la del Hombre Transparente, que es visto diáfanamente, que es alocado, que no tiene nada que esconder, convertido en transparente a través de la aceptación de sí mismo; de ese hombre cuya alma es amada, completamente revelada, plenamente existencial; que es sólo lo que es, liberado del ocultamiento paranoico, del conocimiento de sus secretos y de su secreto conocimiento; y cuya transparencia sirve de prisma para el mundo y el no-mundo. Porque es imposible conocerse a sí mismo reflexivamente; únicamente la reflexión final de una necrología puede decir la verdad, y solamente Dios conoce nuestros verdaderos nombres. Siempre llegamos tarde con nuestras reflexiones, cuando el suceso ya ha pasado; o también puede que nos hallemos justo en el medio, donde vemos lo que sucede como a través de un espejo, es decir, confusamente.

¿Cómo podríamos conocernos a nosotros mismos por medio

de nosotros mismos? Podemos conocernos a nosotros mismos a través de un otro, pero no podemos conseguir solos ese objetivo. Este último proceder es el del héroe, que puede que fuera adecuado durante la fase heroica. Pero si algo hemos aprendido de los rituales de la nueva forma de vida, ese algo es precisamente que no podemos alcanzar esa meta por nosotros mismos. El *opus* del alma necesita de una conexión íntima, no ya para individualizarse sino también meramente para vivir. Por esta razón, necesitamos imprescindiblemente relaciones del tipo más profundo, a través de las cuales nos realicemos nosotros mismos, vínculos donde la autorrevelación sea posible, donde el interés por el alma y el amor por ella sean capitales y donde el eros pueda moverse libremente, ya sea en el análisis, en el matrimonio o en la familia, o entre amantes o amigos.

El sufrimiento del amor imposible

Nuestra experiencia afectiva profunda nos permite reconocer otra consecuencia de la psique sin el eros: el sufrimiento. Este tormento del alma en su relación con el eros es un tema fundamental en la fábula de Eros y Psique[110].

Desde la mitad del siglo IV a. C. hasta el VI d. C., donde todos quedaron englobados dentro de la alegoría cristiana, un cuantioso número de testimonios en terracota, en esculturas, en camafeos y en bajorrelieves atestigua la popularidad de esta historia, ya sea en su forma de fábula, de *Märchen* o como cuento popular. Todas estas piezas figurativas, examinadas primero por Otto Jahn (1851), recopiladas y publicadas por Collignon[111], y estudiadas especialmente por Reitzenstein constatan mejor que cualquier texto –mejor incluso que el estilo literario de Apuleyo, que escribe varios cientos de años después de los testimonios esculpidos– que la psique es torturada por el amor[112]. Encontramos en ellos a Psique triste, arrodillada, llorosa; a Psique, suplicando e implorando, postrada a los pies de Eros; a Psique encadenada o atada al carro del amor; a Eros dañando e hiriendo a Psique; hallamos también las alas de Psique quemadas, o bien una polilla o una mariposa, cuyo nombre en griego les da una identidad simbólica con las alas, consumidas por el fuego. (Los mismos motivos se repiten hoy en los sueños. Una mujer sueña que intenta quemar en una hoguera un insecto vermiforme, el cual se muestra indestructible y se transforma en una mariposa alada. Un joven sueña que aplasta unas criaturas aladas verdosas contra el techo y que después lo enjalbega para borrar la mancha, o que se quita de encima una oruga prendiéndola fuego; pero en un sueño posterior aparece un insecto con forma de rana, coronado y alado.) La insistencia sobre este aspecto de la fábula de Eros y Psique se acentúa en las representaciones renacentistas, en las que Psique aparece atada con crueles nudos, aplastada en la prensa o quemada en la hoguera, mezclándose así de forma extraordinaria las metáforas cristianas con la fábula pagana de amor y tortura[113].

La tortura del alma parece ser inevitable en toda relación íntima, como es el caso, por ejemplo, de la transferencia que acontece en el análisis. A pesar de todos los esfuerzos por evitar y aliviar el sufrimiento, parece como si el proceso mismo en el cual la gente se encuentra a sí misma lo generara, como si una necesidad mítica nos forzara a encarnar los papeles de Psique y de Eros. Jung ha estudiado el motivo de la tortura, planteando las siguientes cuestiones: ¿qué es lo que se tortura? y ¿qué es lo que hace la tortura?[114]. Nuestro mito nos dice que el sufrimiento de la psique viene del amor; una muchacha entra en la feminidad adulta a través de la tortura, de la misma manera que el ánima de un hombre se despierta a la psique, se convierte en psique, a través del tormento; un tormento que, como Neumann ha puesto de relieve, transforma también al eros[115]. Eros es torturado por su propio principio, el fuego. Quema a los otros; y se quema a sí mismo cuando queda separado de la psique, esto es, cuando queda privado de la introspección y de la reflexión psicológica. Psique se dedica a sus tareas, sin esperanza ni energía, sin amor, inconsolable. Su separación es la escisión que nosotros experimentamos: mientras que el eros se consume abrasándose, la psique intenta comprender, hace sus tareas, deprimida.

Antes de que la conexión se realice, la psique atraviesa la noche oscura del alma (las alas quemadas de la polilla nocturna), esa *mortificatio* en la cual siente la agonía paradójica derivada de descubrir un potencial grávido dentro de sí misma, que se acompaña simultáneamente de un sentimiento de culpa y de una separación improductiva. El tormento continúa hasta que el trabajo del alma (las tareas de Psique) queda completado y la psique se reúne con un eros transformado. Parece como si Eros necesitara regresar a un estado de ardiente inquietud y agitación, dominado por su madre –por Penia, la privación– para darse cuenta de que él mismo ha sido abatido por su propia flecha y de que por fin ha encontrado a su compañera, a Psique. Gana consciencia psíquica. Sólo entonces la unión tiene lugar, para la cual se requiere la santificación de los dioses.

Su larga separación, las tareas de Psique y sus mutuos tormentos –el fuego, las cadenas, el arrastre– presentan las imágenes de la obsesión erótica en todo su espectro, incluyendo los aspectos sadomasoquistas. Sin alas el alma no puede elevarse sobre sus compulsiones inmediatas, no puede tomar perspectiva. Para que nuestra psique se una legítimamente con lo creativo y lleve hasta un santificado nacimiento lo que porta dentro de sí, debemos, evidentemente, darnos cuenta de nuestra pérdida del amor primordial por la traición y la separación, así como de nuestra equivocada relación con el eros, la cual se manifiesta en la cautividad, el servilismo, el dolor, la tristeza o la nostalgia, es decir, en los distintos aspectos de la *manía* erótica. Como dijo Jung: «Porque el ardor del amor transmuta siempre el miedo y la compulsión en otro tipo de sentimiento más elevado y libre». Observados sobre el trasfondo edípico, estos tormentos no pueden redimir, puesto que en ese mito la compulsión supera al amor; en nuestra fábula, en cambio, a pesar de que intervienen los mismos fenómenos de tormento, el amor –al encontrar al alma– supera la compulsión[116].

El proceso de la relación entre la psique y el eros «predispone» al sufrimiento; sin embargo este sufrimiento no es ni ciego ni trágico, como en Edipo, ni tampoco se corresponde con la resistencia del héroe en el vientre de la ballena. El sufrimiento en nuestra fábula tiene que ver con la iniciación, con la transformación de la estructura de la consciencia. El cuento en sí está profundamente arraigado en los antiguos misterios de Isis; «los ritos de iniciación –afirma Merkelbach– son el símbolo de toda una vida»[117]. Como tal, las pruebas de Psique y de Eros son iniciáticas, simbolizan las pruebas psicológicas y eróticas a las que debemos hacer frente. Todo lo cual proporciona una visión totalmente diferente, no sólo de la transferencia y del sufrimiento analítico, sino también de la base sobre la que se apoya la neurosis en nuestros días. La neurosis se convierte así en iniciación, el análisis en su ritual y nuestro proceso de desarrollo en la psique y en el eros, que conduce a su unión, deviene misterio.

Debemos comprender de una nueva manera lo que sucede en nuestras vidas y en nuestro trabajo analítico; debemos ver de otro modo a la mujer que abandona a sus hijos por un amante, o a la mujer que se enamora de la juventud y al hombre que hace lo propio con la belleza; debemos considerar de otra forma los insoportables triángulos y celos que sufrimos; los repetitivos enredos eróticos que, por producirse sin alma y carecer de reflexión psicológica, tan sólo conducen a una mayor desesperación; los divorcios que devienen senderos necesarios para el desarrollo psíquico, cuando no hay ninguna posibilidad para el eros en el matrimonio; los matrimonios que necesitan mantenerse unidos, aunque sólo sea para potenciar un sufrimiento psíquico que puede constelar el eros de un modo nuevo; los análisis obsesionados por las imágenes de viejos amores, que a veces se remontan cincuenta años atrás, y el que esas imágenes se conviertan en figuras redimidas y redentoras; o el hecho de que un amor fallido a menudo signifique el fallo como persona y conduzca al suicidio; o la razón por la cual las peores de todas las traiciones sean aquellas que tienen que ver con el amor. Todas estas situaciones, y las intensas emociones que fluyen de ellas, son sentidas como centrales para el propio ser y pueden tener más significado para su destino que los problemas familiares o que su desarrollo consciente entendido como un itinerario heroico. Estos sucesos crean consciencia en el hombre y en la mujer, iniciándonos en la vida como misterio personal-impersonal más allá de los problemas que pueden ser analizados.

Estos acontecimientos, cuando son contados mediante nuestra fábula, que narra «la odisea del alma humana»[118] –una historia de unión, separación y sufrimiento, y de la reunión final del amor y del alma bendecida por los poderes arquetípicos–, pueden tratarse entonces con otro espíritu, basado en la confirmación y en el aliento. *Porque, cualquiera que sea su apariencia, lo que tiene lugar es la conexión del eros creativo con una psique que despierta.* Todas las vueltas que da el cuento y los tormentos que contiene son parte de –¿podríamos llamarlo yoga bhakti?– una disciplina psicológica del desarrollo del eros, o de una disciplina erótica del desarrollo psicológico, dirigida a la integración psíquica y a la identidad erótica. Sin esta disciplina devota nos quedaríamos tan sólo en los fáciles emparejamientos mundanos de Alcibíades, ánima y sexo, cuyo fin es el poder, no el amor. Se comprende, así, por qué se da tanto «amor imposible»[119]: la amada o la esposa muerta, el amor no correspondido o humillante, la elección amorosa de la persona «equivocada» (porque esté casada, o no pueda divorciarse, o porque sea la del analista, o la de un homosexual, o se encuentre en un país distante, o esté enferma). La flecha cae donde ella quiere; nosotros solamente podemos seguirla.

De entre todas las formas de imposibilidad, la flecha nos coloca dentro de situaciones triangulares con una asiduidad tan extraordinaria que hace necesario que este fenómeno se examine en relación con el papel creativo que puede tener en el hacer alma. El repentino efecto dinámico sobre la psique que tienen los celos y otros miedos y fantasías triangulares hace sospechar que esta constelación de la «imposibilidad» posee una significación similar a la de la conjunción. Explicar este fenómeno edípicamente o a través de la dicotomía ánima/ánimus, o verlo de forma moral o negativa, implica no reconocerle una necesidad objetiva. El modelo triangular es tan necesario que, incluso allí donde existen dos solamente, el uno para el otro, un tercero será imaginado. En las fantasías del análisis, cuando no hay un tercero, los dos se confabulan para tenerlo; o bien el analista es el tercero en la vida del paciente, mientras que el paciente es el tercero en la del analista; o bien el tercero es el paciente precedente. El aspecto constructivo-destructivo de la creatividad del eros interviene como un *daímon* para impedir el *hierós gámos* insistiendo sobre «el otro», que deviene el catalizador de la imposibilidad. Comprobamos cómo el mismo Eros que une dos personas rompe ahora la reciprocidad de la pareja hundiendo su flecha en un tercero. Y, así, la escena queda lista para la tragedia y para cualquier extremo de aberración psíquica y erótica. Puede, además, que sea una necesidad suya: los triángulos del eros educan la psique para abandonar su bondad aniñada, descubriéndole la extensión de sus fantasías y poniendo a prueba su capacidad para contenerlas. El triángulo presenta al eros como la función trascendente que, a partir de dos, crea un tercero, el cual, como todo amor imposible, no puede ser vivido completamente en la realidad, por lo que este tercero aparece como una realidad imaginal. Pero dicha realidad imaginal no aparece como la imaginería propia de una meditación, sino con violencia y dolor y encarnada en personas reales, enseñando a la psique por medio del triángulo que lo imaginal es sumamente real y que lo real es simbólico. Decimos: «Es un absurdo, una proyección, una pura imaginación» y, al mismo tiempo, «no puedo seguir adelante sin ti en toda tu realidad».

Todo amor imposible nos obliga a poner en práctica una disciplina de interiorización. El ánima deviene psique en la imagen de la persona imposiblemente amada, la cual tiende a representar el *daímon* que, inhibiendo la compulsión, favorece el surgimiento de nuevas dimensiones de percepción psíquica. Dichas experiencias muestran de la forma más transparente al eros haciendo realmente alma. Y muestran también los efectos recíprocos del alma sobre el eros. La psique actúa como *causa formalis*, haciendo posibles los cambios cualitativos en el eros que posibilitan un proceso madurativo, cuyo modelo básico ha sido descrito en innumerables *love stories*. El efecto de la psique sobre el eros es, sobre todo, de carácter procesual, da lugar a una transformación en la cadencia, que va haciendo que la vinculación se torne más sutil, más perceptiva y más oblicua. Tales cambios cualitativos se verifican cuando se aceptan como *necesarios para el alma* todos los deseos, impulsos, ataduras y necesidades del eros, los cuales forman el material básico para la transformación. De manera similar, el efecto del eros sobre la psique se caracteriza por aquello que ya hemos descrito como un despertar y un engendrar. Y también este efecto tiene un requisito previo: debe llevarse al eros a *todos los contenidos psíquicos, cualesquiera que éstos sean* –síntomas, estados de ánimo, imágenes, hábitos–, y considerarlos dignos de amor y de deseo.

Las idealizaciones que el eros está continuamente constelando pueden ser contrabalanceadas: la creatividad se expresa a sí misma también como destrucción. La tortura del amor no siempre conduce al final feliz de nuestra fábula. Las idealizaciones pueden volverse más pesadas y densas, recordando los nexos que en Hesíodo, en los órficos y en el neoplatonismo renacentista ligan a Eros y a Caos[120].

Eros es hijo de Caos, lo que implica que la creatividad de la que hemos estado hablando puede surgir de cualquier momento caótico. Además, el eros está siempre atento a sus propios orígenes en el caos, cuyo reencuentro persigue continuamente para revitalizarse. Aristófanes habla incluso de su acoplamiento. Eros busca una y otra vez crear esas confusiones y noches oscuras que constituyen su semillero. Se renueva en los ataques afectivos, en los celos, en los estallidos y en los alborotos. Medra en la proximidad del dragón.

La voz del orden en nuestro fuero interno no quiere saber nada de todo esto: el eros, sí; pero caos, nunca. En un pasaje del taxonomista Simpson, citado por Lévi-Strauss, se escucha esa voz de la razón apolínea y su antagonismo con el caos: «Los científicos toleran la incertidumbre y la frustración, porque no les queda más remedio. Lo único que no pueden y no deben tolerar es el desorden. El objetivo fundamental de la ciencia teórica es llevar la reducción de la percepción del caos al grado más alto y consciente posible»[121]. Al rechazar el caos, también su consecuente, el eros, corre el riesgo de perderse para la ciencia, lo cual podría o no dañar a la ciencia en su búsqueda de orden. Pero lo que es seguro es que dañará el hacer alma y la creatividad del científico. La relación mítica de Eros y Caos constata lo que los estudios académicos sobre la creatividad han dicho hace tiempo: que el caos y la creatividad son inseparables.

Dada esta inseparabilidad, puesto que el caos es también un hueco, un vacío o una laguna, se comprende que el eros muestre predilección por los agujeros psicopáticos de la psique, por su informidad, su no-ser-todavía y su desesperación. (A Psique se la representa siempre como una muchacha, lo cual tiene que ver no tanto con la juventud cuanto con las lagunas del ánima, con su vacuidad, que sentimos como desesperación, como una herida y como una incertidumbre estética, especialmente cuando es tocada por el eros.) Dar a este vacío informe de oscuridad psicopática en nuestra naturaleza el nombre de Sombra sólo le hace justicia parcialmente, porque la Sombra tiene sobre todo un sentido de mal moral considerado desde el punto de vista del Yo. Pero el caos remite a una *prima materia*, indicando con ello una conexión intrínseca y peculiar entre el peor fango inerte de la naturaleza humana, su informe *increatum*, y la atracción del eros. Esta relación nos ofrece por sí sola algunos indicios de las peculiares e «imposibles» ligaduras que acaecen en nuestras vidas entre lo erótico y lo psicopático, entre las idealizaciones del eros y su afinidad por el caos. Así, detrás de las idealizaciones del eros de Otelo por Desdémona subyace la laguna de su psicopatía, que lo impele a decir: «Y cuando ceso de amarte, torna el caos» (*Otelo* III, iii).

La flecha del eros apunta a esas heridas, haciéndonos notar los hiatos de la personalidad, sus aspectos no curados, los lugares donde habita el caos. De estas heridas mana el amor, que brota más fácilmente de la debilidad y de la psicopatología que de la fuerza. Ponerse la invulnerabilidad como meta o como remedio significa colocarse al resguardo de las flechas y de la antorcha del eros y no sentir nunca más la punta o la llama erótica. El eros hace alma también en la debilidad, porque revela a la psique las heridas de su incapacidad. La imaginería relacionada con las heridas en los sueños y en las fantasías no debe ser siempre interpretada en función del modelo médico, pues dichas heridas pueden ser las lagunas que hacen brotar al eros y que son el blanco favorito de sus flechas.

Las idealizaciones del eros no son nada nuevo, no pertenecen exclusivamente a la pasión amorosa de los tiempos modernos. El

Renacimiento sabía de esta *acclivitas* de los escolásticos, que también era conocida por los trovadores, por Lucrecio o por el Sócrates platónico. Estas idealizaciones son un aspecto inherente del impulso hacia arriba. Rechazarlas a fin de domesticar el eros y de atenuar la inflación romántica del amor suprime la posibilidad de la transformación a través del eros. Los tormentos del eros pertenecen, por un lado, a su romanticismo y al *pothos* de lo inalcanzable[122]. Pero, por otro, estos tormentos también conciernen a nuestra victimizada y psicopática condición de heridos, que nos lleva a gritar: «¡No puedo hacer nada al respecto!». Cambiar verdaderamente significa cambiar incluso en ese nivel psicopático definido clínicamente como incapacidad de cambiar; cambiar verdaderamente significa también cambiar en ese nivel psicótico que es, en parte, clínicamente definido como un proceso psíquico irreversible. Eros llega a tocar incluso esos niveles de nuestros eternos infiernos y afecta a la psique en los niveles cruciales de su locura. Eros es siempre algo psicótico y psicopático; en el amor es necesario estar loco.

Lo erótico –como dijo Platón– puede ser una forma de *manía*, pero también embellece. Además, la belleza es el primer atributo que atrae a Eros hacia Psique. «Amar», dice Diotima, «es generar en lo bello». En nuestro trabajo, los psicólogos hemos tenido que dejar a un lado la belleza, porque, según el modelo edípico, era regresiva, seductivamente sexual, era la atracción de Yocasta. Para el modelo heroico, la belleza representaba muy a menudo la aproximación meramente estética, que producía más ornato que significado, una forma de soslayar, típicamente *puer*, las batallas que hay que librar para alcanzar la consecución de un objetivo predeterminado y un modo de eludir el desagradable amargor de la Sombra. Quizás ahora se pueda entender que el desarrollo de lo femenino –la conversión del ánima en psique, el despertar del alma– es un proceso que acontece en la belleza[123], lo cual implica que los criterios de la estética –unidad, línea, ritmo, tensión, elegancia– pueden ser transplantados a la psique, dotándola de un nuevo conjunto de cualidades que la capaciten para apreciar lo que ocurre en un proceso psicológico. La belleza del alma, que por sí sola se basta para superar la atracción de Afrodita, se puede poner de manifiesto en la imaginación estética de la psique y en el atractivo poder de sus imágenes. Se puede revelar en los modos en los que la psique da forma a sus contenidos; por ejemplo, en la manera en que el ánima abarca lo erótico. Pero, sobre todo, la belleza de la psique hace referencia a una percepción de lo bello en relación con los eventos psicológicos. Cuando somos tocados, conmovidos o abiertos por las experiencias del alma, descubrimos que lo que sucede en ella no sólo resulta interesante y significativo, necesario y aceptable, sino que también es atractivo, merecedor de ser amado y hermoso.

La belleza suprema de la psique es aquella que ni siquiera Afrodita posee y que proviene de Perséfone, la reina de las almas difuntas y cuyo nombre significa «portadora de destrucción». La Caja de la Belleza, que Psique debe conseguir como su última prueba, se refiere a esa belleza del inframundo que no se deja percibir con los sentidos. Es la belleza del conocimiento de la muerte y de los efectos de la muerte sobre toda belleza que no contenga este conocimiento. Psique misma debe «morir» para tener una experiencia directa de la realidad de esta belleza, debe sufrir una muerte que es en todo caso diferente de la derivada de sus tentativas de suicidio. Tal será la última tarea del hacer alma y de su belleza: la incorporación de la destrucción a la carne y a la piel, el embalsamamiento de la muerte en la vida, la transfiguración de lo visible mediante la invisibilidad del reino de Hades, la unción de la psique a través de la prueba con la fatal experiencia de su mortalidad personal. El platónico movimiento ascendente hacia el esteticismo se atempera por la belleza de Perséfone. La destrucción, la muerte y el Hades no quedan excluidos. Afrodita no tiene, además, acceso a esa clase de belleza. Sólo puede adquirirla a través de Psique; el alma actúa así de mediadora entre la belleza del mundo invisible interior y el mundo de las formas externas.

Reconocemos el primer fruto de una unión psicológicamente creativa por experiencias de *placer*. Éste es, de hecho, el nombre del primer vástago de Psique y Eros: placer, delicia, *voluptas*, *Wonne*, *ananda*, risa, dicha, o cualquier otro nombre que denote dulzura. La rosa dentro de las espinas: la roja rosa reventona. La dulzura dentro del sufrimiento, de la sal y de la muerte heroica en la alta cruz. Tal ha sido la meta oculta y grávida a lo largo de todo el *opus*: la dulce *voluptas* del alma, la *sabrosa* de los místicos, el sabor de la dulce alegría que embarga el alma. Porque el placer no es simplemente ese comienzo infantil del *jardin des délices* que debe o bien ser dejado heroicamente atrás o bien sacrificado al principio freudiano de la realidad. En nuestro relato, la realización de Psique es Placer, el placer que nace del alma.

Merkelbach, en su autorizada interpretación de la fábula, omite el análisis de este acto final, el del nacimiento de Voluptas. Considera que dicha conclusión es un «misterio» y no puede ofrecer «ningún equivalente grecoegipcio»[124]. Este fallo es la prueba decisiva de la insuficiencia del método histórico y literario para ofrecer una amplificación que resulte aceptable para la psicología. Aunque carezca de paralelos más antiguos, el nacimiento de Voluptas a partir de Psique puede ser amplificado por medio de experiencias iniciáticas y mistéricas *más tardías*, como, por ejemplo, las ofrecidas por los santos y por los místicos, por los poetas, por la moderna simbología onírica y las provenientes de nuestras propias experiencias afectivas profundas[125].

El hecho de que la fábula concluya con el nacimiento de esta pequeña no es algo accesorio. La meta de la *voluptas* atestigua que el proceso de desarrollo modelado sobre la unión del eros y la psique no es estoico, no es un camino de negación y control, de trabajo y voluntad. No es, en modo alguno, una vía de desarrollo del Yo, en el sentido habitual del Yo como realidad opuesta al placer. En el epicureísmo, en el pensamiento neoplatónico, en la filosofía renacentista de Ficino y de Pico, e incluso en los románticos, no hay ninguna enemistad real entre los placeres superiores e inferiores o entre el trabajo y los deleites, dado que el eros creativo es el propulsor de ambos. Si nos remitimos a la autoridad de Plotino, la *voluptas* de los sentidos es el modelo del regocijo del alma, y el éxtasis divino es parangonable a las pasiones de los amantes[126].

Ficino y la Academia neoplatónica sostenían que la *voluptas* y el regocijo eran más importantes que el conocimiento y que incluso eran una forma de introspección; en esto estaban bastante próximos a Shelley, que proclamaba que en lo sensual radicaba la esencia de las cosas vivientes. Para los neoplatónicos, la *voluptas* comprendía generalmente la voluptuosidad sensual y la dicha trascendente más allá de los sentidos. Nosotros podríamos llamarla *sensualidad psíquica*, el goce físico en el *opus* de hacer alma, en el cual la psique está tan totalmente infusa del eros que sus movimientos –que van desde las intuiciones más refinadas a las aberraciones clínicas– proporcionan un voluptuoso placer.

Una consecuencia final de las experiencias afectivas profundas se expresa en la historia mediante la llegada de Eros y Psique al Olimpo y la celebración que les dedican los dioses. No se debe imaginar que este episodio se refiere a la meta de la individuación y de la inmortalidad para todos aquellos que llevan a término el proceso. Una lectura tal no es psicológica, aun cuando se presente en el lenguaje de la psicología actual; no apunta a las experiencias emocionales profundas, sino que refleja un deseo y una esperanza propios de la escatología teológica. La psicología ha situado el deseo de redención en el marco de un proceso de individuación, que se consuma con el viaje del peregrino hacia una meta elevada. Una lectura de esta índole no concuerda ni con el significado junguiano de individuación (convertirse en aquello que uno es) ni con lo que implica la estructura de nuestra fábula.

El final de una historia revela su estructura a priori, es decir, lo que era desde el inicio. El final de nuestra historia consta de nuevo, y rotundamente, que el eros y la psique están gobernados por potencias arquetípicas, que se representan míticamente en las figuras de los dioses. Además, los procesos –hoy llamados psicodinámicos– que estamos obligados a pasar están también regidos míticamente. Lo que se manifiesta *en* nuestra psique no es *de* nuestra psique; tanto el amor como el alma desde el principio al fin pertenecen al reino de la realidad arquetípica. Esta lección psicológica otorga una cualidad impersonal a la totalidad del *opus* creativo de hacer alma en la subjetividad de cada individuo. Por mucho que los sintamos personalmente como de nuestra *propiedad*, el eros y la psique son poderes arquetípicos que encuentran su «morada» final y originaria cuando se les pone en el lugar que les corresponde, en el de eventos transpersonales que, paradójicamente, forman la base de la personalidad.

Precisamente esta intuición –que ni la psique ni el eros pueden identificarse ni con nuestra alma ni con nuestro amor– es la conclusión final de esta larga disertación. Dicha intuición es también el resultado final de la descripción platónica del amor. El amor comienza en lo personal y me implica a mí; pasa luego a implicar mi alma y mi ser entero. Y, finalmente, me lleva a mí, a mi alma y a mi ser entero a una existencia arquetípica, a un nuevo sentimiento de interioridad, experimentada como un proceso interior contenido dentro de mí que es también mi mismidad contenida en la interioridad de un universo caótico que el amor ha transformado en cosmos. Me siento a mí mismo englobado dentro de algo más amplio y siento en mí una dimensión más amplia gobernada por potencias, cuyas voces trato de distinguir y de seguir. Es así como Eros lleva hasta los dioses, como conduce a la psique hasta una lucidez que le permite penetrar en el dragón de la opacidad psíquica. Los significados comienzan en la quemazón del deseo y se refutan mediante el gélido pánico de la retirada; y, a pesar de ser torturantes, no podemos impedir que estos movimientos nos traspasen como datos objetivos, insoslayables, del juego entre el eros y la psique, el cual crea la personalidad sin ser personal. Al igual que el mito es algo que no ha sucedido nunca pero que siempre es, así la historia de Eros y Psique está siempre ocurriendo en nosotros.

En un principio, los enredos que Eros constela parecen personales, como si todo lo referente al amor dependiera de la palabra o del gesto justos en el momento preciso, como si fuera una cuestión de esfuerzo y de ponerse en acción. Pero, seguidamente, los enredos devienen reflejos de los modelos arquetípicos, de esos patrones que aparecen continuamente en la vida cotidiana de todo el mundo. Las imágenes *(eídōla)* son lo que cada uno de nosotros ha experimentado en la psique a través del amor. De este modo, Eros nos muestra los arquetipos que están detrás de los modelos, llevándonos de un mito a otro: tan pronto somos héroes como vírgenes en fuga o sátiros que deben asir algo, tan pronto estamos ciegos como nos elevamos por los aires. Precisamente esta consciencia mítica y su consiguiente puesta en escena son el fruto de la creatividad psicológica.

Comenzamos, así, a reconocer en nosotros mismos que el eros y la psique no son meros personajes de un cuento, no son simplemente configuraciones de componentes arquetípicos, sino que son los dos extremos de todo proceso psíquico. Se implican y se requieren mutuamente. No podemos ver nada psicológicamente sin vincularnos al eros; no podemos vincularnos a nada si el eros no penetra en nuestra alma. Cuando experimentamos un suceso psicológicamente, tendemos a sentirnos en conexión con él; en el sentimiento y en el deseo es donde nos damos cuenta de la importancia de algo para el alma. El deseo es algo sagrado, como recalcaron D. H. Lawrence, los románticos y los neoplatónicos, ya que toca y mueve el alma. La reflexión nunca es suficiente.

La reflexión puede hacer consciencia, pero el amor hace alma. A esto alude el epígrafe de Jung que figura al comienzo de este ensayo, así como también el reconocimiento que este autor hace de Eros en uno de los últimos pasajes de su autobiografía, escrita al término de su vida:

> En este punto se impone a mi atención el hecho de que, junto al dominio de la reflexión, hay otro campo igual o incluso más amplio (...). Éste es el reino de Eros. En la época clásica, cuando tales cosas se entendían adecuadamente, Eros era considerado un dios cuya divinidad trascendía nuestros límites humanos y que, por consiguiente, no podía ni ser comprendido ni ser representado en modo alguno. Podría, como tantos antes que yo, aventurarme en una aproximación a este *daímon*, cuya área de acción se extiende desde los espacios infinitos del cielo hasta los os-

curos abismos del infierno; pero vacilo ante la tarea de tener que encontrar un lenguaje que pueda expresar adecuadamente las incalculables paradojas del amor. Eros es un *kosmogónos*, creador y padre-madre de toda consciencia superior (...); podría ser perfectamente la primera condición de toda cognición y la quintaesencia de la divinidad misma. Por erudita que pueda llegar a ser la interpretación de la frase «Dios es amor», sus mismas palabras afirman palmariamente que la divinidad es una *complexio oppositorum*. Tanto en mi experiencia médica como en mi propia vida me he encontrado repetidamente frente al misterio del amor, y no he sido nunca capaz de explicar qué era (...). Porque nosotros somos, en el sentido más profundo, las víctimas y los instrumentos del «amor» cosmogónico (...). El hombre se encuentra a su merced. Puede asentir o rebelarse contra él; pero es siempre su presa y su prisionero. Depende de él y se fundamenta en él. El amor es su luz y sus tinieblas, cuyo fin no puede atisbar. «El amor no cesa» (...). El hombre puede intentar dar un nombre al amor, puede arrojar sobre él todos los nombres de que dispone, pero con ello no hará sino incurrir en un autoengaño infinito. Si posee un grano de sabiduría, dejará caer los brazos y llamará a lo desconocido con lo más desconocido, *ignotum per ignotius*, esto es, con el nombre de Dios[127].

La transferencia

Nos encontramos ahora en una nueva posición para considerar la transferencia, el tema principal de esta primera parte. Ante todo, ya no la veremos dentro de su contexto psicopatológico, sino más bien como el paradigma de las relaciones en general. Tiene lugar donde quiera que haya una vinculación íntima que estimule el hacer alma; como tal, es algo imprescindible para la vida psíquica. Jung así lo reconoció cuando dijo: «De hecho, en cualquier relación humana siquiera algo íntima se verificarán casi siempre fenómenos de transferencia que la favorecerán o la turbarán»[128]. Ya en 1907, cuando Freud y Jung tuvieron su primer encuentro, Jung, en respuesta a una pregunta de Freud sobre la transferencia, mantuvo que ésta era «el alfa y la omega del método analítico»[129]. Más tarde atenuó notablemente la importancia dada a la transferencia como *método*, pero siguió manteniendo su significación como *sustancia*. En su principal trabajo sobre este tema, Jung afirma repetidamente que los fenómenos de transferencia son inmensamente complicados, que abarcan todo tipo de emociones y de fantasías y que no ofrecen ninguna solución simple. La transferencia es una réplica intensificada –o un paradigma arquetípico– de toda conexión humana. La transferencia se establece donde quiera que vayamos, donde quiera que una relación signifique algo para el alma. Jung presenta este paradigma arquetípico valiéndose de imágenes alquímicas, a fin de dar una perspectiva histórica y simbólica a lo que usualmente se vive como una experiencia ardorosa efusiva e íntima. Tales imágenes recuerdan la unión de lo masculino y lo femenino, del espíritu y el cuerpo, así como de otras parejas habitualmente consideradas como opuestas.

Detrás de las parejas está el fenómeno de la unión misma, la tercera cosa. ¿Es acaso este tercer elemento la psique en la cual se unen, o, por el contrario, es el eros mediante el cual quedan unidos? Jung sostiene que son ambos: «Si no existe el vínculo del amor, les falta el alma»[130]. La *coniunctio* requiere tanto del amor como del alma, que, al unirse, devienen una sola cosa. Jung sugiere también que el ánima desarrolla esta capacidad de unión a través de cuatro estadios en la fenomenología erótica: el de Eva, el de Helena [de Troya], el de la Virgen María y el de Sofía, a los que Jung considera como «las cuatro etapas del culto de Eros»[131]. En este trabajo sobre la transferencia, Jung también hace alusiones a esos fenómenos, que ya nos resultan familiares, del mito de Eros-Psique. A propósito del *opus*, por ejemplo, menciona la «gravidez psíquica» y la «hija del alma»[132].

Si la transferencia es el alfa y la omega del esquema analítico, entonces es también aquello con lo que el análisis se inicia y se termina. La transferencia es la conclusión del análisis, en el sentido de que éste acaba cuando aquélla se resuelve o se corta; y también es el motivo del análisis, aquello por lo cual existe. Si la transferencia toma como modelo el hacer alma, al modo en el que se presenta en el mitologema de Eros y Psique, entonces es con el fin de realizar este mitologema por lo que el análisis toma carta de naturaleza en la vida de un individuo, es decir, por lo que el sujeto entra en el análisis. Lo cual significa también que el análisis sale de la vida del individuo cuando éste se da cuenta de lo que estaba buscando: alma para su eros y amor para su psique. Llamar a este mito, tal y como se pone en escena en el análisis, «transferencia» supone engañar burdamente al alma en sus necesidades y al eros en sus deseos. Tal deformación de las experiencias del alma mediante el lenguaje de la psicología profesional se examinará cuidadosamente en la segunda parte de este libro.

Antes de concluir con la transferencia, todavía podemos extraer de ella un nuevo significado preguntándonos qué es lo que se transfiere por quién, de qué y a quién. Al principio, la transferencia designaba sólo «nuevas ediciones de conflictos antiguos, en las cuales el paciente se esfuerza por comportarse como se había comportado originariamente», pero ahora en relación con el médico que le trata y dentro de los límites que éste dictamina[133].

Sin embargo, si el analista trabaja desde el modelo que hemos venido amplificando –el engendramiento de alma mediante el amor–, entonces debemos admitir que lo que él lleva al encuentro, la llamada contratransferencia, es en realidad anterior a la transferencia. El analista parte de una posición claramente delineada, conferida por el *daímon* de su deseo, que busca llevar al alma la salud de la consciencia, de la imaginación y de la belleza, así como constelar con su propia psique el eros del otro. No es ya el analista sobre el que se transfieren las proyecciones; antes al contrario, a través del analista las intenciones del mito de la *coniunctio* se transfieren sobre el analizando, quien desde el inicio rechaza esos efectos del analista. Rechaza, se opone y se resiste al cometido de la psique y del eros del analista, lo que conforma las llamadas «reacciones transferenciales» y «neurosis de transferencia», resistencias que, si no están ligadas a problemas familiares, son asimilables a nuestro mito, y que son, verdaderamente, el alfa y la omega del trabajo creativo. (Espléndidos ejemplos de tales modelos de resistencia se pueden encontrar en las disposiciones y argumentaciones opuestas a Sócrates por parte de los discípulos y amigos que dialogan con él.)

La transferencia fue pronto reconocida como una demanda de amor; pero esta exigencia ha sido colocada por el análisis sobre un trasfondo demasiado personal, siempre en relación con el problema familiar y las necesidades personales. Como resultado, la demanda de amor nunca puede ser completamente aceptada. Resulta excesiva, está marcada por la «imposibilidad», ya que, en sus raíces, se encuentra el deseo de incesto. Pero, dentro de la metáfora que estamos usando, hasta que mi *daímon* no se haya encendido, mi transferencia está bloqueada y tengo auténtica necesidad de la chispa de otro eros para mi desarrollo. Cuanto menos pueda el otro revelar su eros, tanto más lo reclamaré, porque ¿cómo se podría avivar si no mi proceso? Mi propio impulso de individuación, mi deseo de psique, debe ser inflamado. Solamente este amor por la psique –y no el análisis de las «reacciones transferenciales»– resolverá el bloqueo de la transferencia.

Dando preferencia al eros y a la psique del analista, tenemos la impresión de alejarnos ampliamente de la noción freudiana del analista como reflectante. En lugar del peligro de acabar transformados en un frío espejo, corremos ahora el riesgo de convertirnos en un artífice de imágenes, en un escultor que modela figuras y les infunde vida sólo para después ser incapaz de separarse de ellas. Un nuevo análisis, pues, tendrá su Sombra, no ya en el omnisciente viejo sabio de la reflexión, sino en el loco enamorado, cuyo conocer consiste sólo en amar, y que quizás se asemeje a Pigmalión. Afortunadamente, como en cualquier trabajo creativo, el *opus* tiene sus efectos sobre el operador, de tal forma que el analista se transforma por los contraefectos que su trabajo origina sobre él mismo, por los distintos modos en que el autor se encuentra con su obra. Se transforma en su siervo, a merced de lo que el *opus* tenga a bien imaginar, completamente fascinado por su belleza, convertido en un símbolo en la historia del alma del otro, del mismo modo que su propio Yo es un símbolo de la suya propia, y movido además por el *daímon* del otro.

Debemos todavía considerar el nivel objetivo de lo que es transferido, cuya fuente tiene sólo indirectamente que ver con las personas involucradas, con sus necesidades psíquicas y con sus deseos eróticos, tal y como cada cual los siente personalmente. Este nivel objetivo se refiere principalmente al ánima y a sus conexiones con la tradición. Eros no tiene pasado; pertenece a los dioses, es concebido como eternamente joven, siempre renovado, un muchacho, una llama, una flecha vivificante. Eros es el revolucionario originario, siempre fuera de la historia. El ánima, por el contrario, posee niveles de cultura que se remontan en la historia y arraigan en la naturaleza. El mito de Apuleyo representa estos aspectos de Psique mediante su familia y su historia humana. Dichas complicaciones y enredos, que el ánima aporta a la unión, las transfiere como parte de su dote. Hay un *nivel histórico en la transferencia*; hay aspectos sociales y culturales que influyen sobre las necesidades del alma y sobre sus reacciones aparte de las conductas transferidas por la infancia o los padres. La historia comienza más atrás, y también la transferencia. No se establece un vínculo siendo una inmaculada criatura recién nacida de mente tierna y maleable. El amor puede fundir, ciertamente; pero ha de ir más allá, ha de quemar profunda y duraderamente para transformar y educar el nivel histórico de los modelos inconscientes del alma. El peso de esta inconsciencia proporciona, por un lado, un ancla para la ascensión del amor –un recipiente que lo contiene– y, por otro, una materia para la reflexión. La transferencia se extiende durante tanto tiempo por la sencilla razón de que ralentiza la tarea analítica; el ánima proporciona la resistencia de la naturaleza conservadora y de la cultura tradicional. Esta enorme carga transferida al *opus* por el ánima es la condición histórica preliminar del análisis.

Hemos hablado de la psique como sustancia reflectora, del ánima como la femenina mente lunar, pero tal reflexión difiere del *daímon* admonitorio presente en el impulso del eros. Esta voz no puede pretender ser psicológica, porque su actividad sigue todavía la espontaneidad de la naturaleza. El *daímon* inhibe la compulsión, pero no la refleja. El instinto preferido del ánima –si se nos permite especular acerca de las potencias ectopsíquicas– parece ser lo que Jung ha denominado instinto reflexivo. El volverse hacia atrás y quedarse apartado que supone la *reflexio* aparece como la tímida, virginal y huidiza heroína de la fábula y del mito, como la Venus del espejo. En el relato de Apuleyo, son las tareas lo que le permiten a Psique poner en práctica su instinto reflexivo. «La riqueza de la psique humana y su carácter fundamental están probablemente determinados por este instinto reflexivo (...). Mediante el instinto reflexivo, el estímulo se va transformando completamente en contenido psíquico, es decir, se transforma en una experiencia (...). La reflexión es el instinto cultural *par excellence*, y su fuerza se muestra en el poder de autoconservación que tiene la cultura.»[134]

Mediante la reflexión la psique lleva la cultura al eros, pues la psique está implantada en un contexto histórico. El proceso que tiene lugar en el análisis transfiere cultura al impulso y, a veces, viceversa. A este proceso cultural se lo denomina erróneamente «sublimación» (otra de esas palabras que, como «transferencia», «psicodinámica» y «eros terapéutico», distorsionan la percepción de los sucesos psicológicos). Sublimación implica la transformación de lo inferior en superior o en algo más refinado, una metáfora que resulta totalmente inapropiada. Nosotros reconocemos aquí meramente el trasfondo objetivamente histórico y cultural de la psique como sustancia reflectora del impulso creativo, a través del cual el impulso debe filtrarse, por el cual dicho impulso se volverá más complejo y en el cual se formará el *opus*. La transferencia representa la *experiencia* de los efectos de la historia sobre el deseo, de la cultura sobre la creatividad, del alma sobre el impulso.

Dado que la transferencia acontece en cualquier relación íntima, toda conexión personal vinculante influye sobre la psique histórica. Nuestras relaciones no nos transforman sólo a ti y a mí: afectan a la historia. Son una forma de cultura. Su conservación es también una prioridad para el alma, necesaria no sólo para su salud individual sino también para la integridad de toda la vida humana y para la transferencia de la historia psicológica a las generaciones futuras.

¿Significa todo esto, finalmente, que el hacer alma está reservado a aquellos que están sentados en una consulta? ¿Es el analista el único que puede crear psique? El analista no es ni un amante, ni un *daímon*, ni un demiurgo creativo, ni una encarnación de la cultura. El análisis, además, es tan sólo un ejemplo de la creatividad que está presente en toda relación psicológica. Es un ritual, una nueva forma vital que, privada de padre, ha entrado en la historia de la consciencia sin haber descubierto qué mito representa y sin disponer de hipótesis adecuadas para dar razón de sus efectos. La creatividad psicológica como unión del eros y la psique fue soñada dentro de nosotros mucho antes de que el análisis se convirtiera en una necesidad histórica para su realización. Freud, en la teoría del eros desarrollada en sus últimos años; Jung, en sus estudios alquímicos; y Neumann posteriormente, anticiparon esta idea. Es evidente que el ritual del análisis fue y sigue siendo necesario para la creatividad psicológica, pero no sabemos por cuánto tiempo continuaremos precisando su vaso hermético. Y, aunque sea necesario, es discutible que sea suficiente. Donde quiera que tenga lugar la transferencia, allí se efectuará el análisis; donde quiera que estos fenómenos, señalados hasta ahora con los términos de «transferencia» y «análisis», tengan lugar, allí se efectuará el hacer alma. El mito de Eros y Psique, cuya relevancia para nosotros ha sido redescubierta por el análisis y experimentada a través de la transferencia, no puede seguir ligado por más tiempo a un ritual prefijado llamado método analítico, vinculado a un particular lugar terapéutico para una determinada pareja de personas, una «enferma» y otra «sana». De la misma manera, tampoco podemos seguir utilizando una descripción de la psique que la divide en porciones sanas y en porciones enfermas.

El análisis apunta ahora más allá de sí mismo; es necesario que el eros y la psique puedan encontrar la unión en la vida y que la creatividad psicológica, incluida su psicopatología, pueda hallar formas adecuadas fuera de la consulta del analista.

Segunda parte:
Sobre el lenguaje psicológico

Dos formas de descripción

En los comienzos de nuestra tradición europea Parménides de Elea expuso su visión del universo en un poema. Una parte del mismo se llamó «Camino de la Verdad» y la otra «Camino de la Opinión». Desde entonces, las dos vías de Parménides han sido objeto de numerosas discusiones. Los comentaristas de su obra filosófica se preguntan por qué Parménides juzgó necesario dar dos modos contrapuestos de su visión. Resulta lógico pensar, en principio, que habría bastado con el camino de la verdad. ¿Por qué tomarse el trabajo de dar una segunda descripción? Con todo, un hecho parece incuestionable: no basta con un modo de decir las cosas. Incluso la Biblia comienza con dos relatos distintos de la Creación.

Desde Parménides, las descripciones han continuado dividiéndose en dos formas, lo cual no se debe sólo a la influencia de la tradición. Esta división indica la necesidad que tiene la psique humana de contar dos tipos de relatos sobre la naturaleza de las cosas.

Jung consideró dicha peculiar dualidad, constante en la historia del pensamiento, en su obra sobre los *Tipos psicológicos*[135], donde mostró que la división en dos maneras de descripción tenía su origen en el sesgo psicológico del observador. Esta inclinación en favor de una actitud o de la otra da al observador la convicción de que un método sigue el camino de la «verdad» y de que el otro camino es menos válido y sus descripciones son meras «opiniones». En su biografía *(Recuerdos, sueños, pensamientos)*[136], Jung lleva estas conclusiones un paso más adelante. Las dos formas de considerar el universo son aquí reflexiones de dos personalidades que se hallan dentro del individuo: la racional y la irracional, la lógica y la mítica, la civilizada y la primitiva, el hombre y el niño. Jung habla de personalidades uno y dos. Pero esta concluyente intuición autobiográfica tiene el inconveniente de que impone unas insuperables limitaciones subjetivas a cualquier descripción, ya que implica que, aunque algunas veces podamos ver la vida en su totalidad, la descripción que hagamos de ella siempre estará escindida en dos mitades.

Cada mitad está representada por una personalidad, y cada una tiene su propio lenguaje. Jung analiza cuidadosamente el problema del discurso lingüístico en *Símbolos de transformación*[137], en la sección titulada «Las dos formas de pensar». Durante el mismo período, Freud y Bleuler reconocieron contrastes similares entre dos sistemas de procesos mentales y sus correspondientes lenguajes[138]. Jung, sin embargo, no coincide completamente con Freud y con Bleuler. Para estos últimos, el lenguaje racional, reificante y orientado a las cosas, aunque fruto de un proceso derivado y secundario, era, sin embargo, el preferible «camino de la verdad». Las otras expresiones psíquicas debían ser traducidas por el yo al lenguaje racional de esta «realidad». Jung, por el contrario, si se considera el conjunto de su obra, otorgó primacía al discurso natural de la otra personalidad. La razón y su definición de la realidad nunca son suficientes. Quizás a causa de su proclividad al discurso del alma, Jung fue el primer contemporáneo en comprender la realidad psíquica como mito, a lo cual le enseñaron las historias que le contaron sus pacientes en el hospital psiquiátrico Burghölzli de Zúrich. Freud vio el mito, pero, en vez de dejarlo en su lugar, lo tradujo a un lenguaje conceptual. Jung, en cambio, continuó soñando el mito. Freud y Jung son como una misma historia contada en dos ciudades diferentes, en dos sociedades y generaciones distintas. Freud y Jung son también dos formas de hablar. Son dos caminos, en los cuales el mundo del alma, la psicología, encuentra su expresión.

El motivo que me ha llevado a comenzar esta parte del libro con Parménides es el de sugerir que en la psiqūe humana existe una necesidad muy antigua de postular una «vía correcta» hacia la verdad en detrimento de otra vía contrapuesta. Las formulaciones conscientes parecen ser el resultado de intensas luchas interiores entre hermanos gemelos. Lo que aparece como una descripción clara y precisa es claro y preciso solamente porque puede destacarse contra la Sombra de un modo distinto de decir la misma cosa. Tenemos dos palabras para esta disyuntiva: «lenguaje» y «discurso». Del mismo modo que también tenemos «psique» y «alma». Por mor de la claridad, opondremos en lo sucesivo el lenguaje de la psicología al discurso del alma. Al establecer dicho contraste, nos situamos dentro de la tradición de ese problema de la expresión que se remonta a Parménides, problema que unas veces ha sido formulado como *mýthos* y *lógos*, otras como idealismo y nominalismo y otras, finalmente, como sucedió en el período romántico, con la imagen del alma dividida en un lado diurno y otro nocturno[139]. Pero, independientemente de sus diferentes formulaciones, dicho contraste ha sido siempre experimentado como una intensa lucha interior contra un gemelo-sombra que ve todo y dice todo de un modo diferente.

¿Está enferma la psicología?

La transferencia nos ha ofrecido un claro ejemplo de cómo los nombres pueden distorsionar la experiencia. Los ejemplos al respecto son tan numerosos que, más pronto o más tarde, llega un momento en el que se comienza a dudar de las palabras que se usan para hablar del alma y de sus procesos. Las dudas atañen a la propia naturaleza dual del hombre, cuyos gemelos internos hablan lenguas diferentes. Por eso, esta parte del libro empieza sumida en un mar de dudas acerca de cómo se debe hablar de la psicología como tal. Estas dudas forman parte del factor subjetivo inherente a la psicología, que siempre tiene que empezar y acabar con el obstáculo insuperable del sujeto mismo. No nos es posible elevarnos sobre nosotros mismos para obtener una visión clara y objetiva de los fenómenos que yacen, bien iluminados y extendidos (es decir, explicados), en los llanos situados a nuestros pies. No hay «llanos» en la psicología profunda; sus «niveles», sus nivelaciones, son formas de hablar, una fantasía para explicar, para explanar. El factor subjetivo es intrínseco y siempre se entromete, por lo que resulta metodológicamente correcto, incluso necesario, reconocer la subjetividad desde el principio. Sólo entonces estaremos justificados para tener dudas o, lo que es lo mismo, para ver el posible factor subjetivo de otras personas en otras épocas, el cual se revela a través de su lenguaje. En su «objetividad» siempre se esconderá algo subjetivo. Su lenguaje puede estar hablándonos no sólo de los objetos que describen, sino también de sí mismos, de los sujetos que hacen esas descripciones.

Mis dudas conciernen al lenguaje psicológico, ese aparato descriptivo que la psicología ha desarrollado para poner el alma humana a su servicio. Dudo de las convenciones habituales de la profesión que determinan el lenguaje de las teorías de la sensopercepción, de los modelos estímulo-respuesta, de los tests proyectivos y de inteligencia, de los diagnósticos, de la psicodinámica, de la psicosomática y de las historias clínicas. Me pregunto por qué tantos fenómenos que son desconcertantes y, sin embargo, vitales para la psicología se colocan fuera de sus confines y se describen en el lenguaje de la patopsicología y de la parapsicología. Pongo en duda tanto estas nociones como el modo en el que la psicología se define a sí misma creando estos campos extrapsicológicos. Desconfío del lenguaje psicológico empleado para describir el proceso de aprendizaje y de educación; recelo de las historias que la psicología nos cuenta sobre la infancia, como esas fantasías sobre las experiencias de los neonatos en el pecho materno; y tampoco doy crédito a las palabras de la psicología sobre la sexualidad, ya que la trata como si fuera una función aislada y concreta.

Pero, sobre todo, desconfío del lenguaje de la psicopatología, de su descripción de las alienaciones, sufrimientos y singularidades de la vida humana. La psicopatología determina el conjunto de la psicología, tanto su forma de considerar lo que es más difícil de entender como lo que resulta mas desagradable de vivir. Por ello, de todas las partes de la psicología, la psicopatología es la que nos afecta más íntimamente, porque da nombre a los fenómenos que son más amenazadores para ese lenguaje y sistema de la mente que llamamos psicología. Es precisamente este aspecto del lenguaje psicológico del que nos vamos a ocupar aquí principalmente. En la psicopatología, el lenguaje de la psicología y el discurso del alma parecen perseguir objetivos divergentes.

Podemos examinar algunos ejemplos del lenguaje de la psicología que contienen los artículos de revistas, las historias clínicas, los libros de texto y los estudios de investigación. Pero resultaría aburrido y, a veces, incluso insultante. ¿Por qué somos incapaces de leer todo este material? ¿Por qué nos resulta tan exasperante?

Formulemos estas mismas preguntas psicológicamente: ¿Qué es lo que en nosotros se molesta, se indigna y se siente insultado? Estas emociones nos están intentando decir algo, alguna verdad emocional. El Sí-mismo emocional mira a la psicología –esa disciplina que toma el nombre del alma– para conectarla con el alma. Pero esta expectativa de alimento, de ayuda en la lucha que mantiene la psique por conseguir la consciencia, se frustra por obra de la psicología misma. El lenguaje de la psicología insulta al alma. Esteriliza sus metáforas transformándolas en abstracciones. Nos convierte en enfermos porque *su lenguaje* está enfermo.

Hubo momentos en que la psicología profunda habló una lengua viva. La moderna psicología que aparece en la Reforma, tan característicamente introspectiva, o la que surge en la imaginación romántica de Coleridge o en las iniciativas revolucionarias de Philippe Pinel, nace del alma de esas distintas épocas. Los psicoanalistas vieneses, por su parte, dejaron que el alma se asociara libremente y que hiciera sus rudas declaraciones radicales, con lo que la fantasía anímica se incrementó rápidamente. El *establishment* se escandalizó de su método y de su lenguaje, pero no pudo evitar que se generara un nuevo discurso psicológico. La psicología estuvo entonces en contacto con el alma. Tenía imaginación. Hoy, sin embargo, la psicología –también la profunda– se ha convertido en un instrumento del *establishment*. Es financiada por el gobierno; forma parte de la educación convencional; es la primera cosa a la que se recurre cuando el marido, la mujer o los hijos se vuelven intratables. Su lenguaje es moneda corriente. «Material clínico», «desarrollo del yo», «psicoterapia» –e incluso «ánimus-dependiente» y «madre negativa»– están a la orden del día. Nosotros ya no podemos creer en ellas; han perdido su capacidad de convicción; han dejado de ser un discurso que lleva consigo alma. Se han convertido en lenguaje muerto.

Este lenguaje convencional ahonda la escisión entre la personalidad número uno y la número dos. Su método no se adecua a la locura. A causa de su propio lenguaje, la psicología deviene antiterapéutica, el instrumento de un nuevo filisteísmo llamado «salud mental de la comunidad», que lo que hace en realidad es propagar su propia forma de enfermedad mental. El alma de nuevo es empujada a esconderse y forzada a fantasear un conjunto de síntomas apropiados para nuestra época. Tal como sucedió con el baile de san Vito, los delirios religiosos del Medioevo tardío y de la Reforma, la desmayada sensibilidad del siglo XVIII, la histeria del XIX y la ansiedad y la esquizofrenia de comienzos del XX, así hoy parece que sucede con la psicopatía. Estamos en la edad de la psicopatía; una época sin reflexión y sin conexión, es decir, sin psique y sin eros; un tiempo en el que se representan en plena calle las metáforas del alma. Este comportamiento psicopático público, que hemos acabado por aceptar como «normal» en los casos del desheredado, del adolescente y del revolucionario, es mayormente no verbal, o verbal tan sólo en un nivel de cantos, gritos o eslóganes.

Un lenguaje que ha dejado de contener dentro de sí la metáfora transfiere la pulsión metafórica desde su apropiada manifestación en la poesía y en la retórica, o en cualquier otra forma simbólica, a la acción directa. El cuerpo se convierte en el lugar de las metáforas del alma, y todo aquel que se vuelve al cuerpo para encontrar la salvación es impelido enseguida a la acción inmediata –posturas, actitudes, gestos, estilos– del comportamiento psicopático.

¿Dónde está el diálogo? ¿Dónde está, especialmente, el diálogo *psicológico*? Deseamos intensamente las experiencias psíquicas, pero dudamos del lenguaje psicológico. ¿Qué le ha pasado al lenguaje de la psicología en esta época caracterizada por una educación democrática y unas técnicas de comunicación tan sofisticadas? ¿Por qué se ha alejado tanto el reglamento del juego (su lenguaje) del juego mismo (el alma)? No creemos ya que la psicología hable en nombre del alma. Uno de los más antiguos sentidos de la palabra inglesa *sanity* (cordura, salud mental) –la *sanitas* de Tácito y Cicerón– es el de discurso sensato, el uso apropiado de las palabras. ¿No sugiere entonces la proposición inversa que cuando las palabras de la psicología perdieran contacto con la psique, su «insania» se debería, al menos en parte, a ese discurso erróneo de la psicología? Puede que el problema sea todavía más serio y que el alma esté abandonando completamente el discurso, puede que esté dejando de hablar. Si esto último está sucediendo, las raíces mismas de la cultura humana se están marchitando. Si la Palabra es el principio y es divina, ¿su muerte para el alma no demuestra la muerte de Dios?

Veamos cómo las cosas han tomado esta dirección en psicología. Describiremos para ello un «caso clínico», en el cual la psicología misma es el caso cuya historia clínica vamos a exponer.

Los nombres del territorio: el «caso clínico» de la psicología

Vamos a dar comienzo a una excursión. La región que atravesaremos, la psique, es muy antigua y no nos será dado abandonarla mientras vivamos. Todavía, sin embargo, no hemos sido capaces de trazar un mapa adecuado, ni de describirlo exhaustivamente en una guía. Disponemos, cierto es, de muchos mapas y muchas guías, pero la mayoría nos dicen más de sus autores que del territorio.

Sorprendentemente, hoy resulta difícil hablar de la psique de forma directa. Parece que nos son imprescindibles una serie de señales que se han ido colocando en el territorio psíquico a lo largo de los años. Estos rótulos –como, por ejemplo, los de «depresión», «percepción», «yo» y «proyección»– se han convertido en tan familiares que nuestra experiencia individual de esos eventos ha quedado enmascarada por tales nombres. El territorio se confunde con el lenguaje.

Los nombres que contiene el territorio reflejan el paso de los distintos pioneros y civilizaciones. Hay una ley de Weber, un síndrome de Ganser y una psicosis de Korsakov, que toman el nombre de sus descubridores, del mismo modo que las cadenas montañosas o las nuevas estrellas fueron denominadas con el nombre de sus descubridores del siglo pasado. Pero, desgraciadamente, el lenguaje no es un instrumento arqueológico lo suficientemente preciso como para determinar qué aspectos de la psique eran conocidos desde hacía mucho tiempo y qué otros son recientes. El griego no sirve como guía. Algunas palabras –«manía», «hipocondría», «melancolía», «catalepsia»– tienen existencia desde la antigua

Grecia. Pero «piromanía» sólo hace su aparición en el siglo XVIII y «esquizofrenia» en el XX. Además, estas palabras –incluso las griegas– no se atienen a criterios precisos. «Manía» tuvo sus orígenes en los estados de ánimo religiosos, y su primera diferenciación fue hecha por Platón en un contexto mítico-filosófico (*Fedro* 244-245). «Hipocondría» y «melancolía», que empezaron siendo descripciones somáticas referidas al cuerpo físico, sufrieron numerosas variaciones de significado a lo largo de los siglos. «Esquizofrenia», por otra parte, a pesar de su raíz griega, es un constructo suizo aplicado a un tipo de hombres de los inicios del siglo XX, vistos a través de las lentes del fuerte Yo de los psiquiatras de la época.

El lenguaje específico de la psicología es sorprendentemente nuevo. Es cierto que nuestro hablar cotidiano ha estado siempre lleno de términos psicológicos. También es cierto que la cultura psicológica puede expresarse en otros discursos aparte del lenguaje propio de su campo. Los gestos, los estilos de vida, los modos de comer, vestir, cortejar, holgazanear, los tipos de música y de baile, revelan una cultura psicológica independiente del lenguaje psicológico. La cultura de la psique puede requerir un lenguaje, pero no necesariamente el lenguaje técnico de la psicología, que, como expresión sistemática de una disciplina, de una especialidad, es algo reciente. Este lenguaje especializado es mayormente el resultado de los laboratorios de psicología de las universidades alemanas del siglo XIX, mientras que el lenguaje de la psicopatología se formó paralelamente al desarrollo de las instituciones psiquiátricas durante ese mismo período.

¿Podríamos imaginar la psique sin este lenguaje? ¿Sin «psicología», «psiquiatría», «psicopatología», «psicopatía», «psicosis», «psicoterapia», «psicoanálisis»? ¿Sin «tests de inteligencia», «tests mentales», «higiene mental», «salud mental»? ¿Sin «alcoholismo», «autismo», «catatonia», «claustrofobia», «ambiente», *folie à deux*, «homosexualidad», «hipnotismo», «introspección», «introversión»? ¿Sin los diversos compuestos de «socio» o de «bio»? De estos últimos pueden enumerarse más de cien; ninguno de los cuales existía en el siglo precedente. Incluso «yo», «libido», «personalidad», «inconsciente», «racionalización», «sugestión», «aberración» –en su utilización psicológica actual– son creaciones recientes. «Proyección», una de las palabras predilectas de la psicología actual, y de la que se derivan, por ejemplo, «tests proyectivos» o «técnicas proyectivas», hizo su aparición con su uso actual sólo entre 1895 y 1896 de la mano de Freud[140].

Nuestro lenguaje psicológico es principalmente posnapoleónico. Su desarrollo corre paralelo a la revolución industrial, al positivismo, al nacionalismo, a la secularización y a todo aquello que caracteriza el «espíritu del XIX». Más específicamente, nuestro lenguaje representa sobre todo la mentalidad académica y médica de ese siglo. La psicología y la psicopatología son vástagos de la Ilustración tardía, de ese momento en el que la esperanzada Edad de la Razón se convertía, endureciéndose, en Edad de la Materia.

Al exponer nuestro «caso» no podremos citar las historias al uso de la psicología y de la psiquiatría, aunque sí nos basaremos en los datos que contienen. Estamos obligados a escribir otro tipo de guía, porque las existentes son parte del «caso» mismo. Comparten el lenguaje que surge de esas aspiraciones de progreso, de positivismo y de laicismo propias de la mentalidad del siglo XIX. Presentan la psicología y la psiquiatría como una victoria progresiva sobre las confusiones de la mente y sus aberraciones. Incluso cuando se esfuerzan en mantener un distanciamiento histórico, adolecen de la necesaria reflexión psicológica sobre esta historia[141]. Reemprenderemos aquí, por tanto, el camino desde sus inicios, rescribiendo la historia de la psicología a nuestro modo, que no es otro que un modesto intento de hermenéutica psicológica. Dejaremos de lado las controversias actuales en relación con el método y el fin de la historia de las ideas y de las disciplinas específicas (como la psicología) –discusiones que acaban desembocando en esas inextricables cuestiones del historicismo, la naturaleza de la realidad histórica y la filosofía de la historia–, por la sencilla razón de que no estamos escribiendo historia sino psicología.

Una historia de la psicología pertenece tanto a la psicología como a la historia; no registra sólo hechos históricos, sino también fantasías psicológicas. La historia puede ser considerada como uno de los modos en los que medita el alma, como una de las formas en las que el alma refleja psicológicamente la vida. La historia que sigue difiere en la intención de las otras historias de la psicología, aunque comparte su respeto por los «hechos» históricos. Nuestra intención es ver, por medio de la historia, más allá de la historia; ver a través de ella, considerándola una concatenación de sucesos, un sueño cargado de temas que necesitan de una comprensión interpretativa. Para nosotros, la historia es un campo psicológico en el cual se destacan los modelos fundamentales de la psique; la historia revela las fantasías de los que hacen la historia. Y tras esos modelos y fantasías se encuentran los arquetipos.

La palabra «psicología» hace su aparición en la historia a mediados del siglo XVI a través de unas lecciones dadas por Melanchthon (1497-1560) y a través de las obras de sus contemporáneos, aunque un poco más jóvenes que él, Goclenius y Casmann[142]. La psicología coincide con la Reforma, de la misma manera que numerosas nuevas expresiones compuestas con *self* (*self-regard*, *self-conceit*, *self-linking*, *self-contained*), que denotan una nueva tendencia a la interioridad, también surgieron con la Reforma o a finales del siglo XVI[143]. El término «psicología» no tuvo entonces prácticamente repercusión, a pesar de que Christian von Wolff la usó, en latín, poniéndola en el título de dos de sus libros (*Psychologia Empirica*, 1732, y *Psychologia Rationalis*, 1734). La materia objeto de la psicología quedó incluida, por la mayor parte de los filósofos de los siglos XVII y XVIII, dentro de ensayos sobre el hombre, sobre el entendimiento, sobre la mente o sobre la naturaleza humana, sobre antropología, sobre la razón, las pasiones o las sensaciones. Pero a ningún autor se le pasó por la cabeza titular alguna de sus obras como «Psicología» o referirse a ella como «una psicología».

Habría que esperar al comienzo del nuevo siglo para que tal circunstancia se produjera. En 1808, apareció la *Psychologie* de F. A. Carus; en 1812, el *Essai sur les fondements de la psychologie* de Maine de Biran; en 1816, el *Lehrbuch zur Psychologie* de J. F. Herbart; en 1817, la *Psychologie* de A. Eschenmeyer; en 1824, la *Psychologie* de Stiedenroth; y en 1824-1825, de Herbart también, la *Psychologie als Wissenschaft*. Posteriormente se publicaron las obras de J. C. A. Heinroth, Carl Gustav Carus y F. E. Beneke; y, desde entonces, ha habido un flujo ininterrumpido de libros de «psicología». Incluso Kant, que fue el pensador de este período que con más vigor y originalidad reflexionó sobre la mente humana, sólo se interesó verdaderamente por la psicología cuando el siglo estaba acabando y él había cumplido los setenta años. Hombre del XVIII, Kant llamó a su trabajo «antropología» en vez de «psicología». Con el ascenso de la psicología, la palabra «alma» decayó paulatinamente y hacia mediados del XIX había desaparecido completamente del lenguaje especializado de la psicología.

Con la excepción de Maine de Biran, el campo de la psicología –de Melanchthon y Christian von Wolff a Herbart– es una creación de hombres de lengua alemana.

Herbart (1776-1841) publicó su primer *Lehrbuch* en 1816. Su psicología ejerció, posiblemente, la influencia más amplia y duradera, siendo considerado el padre de todos los movimientos psicológicos modernos. Por medio del álgebra de las reacciones psíquicas, este autor intentó expresar el alma en fórmulas matemáticas. Herbart era profesor en Königsberg. Fue el sucesor de Kant y se sentó en aquel trono desde 1809 a 1833. Sus mapas y guías se constituyeron en referencia obligada. Todo aquel que se adentrase en el territorio de la psicología tenía que expresarse en sus términos, ver las cosas como él las describía y enseñar a los otros con su lenguaje. Las aulas no bastaban para contener la multitud de sus oyentes; las sociedades herbartianas florecieron en Europa y América; su influencia en la vinculación entre psicología y educación no fue pequeña, y nosotros seguimos siendo herbartianos cuando consideramos que la enseñanza y el aprendizaje son actividades eminentemente psicológicas. Herbart describió el alma de la manera siguiente:

> El alma no puede ser una sustancia en el sentido de Leibniz, porque

no tiene actividad originaria. El alma, originalmente, no tiene ideas, ni emociones, ni deseos. No tiene conocimiento ni de sí misma, ni de otros objetos. No posee categorías de pensamiento ni intuición, ni tampoco las facultades de voluntad y acción. El alma no tiene predisposiciones en absoluto. La naturaleza simple del alma es completamente desconocida y así debe permanecer. Por eso, el alma no puede servir como objeto de estudio ni para la psicología especulativa ni para la empírica[144].

La única capacidad atribuida al alma era la *vis inertia*, la *Selbsterhaltung*, la capacidad de automantenerse. Despojada de toda realidad y potencialidad, el alma se quedó completamente aparte del reino del conocimiento. Se le dio, por decirlo así, «una patada escaleras arriba». Se le concedió plena autoridad como un *Real* kantiano, un *Ding an sich* [una cosa en sí], pero se convirtió en realidad en algo vano de lo que no merecía la pena ni hablar. De la misma manera que Hume había destruido la noción de Sí-mismo, así Herbart sacó al alma del centro viviente de la personalidad. Es cierto que el alma se encuentra siempre presente y es el fundamento de todo aquello que nos acontece, pero es un fundamento que nunca podemos llegar a aferrar. Es un alma creada a la imagen de ese Dios protestante totalmente trascendente, incognoscible y situado más allá de toda teología empírica o especulativa, fuera del mundo fenoménico humano. Tal fue el alma de esa especialidad universitaria a la que se dio el nombre de «psicología».

(*Nota bene*: Cuando la psicología se convirtió en una especialidad y la psique se expuso en un libro de texto académico, el alma desapareció. Cuando cayó bajo el control de una universidad de espíritu laico e ilustrado, el alma perdió toda realidad, toda sustancia, toda relevancia para la vida. La psicología académica ha sido, por eso, una psicología sin alma desde sus mismos inicios. Es probable que todo ello fuera inevitable, dado que son necesarios dos caminos para observar los fenómenos. Quizás fue también inevitable que el movimiento entero del psicoanálisis surgiera fuera del mundo académico y que los primeros institutos de didáctica psicoanalítica fueran independientes de las universidades, dado que éstas no tenían nada que ver con las concepciones psicoanalíticas. El psicoanálisis trajo de nuevo la psique al centro de la psicología, reconociéndole un poder pleno y autónomo. Hemos observado que, curiosamente, a medida que el psicoanálisis se aproxima al mundo académico y se afilia a clínicas y departamentos universitarios, parece perder el alma. La aceptación por las universidades y por la clínica significa ser aceptable para la universidad o para la clínica, significa tener una concepción del alma, una psicología, que puede ser aceptada en el mundo existencial académico o médico. La universidad y la clínica no son meramente edificios o gente; son un cosmos, una *Seinsweise* [forma de ser]. Ser aceptable significa compartir esa ontología y participar en su ritual. [En otros tiempos se habría podido decir que aceptación significa servir, o adorar, a los mismos dioses.] Nuestra experiencia del alma en el análisis, así como la forma en la que Jung escribió sobre ella, han tenido hasta ahora una escasa acogida en los círculos académicos o clínicos. Evidentemente, la psicología sigue todavía a Herbart y todavía excluye el alma. La presión que existe dentro del movimiento psicoanalítico para ser académica o clínicamente aceptado expresa tanto una tensión trágica entre la psicología y el alma como la presencia de una incertidumbre en el psicólogo sobre la capacidad para defender su propia experiencia. Freud fue honrado, a cierta distancia, por el mundo clínico y académico, pero nunca fue completamente aceptado. Por lo demás, Freud no deseaba esa aceptación e incluso en su vejez advirtió contra la amalgama del psicoanálisis y la psiquiatría universitaria y clínica.)

El tratado de Herbart apareció en 1816. En 1817, en París, Jean-Étienne-Dominique Esquirol daba su primera lección de psiquiatría clínica, en la cual, entre otras cosas, elaboraba cuidadosamente el concepto de alucinación. El modo en el que consideramos esta convincente percepción sensorial que carece de objeto externo correspondiente sigue siendo, todavía hoy, el postulado por Esquirol[145]. Las alucinaciones son de esencial importancia para demostrar nuestra idea de que la psicología y el alma hablan lenguas diferentes. Durante siglos la gente ha experimentado toda una variedad de visiones, sonidos y olores extremadamente convincentes, cuya realidad no depende del exclusivo criterio de la correspondencia con un objeto externo. Algunas culturas estimulan estos lances y los tienen muy en cuenta, pues son necesarios para la iniciación. Los filósofos reconocen las dificultades que ocasionan las alucinaciones para una teoría de lo real y para una teoría del conocimiento. Las alucinaciones ponen en tela de juicio la teoría materialista de las percepciones sensoriales; son además fenómenos peligrosos para nuestra epistemología y para nuestra ontología y, por eso, es preferible considerarlos fenómenos parapsicológicos o patopsicológicos. Probar la realidad de fenómenos psíquicos como las alucinaciones tiende a significar hoy probar solamente su realidad objetiva externa. Estamos todavía influenciados por Esquirol y la Ilustración francesa. El demonio y los fantasmas son desterrados, pero con ellos también el ángel y los ancestros; también ellos son deportados al reino de la psicopatología. Las observaciones de Esquirol fueron efectivamente útiles para la psicología, pero han tenido un efecto contrario para el alma. Minaron la creencia de que el alma tuviera un acceso privado al «otro mundo» o de que estuviera en comunicación con él, lo cual, a su vez, socavó la creencia en ese otro mundo, ya que las pruebas experimentales de su existencia se habían convertido en patopsicológicas o parapsicológicas. El alma perdió el convencimiento en sí misma como un intangible intemporal en vívido contacto con otros intangibles intemporales. En 1817 las evidencias de dicha convicción se convirtieron en «alucinatorias». La realidad pública usurpó la realidad privada. La palabra clave es «convincente»: uno podía tener estas experiencias íntimas a condición de no darles crédito como reales[146].

En el mismo año, 1817, en el que Esquirol confería estatuto patológico a las alucinaciones, en Inglaterra otro soberbio –por no decir espantoso– producto de la Ilustración, Jeremy Bentham (1748-1832, casi un perfecto contemporáneo de Goethe), introdujo otra idea fundamental en la moderna consciencia posnapoleónica. En una breve obra menor aparecida tardíamente, *A Table of the Springs of Action* (Londres 1817), en donde resume concisamente, con la ayuda de gráficos, su visión de los elementos esenciales de la ética, de la psicología y de la biología humana, Bentham afirma lo siguiente: «La *dinámica* (con este nombre puede llamarse la ciencia que tiene por objeto esos mismos móviles de la acción, considerados en tanto tales) psicológica tiene como base la *patología* psicológica»[147]. En 1817, mucho antes de Sigmund Freud, Jeremy Bentham consideró la mente como un sistema dinámico, cuya fuente radicaba en la enfermedad mental.

Jeremy Bentham fue un prodigio de la Ilustración. Se recordaba a sí mismo a la edad de tres años «sentado a la mesa –sobre la mesa un atril y sobre el atril un enorme volumen infolio– con una candela encendida a cada lado (...), y a mí mismo absorbido en mis estudios»[148]. A los cinco años conocía el latín y el griego y tocaba a Haendel con un violín en miniatura; a los trece, edad en la que ingresó en Oxford, conocía a fondo el *Ensayo sobre el entendimiento humano* de Locke. Era el espíritu de la razón encarnado. Fue el padre espiritual del benthamismo; su lema «el máximo bien para el mayor número», basado en la polaridad extrema del principio placer-dolor, dio vida al utilitarismo de los Mill. «Utilitario» fue su contraseña. Inspiró a Mirabeau en Francia y a Potemkin en Rusia, así como el movimiento liberal, la reforma social y legal, y los mejores ideales progresistas de comienzos del siglo XIX.

Sin embargo, este mismo Bentham vio el alma humana de un modo particularmente siniestro. Los tradicionales «movimientos del alma» podían ahora ser llamados «psicodinámica», y esta dinámica emergía de la «patología psicológica». La psicopatología, la Sombra hermana de la psicología, pronto pasó a ser la figura preeminente. Bentham caracterizó la psicopatología como «las partes indecorosas de la mente humana». Como no podían ser admitidas abiertamente, había que cubrir dichas partes, según las propias palabras de Bentham, con «una especie de hoja de higuera»[149]. La imagen de la «hoja de higuera» pone de relieve la fantasía de Bentham, que seguirá presente durante todo el período victoriano, al principio del cual perteneció su obra. Fue también entonces (1818) cuando el médico Thomas Bowdler (1754-1824) publicó su edición de Shakespeare, «en la que se omiten todas aquellas palabras y expresiones que no pueden ser leídas decentemente en voz alta en el seno de la familia». Bowdler percibió la relación entre lo imaginal y el lenguaje, e intentó controlar la imaginación mediante la censura del lenguaje. Tras Shakespeare, pasó a aplicar su método de la «hoja de higuera» a la *Historia* de Gibbon. Su nombre se encuentra en el *Oxford English Dictionary*: *to bowdlerize* significa «castrar».

Secularizada por la Ilustración, el alma no pudo continuar abarcando conjuntamente el espíritu y el eros. El espíritu pasó a ser asunto del idealismo materialista del progreso utilitarista. El eros se remitió al sentimentalismo *bowdlerizado* (castrado) y a la pornografía. Habría que esperar al final del siglo para que espíritu y eros se reunificaran merced al racionalismo sexual de Freud, esa racionalización que afectó no sólo al alma, sino también al espíritu y al eros.

Durante esos mismos años iniciales del siglo XIX aparecieron las primeras revistas especializadas en psicología (1818)[150] y vieron la luz también las primeras historias técnicas y las primeras bibliografías[151]. Uno tras otro, los síndromes fueron siendo nombrados. Sutton describió el *delirium tremens* (1813), Parkinson la «parálisis agitante» (1817), Gooch la «locura puerperal» (1819), Grohmann la «locura moral» (1819)[152] y, el más importante, A. L. Bayle, cuando contaba veintitrés años, definió la *dementia paralytica* (1822). La denominación de síndromes –neurológicos y psicológicos– continuó durante toda la centuria. El método consistió en separar y aislar los distintos fenómenos mediante la observación y la descripción precisas. Simultáneamente, los sintetizadores se dedicaron a organizar los informes de campo de los exploradores para formar un sistema clasificatorio unitario, una guía completa y definitiva. En psiquiatría, fue Kraepelin el primero en realizar, al inicio del nuevo siglo, esa guía completa. Se contaba, así, con una clasificación en la cual podía insertarse cualquier aberración. Pero, en

1913, Karl Jaspers suscitó algunas objeciones fundamentales sobre las categorías diagnósticas y las clasificaciones psicopatológicas. Por estas fechas, los términos no habían dejado de ser discutidos continuamente y estaban siendo usados de modo muy diverso de acuerdo a las preferencias personales de los médicos. La psiquiatría estaba todavía luchando por conseguir definiciones operativas precisas. Pero algunos existencialistas abandonaron completamente este intento.

El progreso de la construcción del sistema diagnóstico puede compararse con el desarrollo paralelo acontecido en otros campos durante el siglo XIX, en especial con el experimentado por la medicina en un tiempo en el que estaba realizando extraordinarios descubrimientos etiológicos mediante el estudio de la patología. Después de todo, los investigadores de campo en psicopatología eran médicos y los modelos de la mentalidad decimonónica eran las figuras de Bernard, Pasteur, Neisser, Koch o Virchow. El éxito de este método en psicopatología hizo que la psicología propiamente dicha emprendiera un camino similar y se dedicara a separar las facultades de la psique para estudiarlas desmembradamente, pieza a pieza, con nuevas técnicas. Fue la psicopatología, por tanto, la que marcó el paso a la psicología.

¿Por qué el desarrollo de la psicología se llevó a cabo a través de la Sombra? ¿Qué hizo a la psicopatología tan fascinante precisamente en ese momento de la historia? Como señalaron Karl Jaspers, Erwin Ackerknecht y Kathleen Jones, la psicopatología es un problema al cual la razón humana prestó atención relativamente tarde. La psiquiatría es, de las principales ramas de la medicina, la más tardíamente desarrollada. El término tomó carta de naturaleza sólo alrededor de 1805 a partir de las lecciones de Reil. Solamente entonces empezó a ser una especialidad separada y «enseñable». ¿Por qué este interés por la patología de la psique esperó hasta ese momento para explotar? ¿Por qué tan tarde? ¿Por qué tan violentamente?

Es posible que se debiera a que la Edad de la Razón alcanzara entonces sus últimos confines, los confines de la razón misma: la mente y sus oscuridades. La luz, volviéndose ahora hacia sí misma, creó una nueva ciencia de la mente, la psicología, y también otra nueva de la Sombra de la mente, la psicopatología. Puede ser que, en sus comienzos, el siglo XIX percibiera de alguna manera la Sombra que la Ilustración había estado almacenando en el alma –la misma Sombra que la misma razón iluminada había estado acumulando de otras formas en el mundo externo–. Posiblemente el *Frankenstein* (1818) de Mary Shelley pertenezca también a la historia de la psiquiatría.

La razón del siglo XVIII se definió a sí misma con palabras como «ordenar», «categoría», «clasificar», «método», «organizar», «regular», «sistema»[153]. Estaba fascinada por el «orden», por «vivir en un cosmos *regulado como un reloj*»[154]. Quizás la inmensa energía que se empleó en ordenar la patología mental tenía como finalidad mantener a raya el desorden mental. ¿Por qué, podemos preguntarnos, no recibieron los nuevos continentes de la psique nombres más felices? *I*rracional e *in*consciente, de la misma manera que *in*sano, son signos negativos, atribuidos de mala gana por la razón a aquello que no comprende. Por el mismo procedimiento se podría haber llamado a Urano o a Neptuno «no-Saturno» o a Australia «no-Asia». Ni siquiera las definiciones al estilo kantiano del inconsciente como *negativer Grenzbegriff* (concepto-límite negativo)[155] pueden evitar esa consideración peyorativa con que siempre se contempla el discurso del alma, cuyas expresiones son imaginativas, simbólicas, fantásticas o míticas, sin más, es decir, que se bastan por sí solas y no necesitan de los calificativos de racional, consciente o sano.

No sólo fue joven la ciencia, también fueron jóvenes, hasta un extremo sorprendente, los que la inventaron. Tres de los compendios más influyentes del siglo XIX fueron escritos por W. Griesinger (1817-1868) y E. Kraepelin (1856-1926) en Alemania y por H. Maudsley (1835-1918) en Inglaterra. Griesinger tenía veintiocho años y Kraepelin veintisiete cuando se publicó la primera edición de sus respectivos volúmenes; Maudsley contaba treinta y dos. Cuando apareció el monumental tratado de Eduard von Hartmann (1842-1906), donde la palabra «inconsciente», al formar parte del título de la obra, salía finalmente al descubierto, su autor tenía veintisiete años.

Otros jóvenes médicos aportaron también nuevos términos: E. Hecker (1843-1909), el de «hebefrenia», con veintiocho años; G. Beard (1839-1883), el de «neurastenia», con veintinueve años; y W. Sander (1838-1922), el de «paranoia» (en su significado actual), con treinta años. Obras influyentes sobre desórdenes psíquicos, escritas antes de que sus autores cumplieran los treinta, surgieron, en francés, de la plumas de Falret (1794-1870), Georget (1795-1828), Brierre de Boismont (1797-1881) y Billod (1818-1886); en alemán, de Vering (1796-1829), Hecker (1795-1850), Neumann (1814-1884), Moebius (1853-1907) y Bloch (1872-1922); y, en inglés, de Laycock (1812-1876), Carter (1828-1918) e Isaac Ray (americano, 1807-1881). La obra, de una influencia inestimable, de S. A. A. D. Tissot sobre los peligros de la masturbación fue escrita cuando su autor estaba en la veintena. Lo esencial del sistema psicopatológico de Pierre Janet apareció en su *L'Automatisme psychologique*, en 1889, cuando su autor tenía treinta años. Bichat murió a los treinta años. George Huntington (1851-1916), de Long Island, delimitó, con veintitrés años, el mal hereditario conocido como baile de san Vito y después le dio su propio nombre, denominándose desde entonces «corea de Huntington».

Fue particularmente en este campo de la psiquiatría orgánica donde los jóvenes realizaron importantes contribuciones. Bayle tenía veintitrés años. Wernicke (1848-1905) llevó a cabo sus investigaciones sobre la afasia a los veintiséis. Hitzig (1838-1907) y Fritsch (1838-1897), antes de cumplir los treinta, descubrieron la excitabilidad eléctrica del cerebro, lo que dejó franco el camino a las localizaciones cerebrales y a la electroencefalografía, y publicaron los resultados con treinta y dos años. Wagner von Jauregg (1857-1940), que recibió el primer premio Nobel dado a la psiquiatría (1927), escribió su primer trabajo sobre la piretoterapia en la parálisis progresiva antes de cumplir los treinta. Sakel (nacido en 1900) no llegaba a los treinta cuando comenzó sus tratamientos mediante el shock insulínico. Hughlings Jackson (1834-1911) describió los ataques epileptiformes que llevan su nombre a los veintinueve años. Asimismo, Lombroso (1836-1909) tenía veintiocho años cuando publicó su influyente libro que ligaba el genio a la locura.

La Revolución Francesa y la era napoleónica encumbraron a una serie de hombres jóvenes a posiciones de autoridad, y esto mismo sucedió también en la psicología. Una serie de jóvenes autores se convirtieron en las nuevas autoridades de la psique y de sus estados. En un campo en expansión, los jóvenes fueron llamados a ocupar puestos importantes en las clínicas universitarias. Entraron a formar parte de la corporación de la psicopatología clínica, escribieron en las nuevas revistas y publicaron los libros y textos que establecían los nuevos términos, adoctrinando así a las sucesivas generaciones hasta nuestros días. La profesión creó el lenguaje y el lenguaje sostuvo a la profesión. La clínica, la universidad y la profesión quedaron unidas en la fraternidad del nuevo lenguaje.

Sexualwissenschaft

La última área reivindicada por el lenguaje de la psicología del siglo XIX fue la de la sexualidad. Aunque no existan prácticas o fantasías sexuales que la imaginación griega y romana no hubiera elaborado ya, aunque conceptos como «satiriasis» o «priapismo» procedan de Galeno, aunque los asuntos gobernados por Afrodita sean menos complicados y menos variados que muchos otros de los dominios regidos por los restantes dioses del Olimpo, la última parte del siglo XIX y nuestro propio siglo han reformado a la hoja de higuera de Jeremy Bentham con considerable celo y habilidad técnica.

Se acuñaron nuevas palabras: «vaginismo», por un médico americano (J. M. Sims, 1861) durante la Guerra Civil; «homosexualidad», en Alemania en 1869; «exhibicionismo», en Francia por E. C. Lasègue en 1877. En 1886, el austríaco R. von Krafft-Ebing, en su notable *Psychopathia sexualis*, estableció los términos de «sadismo» y «masoquismo». Havelock Ellis inventó, a finales del siglo, los de «narcisismo» y «autoerotismo» y tomó prestado de Eulenberg el de «simbolismo erótico» (1895). Tras ellos vino Freud, quien, con sus *Tres ensayos sobre la teoría sexual* de 1905, aportó un rico filón de nuevos términos y ese maravilloso ser mítico que es el niño perverso polimorfo. Un año más tarde (1906), Ivan Bloch circunscribió la región entera con el apropiado término de *Sexualwissenschaft*, la sexología, la ciencia de lo sexual, lo que es tanto científico como sexual.

Pero la sexualidad, aunque asimilada ahora por la psicología, no por ello se convirtió en psicológica. El resultado de la unión condujo más bien a una sexualización de la psicología. La angustia pasó a llamarse angustia «de castración»; y la envidia, envidia «del pene». Con la escuela de Melanie Klein, las ambigüedades afectivas entre la madre y el niño se convirtieron en el pecho «bueno» y el pecho «malo». La *Sexualwissenschaft* percibió claramente lo sexual en lo imaginal, pero redujo entonces lo imaginal a lo sexual. Jung, en su famoso caso del falo solar, vio ya lo imaginal en lo sexual[156]. Con ello dio un paso de gigante más allá del siglo XIX, que siempre contempló lo sexual –ya fuera en la ciencia, en los estudios clásicos o en la pornografía– solamente como una actividad biológica concreta. La sexualidad fue siempre sexo. El paso que dio Jung tiene, aún hoy, que ser dado por muchos. Jung advirtió que el instinto tiene un aspecto imaginal, un factor mítico, y que, precisamente por eso, lo sexual es también una actividad de la imaginación, una expresión psicológica, un modo que el alma tiene de hablar. La *Sexualwissenschaft*, como unión de dos polaridades, lo sexual y lo racional, sigue omitiendo la psique, sigue negando el significado que tienen *para la psique* los mensajes sexuales. Todos los escritores del siglo XVIII que abordaron de una u otra forma temas sexuales (Tissot, Sade, Krafft-Ebing, los pornógrafos) dejaron de lado el factor mítico, no percibieron que los mensajes sexuales son fundamentalmente míticos y forman parte de un modelo arquetípico *que significa algo*. Así, las «perversiones», de la misma forma que las palabras «anormal», «desviación» y *délire*, dan por sentado la existencia de un camino correcto, del cual uno puede o bien apartarse (pervertido, desviado), o bien no encuadrarse en él (anormal), o bien seguirlo inapropiadamente *(délire)*. El que estos comportamientos o fantasías sean perversos *per se* o perversos según unas normas culturales será siempre algo que requerirá ser iluminado psicológicamente; es decir, que debe ser leído para hallar su significado. Las definiciones psicopatológicas tienden a eludir la cuestión de fondo; producen la impresión de que el sentido se encuentra en la definición, cuando en realidad se queda fuera. Un ejemplo es el masoquismo.

De la misma forma que la definición de alucinación dada por Esquirol resultó decisiva para la nueva consideración de la clarividencia del alma, la definición de masoquismo de Krafft-Ebing fue también decisiva para la nueva consideración de los sufrimientos del alma. Así nos cuenta su autor cómo llegó a dicho nombre:

> Creo justificado llamar a esta anomalía sexual «masoquismo», porque el escritor Sacher-Masoch frecuentemente utilizó esta perversión, desconocida completamente por la ciencia de su época, como substrato de sus novelas. Seguí al respecto la formación científica del término «daltonismo», que proviene de Dalton, el descubridor de la ceguera para los colores[157].

Tales fenómenos, una vez denominados científicamente siguiendo la moda de los tiempos, pasaron a ser potestad de la psicopatología a través de este lenguaje. Se convirtieron en perversiones. Denominar cambia la cosa nombrada. (Cuando Adán les dio sus nombres, los animales quedaron destinados a actuar de acuerdo con ellos; asumieron la cualidad inherente al nombre.) De esta forma, un área inmensa de la psique quedó conocida como «masoquismo», ya que Freud y los psicoanalistas extendieron su espacio original a una serie de emociones, fantasías y actitudes caracterológicas que se encontraban sumamente alejadas del inicial comportamiento «masoquista» determinado por Krafft-Ebing. Finalmente, este término –acuñado a partir del apellido de un novelista austríaco de segunda fila perteneciente a la última parte del siglo XIX (1836-1895)– pasó a usarse, primero por los psicoanalistas y luego por el gran público, para describir la cualidad fundamental de la psicología femenina. El trasfondo arquetípico de este rasgo distintivo de nuestra tradición, que una y otra vez identifica la esencia de lo que se llama feminidad con lo que se llama masoquismo, será explorada en profundidad en la tercera parte de este libro. Lo que ahora interesa es examinar las implicaciones psicológicas del «masoquismo».

Krafft-Ebing y Freud podrían haberse vuelto a Bernardo de Claraval en vez de a Sacher-Masoch; podrían haber leído los textos del misticismo cisterciense en vez de *La Venus de las pieles*. La unión del eros y del sufrimiento es un fenómeno religioso suficientemente conocido, especialmente entre los cristianos, cuyos mártires, al describir sus espantosos gozos, hicieron uso del discurso místico tomado del Cantar de los Cantares o de la Pasión. (De esta fuente sagrada procede la palabra inglesa *suffering*, sufrimiento, que era el término usado para la *passio* de Cristo en la cruz, y que se mantiene todavía hoy en la expresión *Suffering Jesus*.) Pero, como dijo Bentham, la psicodinámica del siglo XIX tuvo sus manantiales en la psicopatología. Estas cruciales experiencias de la vida psíquica –el eros, el sufrimiento y su unión– se convirtieron, merced al materialismo simplista decimonónico, en «nada más que» placer y dolor, los cuales Bentham habría estado probablemente encantado de poder medir exactamente con su *felicific calculus*, su fantasía de la formulación matemática del placer y el dolor. Pero, además, la pequeña dimensión a la que habían quedado reducidos esos términos se encogió todavía más posteriormente: el placer pasó a ser placer sexual, y el dolor se limitó al dolor físico. El nuevo término para su conjunción fue el de «algolagnia», que era por supuesto una anormalidad, puesto que placer y dolor son, por definición, mutuamente excluyentes. Y este mediocre instrumental conceptual fue el empleado por la *Sexualwissenschaft* para comprender el eros y el sufrimiento de la *gloria passionis* de las grandes almas. Los mártires, santos en otra época, podían ser ahora científicamente llamados «masoquistas».

Pero oigamos a Bernardo de Claraval describir la *gloria passionis*:

> Verdaderamente [el mártir] no sentirá sus propias heridas cuando contemple las de Cristo. El mártir permanecerá regocijado y triunfante, incluso si su cuerpo es despedazado; y cuando su costado sea desgarrado por la espada, contemplará, lleno de coraje y alegría, cómo la sangre que ha consagrado a Dios mana de su cuerpo. ¿Dónde está ahora el alma del mártir? Verdaderamente al resguardo, en la roca, en las entrañas de Cris-

to, en donde ha conseguido entrar precisamente a través del pasaje de sus heridas abiertas (...). Y esto es el fruto del amor, no de la insensibilidad *[Neque hoc facit stupor, sed amor]*[158].

O bien leamos a Buenaventura, un hombre notoriamente poco dado a los transportes extáticos, cuando, aconsejando a una monja, dice:

> Todo aquel que desee obtener de Dios el agua de la gracia (...) debe beberla de las fuentes del Salvador, es decir, de las cinco heridas de Jesucristo. Por lo tanto, aproxímate (...) a Jesús herido, a Jesús coronado de espinas, a Jesús clavado al patíbulo (...) y no te contentes con mirar las marcas de los clavos, con meter los dedos en los agujeros dejados por ellos, con tocar su costado; penetra completamente, a través de la herida del flanco derecho, hasta el mismo corazón de Jesús. Y, transformada allí en Cristo por el amor ardiente del Crucificado, sujeta por los clavos del temor de Dios, traspasada por la lanza del amor de corazón, del amor verdadero *[lancea praecordialis dilectionis transfixa]*, atravesada por la espada de la compasión más profunda, no busques otra cosa, no desees otra cosa, que morir con Cristo en la cruz (...); y ahora exclama: Estoy crucificada con Cristo[159].

La invención del término «masoquista», como la del de «alucinación», colocó en la Sombra, en el lado de la psicopatología, esa vía en la cual el alma es víctima de lo numinoso y queda sometida al poder abrumador de lo enteramente otro. Esta sumisión, en la tortura y en la mortificación, es paradójica: da placer y dolor simultáneamente. Pero no puede reducirse a placer o a dolor. Las explicaciones psicológicas formuladas principalmente a través de la función de la sensación se hunden rápidamente en el materialismo, en el hedonismo y, principalmente, en el reduccionismo[160]. Los elementos básicos de la sensación no pueden explicar las experiencias superiores, lo más simple no puede dar cuenta de lo más complejo. El masoquismo muestra que es verdad todo lo contrario: lo complejo moldea lo simple y le da nuevo significado. El masoquismo señala que el placer y el dolor no son, como se los concibe desde la psicología de las sensaciones, los opuestos últimos de la polaridad metapsicológica, los fundamentos irreductibles de la vida psíquica. En la experiencia masoquista, el placer y el dolor se unen. El masoquismo es, por tanto, un paradigma, que revela el poder de la psique para trascender lo que se considera como sus fundamentos: el placer y el dolor. Las cualidades psíquicas, el eros y el sufrimiento, pueden transformar los componentes placer y dolor y conjugarlos. Los fenómenos masoquistas pueden ser vistos sobre el trasfondo de la conjunción de los opuestos, que, como un *opus contra naturam*, parece, desde un cierto punto de vista, una perversión de la naturaleza.

En cierto sentido, algunos freudianos dieron una correcta visión del masoquismo cuando, al generalizarlo, lo convirtieron en una condición de la psique en tanto totalidad. Si el masoquismo es una actitud de la persona, entonces no puede ser meramente una peculiaridad o una extravagancia que necesita tratarse, o una avería que tiene que ser reparada. En tanto que el masoquismo sea considerado tan sólo como una anormalidad sexual y la sexualidad sea contemplada como una «función» concreta, su importancia psicológica se reducirá a unas cuantas localizaciones fragmentarias en la función sexual o en la propia historia personal. Y entonces, en vez de una expresión arquetípica, el masoquismo se convierte en algo que, como un dedo doloroso o una torcedura de tobillo, requiere ser reparado. El modelo es el funcionamiento perfecto: la sexualidad como un aparato que funciona adecuadamente y sin conflictos. Ningún dolor y, sobre todo, ningún goce en el dolor. Se busca su fuente en las palizas recibidas en la infancia o en cualquier otra aventurada fantasía fraguada al alimón por el analista y el analizando. Pero, supongamos, por el contrario, que su fuente sea *general* y no particular, local, o incluso sexual en sentido estricto. Supongamos también que la fuente no se encuentre sólo en el pasado, sino que, como todo fenómeno psíquico, aluda también a nuestra muerte. (Los fenómenos naturales se refieren retrospectivamente, a través de sus estadios de crecimiento, a sus orígenes;

mientras que los fenómenos psíquicos se refieren, además, al significado que éstos tienen para el alma en relación con la muerte.) Supongamos que el masoquismo esté relacionado con el morir, imaginado éste como una liberación extática, como algo que el alma quiere y necesita, y que recibe a través del descubrimiento del intenso, abrumador, valor de la carne y de su exquisito disfrute, que es también nuestro peor dolor. Supongamos que el masoquismo sea una experiencia de muerte sumamente molesta para la vida. Supongamos, simultáneamente, que el masoquismo haga posible la unión del alma y la carne, imposible de llevarse a cabo de una forma tan intensa de cualquier otro modo.

En otras palabras, todo prejuicio patológico bloquea la posibilidad de instrucción metafísica; una vez que las experiencias han sido etiquetadas y declaradas anormales, ya no podemos aprender de ellas o dejar que nos lleven más allá de la realidad inmediata. El nombre las atrapa y las fuerza a comportarse mecánicamente. Pierden las alas de la fantasía. Y entonces, naturalmente, queremos liberarnos de tales síntomas, que, en realidad, no son síntomas sino nombres tan sólo. Y son estos nombres los que en verdad nos hacen sufrir, pues los fenómenos en sí, liberados de sus etiquetas, son simplemente modos de experiencia inusuales. Lo inusitado se convierte en anormal sólo desde el punto de vista «normal», que juzga unilateralmente en función de la «vida». Pero toda experiencia debe ser también interrogada en relación con la muerte; únicamente entonces las experiencias asumen alma y devienen auténticamente psicológicas[161].

Si el misticismo de la Pasión –el misticismo de la cruz y sus estaciones, de los estigmas y del corazón sangrante, de los mártires desollados y los flagelantes– queda convertido en masoquismo, lo que hacemos es transformar, mediante un nombre derivado de Masoch, el misticismo en pornografía. Recuérdese que este mismo siglo XIX, con todo su progreso racional, supuso también, como ha mostrado Stephen Marcus, el punto culminante en Occidente de la lascivia y de la pornografía[162]. Esta amalgama degradada de eros y sufrimiento –sentimentalizada, secularizada, sexualizada– que aparece en la literatura del siglo XIX es descrita por Mario Praz en *La carne, la muerte y el diablo en la literatura romántica*[163].

«Masoquismo», como muchos de los otros términos que hemos analizado, no revela nada de la fantasía subyacente. Sacrificio, tortura, pasividad, el valor de ser víctima, nada se nos dice de lo que todos estos fenómenos de *mortificatio* significan para el alma. Y estos fenómenos de *mortificatio* existían mucho antes del XIX, como indica el mismo Krafft-Ebing. Encontramos la tortura en los rituales primitivos; la flagelación en los ritos de curación, en los de fertilidad y en la ascética; y el desollamiento en la alquimia[164]. En este caso, la denominación científica no conllevó un avance de la ciencia, sino que degradó la experiencia, al colocarla dentro del recuadro de la *Anschauung* propia del siglo.

A tenor de lo anterior, podría ser legítimo preguntarse por qué hizo su aparición el «masoquismo». ¿Qué estaba expresando la psique colectiva de la época a través de esta nueva designación psicopatológica? ¿No podría ser que tuviera un significado para el alma de la época, que fuera un mensaje enviado desde sus niveles colectivos? Quizás el masoquismo sea una tardía expresión victoriana y alemana de la pasión erótica religiosa; quizás –junto con la agonía romántica, la inundación de la pornografía sobre la flagelación, el arte *fin de siècle* y el movimiento feminista– no fue sino un grito, personalizado y profanado, del alma. La psique había perdido el contacto con el eros, justo cuando eros, habiendo sido excluido de la psicología, fue simplificado y degradado en pornografía o sentimentalismo. Así, la psicología descubrió el «masoquismo»; lo encontró en la psique, caracterizando su feminidad como masoquista. El «descubrimiento» del masoquismo nos dice que, en aquel tiempo, la psique anhelaba someterse al eros a toda costa, a fin de desligarse de la engreída soberbia materialista del XIX que insistía en hacerla pertenecer única y exclusivamente a la mente.

Psique = mente, mente = cabeza

A medida que el siglo XVIII se acercaba a su término, la cabeza se hizo cada vez más fascinante. La fisiognomía intuitiva de J. C. Lavater (1741-1801) se puso de moda e invadió la ciencia. Tanto los hombres de la razón como los románticos se convirtieron en cazadores de cabezas, buscando en ellas la clave de la naturaleza humana. Hasta Pinel y Bichat, la «sede» del desorden psíquico fue buscada frecuentemente en el estómago, en los intestinos y en los ganglios diafragmáticos. Pero el abdomen dejó paso a la cabeza, especialmente tras la comprobación de Bayle (generalizada de forma demasiado rápida) que establecía la ecuación siguiente: desorden psíquico = enfermedad cerebral. A mediados del XIX la psiquiatría se había convertido en lo que Ackerknecht llama la «psiquiatría cerebral».
Cuando la Edad de las Luces y de la Razón se convirtió en el Terror, hicieron su aparición el doctor Guillotin (1738-1814) y su progresista cuchilla para decapitar. Como era mecánica, era objetiva; y como era objetiva, era democrática y humana. Fue también la época de Mme. Marie Tussaud-Grosholz (1760?-1850), originaria de Berna, que esculpió primero las cabezas de los principales líderes parisinos, cuando todavía estaban unidas al resto del cuerpo, y poco después las volvió a esculpir ya decapitadas, viajando luego, a partir de 1802, por toda Inglaterra con su colección de cabezas de cera. Vicq d'Azyr (1748-1794), el médico personal de una futura víctima, María Antonieta, dio su nombre a un fascículo de fibras nerviosas cerebrales. F. J. Gall (1758-1828) desarrolló la frenología,

en Viena y en París entre 1800 y 1813, intentado establecer una correspondencia bilateral exacta entre la psique y el cráneo. «La doctrina de Gall proporcionó una nueva dignidad al cerebro. Con él –recuérdese su famoso eslogan "Dios y cerebro"–, éste se convirtió casi en un objeto de veneración religiosa.»[165] Fue también el tiempo de la influyente fisiología romántica de Joseph Görres (1776-1848), quien, aunque no era médico, cuando no había cumplido todavía los treinta, escribió varios volúmenes (1802-1806), en donde, basándose en aserciones médico-filosóficas, atribuía prioridad al cerebro, en tanto *Zentralwelt im Organismus* («mundo central en el organismo»). En Cerdeña, Luigi Rolando (1773-1831) experimentó, entre 1804 y 1814, los efectos de la corriente eléctrica sobre el cerebro de cerdos, tortugas, ovejas, perros, aves, peces, cabras, ciervos y gatos, mientras que en Alemania, F. Tiedemann (1781-1861) se dedicaba a examinar los cerebros de fetos humanos. A la misma época pertenecen los bellísimos dibujos anatómicos de la cabeza realizados por Charles Bell (1802) y las teorías del cráneo de Goethe (1806) y de Oken (1807). En 1809, dos días después de su funeral, el cráneo de Haydn fue robado de su tumba. También pertenece a este momento Pierre-Jean-Georges Cabanis (1757-1808), en cuyos brazos murió Mirabeau y que probablemente hizo más que cualquier otro por difundir la psicología de la sensación de Locke en la medicina y en la psiquiatría (con sus *Rapports du physique et moral de l'homme*, 1802). Su teoría afirmaba que «este hombre interior no era otra cosa que el cerebro» y que el pensamiento era una especie de «secreción» orgánica. Cabanis estudió los movimientos de los cuerpos decapitados tras la ejecución; otros estudiaron sus cabezas. Entre 1796 y 1811 se produjeron disputas científicas sobre si la cabeza era la sede del alma, sobre dónde debía caer exactamente la cuchilla de acero en la decapitación y sobre si se debía utilizar la cabeza para estudios experimentales y, en caso afirmativo, en qué modo había de hacerse[166]. Cuando, en 1806, Napoleón cerró la Universidad de Halle, Reil (1759-1813), a quien se atribuye el término «psiquiatría», aprovechó esos dos años para disecar cerebros, descubriendo la «isla» que lleva su nombre.

L. Rostan (1790-1866), un discípulo de Pinel y uno de los docentes clínicos franceses más influyentes del siglo XIX, «ve enfermedades cerebrales por todos lados», como refirió uno de sus alumnos. En 1819, antes de alcanzar la treintena, Rostan escribió sobre el *ramollissement du cerveau*, dando así crédito científico a la fantasía del «reblandecimiento cerebral»[167]. En la literatura médica sobre la sexualidad, el «reblandecimiento cerebral» se relacionaba directamente con los excesos venéreos. En un trabajo particularmente extenso (tres volúmenes que suman cerca de dos mil páginas), escrito por el profesor M. Lallemand, de Montpellier, un experto en la investigación cerebral, se afirmaba que la pérdida de semen suponía la disolución psicológica, moral y social[168]. La Sombra sexual no estuvo nunca muy alejada en este período: Casanova; Mirabeau, revolucionario y pornógrafo[169]; y Sade (1740-1814), preso y aislado, y sin embargo, curiosamente, siempre en medio de la acción, primero en la Bastilla, luego en Bicêtre, más tarde en Charenton, y que elaboró sus fantasías con una precisión científica, describiendo minuciosamente cada detalle, hasta el extremo de contabilizar el número exacto de los golpes de una paliza.

La crueldad no fue exclusiva suya; también estuvo presente en la mente de sus contemporáneos, combinada –como también fue el caso del propio Sade– con ideas relacionadas con la terapia. Reil, por ejemplo, ideó, con mucha imaginación, un cierto número de lo que él llamaba «torturas no dañinas» para el tratamiento de la insania. Benjamin Rush (1745-1813), padre de la psiquiatría americana y signatario de la Declaración de Independencia, defendía la sangría, su tratamiento favorito de los desórdenes mentales, hasta cuarenta onzas de sangre por sesión. Broussais, un ex sargento y cirujano militar, puede ser considerado un típico ejemplo de la principal tendencia terapéutica para la locura de la medicina francesa del período: aplicaba cincuenta sanguijuelas por sesión[170]. Guillotin, Cabanis, Reil y Rush eran reformadores plenos de optimismo y de filantropía, revolucionarios liberales por más señas; y, sin embargo, cayeron todos en las redes de la constelación de la psiquiatría «laico-sensacionista».

Curiosamente, el mismo Guillotin formó parte de la comisión oficial que investigó el mesmerismo. El acero les fascinó a ambos, tanto a Guillotin como a Mesmer. Este último redujo la sugestión y la simpatía psíquica a un campo magnético que podía ser manipulado por medio de varillas de hierro e imanes de acero. El acero fue también, durante esta época, un tónico prescrito en los estados de debilidad. La Edad del Hierro y del Acero se hizo presente en la fantasía. La concreción –esa odiosa palabra tan apropiada aquí– fue la forma de abordar las cuestiones; y dicha materialización se expresó tanto en la fórmula «psique-igual-a-cráneo», en los imanes de acero del mesmerismo, en los pararrayos de hierro de Benjamin Franklin (que también formaba parte de la comisión de investigación del mesmerismo)[171], como en la psiquiatría materialista de Cabanis[172]. El hierro era el específico recetado por Cabanis para la «enfermedad verde», la clorosis, fondo de saco en donde se metía todo tipo de debilidad, desde el desmayo romántico hasta la anemia verdadera.

Los filósofos del siglo XVIII prepararon el terreno para la ascensión de la psique a la cabeza. Voltaire (*Diccionario filosófico*, 1764) había definido la locura *(folie)* como «una enfermedad de los órganos cerebrales». «Un loco es un enfermo del cerebro, como el gotoso es un enfermo que sufre en sus pies y en sus manos (...). Se tiene gota en el cerebro como se tiene en los pies.»[173] El propio Kant consideró la psicosis como una enfermedad de la cabeza, aunque, fiel a la tradición dieciochesca, siguió situando la fuente de estas enfermedades de la cabeza en los órganos digestivos. Una «cabeza» para Kant era la *pars pro toto* para indicar una persona que pensaba mucho, es decir, que concebía, reflexionaba y razonaba abstractamente[174]. Otros aspectos simbólicos de la cabeza –como «culminación» del ser humano, que revela el espíritu de éste en el aura, en los cuernos y en el halo; como el de ser la expresión del hombre, a través del «rostro», la «sonrisa» y los «ojos»; como lugar de la cosmética y del peinado, pero también de la animalidad de los dientes, la barba, la nariz; como el de ser el portador del gusto, del olfato, del oído y de la vista; y como *rotundum*, en su significado alquímico[175]– palidecen ante la fantasía dominante de una cabeza pensante e incorpórea, elevada, iluminada por el distanciamiento apolíneo. La ecuación psique = mente, y mente = cabeza podría continuarse con el paso siguiente: cabeza = Yo, en el sentido moderno de órgano que controla y ordena.

La cabeza llevaba consigo una fantasía arquetípica; se había convertido en el símbolo a través del cual se expresaba el inicio de la fantasía contemporánea del «Yo fuerte». Este nuevo Yo apareció ante el temor por la «blandura» y la influencia de Venus, en el robustecimiento a través del hierro, en la búsqueda de la esencia de la personalidad en el cerebro, en la noción de la locura como un desorden del mecanismo cerebral y una pérdida de control, en la doctrina de la superioridad racial y masculina, y en la singular explicación de la utilización de la tortura como terapia. Este nuevo Yo se reveló también en la nueva –y confusa– noción de democracia. Aunque esta palabra se refiriese al ideal ateniense, su uso general a comienzos del siglo XIX no tuvo en cuenta las condiciones psicológicas sobre las que se había basado la democracia clásica. Entonces la psique vivía en sintonía con los dioses; pero la democracia moderna se convirtió en el recuento de las cabezas de ciudadanos laicos bajo el reinado de la cantidad. La *pólis* reflejó siempre la *psyché*, tanto en la democracia antigua como en la moderna. La jerarquía, un principio esencial para la psique griega y que se expresó en sus concepciones psicológicas y en sus *póleis* con sus clases, quedaba ahora, con la democracia moderna, nivelada por la igualdad (y por su paralelo psiquiátrico, la normalidad)[176]. El alma, en un tiempo reflejo democrático de los diversos dioses, en donde la democracia era también un estado interno de la psique, con sitio para Hades y para Zeus, para los olímpicos y para el séquito dionisíaco, para las Gorgonas y los héroes y, también, para las ninfas y las furias, se tornó un manojo de sensaciones asociadas. «Federación» fue el término político equivalente al de «asociación psicológica». La psique de Locke y el estado de Hobbes eran la una el espejo del otro.

La mayor parte del lenguaje de la psicología se desarrolló dentro del mismo contexto que vio surgir el Yo moderno. Y este lenguaje refleja dicho contexto, una psique identificada con la cabeza y privada del eros, un «imperio» del duro, fuerte y materializado Yo. Por eso, las descripciones y juicios dados en este lenguaje no pueden evitar reflejar el punto de vista de esta estructura de la consciencia, a la cual estamos hasta tal punto habituados que la llamamos «Yo». Todos nosotros aceptamos esta estructura colectiva tan irreflexivamente, tan irrevocablemente, que cada uno de nosotros cree que se trata de su propio, único y personal Yo.

Un primer resumen

Nuestra historia clínica ha cubierto una considerable extensión, pero lo ha hecho de forma bastante esquemática, ya que ha sido principalmente una exploración encaminada a la comprensión psicológica. Para resumir el contenido de este intento de comprensión, volveremos a los dos modos de narración, a la contienda entre los dos lenguajes.

Una de las muchas formas de concebir esa descripción dual es la que emplea Plotino, quien distinguió en las *Enéadas* dos tipos de movimiento en relación con los asuntos humanos. El movimiento del alma lo describe como circular: «El alma corre en torno a Dios, lo ciñe con su amor, apretándose a Él todo lo posible, porque de Él todo depende; como no puede coincidir con Él, traza círculos en torno Suyo». El movimiento del cuerpo diferiría del perteneciente al alma: «El movimiento rectilíneo es característico del cuerpo»[177]. Este pasaje proporciona algunas pistas sobre la causa de que el lenguaje de la psicología toque al alma sólo tangencialmente. Porque el modelo de sus descubrimientos e invenciones sigue el camino rectilíneo propio de la investigación somática. Así, los grandes resultados de la psicología y de la psicopatología positivistas quedan limitados por la naturaleza misma de la psique, que rota continuamente en torno a la misma paradoja fundamental de su naturaleza, que, por un lado, es encarnada, mortal y evolutiva, pero que, por otro, y simultáneamente, circunda la muerte y se ciñe a lo inmortal. Cada sistema psicológico nuevo no es sino una amplificación más de este rotar del alma en torno a la divina inescrutabilidad que está en su centro.

El hombre, ha sido dicho, fue creado a imagen divina; la psique humana, de un modo u otro, refleja lo divino o se ciñe en torno suyo. Por eso, nuestras descripciones psicológicas son también, en cierto sentido, descripciones de lo divino. Un tratado de psicología es también una especie de tratado de teología. Si el hombre ha sido creado a imagen de Dios, la psicología, en tanto ciencia positiva y secular, es algo completamente imposible. Lo cual significa que no se puede pensar en la psicología como un campo cerrado constituido por definiciones operativas, ni tampoco es posible llegar a tener un sistema verdadero de sus aberraciones. Si resulta imposible hacer de la psicología una disciplina positivista y laica, sucede lo mismo con la psicopatología. No podemos tener ninguna teoría de la neurosis, ninguna nosología psiquiátrica que vaya más allá de ser una mera ayuda heurística, una caja de herramientas, una colección de intuiciones y observaciones puramente nominalista, una «vía de la opinión» meramente empírica, un lenguaje de *nomina* que puede ser aceptado o rechazado a nuestro arbitrio. El tiempo de los tratados ha dejado de existir. Estos tratados, con sus gráficos, sus diagramas y el cabalismo de sus estadísticas, han pasado a ser una curiosidad bibliográfica y deben verse de la misma manera que consideramos los tratados antiguos de cosmología, geografía y alquimia. La era de los *Lehrbücher* en la psicología, que se inició con Herbart, concluye ahora, porque no necesitamos ni definiciones ni explicaciones sistemáticas. El alma requiere intuiciones psicológicas para mantener su recorrido circular, intuiciones que favorezcan la circulación de la luz.

Hemos reflexionado sobre estos *nomina* de dos maneras: en primer lugar, por medio del historicismo; y, en segundo lugar, sirviéndonos de la hermenéutica de la psicología arquetípica, preguntándonos por el significado de esos *nomina* para el alma. Tal ha sido nuestro método para distanciarnos del lenguaje. El historicismo considera el lenguaje de la psicología como la expresión de un estilo. Un estilo es la unidad de todos los productos de una época histórica. Nuestra aproximación a la psicopatología no es ninguna novedad: Henry Sigerist, el gran historiador de la medicina, puso de relieve, hace cuarenta años, que las categorías de la psicopatología están ligadas a un tiempo y a un lugar; en otras palabras, que están históricamente condicionadas[178]. Las alucinaciones, las «perversiones» sexuales, las experiencias extracorporales, son tenidas como normales y alentadas en ciertas culturas y períodos; nuestro típico comportamiento normal puede que fuera juzgado como completamente loco en otras épocas históricas. La historia nos dice que el estilo de cada edad y de cada cultura tiene su propia «psicología» y su propia «psicopatología». El XIX tuvo aquellas que le correspondían; nuestro siglo tiene también las suyas específicas. Desde el punto de vista del estilo, *alien*, «extraño», significa siempre «herético». El alienado es el excomulgado, el que muestra unos comportamientos y creencias que se corresponden con un alma que sigue a otros dioses y que por eso no está alineado con su tiempo ni con la *Anschauung* dominante. De la misma manera que nuestra *Anschauung*, al término de estos dos mil años, está atravesando una metamorfosis de los dioses, así también la psicopatología, esa idea laica de la herejía, atravesará su propia metamorfosis.

El distanciamiento histórico puede beneficiar a la psicología, cuyos descubrimientos, por temor a dejar de ser vistos como tales, a menudo carecen de perspectiva histórica. Pero no conviene olvidar que la historia también puede emplearse mal: puede ser exhibida como una anticuada «vía de la opinión» para ser ridiculizada o repudiada; o, al contrario, puede ser expuesta para proporcionar apoyo *senex* a alguna posición personal. Bien empleada, la historia es también reflexión, un modo de «hacer psicología», un acto del alma[179]. La historia lleva aparejado un sentimiento de paciencia y «en tu paciencia se encuentra tu alma». Cuando la psicología pierde su conexión histórica, pierde el alma. Una psicología que olvida que también ella tiene tras de sí un historial, una historia clínica, se vuelve pronto presuntuosa. Necesita aplicar la perspectiva histórica no sólo a los fenómenos y documentos del pasado, que tiende a interpretar con una mano excesivamente segura, sino también a sí misma. Gran parte del lenguaje psicológico al que hemos pasado revista carece de este sentido histórico. Este lenguaje joven, muy a menudo también un lenguaje de los jóvenes que crearon nuestra disciplina, pasa por alto el dolor que la historia ha puesto en las palabras. La lucha interna habida entre los dos modos de discusión cae en el olvido. No hay ya pugna interior, la afirmación procede de un solo gemelo. El denominar supone la victoria de la «verdad» sobre la vía de la «opinión».

Cuando Platón intentó circunscribir el alma, se dejó llevar tanto por el mito como por el pensamiento racional y exacto. Necesitó las dos vías. Plotino recurre al mito (*Enéadas* IV, 3, 14) cuando analiza el alma. Y también Freud se sirvió de los dos caminos. Su lenguaje racional se encuentra entreverado de imágenes míticas: Edipo y Narciso, la horda primitiva y la escena primaria, el censor, el niño perverso polimorfo y la grandiosa visión de Tánatos, digna de los presocráticos. El lenguaje de Freud está inspirado en el discurso mítico; sería erróneo considerar sus mitos como descubrimientos empíricos demostrables por medio de casos clínicos. Son visiones, como las de Platón; falta solamente Diotima.

Si, finalmente, el lenguaje psicológico es un producto del estilo del siglo XIX y podía perfectamente haber sido otro el lenguaje si el estilo hubiera sido distinto, y si, además, su necesidad viene dada no tanto por los fenómenos que nombra cuanto por el estilo que produce la necesidad de nombrarlos de esa determinada forma, entonces debemos cuestionarnos el juego del lenguaje de la psicología. El lenguaje psicológico no tiene la misma realidad de las definiciones que encontramos en otros campos, en donde la validez se establece en gran medida apoyándose sobre hechos de dominio público. Las palabras de la psicología no se refieren a las cosas de la misma manera. Y, sin embargo, esas palabras tienden a reificarse, a hacernos creer que lo que dichas palabras nos refieren son realmente cosas. Mediante este lenguaje hacemos juicios sobre las personas y sus almas, las agrupamos y las tratamos como si fueran cosas creadas por esas palabras: «homosexuales», «suicidas», «depresivos». Pero nuestro lenguaje es tan sólo una forma de ver los fenómenos. (Recuérdese a Freud, intentando convencer a sus colegas de que la histeria existía en los hombres. Pero ¿cómo es posible que la histeria pueda existir en mí, ironizaba uno de ellos, si *hystera* significa «útero»?) Las palabras y los nombres predeterminan el comportamiento.

Jung consideraba abiertamente el lenguaje diagnóstico de la psicoterapia como algo que, en gran medida, era una convención profesional, a la cual él también tenía que rendir tributo:

> En el transcurso de los años me he ido acostumbrando a dejar de lado completamente los diagnósticos de neurosis específicas, lo cual me ha puesto a veces en situaciones embarazosas cuando algún adicto a las palabras me ha demandado un diagnóstico específico. Los compuestos grecolatinos, de los cuales nos valemos a tal fin, tienen todavía por ello un valor de mercado no desdeñable y resultan ocasionalmente indispensables.
>
> El altisonante diagnóstico de una neurosis *secundum ordinem* es una pura fachada; no es el verdadero diagnóstico del psicoterapeuta. El psicoterapeuta establece ciertos factores que podrían razonablemente recibir el apelativo de «diagnóstico», aunque el carácter de los mismos es más bien psicológico que médico. Además, éste tampoco se comunica habitualmente; sea por discreción, sea por razones que tienen que ver con la subsecuente terapia, el terapeuta no lo exterioriza. Los hechos establecidos de esta manera son simples percepciones que sugieren la dirección que la terapia ha de tomar. Pero difícilmente pueden ser reproducidas en esa terminología latina que suena a científica; por otra parte, lo que sí tenemos son expresiones del habla común que describen adecuadamente los hechos psicoterapéuticos esenciales[180].

A pesar de reconocer los dos tipos de lenguaje –«terminología latina» y «habla común»– y de señalar que los compuestos científicos de la psicopatología tienen poco que ver con los hechos de la terapia, Jung nos sigue dejando con el dilema de esos opuestos. No podemos quedarnos en la simple constatación de la escisión entre los dos tipos de discurso.

La relación entre el cuadro clínico *(Zustandsbild)* de un desorden psicológico y su etiología es bastante precaria[181]. Durante siglos la psiquiatría ha actuado asumiendo que bastaba con hacer clasificaciones y descripciones, ya que las causas eran desconocidas, lo que implicaba que el «nombre» que se diera a un desorden psicológico carecía de importancia, pues no tenía relación real con las fuerzas que lo provocaban. Separar las descripciones de las razones subyacentes *(aitíai)* constituye un nominalismo; en él, los nombres y las cosas no tienen ninguna relación intrínseca. Una visión tal de nosología resulta nociva, pues implica que los nombres no tienen ningún poder sobre nuestra visión del alma ni sobre el modo en el que consideramos y manejamos los eventos psíquicos.

¿No hay conexión entre la terminología y el habla común, entre las descripciones psicológicas y las raíces del sufrimiento y del desorden? Si no existe ninguna, ¿qué conexiones pueden establecer las palabras entre al analista, que piensa a través de su propia terminología, y el analizando, que habla acerca de su propia alma con su lenguaje cotidiano? ¿Debe el analista hablar con dos lenguas, una dirigida al analizando y la otra a sus colegas cuando discute con ellos sobre el «caso»? Y ¿no es la «cura» a veces solamente una conversión lingüística, donde el analizando ha aprendido a manejar su psique valiéndose de los nombres tomados del analista?

No basta con señalar que hay dos maneras de descripción, una adecuada y otra inadecuada. Si el lenguaje de la psicología resulta inadecuado para el alma y para su terapia, entonces ¿por qué continuar con él? El «valor de mercado» de estos términos es claramente insuficiente para justificar su uso, máxime si este lenguaje es, en esencia, el componente de esa enfermedad del alma que ha determinado que ésta necesita la terapia. La elección, entonces, parece ser la siguiente: o bien descartar la totalidad de este lenguaje o bien encontrarle algún sentido *psicológico*.

El lenguaje de la psicopatología pretende tener una correlación objetiva con la realidad psíquica que denomina, busca quedar identificado con ella y, llegado el caso, reemplazarla. La autoridad que este lenguaje pretende se apoya en la historia. Como hemos visto, ha sido el resultado de necesidades históricas. Pero

¿acaso significa esto que dicho lenguaje posea una autenticidad intrínseca? ¿Qué relación interna existe, si es que hay alguna, entre las categorías de la psicopatología y el discurso no académico de la psique? ¿Tienen esas palabras alguna realidad aparte de la realidad nominal? ¿Pueden estas categorías, este lenguaje, asumir esa realidad y esa autenticidad que dimanan de las necesidades arquetípicas? Si se pudiera asignar un trasfondo arquetípico a los *nomina*, ¿satisfarían así estas categorías su pretensión de correlación objetiva con los estados anímicos? Si tal proceder se llevara a cabo, el lenguaje dejaría de ser un conjunto de descripciones empíricas para convertirse en *parte de la fenomenología intrínseca de los arquetipos*. La psicopatología sería entonces necesaria para las estructuras arquetípicas y el lenguaje de la psicopatología se tornaría parte integrante del modo en el cual esta necesidad se expresa en las fantasías de la razón. Los términos de la psicopatología dejarían así de hablar *acerca* de la psique, no contarían más historias sobre ella, ni la tratarían peyorativamente, sino que devendrían necesarios para la vida psíquica y hablarían *en nombre* del alma. Al asignarle un substrato arquetípico, el lenguaje adquiriría la autoridad que confiere ser una sustancia real, en vez de una autoridad prestada por las convenciones profesionales.

Consideremos, pues, estos *nomina* de la psicopatología como si fueran expresiones de la fantasía del intelecto. La psicopatología aparecería entonces como el sistema mítico de la razón, con el cual ésta capta los demonios del alma, distingue sus voces y produce una explicación inteligible. La psicopatología es mítica en el sentido de que proporciona, a la manera de los mitos, categorías y descripciones de la interrelación de las potencias humanas con las más que humanas. Nos relata historias sobre los orígenes, de la actividad y de las interconexiones de esas potencias más que humanas, de esos síndromes que afligen los *dromena* (las puestas en escena) del reino humano y que el reino humano trata de comprender por medio de tales historias. La psicopatología se relaciona de este modo con el culto de la práctica terapéutica. Este sistema provee también de procedimientos propiciatorios para aplacar las aflicciones; incluye una moral, reglas de conducta, indicaciones para los sacrificios. El diagnóstico nos indica la categoría a la que pertenecen las aflicciones, de forma similar a como el oráculo nos indica a qué potencia sobrehumana debemos atribuir nuestro destino. La pregunta es la misma: ¿a qué categoría (a qué dios) pertenece este problema de mi alma?[182]. Ambos procederes reconocen algo ignoto y poderoso situado tras las experiencias y ofrecen un camino para denominar esas fuerzas.

La psicopatología, en tanto fantasía, se abre así no sólo a la duda y a la discusión escéptica, sino también a una nueva reflexión y a nuevas intuiciones. Su lenguaje se transforma en un camino hacia la consciencia; y también en un modo de captar los arquetipos, ya que es necesario para que éstos se expresen. La psicopatología tiene que existir; los arquetipos deben revelarse en las aflicciones psíquicas. De esta forma, la fantasía que se expresa en el lenguaje psicológico y patopsicológico puede ser reflejada por la otra personalidad, por ese gemelo al que compete el abordaje mítico. Esto significa que podemos inspeccionar el sentido interno del primer sistema, de esa fantasía literalista orientada hacia el objeto, ya se trate ésta de psicología, psicopatología o de cualquier lenguaje científico, tal y como se puede inspeccionar el sentido interno de la alquimia, que también se concebía a sí misma como una descripción literal de los sucesos reales y orientada al objeto. Vemos el primer sistema a través del segundo; con lo cual, el primero y el segundo intercambian sus posiciones. El siglo XIX tradujo el discurso de lo inconsciente al lenguaje de la razón. Tenemos ahora la oportunidad de traducir el lenguaje de la razón al trasfondo arquetípico de lo inconsciente y a su correspondiente discurso, tenemos ahora la oportunidad de transformar el concepto en metáfora. El discurso metafórico será nuestra próxima preocupación; pero ahora, a modo de ejemplo y como epílogo de esta historia, permítaseme contar uno de los episodios heroicos más conocidos de la historia de la psiquiatría.

Philippe Pinel (1745-1826), contemporáneo de Bentham, Jefferson y Goethe, es considerado el gran liberador de la revolución psiquiátrica que tuvo lugar al final del *ancien régime* en Europa y América. Su *Traité médicophilosophique sur l'aliénation mentale*, aparecido en 1801, inauguró una nueva era. Pinel es también una figura legendaria, porque se le recuerda por haber liberado, probablemente en 1794, a los locos de sus cadenas (aunque los cuáqueros habían comenzado a hacerlo antes en Inglaterra, y sin tanto alboroto, y también se había hecho en el hospital de San Bonifacio de Florencia)[183]. Semelaigne lo presenta así en su tarea de liberar a los locos:

> Le premier auquel Pinel s'adresse, est le plus ancien dans ce lieu de misère; c'est un capitaine anglais, dont personne ne connaît l'histoire, et qui est là, enchaîné, depuis quarante ans. Il est regardé comme le plus terrible de tous les aliénés; (...) Pinel entre seul dans sa loge, et l'aborde avec calme. – «Capitaine, lui dit-il, si je vous faisais ôter vos fers, et si je vous donnais la liberté de vous promener dans la cour, me promettriez-vous d'être raisonnable et de ne faire mal à personne?» – «Je te le promets, mais tu te moques de moi; ils ont tous trop peur et toi aussi.» – «Non certes, je n'ai pas peur, puisque j'ai six hommes pour me faire respecter s'il le faut. Mais croyez à ma parole, devenez confiant et docile; je vous rendrai la liberté, si vous laissez mettre ce gilet de toile au lieu de ces chaînes si pesantes.»
> Le capitaine se prête de bonne grâce à tout ce qu'on exige de lui, mais en haussant les épaules et sans articuler un mot. Après quelques minutes, ses fers sont complètement détachés, et l'on se retire en laissant la porte de sa loge ouverte. Plusieurs fois, il se lève sur son séant et retombe; depuis si longtemps qu'il est assis, il a perdu l'usage de ses jambes; enfin, au bout d'un quart d'heure, il parvient à se tenir en équilibre, et, du fond de sa loge obscure, il s'avance en chancelant vers la porte. Son premier mouvement est de regarder le ciel, et il s'écrie en extase: «Que c'est beau!». Pendant toute la journée, il ne cesse de courir, de monter les escaliers, de les descendre, en disant toujours: «Que c'est beau!»[184].

Pinel quitó las cadenas a los locos, pero no a los fenómenos de la locura. Los fenómenos imaginativos de la psique se convirtieron en los nuevos prisioneros, encadenados por ese lenguaje que, desde Pinel en adelante, ha tenido un continuo crecimiento. Una parte de nuestra psique se encuentra prisionera en ese sistema de concatenaciones y abrumada por conceptos forjados en el siglo XIX. Los prisioneros internados quedaron liberados de las cadenas de los siglos precedentes. Los fenómenos psíquicos esperan todavía la liberación de las sutiles cadenas del lenguaje psicológico.

Una multiplicidad de almas

Se dice frecuentemente que el año 1912 señala el fin del siglo XIX. Durante el período comprendido entre 1911 y 1913, que también marcó el final de una época en psicología, aparecieron numerosas obras significativas en este campo[185]. Entre ellas se encontraba *Wandlungen und Symbole der Libido [Transformaciones y símbolos de la libido]* de C. G. Jung. Fue el inicio de un nuevo estilo. Jung tomó el campo psicológico tal y como lo encontró a comienzos de siglo, con su atracción por la *Sexualwissenschaft*, los diagnósticos psiquiátricos, la parapsicología y los procesos asociativos; sin embargo, en todas estas áreas, a las cuales también aportó sus contribuciones, Jung permaneció fiel al punto de vista psicológico, al punto de vista arraigado en el alma. Su ontología podría ser formulada sencillamente como *esse in anima*. Jung no produjo, por eso, ninguna teoría de la neurosis ni ninguna psicopatología sistemática. No separó nítidamente la psicología de la psicopatología, ni distinguió la neurosis de los desarrollos de la personalidad. Para él, tanto la psicología normal como la anormal eran expresiones del alma y tenían su basamento en la psique inconsciente. Jung consideró la salud mental y la enfermedad mental desde un único e idéntico punto de vista. Tomando como punto de partida la psique inconsciente y sus expresiones, emprendió una rectificación del lenguaje psicológico, que es el cambio más difícil de llevar a cabo en una cultura, dada la naturaleza fundamental del lenguaje. No sorprende que Jung no fuera entendido. Hablaba un nuevo lenguaje y usaba el viejo de una forma nueva. Su rectificación del lenguaje de la psicología comenzó por las expresiones de la psique inconsciente, tal y como aparecían en la fantasía, los sueños y las emociones. Empezó con los sucesos manifiestos, con los fenómenos tal y como hacen su aparición. El suyo fue, por tanto, un intento de «salvar los fenómenos», de atenerse al *Inhalt der Psychose*[186], a los contenidos del alma, en un preciso momento en el que se pensaba que el alma no tenía contenidos propios, en que sus desórdenes eran considerados trastornos funcionales o estructurales carentes de sentido. Jung se dirigió directamente hacia el alma misma y le pidió que le contara su propia historia con sus propias palabras.

En otro período crucial de la historia de la psicología, Tertuliano hizo lo mismo que Jung. Pidió al alma que ofreciera su propio testimonio en su propio lenguaje:

> Invoco un nuevo testimonio, uno más conocido que cualquier memoria escrita, más discutido que cualquier doctrina, más difundido que cualquier obra publicada (...). Acércate, ¡oh, alma!, acércate y dame tu testimonio. Yo te llamo, ¡oh, alma!, no como adoctrinada en las escuelas, no como cultivada en las bibliotecas, no como saciada en las academias áticas y en los pórticos (...). Me dirijo a ti, ¡oh, alma!, tal y como eres, simple e inculta, ignara e inexperta, tal y como tú eres en quienes no tienen otra cosa que a ti, me dirijo a ti en estado puro y verdadero, a ti tal y como vienes de los caminos, de las calles, de los negocios[187].

Tertuliano no tenía dudas acerca de que ese testimonio aportaría las pruebas necesarias para certificar sus creencias cristianas. Pero ¿podemos estar nosotros tan seguros de nuestro testimonio? En la Babel de las voces internas, ¿cómo oír lo que nos dice el alma?, ¿cómo reconocer el alma y su discurso auténtico?

Esto no es un problema nuevo. Porfirio, por ejemplo, se pregunta sobre la forma de distinguir entre las diferentes apariciones. ¿Cómo saber si nos encontramos en presencia de un dios, de un ángel, de un arcángel, de un *daímon*, de un arconte o de un alma humana?[188]. Se podrían añadir, además, muchas otras voces del alma a esta lista: la del alma de la sabana y la del alma del tótem, las de las almas ancestrales y la del alma o fuerza vital presente en cada órgano o en cada área de consciencia corpórea *(cakra)*, la del alma como musa, como protectora inmortal, como imagen del ánima, como chispa de consciencia dentro de cada complejo. Todas las almas tienen voz; todas hablan. Sus respectivos discursos, siempre distintos, son la causa de las diferentes psicologías y de sus diversos lenguajes. La multiplicidad de psicologías, el hecho de que haya tantos «puntos de vista psicológicos» diferentes, entre los cuales no podemos decidir «quién tiene razón», refleja la multiplicidad de las almas y de los estados de dichas almas. Todas son necesarias; ninguna es suficiente. No podrá haber una única psicología omnicomprensiva que abarque toda la psique hasta que se cumpla la utopía en la que la psique –ese complejo de todos los opuestos– devenga una, total y simple.

    La multiplicidad de las almas es la base de la personalidad múltiple y de la disociación de la personalidad. Sin embargo, esta multiplicidad indica también algo más que la posibilidad de patología. Las muchas voces de las muchas almas hacen posible la diferenciación psíquica[189]. Descendemos de la Torre de Babel. Y Babel no es sólo la imagen de la diferenciación externa en varias culturas, refleja también la realidad psíquica interna. La algarabía de las voces interiores produce contradicciones de la voluntad, fantasías floridas, abanicos de puntos de vista, conflictos y elecciones; esta Babel interna significa que *no podemos entendernos a nosotros mismos*. Nuestra razón nunca puede abarcar completamente nuestro diálogo interno, por eso nunca podemos llegar a estar tan integrados como para hablar con una sola lengua. La multiplicidad de las almas y de sus voces significa que siempre seremos parcialmente extranjeros en nosotros mismos, enajenados, alienados. De esta autoalienación interna nacen necesariamente las descripciones psicopatológicas. La psicopatología es el resultado de Babel, de la comunicación disociada entre las numerosas voces del alma.

    La Iglesia ha tenido que afrontar el problema de las múltiples almas y de las múltiples definiciones de alma. Los resultados de sus esfuerzos están codificados en el catecismo (preguntas 29 y 30) que, por su simplicidad y claridad, se enseña a los niños pequeños. El catecismo afirma: «Las tres potencias de mi alma son la memoria, la inteligencia y la voluntad». Estas tres facultades son «la imagen de la Santísima Trinidad en mi alma», porque «en mi alma, que es una, hay tres potencias»[190].

Saber de forma más precisa qué son esos tres poderes y cuál de las tres personas divinas refleja cada uno no es cosa fácil. ¿Es Jesús la imaginación, como mantuvo Blake?[191]. ¿Refleja la memoria a Dios Padre, en tanto primer término de la Trinidad? Incluso Agustín, que profundizó más que ningún otro en esta línea de pensamiento conducente a los fundamentos elementales del catecismo, da a estas potencias diferentes nombres: *mens, notitia, amor* (*De Trinitate* IX); *memoria, intelligentia, voluntas* (*De Trinitate* X); y *memoria Dei, intelligentia, amor* (*De Trinitate* XIV)[192]. A pesar de estas dificultades en los detalles, Agustín nos legó una psicología *sagrada*. Su alma trinitaria refleja un Dios trinitario. Todo lo que tiene lugar dentro de la psique refleja lo divino. La psicología refleja la teología. O, en el lenguaje de Jung, los arquetipos reflejan los dioses.

La psicología profunda se ha dedicado especialmente a una de esas potencias del alma, a una de las potencias trinitarias del catecismo: la *memoria*. También nosotros estamos particularmente interesados en esta facultad, la *memoria*, porque se relaciona directamente con el discurso del alma.

La pérdida de «memoria» de la psicología

Freud inició su curación por la palabra pidiendo a sus pacientes que siguieran una sola regla básica: que dejaran expresarse a sus almas sin ningún tipo de inhibición. (En los primeros años les invitaba a hablar con los ojos cerrados.) Cuando abandonaban el control de la voluntad y la sensatez del entendimiento, las asociaciones les llevaban a la *memoria*. El análisis comenzó, así, con la exploración de la memoria y de su expresión en forma de discurso.

Los recuerdos recogidos por Freud a través de su curación por la palabra parecían ser, al principio, puras y simples reminiscencias. La memoria daba la impresión de ser un mero receptáculo de sucesos pasados, especialmente de acontecimientos traumáticos de la infancia. Pero un examen más atento reveló que estos sucesos no eran realidades sino fantasías. En el mundo real no habían pasado en absoluto, sólo habían acontecido en la memoria. La memoria, por consiguiente, no podía ser algo tan simple como parecía en un principio. No era tan sólo el almacén de lo que había sucedido. Poseía un factor de fantasía que afectaba al presente y al futuro. A cosas que nunca habían existido y a sucesos que jamás habían acontecido, la memoria podía conferirles la calidad de recuerdo, el sentimiento de que habían existido o acontecido alguna vez. Era como si realmente se evocasen, pues estas cosas y estos sucesos se habían hecho familiares. La memoria, por tanto, no estaba limitada por el tiempo y por el espacio; se manifestaba completamente independiente de esas categorías del mundo externo.

La memoria que Freud descubrió se asemejaba mucho a la *memoria* de san Agustín, que tampoco se quedaba limitada al pasado y a los eventos personales. Y el método por el cual Freud descubrió –o redescubrió– la memoria fue, en gran medida, el seguido por Platón: partir de los sucesos reales y actuales para dirigirse a los recuerdos que se extendían más allá de la vida del individuo en sus aspectos personales. (Este «más allá de lo personal» fue reconocido tempranamente por algunos discípulos de Freud, los cuales, siguiendo el estilo de pensamiento decimonónico, intentaron rastrear los recuerdos genéticamente hasta el nacimiento y la existencia intrauterina.) Freud denominó a esta región el *ello*, término que tomó de Georg Groddeck, quien a su vez lo cogió de Nietzsche, y la describió como prehistórica y prepersonal. Posteriormente, Jung, en *Símbolos de transformación*, sostuvo que esas «reminiscencias aparentemente infantiles» eran en realidad «formas de pensamiento arcaicas que, como es natural, emergen con más nitidez en la infancia que en períodos posteriores»[193]. Jung alude aquí claramente a la concepción platónica, según la cual en la infancia el alma se encuentra inmersa en la *memoria*; la *memoria* sería, pues, el hogar de nuestra primera personalidad, la mítica y pueril. Por tanto, las fantasías de la *memoria* –y todo lo que allí reside y se expresa– pueden ser consideradas como el primer discurso del alma. Las personalidades número uno y número dos tienen que intercambiar sus nombres. El gemelo natural, arcaico y simbólico es el número uno.

Freud, aunque redescubrió la *memoria* y a menudo se refirió a ella como el «proceso primario», siempre mantuvo hacia ella una actitud recelosa; y esta desconfianza ha dejado secuelas. Los fenómenos de la *memoria* eran, para Freud, neuróticos a menos que fueran subyugados por la voluntad o sublimados por la razón. El autorizado compendio de Fenichel lo expresa con las siguientes palabras: «El común denominador de los fenómenos neuróticos es una insuficiencia del normal aparato de control»[194]. La posibilidad de que la facultad imaginal pueda tener sus propios, aunque diferentes, aparatos de control, su propio orden válido y sus propias leyes –o su propio arte– no ha sido suficientemente tomada en consideración. Por ello, el reino imaginal de la *memoria* debe someterse a la voluntad y a la razón, so pena de ser diagnosticado de neurótico. El lenguaje de la psicopatología –de cuya utilización para explicar el discurso de la fantasía, Jung, en *Símbolos de transformación*, nos previno explícitamente– se convierte en un instrumento de control de la *memoria* por parte de la voluntad y la razón. La independencia de la fantasía, su incontrolabilidad y primacía, su libertad de imaginación y su natural carácter religioso, todo quedaba rechazado. La *memoria* era el reino de la regresión, del ilusorio placer infantil.

Si seguimos adelante con estas ideas de la *memoria*, llegamos a un llamativo paralelo entre «el mundo interno» del que hablamos en psicología y los «campos, cuevas y cavernas» de la *memoria* descrita por san Agustín, «llenos de manera innumerable de innumerables géneros de cosas que han llegado a mí o por medio de imágenes, como todos los cuerpos, o por sí mismas, como las artes, o no sé por qué nociones o notas distintivas, como las pasiones del alma, que las retiene la memoria, aunque el alma no las padezca, ya que todo lo que está en la memoria está también en el alma. Yo paso por todos estos sitios y vuelo de una parte a otra. Entro hasta donde es posible llegar y nunca llego hasta el fin»[195]. Lo que nosotros todavía hoy llamamos «lo inconsciente» –eso que describimos con metáforas espaciales, que pensamos que no tiene límites ni tiempo, que «contiene» «contenidos» (imágenes, personajes y afectos, ahora llamados complejos), que tiene un aspecto histórico colectivo y una estructura arquetípica ahistórica, y en cuyo centro desconocido y a cuyo alrededor se mueven todas las otras cosas; esa, en suma, *imago Dei*– apenas parece diferir de lo que san Agustín llamó *memoria* o *memoria Dei* o *thesaurus inscrutabilis*.

San Agustín captó la paradoja de la psique objetiva. Vio que la *memoria* –o lo inconsciente colectivo, como lo llamó Jung– retiene lo que se ha padecido y también lo que está más allá del terreno exclusivamente personal. San Agustín advirtió también la multiplicidad de almas que se dan cita en esa unidad llamada «Yo», como se deja ver claramente en estas palabras que preceden lo anteriormente citado: «Grande es la fuerza de la memoria. Es algo que me llena de estupor, Dios mío. Es una multiplicidad profunda e infinita. Y esto es el alma. Y esto soy yo. ¿Qué soy yo, Dios mío? ¿Cuál es mi naturaleza?». Como afirma Gilson, en relación con la *memoria* de san Agustín: «La memoria, así, deviene el lugar recóndito más profundo y secreto de la mente, en donde Dios mora inmerso en su luz y desde donde nos enseña en calidad de nuestro "maestro interior"»[196]. Los paralelos con la noción de lo inconsciente de Jung son evidentes.

Lo inconsciente no fue algo que se descubriera en la última década del siglo XIX. ¿Por qué la psicología se aferra a esta fabulación? L. L. Whyte ha demostrado que el concepto de lo inconsciente estaba ya «de actualidad» alrededor de 1800 y «de moda» a partir de 1870[197]. Pero lo inconsciente, supuestamente descubierto en fechas tan recientes, era en realidad un palacio abandonado de la Antigüedad y el Renacimiento, todavía habitado por los dioses paganos supervivientes y al que se llamó en otro tiempo el reino de la *memoria*.

Estos antecedentes de lo inconsciente nos dejan franca otra aproximación para la delimitación de su ontología. La *memoria* tiene la realidad de ser una potencia fundamental del alma. No necesita demostraciones empíricas. Sin embargo, las pruebas de la existencia de lo inconsciente han estado siempre ligadas a demostraciones negativas; es decir, la existencia de lo inconsciente se demostraba a través de sus efectos perturbadores sobre la consciencia del Yo: los *lapsus linguae*, los olvidos, los indicadores de complejos en los experimentos asociativos, los síntomas histéricos o la personalidad múltiple. ¡El moderno material probatorio de la existencia de la memoria ha sido tomado de la psicopatología! Hemos tenido que estar enfermos para redescubrir en la experiencia profunda el poder de esta facultad imaginal. La psicología de Freud, la de Jung y el análisis mismo surgen todos del fundamento ontológico de la imaginación *patológica*.

La tradición representada por san Agustín y los neoplatónicos contempla otro fundamento. Esta tradición decía que la *memoria* era un vestigio o un indicio de la divinidad en el alma de la persona, es decir, un trasunto de las ideas e imágenes divinas; lo que es otro modo de postular una realidad sustancial para esta facultad del alma. En consecuencia, las imágenes del alma habían de ser consideradas como realidades de pleno derecho, no meras fantasías, meras alucinaciones, meras proyecciones o cualquier otra cosa. El considerar sus imágenes como «meras-algo» y su comprobación negativa reflejan la incapacidad del intelecto para comprender una potencia del alma que está, por definición, más allá de toda comprensión. La tradición más antigua, iniciada con Platón, nunca perdió la *memoria* ni puso en duda su estatuto ontológico o la sustancialidad de sus imágenes, pero durante el siglo XIX en particular esta facultad perdió el contacto con la consciencia dominante. Perdimos nuestro yo imaginal, el yo que habla en nombre de este aspecto del alma, y pasamos a identificarnos totalmente con el Yo racional y volitivo. La *memoria* se hizo inconsciente. Se transformó en lo Inconsciente, hipostasiado, escrito con mayúscula inicial, experimentado como un lugar; éste fue el nuevo cartel que se puso a la entrada de las salas y palacios de la Memoria. Mientras tanto, la memoria, con minúscula, se encogía progresivamente hasta ceñirse a los límites de una moderna historia clínica.

De todos los términos del lenguaje analítico a los que hemos pasado revista, el de lo inconsciente es el primero al que se debería renunciar. Está justificado sólo en el limitado contexto en el que hizo su aparición, ya que únicamente tiene sentido dentro de una definición de consciencia que excluya la imaginación de la memoria. Sólo es útil dentro de una fantasía de opuestos, en la cual la psique aparece escindida en una serie de contrarios: la cabeza y el cuerpo, el Yo y la Sombra, el lado diurno y el nocturno. Conservar este término acarrea conservar la fantasía de los opuestos, que, a su vez, perpetúa esa escisión en cada uno de nosotros: de un lado, la consciencia; de otro, lo inconsciente. El término inconsciente es un sirviente del espíritu analítico, que opera dividiendo las cosas y manteniéndolas divididas. ¿Qué analizaría el análisis si no hubiera inconsciente? ¿Cómo podría este análisis «hacer algo consciente» y cómo podríamos nosotros «hacernos conscientes», si no hubiera ningún reservorio del material inconsciente que requiriese de modernos procedimientos para ser iluminado?

Cuestionar este término no significa, sin embargo, renunciar a él a la manera de los existencialistas. Nuestra renuncia no es ni filosófica ni semántica; es, más bien, psicológica o, mejor, terapéutica. El término inconsciente se introdujo inicialmente como un concepto heurístico, que resultaba útil para explicar diversos procesos psíquicos. Fue psicológicamente valioso, porque hizo avanzar el conocimiento que la psique tenía de sí misma. Pero ahora parece suceder lo contrario, ya que este término ha ido cubriendo lo imaginal hasta llegar a oscurecerlo completamente. ¿Qué ayuda nos proporciona hoy en día? Ya en el uso que Jung hace de él, comenzó a mostrarse inadecuado. Jung tuvo que hablar de una consciencia en lo inconsciente y adscribió a lo inconsciente una intencionalidad superior de carácter directivo, la cual concuerda más con las divinidades que con procesos mentales subliminales.

Cuestionar este término no implica que pongamos en entredicho la existencia de estados psíquicos irracionales o involuntarios, que dudemos de los sueños y de la actividad creativa subliminal o que recelemos de los trastornos que se engloban bajo el epígrafe de psicopatología de la vida cotidiana, ni tampoco que refutemos su «inferioridad» en tanto «sub»-formas de consciencia, tal y como concebimos ahora la consciencia; pero sostenemos que sería terapéuticamente más provechoso reimaginar estos estados en relación con el trasfondo de la *memoria* que enviarlos al primer plano de la cotidianidad en calidad de factores que la perturban. Los haríamos, así, descender a la profundidad, como hicimos con los aspectos eróticos de la terapia; los situaríamos, como hicimos con la transferencia, y como haremos en la tercera parte con la histeria, sobre el trasfondo del reino imaginal y les preguntaríamos qué es lo que se dice a través de la psicopatología. Llevar las peculiaridades de la psicopatología sólo a las alturas, a la luz del día y del resplandeciente Yo, desdibuja los colores de esos extraños peces que son los trastornos psicopatológicos y acaba por hacerlos expirar en los cestos y en los puestos, convenientemente etiquetados, de la psiquiatría.

El término «inconsciente» es adecuado para describir estados en los que la consciencia no se halla presente; el coma, por ejemplo. Pero usar esta palabra para la región imaginal, para indicar un comportamiento moralmente inferior o culturalmente ignorante, para las reacciones de descarga instintiva y para un agente causal que «envía» sueños y al cual uno se puede dirigir para solicitar una opinión, es una erosión de categorías. Personificarlo y considerarlo como la voz inhibitoria del propio *daímon*, como un animal totémico o como un *familiaris*, no es simplemente supersticioso. Tales actitudes son incluso sacrílegas, porque privan a los dioses de lo que se les debe. La noción de lo inconsciente es siempre un concepto, no una metáfora, aun cuando aquello que representa sea efectivamente lo metafórico y la fuente de las metáforas. Cuando se usa, no se puede evitar hablar de esa manera peculiar y supersticiosa que es inherente al término. Pero no es una buena psicología hacer una teología de la psique o psicologizar lo divino. Al reservar este vocablo únicamente para la ausencia de consciencia, dejaríamos además de equiparar inconsciente con la ausencia del Yo habitual, confusión explicable si se tiene en cuenta que la consciencia ha quedado frecuentemente identificada con ese Yo habitual. Pero consciencia y Yo no son idénticos. Muchas de las cosas que hago –como, por ejemplo, soñar, percibir y registrar; cosas muy corrientes– son de hecho conscientes, pero de ellas el Yo se encuentra completamente ausente.

Antes de continuar usando el término «inconsciente» en la terapia para indicar tanto una región del alma como las intenciones más profundas de ésta, haríamos bien en reexaminar lo que se entiende por consciencia. (Volveremos sobre este punto en la tercera parte.) Es posible que los fenómenos de lo llamado inconsciente, esto es, los fenómenos que no concuerdan con nuestra definición de consciencia y que por eso se han convertido en «patológicos» y en «in»-conscientes, pudieran ser concebidos más adecuadamente como senderos tortuosos de la *memoria*, como caminos que llevan a zonas perdidas del alma, de su imaginación y de su historia. Freud demostró que los síntomas conducían a determinados descubrimientos y que la psicopatología era un vehículo para adentrarse en las profundidades.

La prolongada pérdida de memoria ha sido vivida durante las décadas pasadas como una pérdida de alma. Jung, con su obra, nos lo hizo ver, debido a que su psicología fue una excepción en medio de todas las demás. Hemos olvidado la *memoria* porque las psicologías ilustradas dominantes, desde la de Locke a la de Cabanis, Herbart y Freud, establecieron su posición desde la voluntad y la razón, y declararon el alma vacía de recuerdos imaginales. Lo inconsciente es el cubo de la basura de las sensaciones no asimiladas. Es lógico ver a la mente como una *tabula rasa* si se considera que consiste sólo en voluntad y aprendizaje. Es lógico también que no arrastremos con nosotros ninguna estela, que no recordemos ningún apriori platónico, si la memoria imaginal no se considera como una auténtica región del alma. Y, sin embargo, cuando Freud se adentró por el camino de las asociaciones trazado por Locke, se topó con los campos y las cavernas de la *memoria* impersonal, innumerablemente llena de innumerables especies de cosas. El hallazgo de Freud nos dio la oportunidad de redescubrir, como lo hizo Jung, el aspecto perdido de nuestras almas. La exploración de lo inconsciente en la terapia puede, así, devolvernos el sentido de alma.

Particularmente importante aquí es la palabra «innumerable». Esta tercera persona, la región imaginal de la psique, no es reductible al cálculo numérico. También Kant dijo que lo inconsciente, lo que él llamaba el campo de las ideas oscuras en el hombre, era «inconmensurable». Sin embargo, el lenguaje de la psicología iniciado por Herbart es un lenguaje de cantidad. Bentham sugirió un *felicific calculus*. Pero las mediciones no pueden decir absolutamente nada sobre este aspecto de la psique; es mejor comprenderlo como un almacén de cualidades y como un movimiento de imágenes cambiantes, auténticas causas formales de la experiencia, a la que dotan de forma, color, cambio y significado. Un análisis terapéutico que opera en su totalidad dentro del campo del cambio cualitativo no puede ser traducido a una serie de medidas sin perder algo por alguna parte. Desde el punto de vista del reino imaginal, los números mismos son cualidades con aspectos simbólicos y fantásticos[198]. «Siete» no es sólo uno más «seis». «Siete» es una experiencia completamente diferente, basada en una estructura imaginal distinta. Si recuperásemos la memoria perdida, seríamos capaces de acabar poco a poco con el dominio de la cantidad en la psicología y con el materialismo que el pensamiento cuantitativo lleva aparejado.

Freud y Jung han sugerido la presencia de lo inconsciente en todo acto mental. Dicha apreciación de la psicología profunda proporciona otra analogía entre lo inconsciente y la *memoria*. Aristóteles sostenía que no podía tener lugar ningún proceso mental sin las imágenes mentales dadas por la imaginación, que son la base de la *memoria*. Los «fantasmas imaginativos» aristotélicos, la *phantasía* de los estoicos y las «reminiscencias» de los platónicos se encuentran presentes en todas las actividades de la consciencia[199]. Dicho en el lenguaje actual: no se puede ser consciente sin ser al mismo tiempo inconsciente; lo inconsciente está siempre presente, al igual que el pasado se encuentra también siempre presente. En otras palabras, no se puede querer *(voluntas)* o amar *(amor)* o elaborar una noción *(notitia)* o comprender *(intelligentia)*, sin que simultáneamente intervengan fantasías imaginales. Nunca dejamos de proyectar. Soñamos continuamente. Los sueños están siempre ahí; nunca podemos abandonarlos. Una parte del alma se encuentra permanentemente recordando en términos mitopoyéticos, continuamente viendo, sintiendo y escuchando *sub specie aeternitatis*. La experiencia reverbera con los recuerdos y nos trae el eco de reminiscencias que puede que no hayamos vivido nunca realmente. Por eso, nuestra vida parece ser únicamente nuestra y completamente nueva y, al mismo tiempo, ser portadora de un aura ancestral, una cualidad de *déjà vu*.

Estos paralelos entre lo inconsciente y la *memoria* han sido puestos de relieve en un brillante y apasionante libro de Frances Yates, *El arte de la memoria*[200], que está destinado a convertirse en un clásico de la psicología, aunque no estaba en absoluto pensado para ese fin. Este trabajo demuestra que hubo en un tiempo un *arte* de la memoria, capaz de ordenar el *thesaurus inscrutabilis*. Yates describe las técnicas ampliamente usadas, desde la Antigüedad y el Renacimiento hasta Leibniz, para el desarrollo de la *memoria* (¿podría llamarse a este desarrollo individuación o hacer alma?) mediante las disciplinas de la vida imaginal.

El libro de Yates describe también los modos en los que todos los rasgos del alma y todo el conocimiento enciclopédico de la mente podían colocarse dentro de una estructura imaginal. Se construía un templo interior fantástico y se situaban en él estatuas de figuras míticas. El arte de la memoria nos pone ante un «inconsciente» espacial, similar a un anfiteatro, con un lugar para cada cosa. Si hoy quisiéramos agrupar los contenidos de la mente en un solo sistema, los catalogaríamos probablemente por las letras del alfabeto, como se hace con los índices de contenidos de los diferentes volúmenes de una enciclopedia o con los «catálogos de materias» de una biblioteca, o puede que siguiéramos algún otro sistema racional de catalogación computerizada. En todo caso, el sistema seguido sería puramente nominal, sin una relación intrínseca con los contenidos. El arte de la memoria, sin embargo, agrupaba todo el conocimiento humano en función de categorías significativas en las que contenido y sistema se remitían mutuamente. Los principios de la imaginación usados como universales por este sistema eran sobre todo los dioses, los héroes y los temas de la mitología clásica; es decir, el panteón pagano, encarnado a veces en constelaciones zodiacales. Sólo estas rúbricas parecían ofrecer una amplitud suficiente para abarcar todos los fenómenos de la psique. Bajo la rúbrica de este o aquel dios podían clasificarse una enorme variedad de pasiones, ideas, eventos y objetos, que se apilaban juntos debido a que compartían una misma configuración arquetípica, la cual les confería una inteligibilidad intrínseca. El arquetipo permitía a los sucesos agruparse bajo su égida, y el numinoso poder de las figuras divinas dispensaba una carga de valor emocional a cualquier hecho, por trivial que éste fuera, acogido en las estancias de la mente. Las cosas se mantenían juntas, no simplemente por las leyes de la asociación, que son esencialmente extrínsecas e incluso mecánicas, sino debido a su pertenencia intrínseca a un significado mítico.

Expresado en términos actuales, podría decirse que este arte es un método para presentar la organización de lo inconsciente colectivo –y también de la consciencia– siguiendo los dominantes arquetípicos. Los arquetipos se correspondían con las formas imaginales divinas usadas como categorías conceptuales aristotélicas o kantianas. En lugar de leyes lógicas o científicas, las figuras míticas proporcionaban las estructuras apriorísticas presentes en las cavernas y antros de la imaginación inconmensurable. Por medio de estas estructuras míticas era posible situar todos los eventos en contextos significativamente coherentes. En realidad, las categorías mismas de la lógica y del número, de la ciencia y de la teología, podían ser reducidas (es decir, reconducidas) a metáforas mitológicas más fundamentales. Ningún concepto, por general y abstracto que fuera, podía contener toda la gama de estas metáforas arquetípicas. Ningún concepto podía abarcar la configuración psicológica de Apolo, de Venus o de la Luna. Estos universales personificados tenían una atracción visual muy poderosa; eran seres vivientes, dotados de una gran fuerza evocativa, que sintetizaban los contenidos de la imaginación en vez de analizarlos en sus términos constitutivos. La necesidad de recordar un suceso podía diagnosticarse mediante sus conexiones míticas y los dioses a los cuales se atribuía.

Aunque a veces el arte de la memoria se reducía a ser un mero proceder para dar brillo a la retórica (un método para poder disponer a placer de un cúmulo de hechos) o un instrumento técnico de aprendizaje, este arte fue esencialmente –en las manos de hombres como Alberto Magno, Tomás de Aquino y los dominicos, o en las de los sabios renacentistas como Giordano Bruno– una actividad moral del alma. Aprender y recordar estaban al servicio de la psique. Desde tal visión, el arte de la memoria no es una mera acumulación obsesiva de hechos, sino una especie de *meditatio*, un adiestramiento para discernir, para intuir, lo auténticamente relevante, una suerte de elaboración de la natural propensión imaginal que permite a la mente conocer íntimamente todas las regiones del cosmos y de la naturaleza humana.

Además, estos sistemas reconocían el poder de lo que Alberto Magno denomina *metaphorica*, «porque lo maravilloso conmueve la memoria más que lo ordinario»[201]. El lenguaje conceptual no ocasionaba efecto alguno sobre el alma a menos que las ideas estuvieran ligadas a «similitudes corporales» (véase, más adelante, la discusión en torno a Tomás de Aquino). Un lenguaje que excluía el cuerpo, meros *nomina* privados de imágenes físicas, se condenaba a sí mismo a la extinción.

Los detalles particulares de estos sistemas pueden consultarse en la obra de Yates, pero no está de más subrayar aquí una de sus observaciones generales, ya mencionada más arriba: que la pérdida de memoria fue vivida como una pérdida del alma. Dicha observación se entiende fácilmente si tenemos en cuenta que la *memoria* era considerada por Cicerón, entre otros, siguiendo a Platón (*Fedón, Menón, República*), como la prueba del origen divino del alma[202]. A través de la imaginación el hombre tiene acceso a los dioses; a través de la *memoria* los dioses entran en nuestra vida. La psicología secular, cuya historia hemos trazado en las páginas anteriores, deja poco sitio a la imaginación, el alma o los dioses.

Una de las consecuencias que se desprenden de la obra de Yates, y que tiene un particular interés para nosotros, es que el lenguaje del reino imaginal se encuentra más próximo al lenguaje de las artes que al de los conceptos, ya que la vía principal que retorna a la matriz de la memoria pasa a través de sus hijas, las musas. Por eso, un lenguaje que aspire a convertirse en discurso de los aspectos perdidos del alma necesita de las formas dadas por las musas. Muy posiblemente el lenguaje psicológico tenga sus semejantes, no entre la razón lógica o científica o entre los ejercicios de una voluntad disciplinada, sino entre las artes. Tanto las artes como la psique, en sus respectivos niveles primarios, hablan inicialmente el lenguaje de la *memoria*.

Una aproximación de este tipo al lenguaje psicológico dejará de dar, ciertamente, tanta preeminencia a cuestionamientos relacionados con el «cómo», que se han convertido en la maldición de la moderna psicología. ¿Cómo formular leyes psicológicas (metodología)? ¿Cómo efectuar técnicamente la curación psicológica (terapología)? ¿Cómo está construida la psique? ¿Cómo funciona? ¿Cómo ha podido pasarme esto? ¿Cómo puedo resolver mis problemas? Si el «porqué» es el progenitor del pensamiento filosófico, el «cómo» es el generador del pensamiento técnico orientado a la resolución de problemas. El «cómo» pertenece a la psicodinámica de Bentham, pragmática y utilitarista. La voluntad y la inteligencia preguntan por el «cómo», pero la *memoria* ni pregunta por el «cómo» ni responde a ello. Los problemas del «cómo» no pertenecen a la fantasía.

La disciplina de la imaginación, en cambio, pregunta por el «dónde», interroga sobre dónde situar un determinado acontecimiento; e inquiriendo «dónde» y fantaseando en términos espaciales, la psique amplía su interioridad, el espacio que la convierte en portadora de significado. Asumimos desde el principio que hay un lugar para cada cosa, que todo pertenece, de algún modo, a un dios o a otro. La búsqueda por las cavernas del alma amplifica nuestra capacidad de abarcar, mientras que la búsqueda del «cómo» resolver algo nos constriñe a seguir una y otra vez los mismos caminos trillados. Siempre que uno se pregunta por el «cómo» bajo el lema de «seamos prácticos», acontece un movimiento hacia arriba que abandona el reino psíquico para dirigirse al mundo de la consciencia, ese mundo que afronta los problemas en busca de soluciones. De esta manera, los complejos no se colocan y se hacen arraigar en sus casas arquetípicas, sino que son tratados como trastornos. Quizás es esto en lo que ha quedado convertido el moderno análisis terapéutico: en una rama del intelecto práctico, en la cual el analista es un maestro sofista que enseña «cómo resolver» los problemas. Además, desde un punto de vista del clasicismo, únicamente hay un «cómo» válido, que anula a todos los demás y que nos aleja definitivamente de ellos, y éste es el de «¿cómo morir?». Este problema, carente de solución práctica o analítica, hace que se vuelvan ridículos tanto los «problemas» cuanto el «cómo».

Pero no hay que pensar que la fantasía es algo sencillo. Cuando los pacientes de Freud se tumbaron y empezaron a recordar, comprendieron que sus propias fantasías les resultaban incómodas. También a Freud le resultaron molestas. Solos, el uno con el otro y con las fantasías, el narrador y el oyente no se miraban entre sí. Sus ojos evitaban encontrarse. ¿Por qué resulta embarazoso hablar de las propias fantasías? ¿Por qué resulta embarazoso oír las historias íntimas que provienen de otra imaginación? ¿Es la vida interior realmente una cuestión de esa hoja de higuera de la que hablábamos antes?

La vergüenza que nos producen nuestras propias fantasías da testimonio de su importancia. Dicha vergüenza se denomina profesionalmente «resistencia»; pero ¿qué función desempeña la resistencia? Yo me resisto a hablar de mis sueños diurnos, de mis odios más extremados, de mis anhelos, de mis miedos y de sus incontrolables imágenes. Mis fantasías son como heridas; revelan mi patología. La resistencia me protege. Las fantasías son incompatibles con mi Yo habitual, debido a que son incontrolables y «fantásticas» –es decir que carecen de relación con la realidad del Yo–, las sentimos como extrañas a nosotros. No nos sentimos incomodados por la voluntad ni por la inteligencia; de hecho, exhibimos orgullosamente sus logros. Pero tendemos a mantener una cierta distancia con respecto a lo que engendra nuestra imaginación. La imaginación es un mundo interno, no en el sentido espacial, sino en la vertiente interna de la consciencia, incorporada a nosotros, esotérica. Las afecciones y fantasías son el aspecto imaginal o inconsciente de todo lo que pensamos y hacemos. Esta parte del alma que guardamos para nosotros mismos es fundamental para el análisis, para la confesión, para la plegaria, central entre los amantes y los amigos, básica en la obra de arte, imprescindible para saber lo que nosotros entendemos por «decir la verdad» y esencial para nuestro destino. Lo que encierra el mundo imaginal no son sólo imágenes e ideas, son también partículas vivientes del alma. Cuando hablan en voz alta, una parte del alma se va con ellas. Cuando contamos nuestra historia, ponemos el alma al descubierto. La vergüenza que sentimos no es tanto por el contenido de la fantasía cuanto por el hecho mismo de la existencia de la fantasía, porque la revelación de la imaginación es la revelación del espíritu incontrolable y espontáneo, de una parte inmortal y divina del alma, la *memoria Dei*. Así, la vergüenza que experimentamos se refiere a un sacrilegio, pues la revelación de las fantasías expone lo divino, lo cual implica que *nuestras fantasías son extrañas porque no son nuestras*. Pertenecen al substrato transpersonal, a la naturaleza o al espíritu o a lo divino, aun cuando se personalicen en nuestras vidas, y lleven a nuestras personalidades a escenificar elementos míticos.

La psicopatología reimaginada:
1. Hacia un yo imaginal

Jung, basándose en las estructuras arquetípicas del mundo imaginal, nos abrió el camino hacia una nueva psicopatología. Su redescubrimiento de la *memoria* en tanto inconsciente colectivo hizo posible la separación de la inconsciencia en sentido estricto (estupor, trance, coma, hábitos, olvidos) de la inconsciencia con el sentido antiguo de *memoria*. El hecho de que ambos significados estuvieran entrelazados no obedecía a ninguna razón *per se*, ni intrínsecamente necesaria ni de carácter lógico; se debía básicamente a la elaboración de un Yo completamente unilateral. Jung percibió el factor mítico de la memoria, situado detrás o dentro de los fenómenos psicopatológicos. Pero la psicopatología no es la única e imprescindible vía de acceso al inconsciente colectivo. No es obligatorio estar neurótico para soñar, ni tampoco es imprescindible estar en análisis para experimentar los arquetipos.

Jung se tornó hacia lo inconsciente (como *memoria*) para transformar la inconsciencia (como patología). Considerando el yo onírico con absoluta seriedad y adiestrando la consciencia para pensar simbólica o psicopatológicamente, intentó desarrollar un nuevo tipo de consciencia del yo, al que he llamado, alentado por Henry Corbin, «yo imaginal». Jung declaró, con ello, la guerra al pensamiento meramente racional y relegó la voluntad a un papel secundario. Estas dos facultades del alma –la razón y la voluntad–, así como las actitudes del Yo que de ellas se derivaban, impedían cualquier otro tipo de consciencia distinta de la suya. Pero Jung había descubierto que la terapia en profundidad dependía precisamente de este otro tipo de consciencia del yo, de la consciencia imaginal, la cual lleva a otra clase de actitud del yo.

La importancia dada por Jung a lo imaginal se enfrenta con algunas incoherencias en la psicología analítica, que se muestran en el mismo adjetivo «analítico». Jung apuntaba sus miras más allá de ese concepto del Yo, característico del siglo XIX, que hacía hincapié en la cabeza, la voluntad y la razón. Pero la psicología analítica tiene pendiente todavía la elaboración de un concepto del yo que se corresponda con la *Anschauung* psicológica de Jung, que otorga una especial importancia a la consciencia imaginal –sueños, visiones, fantasías– y a un estilo de vida (la vida simbólica) en el cual el yo vive y se conduce fundamentalmente en función de esta consciencia imaginal. Pero, lamentablemente, la anacrónica noción del desarrollo del Yo sobrevive aún en la psicología analítica.

El modelo de pensamiento es todavía decimonónico: una evolución vista al modo del darwinismo primitivo, en el cual lo dominante se sitúa sobre lo recesivo; un imperialismo psicológico, que coloniza lo inconsciente –o el ello– mediante una consciencia del Yo que hace frente con éxito a la realidad. Tendemos todavía a pensar en el desarrollo como si fuera un avance continuo, donde las retiradas son solamente un movimiento estratégico que permite tomar impulso para saltar hacia delante *(reculer pour mieux sauter)*, y que toma como modelo la oposición del héroe a un mundo imaginal irracional que escapa a su capacidad de control. El Yo y lo inconsciente tienden, así, a oponerse *a priori*, lo que hace que el Yo y el Sí-mismo lleguen a un acuerdo sólo después de haber tenido una «disputa» *(Auseinandersetzung)*; y ese convenio queda plasmado o bien en el lenguaje de la voluntad (sumisión) o bien en el lenguaje de la razón *(sacrificium intellectus)*. Puede que tengamos que abandonar la noción de desarrollo, dado que se ha convertido en una idea lineal, que requiere continuidad. Por otro lado, nuestras propias vidas nos dicen que el yo no se mueve como un héroe que sigue su camino. Este tipo de Yo es más bien un Superyó, en cuya Sombra se perfilan los complejos de la inevitable psicopatología, pues, como hemos visto en las páginas precedentes, la estructura conceptual de la psicopatología surgió paralelamente a un desarrollo muy específico del Yo a lo largo de los últimos ciento cincuenta años.

El yo imaginal es más discontinuo, unas veces es de una manera y otras de otra, está guiado tanto por el presente sincrónico como por el pasado causal, avanza siguiendo un recorrido urobórico, que es una circulación de la luz y de la oscuridad. Incluye las vueltas hacia lo hondo, las depresiones, las recesiones y los abandonos de la consciencia. La psicopatología tiene aquí su lugar; es necesaria. ¿Acaso no se corresponde todo esto con nuestra experiencia? El movimiento del yo imaginal debería concebirse no tanto como un desarrollo cuanto como un modelo circular. La circularidad, sin embargo, recibe por parte del viejo Yo una consideración patológica: el retorno de lo que está reprimido, la compulsión de la repetición y los ciclos continuamente recurrentes del complejo materno negativo. Pero la psique insiste en la repetición. Y ¿por qué tiene que ser esto negativo? ¿Proviene la negatividad de la perspectiva de un Yo que tiene que progresar y desarrollarse? La psique insiste en las mismas figuras y situaciones, representándolas en los sueños durante años. El trabajo, los rituales, los recuerdos y el estilo retornan obstinadamente, una y otra vez, a los mismos fundamentos. El Yo de la voluntad y de la razón, que se reconoce a sí mismo en el desarrollo, se siente capturado, oprimido o culpable en la circularidad de la repetición. Este viejo Yo solamente puede tomar parte en el proceso de circulación a través del abandono o la entrega de sí, del olvido, de la *metanoia*, etc. Este viejo Yo no está basado en la meta alquímica de la *circulatio* o la *rotatio*; es un Yo fundamentalmente tangencial al movimiento de la psique como un todo. El Yo «fuerte», la meta primordial de la psicoterapia, se opone así al numinoso «Enteramente Otro», pero no puede evitar sucumbir ante él.

La idea de un yo imaginal da forma conceptual a lo que ocurre de hecho en la psicoterapia junguiana, donde la adaptación a lo inconsciente, o a la *memoria*, se refleja en el cambio de la personalidad del yo del sujeto analizado. Esa adaptación debe hacerse fundamentalmente en relación con la «realidad psíquica» (Jung), con el «mundo imaginal» (Corbin). Mientras que la voluntad y la razón conciben la adaptación como un control y una comprensión de la realidad, la adaptación del yo imaginal sucede como una imaginación de la realidad. Su consciencia atañe primeramente a sus fantasías, a su «psicopatología» y a lo que hoy se llama, por la razón y la voluntad, la vida psíquica «inconsciente». Estas fantasías y psicopatologías han sido lo último en entrar en la psicoterapia y lo que más trabajosamente lo ha hecho, pues se ha requerido de técnicas especiales para bajar el umbral del Yo. Un Yo concebido predominantemente como voluntad y razón deja poco espacio para la fantasía, aparte de lo que queda reprimido más allá del umbral. No sorprende que la fantasía sea tan «dura de asumir», pues bloquea la vía de la actividad lineal dirigida a un fin. Si las fantasías surgen durante una crisis, deben ser rápidamente puestas bajo control o interpretadas. Pero si el yo es modelado sobre la circularidad (que es, como afirmó Plotino, el movimiento del alma), le causará menos extrañeza su propia alteridad fantástica. A causa de este modelo circular, el yo imaginal es llevado a ser fiel a sí mismo; queda vinculado a la repetición siempre idéntica, a los temas continuamente recurrentes de sus aflicciones. Pero esta fidelidad a la repetición compulsiva, a sus fantasías específicas y a sus hábitos y síntomas familiares, significa también fidelidad a una forma, a la *causa formalis* del modelo mítico propio de cada cual. La rememoración continua de cosas pasadas conduce al núcleo mnémico de estos recuerdos, a su significado y necesidad arquetípicos, y al vestigio de intuición contenido en ese núcleo. El círculo vicioso es también la *iteratio* alquímica y un camino para llegar a ser lo que uno es. En el purgatorio de la fiel repetición de los mismos errores se encuentra también su redención a través de la consecución de un estilo individual.

Cada uno de estos ciclos fatigosos nos obliga a reconocer la fuerza de lo que actúa coercitivamente sobre nosotros, una fuerza que sentimos más potente que cualquier «síndrome» o «problema» y que tendemos a personalizar, e incluso puede que a nombrar y a hablar con ella, como con un demonio torturante. Incluso el Yo más fuerte, duro y templado en el repetido afrontamiento de sus «problemas», es forzado reiteradamente a someterse a las potencias imaginales. Como si estuviera ante un dios viviente, el Yo es obligado a servir. De este modo, el Yo es arrojado a las salas de la *memoria*, convirtiéndose en uno más de los muchos particulares que allí se encuentran, y ha de buscar su propio lugar en relación con un arquetipo. Mis fantasías y mis síntomas me ponen en mi sitio. Y ahora no se trata ya de saber a qué lugar –a qué dios– tales fantasías y síntomas pertenecen, sino de discernir a qué lugar pertenezco yo, sobre qué altar debo depositarme a mí mismo, dentro de qué mito mi sufrimiento se transformará en devoción. Aunque la imaginación parece estar dentro de mí, como una facultad de mi alma (o como un compartimento llamado «memoria» en el interior de mi cerebro), es también posible tener la experiencia de mí mismo contenido dentro de lo imaginal, en donde el Yo no es más un factor independiente, que lleva la consciencia como una lámpara o un cuchillo o un signo entre los ojos. En este punto, el Yo habitual se desvanece en el yo onírico.

El yo onírico no es sino otro nombre del yo imaginal. Es ese aspecto del complejo del yo que toma parte en la realidad imaginal. Hay discrepancias entre el yo diurno y el nocturno; en general, lo que hacemos durante los sueños escandaliza al yo de la vigilia. Pero quizás lo que hacemos durante el día también perturbe al yo onírico. El análisis terapéutico trata de conseguir un *rapprochement* entre los dos. Intenta corregir el yo onírico y transformar, además, el yo de la vigilia, de tal forma que éste desarrolle una serie de actitudes que tomen más en cuenta lo que sucede por la noche. No tenemos nada que objetar en lo que respecta a la ceguera nocturna del yo diurno: está claro que este último tiene que aprender de los sueños. Pero ¿es también necesario que el yo onírico sea corregido en sentido ascendente, hacia la luz de nuestra visión diurna? Una respuesta afirmativa lleva a la idea del sueño como remedio compensatorio, lo que crea muchas dificultades, porque implica que el yo onírico debe reaccionar con los valores de la consciencia diurna. Desde esta perspectiva, los sueños se convierten en «buenos» y «malos», pues juzgamos los errores y los aciertos del comportamiento onírico. Tras el sueño, retornamos al analista con un castigo o una recompensa. Pero ¿es necesario poner todo lo psíquico en los altares de los personajes bíblicos y de sus advertencias? ¿Pertenecen los sueños a Moisés, Jesús y Pablo, o bien a la Noche y sus hijos (Oneiros, Hipnos, Tánatos, Vejez y Destino)[203] y al Hades? ¿Está hecha el alma con sentido de culpa? Creo, más bien, que sentirse responsable del comportamiento del yo onírico y las tentativas de corregirlo conducen tan sólo a un refuerzo del viejo Yo de la voluntad y de la razón. Cuando tomamos el sueño como remedio de los residuos del día pasado o como instrucción para el día que se avecina, lo ponemos al servicio del viejo Yo. Freud dijo que el sueño era el guardián del dormir. Y, de hecho, el yo onírico pertenece a la familia de la Noche (Nyx), se pone habitualmente a su servicio y recibe órdenes de su «familia», de los fenómenos provenientes de su madre, de sus hermanos y de sus hermanas. Quizás la finalidad de los sueños, noche tras noche, año tras año, sea la de preparar el yo imaginal para la vejez, para la muerte y para el destino, sumergiéndolo cada vez más profundamente en la *memoria*. Puede que los sueños tengan muy poco que ver con las preocupaciones diurnas; es posible que su propósito sea el de hacerle alma al yo imaginal.

Una visión del yo más completa es necesaria para adaptarse a la psicología del último Jung, que, aunque empezó como analítica, terminó convirtiéndose en arquetípica. Como he mencionado en otro trabajo:

> Jung, en 1912, situó el análisis dentro de un marco arquetípico, liberando de este modo lo arquetípico del confinamiento en lo analítico. El análisis puede ser un instrumento para percibir los arquetipos, pero no puede abarcarlos. Situar lo arquetípico por delante de lo analítico hace más probable que la psique pueda salir de la consulta del analista. Proporciona una perspectiva arquetípica a la consulta misma del analista.

Después de todo, también el análisis es una puesta en escena de una fantasía arquetípica[204].

El Yo de la psicología «analítica» no se adapta lo suficiente a la realidad arquetípica. Jung nos hizo presente esta nueva realidad y nosotros no hacemos justicia a los arquetipos de la *memoria* con ese concepto decimonónico. Una psicología «analítica» ofrece el «análisis» de la *memoria*, pero Jung nos alentó a continuar soñando el mito. El viejo Yo ofrece una adaptación unilateral; es inadecuado para la psicología arquetípica porque constriñe e ignora la parte imaginal del complejo del yo. De ahí que el ánima adquiera tanto poder con sus promesas de emociones y fantasías; de ahí que el Símismo se convierta en lo Enteramente Otro y se experimente mágicamente a través de las imágenes de lo inconsciente, a través de cosas irracionales y desvinculadas de la voluntad. No hemos tenido ningún yo de la imaginación que nos sirviese como *familiaris* en el reino imaginal. Nuestro concepto del yo ha colocado más allá del umbral aquello que nos habría curado.

Esto explica también nuestra obsesión actual por las imágenes simbólicas, que nos lleva a confundir la realidad arquetípica con la imaginería visual. Cuando hemos perdido lo imaginal, los arquetipos inicialmente se vuelven a presentar, se «re-presentan», al alma mediante configuraciones gráficas. Pero las imágenes simbólicas no son el único modo en el que los arquetipos pueden manifestarse. Sobrevaloramos el estudio de los símbolos, convencidos de encontrar en ellos la realidad arquetípica. Puede que sea necesaria la rotura iconoclasta de esos receptáculos a fin de liberar la psique de ese primer nivel de apariencia arquetípica y que pueda percibir la fantasía en el comportamiento, en las sutilezas del estilo, de la voz, del porte y de la viviente puesta en escena del mito. Un yo imaginal no significa un yo pleno de imágenes originadas por las drogas ni un yo rebosante de conocimiento de las imágenes. Significa, ante todo, comportarse imaginativamente.

Jung llamó «imaginación activa» a uno de los principales métodos de preparación del yo imaginal, expresión que describe el sutil equilibrio entre las tres facultades: la voluntad activa, el intelecto interpretativo y el movimiento independiente de las fantasías. El arte de la memoria y la imaginación activa aparecen, así, como instrumentos paralelos para reordenar la psique en sus niveles objetivos.

Con la imaginación activa se accede al *thesaurus inscrutabilis* de san Agustín. Con sus propias palabras: «Cuando estoy allí, demando que se me presente lo que quiero, y algunas cosas se presentan inmediatamente, otras hay que buscarlas durante más tiempo y se presentan como si vinieran de unos receptáculos más ocultos, otras irrumpen en tropel y, mientras se desea y se busca otra cosa, se ponen allí delante de uno diciendo: "¿No seremos nosotras?". Yo las aparto entonces de la presencia de mi memoria con la mano de mi corazón, hasta que se desvele lo que quiero y salte a la vista del lugar donde estaba escondido»[205]. Del mismo modo que acontece en san Agustín y en las sucesivas técnicas de memoria posteriores, la imaginación activa enfatiza la actividad de la consciencia.

Notitia, voluntas y *amor* se aplican, de este modo, a la *memoria*. El arte de la memoria es un trabajo y requiere, en tanto tal, de la fuerza de voluntad del desarrollo del yo. De especial importancia en esta tarea es el amor. Las imágenes son activadas preferentemente por la emoción del amor, por el amor que se vuelve hacia el mundo imaginal o, si se prefiere, por el *amor* puesto al servicio de la *memoria*.

La psicología arquetípica no se limita a acumular experiencias en relación con la *memoria* y a practicar el «arte de la memoria», también pretende aprender una psicología de la memoria, que es muy similar a los sistemas descritos por Frances Yates. Para ello, aprendemos características, grupos de imágenes y símbolos. De la Gran Madre, por ejemplo, aprendemos sus formas principales en las fábulas, en los mitos, en las figuras, en los objetos y en las convenciones; aprendemos las ideas, actitudes y reacciones que ella suscita, y los elementos, las zonas corporales, los animales, las personas y los lugares a ella asociados. De este modo, como moviéndonos a través de las salas de la memoria, procedemos a circunscribir figuras arquetípicas. Hubo un tiempo en que esas figuras fueron dioses, cada uno con un acervo de atributos; ahora son figuras arquetípicas: el niño divino, la niña ánima *(kore)*, el mago, el *senex*. La idea de fondo es la misma que la del arte de la memoria: los arquetipos –los universales de la psique inconsciente– han de encontrarse en el mito. Los mitos son los *universali fantastici*, afirmó Giambattista Vico, y pueden reordenar la imaginación. En la psicología arquetípica, los mitos se convierten, por tanto, en los nuevos universales de la fantasía. Además, dichos universales no son meros *nomina*, ya que el mito es un apriori dado con el alma misma. La fantasía es la fuerza primordial del alma que tiende a restituir a todas las cosas su condición primaria, ritualizando todos los acontecimientos, transformando los sucesos en mitemas, fijando las trivialidades de toda historia clínica a los detalles precisos, aparentemente igual de irrelevantes, de una leyenda, haciendo de nuestras vidas fábulas que se desarrollan según unos modelos que no pueden ni ser entendidos por la mente ni manejados por la voluntad, pero que pueden ser amados con un *amor fati*.

La psicopatología reimaginada:
2. Mito y enfermedad mental

Uno de los cometidos principales de todos los que intentamos seguir a Jung es el de llevar hasta el final las implicaciones que, para la psicopatología, se derivan de su pensamiento. Debemos, a tal fin, investigar con precisión las constelaciones arquetípicas y sus efectos tanto sobre los desórdenes de la personalidad como sobre el desarrollo individual. Tendremos entonces reunidos en una misma descripción psicopatología y psicología. Toda configuración arquetípica debe incluir, por tanto, una parte dedicada a la patografía, aproximadamente en el mismo sentido en el que la enfermedad pertenece insoslayablemente también a la salud física considerada como un todo. Determinadas formas especiales de tormentos y de comportamientos extraños son una parte inherente del mito. Si tenemos esto en cuenta, nuestra concepción de las enfermedades psíquicas cambia instantáneamente. Dejan de ser algo que no cuadra, algo extraño, desviado, *délire, entgleist* –términos todos en los que se percibe la impronta de la Sombra, juicios hostiles frente a unos fenómenos dictados por un entendimiento confuso y una voluntad frustrada–, para pasar a ser manifestaciones de determinados momentos de un mitema, *que no pueden ni expresarse mejor ni ser vividos de otra forma*. Pertenecen al sufrimiento del mitema, a su *páthos*, a su patografía. El arquetipo es una aflicción; nos hace sufrir. La patología de la psique es una parte integrante y necesaria de la psicología, porque sufrir el arquetipo a través de nuestros complejos es una parte integrante y necesaria de la vida psíquica. Lo imaginal es también emocional; si no fuera así, lo imaginal no tendría ninguna realidad humana, no nos afectaría en nada. Las grandes imágenes son grandes pasiones; son sentimientos muy intensos, pero también formidables sufrimientos. Los palacios y cavernas de la *memoria* son también los campos del infierno[206]. El Sí-mismo que se halla detrás o dentro de las grandes imágenes arquetípicas es, después de todo, un Sí-mismo humano, una expresión de nuestra humanidad y no solamente una imagen de Dios o la abstracción de algo que ha quedado completado mediante una conjunción. ¿No es acaso la meta del Sí-mismo simplemente ser humano, el «ser-humano», el hombre? ¿No es el *ánthropos* el Hombre? Las imágenes arquetípicas retratan las emociones humanas, nuestros complejos humanos, demasiado humanos, los cuales producen la aflicción que comporta ser humanos, es decir, el sufrimiento inherente a todo ser humano que vive el experimento de Ser humano.

La fe en la vieja psicopatología se ha acabado. Sombra inapropiada de la psicología que dejaba escaso sitio a la imaginación, sus *nomina* han perdido toda convicción. Las nosologías se reescriben cada nuevo siglo; uno tras otro, los sistemas nacen, se imponen y decaen. Todos los *délires* y *manies* franceses, todos los agudos diagnósticos de la psiquiatría alemana, se disuelven de nuevo en la matriz. ¿Qué indican estas señales? Que, con la excepción de una veintena de adjetivos, tales como *débile*, «senil», «maníaco», el lenguaje psicopatológico no aguanta más.

Y ¿qué es lo que tenemos en su lugar? En el arte de la memoria, los mitos y sus figuras representan universales bajo los cuales podían quedar agrupados todos los aspectos del saber y de la naturaleza. Jung nos mostró cómo podían aplicarse los mitos a la psicología. Dado que nuestro cometido radica en extraer las últimas consecuencias de Jung, y puesto que él sugirió que la psicopatología podía basarse completamente en la mitología y que la mitología misma podía convertirse en una nueva psicopatología, ¿por qué no buscar, entonces, el mito de la enfermedad mental?

En un tiempo estuvo de moda considerar el mito como una enfermedad mental, una especie de locura infantil y primitiva para explicar las cosas. Ahora se ha puesto de moda hablar de la enfermedad mental como mito, como pura fábula, como algo que no es real ni verdadero, una ilusión al servicio de la clase o de la filosofía dominante. Yo pretendo combinar «mito» y «enfermedad mental» de otra manera. Para mí, la psicopatología es algo tan real y verdadero, la fantasía de la enfermedad resulta tan necesaria, que sólo algo equivalente a su extraña realidad y a su extraña verdad puede proporcionar un substrato adecuado.

El neoplatonismo estudió el mito, y el Renacimiento, bajo la influencia de esta filosofía, escribió y representó las historias clásicas de los dioses y héroes y de sus relaciones con los hombres. ¿Fue aquello un simple entretenimiento o una simple afectación que intentaba remedar usos antiguos? O bien ¿pudo haber alguna relación significativa entre el retorno al mito clásico y la extraordinaria cualidad de la psique renacentista? El propósito del mito era poner el alma en relación con lo que los neoplatónicos consideraban su naturaleza divina, conexión que podía incluso «curar las enfermedades de nuestra fantasía»[207]. La fantasía equivocada y excéntrica podía ser guiada hacia una senda adecuada siempre que se frecuentaran las verdades metafóricas presentes en las imágenes del mito. Al igual que el razonamiento erróneo y la voluntad débil eran corregidos mediante sus propios principios, el mito se convirtió en una disciplina correctora de la fantasía.

No pretendo decir que se deba volver a Grecia a fin de esquematizar la psicopatología siguiendo la mitología clásica y encontrando la raíz divina de cada síndrome determinado. Hacer esto equivaldría a concebir los síndromes literalmente y a considerar a los dioses como sus emblemas o como las máquinas causales situadas detrás de ellos. Sería hacer uso de lo mítico, lo que supondría ni más ni menos que instrumentalizar a los dioses[208]. No vamos en busca de una nueva patografía basada en las figuras míticas –como las del Pícaro, Pan o Saturno, por ejemplo–, aunque cada Gestalt mítica contenga un motivo patológico específico. No tenemos intención de volver a inventar con el intelecto, al viejo estilo, otro conjunto de descripciones. Lo que pretendemos, por el contrario, es repensar o, mejor, *reimaginar* la psicopatología, examinando el comportamiento con una mirada mítica y escuchando los informes como si fueran relatos. Esta actitud supone considerar como una historia, como una narración, lo que se nos dice en respuesta a nuestro «Cuénteme». Significa tomar el «material clínico» como un cuento. O quizás significa volver a ver el caso como una *Caída*, que es el sentido originario del término «caso», como una manera en que las cosas acaecen, caen –del latín *cadere* y de su participio *casum*–, quizás del Cielo, por casualidades de la vida, de esa vida no esquematizada en diagnósticos.

El material clínico es, en sí mismo, una fantasía, un nuevo estilo de ficción desarrollado durante el pasado siglo, escrito por cientos de manos en las clínicas o en los consultorios privados, a veces publicado como prueba empírica de una teoría, pero en la mayor parte de los casos tan sólo almacenado en los archivos de los manicomios o en los áticos de los analistas. Estas ficciones, con sus convenciones de estilo, derivan no sólo del modelo médico, que ve en la enfermedad un proceso a seguir. Se desarrollaron también a partir de la fantasía inherente a todo escrito de ficción, de esa visión ficticia que compone la vida en forma de relato. Una «valoración crítica del caso», hecha por un asistente social, coloca a la persona dentro del mundo imaginal del escritor, el cual crea un personaje de ficción, una especie de héroe portador de un destino. Esta valoración crítica es habitualmente el primer estadio de la terapia. Mediante la anamnesis y la historia clínica, se confiere a los detalles de la vida una determinada perspectiva y se hace un primer esbozo de un yo imaginal. La situación terapéutica se despliega en función de esa ficción llamada «historia clínica». Inadvertidamente, la terapia va trazando una forma a través de la cual la vida queda traducida a un relato.

La mitología suministra los modelos básicos para elaborar los relatos de nuestras vidas. «Los mitologemas (...) pertenecen a los elementos estructurales de la psique. Son las constantes cuya expresión es en todo lugar y en todo tiempo la misma»[209]. Retornamos a la mitología griega no en busca del esqueleto de una nueva psicopatología, sino porque, siempre que se va en busca de las fuentes imaginativas que hagan posible un nuevo inicio, uno vuelve necesariamente a las raíces clásicas de su propia cultura[210]. Vamos a Grecia para una arqueología de la fantasía.

La mitología clásica, tal y como la conocemos, aporta una clave esencial para comprender los sufrimientos del alma. Es una colección de familias de relatos estrechamente interconectados y con multitud de detalles concretos, *pero sin ningún sistema esquemático*, tanto en lo que hace referencia a los relatos particulares como en lo tocante al conjunto total de las narraciones. La psicopatología también es, por su parte, una familia de problemas interconectados, que son precisos en los detalles particulares pero que no pueden ser sistematizados. Los dioses, como los sufrimientos del alma, se entremezclan unos con otros. La mitología clásica nos hace desistir de nuestra fijación por encasillar cada dificultad, por dar a cada dificultad un nombre y a cada nombre un pronóstico. La mitología nos muestra que una dificultad puede proceder de muchos dioses y que puede ser, por tanto, fantaseada de muchas formas. La voluntad de combatir, por ejemplo, puede ser guiada por Ares, por los aspectos más guerreros de Afrodita y Atenea, o quizás por Hércules. Y las diferencias que hay entre los distintos estilos psíquicos de cada una de esas formas de lucha son considerables. Incluso la leche y el amamantamiento, atributos en principio exclusivos de la Gran Madre, aparecen como fenómenos esenciales en las historias de Zeus y de Dioniso. La psicopatología moderna carece de la flexibilidad del mito; cree en sus propios diagnósticos y en su raíz última en la infancia. Pero también el niño puede pertenecer ahora a un mito y luego a otro. La terapia moderna considera la infancia únicamente dentro del culto a la Gran Madre (lo que convierte a esos analistas reduccionistas en sus sacerdotes).

De la misma manera que los diagnósticos psicológicos pueden cambiar y variar, así también la mitología mantiene las cosas siempre en curso y en continua fluctuación. Un mito es la descripción de un proceso; él mismo es un proceso. Se despliega, se mueve, y en sus diferentes articulaciones presenta toda una serie de posibilidades que pueden derivar hacia otros mitemas. Su estructura es dramática; el mito contiene su propia resolución. La patología y su cura están, así, juntas en el interior del mito. El problema, el modo de elaborarlo, las formas en las cuales un mito es vivido y se pone de manifiesto en el sufrimiento, las *passiones animae* que nos hacen enfermar, el pronóstico como suma de las expectativas en relación con la *lýsis*, todo eso se encuentra presente dentro del relato. Las narraciones mismas tienen un aspecto psicopatológico, porque el mito muestra propensión a seguir determinados modelos absurdos y extraños. Así, por ejemplo, el mito es preciso –en el sentido en que el sadismo es preciso, o en el que las compulsiones, las inquietudes hipocondríacas o las fabulaciones son precisas– y, sin embargo, al mismo tiempo está descosificado, completamente aparte de la realidad. La precisión del mito es la exactitud de la fantasía.

La psicopatología reimaginada puede proporcionar también un substrato mítico a aquellas áreas que hemos profanado y degradado dándoles el nombre de «perversiones». Un abordaje mitológico ofrece la posibilidad de reunir lo profano y lo sagrado, de aunar el comportamiento con su significado mítico. Dando este trasfondo sagrado al «caso» –al modo en que las cosas «acaecen», a la forma en la que «caen»–, la psicología refleja de nuevo la teología. El comportamiento de la psique refleja los actos de los dioses, porque estamos creados a imagen de los dioses y no podemos hacer nada que ellos no hayan ya hecho posible en sus conductas. Por eso, la psicodinámica tiene verdaderamente su origen en las partes recónditas de la mente (san Agustín), en sus partes invisibles (Bentham). Esas zonas recónditas e invisibles son las divinidades. Ellas constituyen los fundamentos de nuestra fantasía. Por tanto, si nuestras fantasías nos son dadas «por la gracia de los dioses», nuestra actitud hacia ellas debe ser necesariamente religiosa. De nuevo la psicología refleja la teología, pero una teología pagana y politeísta.

Por otro lado, considerar la psicopatología desde el punto de vista de la mitología nos reportará también la posibilidad de observar la mitología desde otra atalaya, a través de los ojos de la psicopatología. Seznec y Wind han mostrado cómo los dioses paganos y sus mitos continuaron viviendo hasta el Renacimiento tardío. Nuestra civilización se ha vuelto continuamente hacia ellos en busca de inspiración humanística, estética y moral. No sólo los románticos lo hicieron, también Freud retornó a la mitología clásica[211].

Sin embargo, está pendiente todavía considerar la mitología desde la perspectiva abierta por la psicopatología. Los momentos de angustia, de bestialidad y posesión, los extraordinarios acontecimientos imaginales no humanos de la mitología, pueden ser iluminados de un modo nuevo a través de nuestras respectivas experiencias. La mitología puede entonces llegar a nosotros, y nosotros a ella, de una manera original, porque concierne directamente a nuestro dolor. Es más: *nuestro dolor deviene vía para adquirir un conocimiento profundo de la mitología*. Son nuestras aflicciones las que nos permiten adentrarnos en el mito. Las fantasías que emergen de nuestros complejos se convierten en la puerta de acceso a la mitología.

Esta vía señala un nuevo método para el estudio de la mitología, el *método de la fantasía*. Tal método debería ser una aproximación total y genuinamente psicológica, liberada de toda erudición y metodología académica superfluas, que sólo conducen a que la psique, compelida a fantasear exclusivamente en concordancia con los textos y los datos históricos, quede al servicio del intelecto. La «ciencia de la mitología» debe quedar, por el contrario, sometida al «arte de la memoria». La mitología como ciencia parte de que los dioses eran cosa de los griegos, de otro tiempo y de otro lenguaje, algo muerto que ya no es nuestro, que ha dicho todo lo que tenía que decir y que constituye, por consiguiente, un dogma que sólo resulta accesible a la interpretación en la medida en que se siga un método especializado, reservado al *senex* académico. De un modo opuesto, el arte de la memoria –que podemos desarrollar en nosotros mismos mediante el método de la fantasía, que incluye la imaginación activa– revela que los dioses no pertenecen solamente a los griegos, sino que viven todavía, que hablan a través de nuestras fantasías y aflicciones, y que se muestran a través de la *dýnamis* de la imaginación. Dado que este método suscita la participación y, por ende, nuevo conocimiento (a la par que libera a las figuras divinas de sus antiguas convenciones), tiene también una función terapéutica. Entrando dentro del núcleo arquetípico divino de los complejos, podemos ser curados *de* lo que nos aflige *por* lo que nos aflige. El problema queda así redimido por su propia fantasía, ya que la fantasía hace transparente el núcleo arquetípico del complejo.

El arte de la memoria nos hace ver que la patología desempeña un papel especial en la mitología. El *Ad Herennium*, al que Frances Yates señala como la fuente principal del arte clásico de la memoria, cuando aconseja sobre la forma de disponer las imágenes para que puedan ser recordadas, sostiene que éstas se rememoran mucho mejor si son «activas *(imagines agentes)*; si les atribuimos una excepcional belleza o una singular fealdad; si adornamos algunas de ellas, por ejemplo, con coronas o con mantos púrpuras (...); o si las desfiguramos de una u otra manera, introduciendo alguna, por ejemplo, teñida en sangre o manchada de barro o embadurnada con pintura roja (...), o asignando determinados efectos cómicos a nuestras imágenes»[212]. Un pleito complicado, por ejemplo, puede ser recordado por medio de la siguiente imagen: «Colocaremos al abogado al lado del lecho del enfermo (que no es otro que el cliente), sosteniendo en su mano derecha una copa, con la izquierda unas tablillas, y con el cuarto dedo los testículos de un carnero»[213]. Los «testículos» se introducen para hacer recordar a *testes*, testigos. Este tipo de asociación –entre una idea abstracta y una imagen física sexual–, debida sólo al sonido de la palabra, se da con mucha frecuencia en lo que hoy llamamos pensamiento esquizofrénico.

Otro ejemplo a este respecto procede del siglo XIV. Un fraile inglés, John Ridevall, inventó «las imágenes invisibles de la memoria, contenidas dentro de ella, no destinadas a ser exteriorizadas, y que eran usadas para tareas mnémicas de carácter completamente práctico». Ridevall describe «la imagen de una prostituta ciega, con las orejas mutiladas, voceada por un pregonero (como un criminal), con el rostro deformado y lleno de enfermedad»[214]. Esta imagen, dirigida a representar la «Idolatría», obedece las reglas, que recoge Yates, de ser «impresionantemente atroz y horrenda». Los detalles patológicos ayudan a grabar en la mente las ideas y los principios que ésta tiene que recordar.

A este respecto, el arte de la memoria remite a una regla dada por Tomás de Aquino: «Las intenciones simples y espirituales se escapan fácilmente del alma, a no ser que estén, por así decir, vinculadas a ciertas similitudes corporales»[215]. Las similitudes patológicas resultan particularmente adecuadas para entrar en las salas de la memoria; poner estos detalles extraordinariamente desagradables, cómicos o gloriosos a imágenes de personas que conocemos es todavía más útil. Pedro de Rávena nos da un ejemplo de este último principio. Su trabajo, publicado en 1491, «se convirtió en el manual sobre la memoria más universalmente conocido»[216]. Los detalles sobre la sorprendente memoria de Pedro, sobre su método para interiorizar los lugares externos en el espacio interior, así como otras muchas cosas, pueden consultarse en la obra de Yates. Quiero aquí ofrecer solamente otro ejemplo de cómo se apoya la técnica de la memoria en la personal idiosincrasia de cada individuo. Pedro utiliza la visión de una joven, Ginebra, «a la que amó en su juventud y cuya imagen estimulaba su memoria». En su variante de la imagen del pleito arriba mencionada, ella aparece y hace jirones el testamento. Yates dice al respecto: «Nos sentimos desconcertados, pues resulta difícil entender por qué una imagen tal, aun en el caso de que Ginebra fuera una muchacha destructiva, puede ayudar a Pedro a recordar». Pero nosotros sabemos, por la práctica analítica de la imaginación activa, el poder que tienen las figuras del ánima y su papel como *imagines agentes*.

Yates sugiere la hipótesis de que el arte de la memoria podría ser una explicación del amor medieval por lo grotesco. Quizás las extrañas figuras que decoran los manuscritos medievales y pueblan el arte medieval sean el reflejo no tanto de una «psicología torturada»[217] cuanto de los métodos usados para preservar una consciencia imaginativa, para ayudar al yo imaginal a mantener en orden la mitología del alma. Sea como fuere, el hecho es que la psicología torturada y la reminiscencia van juntas; el camino para recordar lo imaginal parece encontrarse en los complejos, que conmocionan la psique del mismo modo que el alma de Pedro de Rávena se conmovía por la imagen de su complejo de Ginebra.

Las reglas para ordenar lo imaginal, de tal forma que las imágenes tengan «movimientos ridículos, gestos sorprendentes»[218], son muy similares a la dinámica de lo que hoy llamamos psicopatología. ¿Son esos detalles exagerados y raros –«cosas especialmente hermosas o llamativamente espantosas»[219]– tan sólo ayudas de la recordación? Y aunque lo grotesco, lo obsceno y lo horripilante se introduzcan únicamente como estímulos, no por ello dejan de mostrar el grado de profundidad y la potencia con que lo patognomónico despierta lo imaginal.

Como todo esto es todavía un modo completamente nuevo de considerar el campo de la psicopatología, sólo podemos extraer algunas conclusiones generales. Primera: los detalles patológicos concretos son una parte inherente de las figuras de la fantasía; si esos detalles no están presentes originalmente en el mitema, la imagen incorpora «expresiones agudizadas», distorsiones patológicas, que llevan lo patológico a lo mítico. Segunda: la manera más elemental y primordial de ver dentro de estas figuras, el camino preferente de entrada en lo imaginal y en lo mítico, lo constituyen las «expresiones agudizadas» de la patología personalizada. Tercera: el hecho de que una memoria o una fantasía sea «torturada», exagerada u obscena, no implica que necesite terapia. Las figuras estrafalarias y excéntricas que emergen de nuestros complejos no indican necesariamente que algo haya ido mal y que el yo deba enderezarlo. Esas formas son dinámicas; sus detalles patológicos son un aguijón para la vivacidad y la perspicacia. Son los agentes activos de la imaginación, su vanguardia, aquello que conduce a intuiciones psicológicas más profundas. El campo entero de la psicología profunda se originó a partir de la psicopatología; la consciencia psicológica moderna tomó carta de naturaleza a partir de las disparatadas distorsiones mostradas a Freud por Charcot y de las observadas por Jung en el Burghölzli. Toda fantasía activada por cualquier complejo es un ejemplo de la psicología naturalmente «torturada» del alma, al igual que todo mito muestra distorsiones patológicas específicas.

«Distorsión», «tortura», «tormento», son todas palabras que pertenecen a la naturaleza tortuosa de la psique, a su complejidad, considerada por Jung el fundamento de la vida psíquica. Nuestros complejos son un retorcimiento de opuestos que van de consuno. Etimológicamente, las palabras *twist*, «torcer», *wrestle*, «luchar cuerpo a cuerpo», *wreath*, «guirnalda» y *writhing*, «retorcimiento» (el retorcimiento provocado por el tormento), proceden de la misma familia. En el alma nos hallamos retorcidos, porque el alma es, por naturaleza y necesidad, de condición tortuosa. No podemos ser explanados, explicados, ni tampoco desenredados. La distorsión psicopatológica es la condición primaria inherente a nuestra complejidad, es la trenzada corona de espinas, y también la guirnalda de laurel, que hemos de portar para siempre en nuestro deambular por el tortuoso sendero de un laberinto sin salida. Porque, como dijo Jung, los complejos son la vida en sí misma; librarse de los complejos equivale a librarse de la vida.

Llegados a este punto, parecería necesario que nos remitiéramos a algunos ejemplos significativos. Pero resulta que todo mito es un ejemplo. Piénsese en los detalles patológicos que se encuentran en las historias de Perséfone, de Hércules, de Dioniso o de Apolo. La mitología clásica es, en cierta medida, un libro de texto de patopsicología; está todo allí, si la leemos bajo esta luz. La psicología profunda, de hecho, se inicia con la intuición fundamental de Freud de que lo mítico y lo pático están estrechamente unidos. Freud propuso este nexo con su modelo edípico. Los arquetipos de Jung son, cada uno dentro de su específica configuración, ejemplos de la interacción entre mito y comportamiento. Tomemos, por ejemplo, la perra, el amargor, la sal y la lunaridad presentes en el estudio alquímico de la Luna[220]. El relato de Psique y Eros es un ejemplo de mitopatopsicología. La figura del *senex-puer*, examinada por mí en otro lugar, presenta lo negativo y lo patológico dentro de la misma configuración de lo mítico. Hemos visto la forma en que lo mítico permite conocer lo pático. Hemos visto que, por ejemplo, el sufrimiento de la psique se halla contenido en la fábula de Eros y Psique; que Perséfone y Eleusis hablan sobre violación; y que el estudio de Saturno nos dice tanto acerca de la depresión y sus posibilidades como la depresión nos dice acerca de Saturno.

No, en realidad no necesitamos ningún ejemplo. Lo que nos hace falta es claridad acerca de los principios fundamentales. Tenemos necesidad de una forma nueva de mirar, imaginativa, que surja desde dentro de lo imaginal mismo, de modo que todo lo que veamos quede convertido en ejemplo. Bajo esa nueva mirada, nos experimentaremos a nosotros mismos a través de la tercera facultad de la psique, a través de la consciencia del yo imaginal, a la que no son extrañas ni la imaginación ni sus fantasías. Con ello, el Yo convencional y sus puntos de vista usuales devendrían objetos de esta nueva consciencia. Podríamos entonces ver a través de nuestro Yo habitual, ver los mitos que operan en él y que han conducido a la creación de la llamada psicología del Yo y de su correspondiente psicopatología. Y podríamos, de paso, sentirnos menos amenazados por lo grotesco, lo horrible, lo obsceno, puesto que, desde la perspectiva imaginal, lo raro sería simplemente un componente más del conjunto total.

De esta suerte, nuestra noción de intuición psicológica cambiaría. Intuición no significaría más traducción, no significaría más la reformulación del discurso imaginal en lenguaje psicológico, principalmente a través de la comprensión de nuestras fantasías, de la interpretación de nuestros sueños. Debería dejarse que la intuición contenida dentro de la fantasía apareciera por sí sola, que se expresara con su discurso «intrínsecamente inteligible»[221]. Porque, por más que queramos, no podemos producir intuiciones con la razón y la voluntad. Se necesita imprescindiblemente algo imaginativo. Los productos de la fantasía han de ser intuidos sobre un trasfondo imaginativo, han de ser transformados en imaginación. (La transformación de la fantasía en imaginación se corresponde con el desarrollo del ánima, como se vio en la primera parte.) Ese trasfondo imaginativo viene dado por la *memoria*, concebida como una especie de luz natural que proporciona una consciencia acerca de la fantasía desde principios diferentes de los derivados del esfuerzo de la voluntad o de las interpretaciones del entendimiento. El yo imaginal refleja este trasfondo imaginativo y este tipo de consciencia. Dicho yo es distinto del Yo cartesiano, basado en el *cogito*, y también del Yo de la voluntad, que tan familiares se nos han hecho.

De la misma manera que no necesitamos de nuevos ejemplos para reimaginar la psicopatología, tampoco necesitamos nuevas clasificaciones psicopatológicas ni nuevas explicaciones. La búsqueda de explicaciones es también un problema que sólo pertenece al ámbito del entendimiento. Lo imaginal no explica; los mitos no son explicaciones. Están ligados a acontecimientos rituales; son historias, como lo son nuestras fantasías, que nos abocan a participar en los fenómenos sobre los que hablan, de tal forma que la necesidad de explicación se desvanece. El mito nos implica y, al mismo tiempo, mediante su precisión ritual, nos libera. Por consiguiente, como no tenemos necesidad ni de nuevos ejemplos ni de nuevos sistemas, podemos continuar haciendo uso de los viejos.

Se puede mantener el viejo lenguaje, pero *no se puede seguir creyéndolo* de la misma manera que antes. Los *nomina* deben pasar a ser objetos de nuevas intuiciones. Alejándonos de la posición de la consciencia, llegamos a un nominalismo radical y podemos empezar a adentrarnos intuitivamente en el viejo lenguaje diagnóstico pertrechados con una nueva visión imaginativa. Vemos así lo considerado factual desde lo arquetípico. Lo arquetípico ha proporcionado una perspectiva para el estudio de otros campos y de otros períodos. Nosotros vamos a usar ahora esa misma perspectiva para ver cómo actúan los factores míticos en nuestro campo y en el presente, es decir, en la psicología actual. Adentrándonos intuitivamente en este lenguaje psicológico, conseguimos una visión profunda, una visión penetrante *(Durchschau)*, logramos ver su interior y, desde su interior, percibimos la fantasía, el potencial imaginal, de esa concatenación de maneras en las que las cosas han acaecido, es decir, de eso que hemos dado en llamar síndrome.

No necesitamos descartar los *nomina* de la psicopatología, como imploran los operacionistas, los existencialistas y los pragmatistas radicales. No hay necesidad de que sean revisados y retraducidos a un nuevo lenguaje actualizado. Ni el rechazo ni la revisión son necesarios, porque las categorías de la psicopatología no son meramente *nomina*.

Un campo debe tener su propio lenguaje. De hecho, un campo es su lenguaje; se define a sí mismo a través de su particular juego lingüístico. La psicología necesitaba una manera de hablar que fuera adecuada al peculiar reino que estaba descubriendo. «Elaborar», «representar», «constelar», «integrar», todas esas invenciones de la psicoterapia surgieron en respuesta a la necesidad que tuvo la psique de hablar acerca de unos acontecimientos para los que no había términos disponibles. Pero no podemos prescindir de esos términos que hemos criticado, ya que desempeñan una función dentro de la psique misma. Posibilitan que ésta se haga presente mediante un juego de fichas simbólicas que fueron acuñadas a medida que se iba produciendo el crecimiento de la consciencia psicológica moderna. No son los términos en sí lo que desaprobamos, sino la relación literalista de la psicología con ellos, su creencia en que esas palabras se refieren directamente a cosas. Antes al contrario, creemos que las palabras se refieren a un juego llamado «psicopatología» y que tienen sentido sólo dentro de dicha fantasía.

El lenguaje psiquiátrico tiene, con todos sus defectos, dos virtudes destacables. En primer lugar, aquellos hombres decimonónicos estaban sinceramente interesados en trazar un mapa de la mente y en curar la enfermedad. El que la enfermedad exista o no tal y como ellos la concibieron, el que sus límites se encuentren más acá o más allá, o el que, como también pudiera ser, no exista incluso enfermedad en absoluto, no supone que su búsqueda y sus logros tengan que ser olvidados. Deshacerse del pasado sólo conduce a crear una nueva laguna. Es mejor mantener los crasos errores heredados del pasado que no tener historia, que aferrarnos a esa vacua ilusión de la *tabula rasa*, de lo nuevo, de lo actual. La historia indigesta no hará sino repetirse, agriada.

En segundo lugar, nuestros predecesores fueron agudos observadores. Su lenguaje equivocado deriva de un tipo de consciencia que todos, más o menos, compartimos, y sus descripciones también pertenecen a la fenomenología de la psique. Esto hace que sus términos puedan ser salvados si los despojamos de su pomposa y rígida autoridad diagnóstica. Tan sólo tenemos que pulir su contexto decimonónico y considerarlos como precisas fantasías verbales que reflejan algunos detalles del comportamiento psíquico. No tienen que asumirse como «realidades» de la «enfermedad mental» o como, en el sentido positivista, condiciones factuales. Son nombres que pueden ser reutilizados en función del espíritu de nuestro siglo.

Los *nomina* son meras invenciones tomadas del aire y el aire es sólo fantasía. Por eso, los *nomina* son también expresiones de la imaginación mítica; o, como quedó dicho anteriormente, la psicopatología es un sistema mítico de la razón. En cuanto tal, los *nomina* de la psicopatología son también expresiones arquetípicas. La razón de la Ilustración consideró la fantasía como un fin en sí mismo, la racionalizó y la esclerotizó al separarla de su raíz mítica. En consecuencia, el sistema que desarrolló la razón fue dogmático, basado en meras descripciones y, por tanto, completamente vacío. Sin embargo, hubo una fantasía dinámica en la creación de la psicopatología que no podemos pasar por alto. Desafortunadamente, tuvo una corta duración y quedó identificada con la forma de ese período. Pero el tipo de fantasías –tanto del paciente como del médico– que hicieron posible el lenguaje de la psicopatología no han cesado. Esas «locas» manifestaciones continúan, por obligación mítica. Siguen surgiendo desde las raíces arquetípicas, aun cuando la razón vea en la fantasía primeramente una patología y la nombre como tal, perpetuando con ello la propia fantasía racional, que ella toma tan literalmente. Pero como las fantasías no han remitido, nosotros no hemos dejado de imaginarlas y de intuirlas, a ellas y a su lenguaje, en modos siempre nuevos.

La imaginación puede dotar de nueva vida a los viejos términos; reimaginando la psicopatología, recreamos ese lenguaje *restituyendo a los nomina su sustancia arquetípica*. Los términos, de este modo, pierden su nominalismo puramente descriptivo. Dejan de ser sólo «opiniones» empíricas para convertirse en «vías de verdad», en conceptos como metáforas. Al saturarse los términos de significado mítico, los dos modos de descripción se aproximan. Si «masoquismo», «depresión», «pánico suicida», «histeria» y «violación» pertenecen a momentos precisos del comportamiento y sentimiento míticos, y son arquetípicamente necesarios para su expresión, entonces tienen una base *a priori* real en la realidad psíquica. De esta forma, los *nomina* del viejo lenguaje cambian su estatuto ontológico. Los *nomina* de la psicopatología también tienen su *esse in anima*, el cual les viene dado mediante los mitos de los que esos modelos de conducta y sentimiento son componentes necesarios.

Reflexiones concluyentes: el discurso del alma

En este ensayo, oculta bajo el cúmulo de datos recogidos compulsivamente y disimulada bajo su tono retórico y polémico, subyace una urgente necesidad. Dicha urgencia –que me complace pensar como proveniente del alma misma, cuyas emociones solicitan al psicólogo que se acuerde de la psique– gira en torno a una serie de preguntas: ¿Qué puesto ocupa la psique en la psicología? ¿Representan sus afirmaciones al alma, la evocan? ¿Reflejan sus descripciones a Psique, a quien dedicamos gran parte del ensayo anterior? ¿Ha tocado Eros la psicología con gozo y pasión, a fin de que ésta, a su vez, se convierta en lugar del hacer alma?

La psicología, en tanto disciplina que toma su nombre de Psique, tiene una obligación especial para con el alma. El psicólogo debería ser un guardián de la gran reserva natural de la memoria y de sus innumerables tesoros. Pero el psicólogo decimonónico (y lo decimonónico es un estilo mental que desborda los límites del siglo pasado) ha arrasado esta área del alma con sus incursiones y sus carteles indicadores. Mientras que otros investigadores de la época corrompían lo arcaico, lo natural y lo mítico del mundo externo, la psicología hacía lo mismo con lo arcaico, lo natural y lo mítico del mundo interno. La psicología profunda, con su tendencia terapéutica, tiene también su parte de responsabilidad a este respecto, pues comparte las actitudes genéricas del XIX. Siguiendo dichas actitudes, dio nombre con un sesgo patológico a los animales de la imaginación. Inventamos así la psicopatología y, con ella, etiquetamos la *memoria* de manicomio. Inventamos los diagnósticos con los cuales nos declaramos locos a nosotros mismos. Tras envenenar sutilmente nuestro potencial imaginal con este lenguaje, nos lamentamos de la devastación cultural y de la pérdida de alma. Pero el veneno se continuó propagando; las palabras no cesaron de caer «mentalmente enfermas» y de quedar usurpadas por la psicopatología, de tal manera que ahora resulta casi imposible utilizarlas sin sus connotaciones corrompidas. «Inmaduro», «disociación», «rígido», «reservado», «pasivo», «transferencia», «fijación», «sublimación», «proyección» (las tres últimas con un significado bien distinto en la alquimia), «resistencia», «desviado», «estrés», «dependencia», «inhibición», «compulsión», «ilusión», «escisión», «tranquilizado», «compelido», «compensación», «inferioridad», «trastorno», «supresión», «depresión», «represión», «confusión», son todas palabras que han sido psicologizadas y patologizadas a lo largo de los últimos ciento cincuenta años.

La Psique, así, solicita al psicólogo que recuerde su vocación. La capacidad psicológica de rememorar nos viene dada por el lenguaje que lleva el recuerdo consigo. Este lenguaje es, al mismo tiempo, culto e inculto, refinado y natural. Es un lenguaje mítico, metafórico, un discurso de ambigüedades, evocativo y minucioso, y, sin embargo, no definitivo, no generador de diccionarios ni de libros de texto ni de ningún tipo de descripción abstracta. Es, sobre todo, un discurso que mueve a la participación –a la manera platónica– en y con la cosa de que se habla, un discurso de historias y de intuiciones, que evocan en quien las escucha nuevas historias y nuevas intuiciones, de forma similar a como un poema o una melodía incitan la aparición de otro verso o de otra canción. Está hecho de conversaciones, de cartas, de cuentos, en donde revelamos nuestros sueños y fantasías y, también, nuestra psicopatología. Es un discurso evocador, suscitador, que, al hablar, crea alma. Y habla de estados de ánimo: de «tristeza» y «desesperación» antes que de «depresión»; de «rabia» antes que de «agresividad»; de «miedo», «pánico» y «angustia» antes que de «ataques de ansiedad». Su discurso «no se modula por escuelas», sino que permanece «simple e inculto», como dijo Tertuliano. Se provee de «similitudes corpóreas», esto es, de imágenes corporales, que alcanzan el cuerpo imaginal y hablan desde él, provocando los movimientos del alma. Debe ser un discurso que actúe como un «agente imaginativo», excitando la fantasía. Un discurso de esta índole causa impacto porque tiene cuerpo; es un discurso vivo en el que la palabra misma vive, no una descripción de un estado psíquico hecha por un psicólogo; no es un discurso que esté escrupulosamente definido, sino libremente imaginado.

Pero, a pesar de todo, este discurso no puede permanecer ajeno a la cultura y a la historia. Los gruñidos y los eslóganes de la anticultura no sirven, porque su simplicidad y su tosquedad no permiten reflejar las necesidades de la psique. El verbalismo necio no es sino el reverso de la palabrería académica, una mera reacción contra el viejo Yo y su literalidad, contra su carencia de imaginación. Aunque no sea conformado por escuelas, este lenguaje debe modelarse e instruirse, debe ser un lenguaje rico y pleno, una lengua de la metáfora, de la poesía y del mito, porque está obligado a reflejar la belleza de Psique, grávida de voluptuosidad. Su cometido será siempre hacer alma.

Destacar la importancia del alma sobre el Sí-mismo nos mantiene dentro de la tradición que concibe el lenguaje como un agente imaginativo. «Alma» es un término que contiene en sí similitudes corpóreas. Su inmanencia en mi cuerpo o en el medio ambiente que me rodea (el alma de la sabana, del tótem y del clan) recuerda el sentido primitivo y sustancial del alma como potencia vital. El alma se experimenta como una fuerza viviente que tiene una localización física, y las antiguas palabras que la denominaban en griego, latín o en la lengua germánica estaban cargadas de fuerza emotiva. En el pensamiento griego, alma y cuerpo eran generalmente indivisibles. Nosotros no podemos hablar del alma sin traer a colación ideas relacionadas con los valores, la importancia y el amor, así como las más profundas angustias acerca de su posible pérdida o destrucción. Es una cuestión de vida o muerte. En tanto que el alma (en la definición que da Jung del ánima) es el arquetipo de la vida, el Sí-mismo es el arquetipo del sentido. Las analogías de este último se toman preferentemente de la filosofía (la entelequia de la autorrealización, el principio de individuación, la mónada, la totalidad) o de las imágenes de la teología mística y oriental (Atmán, Brahmán, Tao). Las diferencias entre «Sí-mismo» y «alma» pueden compararse con las distinciones que hacíamos en la primera parte entre la creatividad espiritual y la psicológica. La primera se dirigía a la trascendencia y la abstracción; la segunda, la psicológica, requería implicación. El mito involucra al alma, porque sus dinámicas están personificadas; sus metáforas sobre la vida son físicas y emocionales. Las dinámicas del Sí-mismo, por su parte, se prestan más fácilmente a los diagramas, los números y las paradojas.

«Discurso y mito son uno y lo mismo. Mito significa originariamente la palabra verdadera (...), el discurso sobre lo que es»[222], dijo Walter F. Otto (a quien volveremos a encontrar en la tercera parte). Un discurso de esta clase se encuentra presente en los niveles más íntimos de todo ser humano, más allá de la educación, de la edad o de la procedencia; de forma similar a como los temas de los sueños, los miedos y las pasiones son comunes a toda la humanidad. Si este lenguaje se hace uno con el de la calle y el del taller, la psicología habrá dado otro paso adelante para salir de la consulta del analista. La confusión y el dolor del alma precisan de palabras que reflejen esas condiciones a través de la imaginación. El que la descripción de un estado anímico sea adecuada dependerá no tanto de su correcta definición cuanto de la precisa transmisión de un estilo.

Esto último afecta primeramente a todos aquellos términos que no llevan incorporada la angustia en sí mismos y que nos hacen sanos o enfermos mediante la adicción de los calificativos «positivo» o «negativo». Tales términos muestran una enorme frialdad y superioridad en sus certidumbres diagnósticas acerca de lo que está bien o mal para el alma. Tenemos en este grupo, por ejemplo, el complejo materno «positivo» y el ánimus «negativo»; el seno «bueno» y el «malo»; un «buen» sueño y un «mal» sueño; un paso adelante en el análisis y una «regresión»; el papel «positivo» del padre y la restauración «negativa» de la *persona*. El análisis está lleno de estos juicios; y no puede ser de otra manera, dado que la consciencia analítica, en tanto instrumento del intelecto práctico[223], procede mediante la realización de divisiones. Pero dentro del arte de la memoria hay sitio para los siete pecados capitales y para los siete dioses planetarios, y separar unos de los otros no es algo sencillo. Desde la psicología presocrática arcaica sabemos que las condiciones psíquicas son siempre estados mixtos; la psique es algo intermedio entre el cielo y el inframundo, una armonía, un arco, una lira, y su *locus* físico se imaginó cerca del diafragma, de *phrénes* y *thymós*. Los arquetipos que la psique transmite a nuestra consciencia son también *dei ambigui*[224], figuras no divididas en positivas y negativas. Esos polos son invenciones necesarias del Yo cartesiano, por medio de los cuales la psique puede ser más exactamente modelada en función de la mecánica y de la lógica. Sirviéndose de esta división en elementos contradictorios, el Yo mantiene su bisturí afilado para llevar a cabo resecciones quirúrgicas de nuestra sustancia psíquica.

Sin embargo, a pesar de su preferencia por las ambigüedades, yo me inclino a creer que la psique no está en contra de una firme precisión y exactitud. No creo que la psique tenga una sonrisa inescrutable, los ojos semicerrados y una engañosa indefinición que haga de ella la proposición opuesta del cientificismo. La psique, tal y como aparece en la práctica terapéutica, responde a la precisión; las imágenes que la psique produce son precisas. Afrontarlas y extraer intuiciones a partir de ellas requiere una dedicación refinada y cuidadosa y una mirada interna rigurosa. Estoy convencido de que la afinidad de la psique por la precisión expresa su afinidad por el espíritu. ¿A qué si no podríamos atribuir esa llamativa cualidad de la exactitud psíquica, que es inherente a los actos lingüísticos de la consciencia, incluyendo su fascinación por las clasificaciones psiquiátricas precisas y su inclinación a «dar nombre a los animales»?

La precisión es un atributo de la psique previo a cualquier otra manifestación suya. Se expresa en la capacidad artística, en el dato histórico, en el procedimiento de los rituales. La precisión no es un coto reservado de la ciencia ni pertenece exclusivamente a su metodología; se da la misma precisión en la concentrada profundidad con la que expresan sus emociones o experiencias los niños más pequeños, en las agudas diferenciaciones del lenguaje primitivo y en los minuciosos detalles de los cuentos y de las fórmulas supersticiosas. En otras palabras, el yo imaginal, aunque nazca de la *memoria*, puede tener las virtudes claras y distintas del Yo cartesiano. El arte de la memoria muestra que el reino imaginal se presenta con exactitud y requiere ser tratado con una precisión cualitativa. Esta precisión es una cualidad religiosa, ya que pone de relieve el atento cuidado –la compasión– que nos produce lo que sentimos, hacemos o decimos. Al mismo tiempo, esta precisión psicológica no es una definición intelectual, porque nunca pierde de vista los aspectos paradójicos, lo que le permite mantener la ambigüedad inherente a todo evento psicológico y simbólico. Los métodos exactos muestran el cuidado atento con el que tratamos el *thesaurus memoriae*, el almacén de lo imaginal. Esta exactitud no se toma prestada de los métodos de la ciencia natural y de la investigación académica. La precisión de la psicología deriva de la precisión espontánea de la propia psique, de la exactitud innata de la fantasía, a la cual la razón muestra su fidelidad a través de las exactas metodologías académicas y científicas.

Desafortunadamente, la ciencia ha confundido la precisión con la medida, ha tomado la cualidad por uno de sus instrumentos. Pero no encontraremos la precisión psicológica mediante la *wissenschaftliche Weltauffassung*, la conceptualización científica del mundo o, si se prefiere, las conceptualizaciones de la ciencia natural. Este representante moderno de la Ilustración ha traído consigo hasta nuestros días el espectro de los siglos XVIII y XIX. Su objetivo principal lo constituyen nuestras palabras. Sus seguidores pretenden reducir el lenguaje, despojándolo de todas las ambigüedades, matices emocionales y asociaciones históricas, de tal forma que cada palabra pase a significar una sola y única cosa. La inteligibilidad queda así convertida en algo extrínseco, algo dado por una serie de definiciones que, aunque dirigidas al hombre, tienen sin embargo un carácter completamente maquinal.

Si las palabras son nuestros instrumentos psíquicos primarios, si surgieron antes que el fuego y que las cosas, y si cada una de las palabras contiene específicos ecos y resonancias históricas, amén de su propia cultura, entonces la rectificación del lenguaje propuesta por el operacionismo ocasiona la destrucción de la base lingüística de la cultura. George Orwell nos avisó de esta posibilidad en su *1984*, en donde el lenguaje del futuro recibía el nombre de «neolengua» y la «lengua vieja» era objeto de burla a causa de «todas sus vaguedades y de todos sus inútiles matices de significado». Orwell desenmascara el verdadero objetivo del control del lenguaje en el siguiente párrafo:

¿No te das cuenta de que el objetivo último de la neolengua no es otro que estrechar el ámbito del pensamiento? Cuando lleguemos al final, el delito de pensar será literalmente imposible, porque no habrá palabras en las que se pueda expresar. Todo concepto que pueda ser necesario será expresado exactamente por *una* palabra, con un solo significado rígidamente definido, y todos los demás significados subsidiarios quedarán abolidos y olvidados. Ya (...) no estamos lejos de alcanzar este punto (...). Cada año el número de palabras es menor y el espacio de la consciencia es cada vez más angosto[225].

Hay muchas formas de destruir palabras. En las páginas precedentes hemos examinado la parte que corresponde a la psicología en esta destrucción. Curiosamente, mientras inventaba nuevas palabras y parecía añadir nuevas dimensiones al entendimiento propio de la psique, la psicología empobrecía el alma, simultáneamente, con esas invenciones. Nuestro campo ha dañado el lenguaje especialmente a través de la conversión de términos sanos en enfermedades. Parte de la «enfermedad mental» contemporánea no es sino la propia enfermedad de la que adolece el discurso de la psicología; las palabras en nuestra mente han perdido cuerpo y alma. No sabemos lo que decimos y por eso no tenemos un lenguaje para lo que hacemos.

Creo que la destrucción del discurso enmascara un ataque dirigido al alma, especialmente contra su «tercera persona», su incuantificable facultad de lo imaginal, que, como el espíritu, a pesar de sus precisas descripciones cualitativas, no puede ser nunca completamente medido, enteramente controlado, ni por el entendimiento ni por la voluntad. Ciertamente, este empobrecimiento del lenguaje no es lo que quería decir Confucio cuando hablaba de renovar la cultura mediante la rectificación del lenguaje. Para él, esta rectificación debía acompañarse de una restauración del ritual antiguo.

Si ritual y lenguaje correcto están estrechamente conectados, es muy posible que ambos expresen también el mismo reino imaginal. De esta reencontrada potencia del alma, la *memoria* imaginal –de la cual hemos sido tanto tiempo inconscientes que se ha acabado por confundir con lo inconsciente y por ser llamada ella misma lo inconsciente–, y del discurso imaginal, que se encuentra en esta potencia del alma, dependen la vida de la psique y de nuestra cultura. Si ritual y lenguaje correcto se encuentran interconectados, me inclino a pensar que, para la psique, el lenguaje correcto es tan sagrado como lo pueda ser el ritual, lo que equivale a decir que el discurso es el ritual del alma. Y creo que la psicología –cuya práctica en un principio recibió el nombre de «curación por la palabra» y que es, por tanto, un ritual discursivo– requiere, para su renovación y curación, la renovación y la cura previas de su discurso. Aportar reflexión sobre este discurso ha sido el cometido de esta segunda parte del libro, en donde he intentado, a la manera tradicional, «salvar los fenómenos», curar las palabras, pues en este caso el fenómeno es la palabra misma.

La crítica a que hemos sometido el lenguaje psicológico ha ido al fondo y no se ha quedado en un mero rechazo de los convencionalismos profesionales, ni en una simple negación del nominalismo y del operacionismo. La discusión a la que hemos sometido el lenguaje del análisis nos ha llevado a cuestionar el modo mismo de consciencia analítica que requiere este tipo de lenguaje sin alma. De nuestra crítica resulta así un nuevo interrogante psicológico: ¿Cuál es la naturaleza de esta consciencia que no habla ya en nombre de Psique, al haber perdido su relación con el fundamento femenino del alma? ¿Cuál es el trasfondo arquetípico de la consciencia analítica? Intentaremos dar cumplida respuesta a estas preguntas en las siguientes páginas.

Tercera parte:
Sobre la feminidad psicológica

El lado abismal del hombre corpóreo

En esta tercera parte seguiremos el modelo establecido en los dos ensayos previos. Examinaremos primero con cierto detalle un problema específico –las demostraciones fisiológicas de la inferioridad femenina–, mostrando cómo se ha generado históricamente la valoración distorsionada contemporánea de los valores psíquicos. A continuación, penetraremos en los aspectos históricos y estrictamente académicos del problema hasta llegar a su fantasía más fundamental, con la intención de revelar el trasfondo arquetípico de la idea de la inferioridad femenina. Finalmente, llegados a este nivel, nos volveremos a ciertos mitos en busca de esperanza para rectificar, en beneficio del alma, esa perspectiva arquetípica.

En 1938, Jung dio una conferencia en los encuentros de Eranos titulada «Los aspectos psicológicos del arquetipo de la Madre». En una revisión de este ensayo, publicada en 1954, Jung añadió un apéndice de cuatro párrafos, en donde exponía unas reflexiones postreras al hilo de la encíclica papal sobre la Asunción de María, la cual encumbraba la versión cristiana del principio femenino hasta una posición radicalmente novedosa[226].

Jung escribe: «El psicólogo es naturalmente llevado a preguntarse: ¿qué ha sido de la característica relación de la imagen materna con la tierra, con la oscuridad, con el lado abismal del hombre corpóreo, con sus pasiones animales y su naturaleza instintiva y, en general, con la "materia"?» (§ 195). En parte, esta pregunta la suscitaba y, a la par, la respondía la Asunción de lo femenino. Pues, ahora, «incluso el cuerpo humano de ella, la cosa más propensa a la grosera corrupción material» (§ 195), no estaba ya sólo debajo de nosotros sino también por encima. El lado abismal del hombre corpóreo, con sus pasiones animales y su naturaleza instintiva, asumía ahora también una posición más elevada. Materia y espíritu, decía Jung, no pueden ya seguir siendo extremos polares, dado que el dogma proclama su unión: la tierra y el cuerpo femenino han sido elevados a un lugar superior. Esta elevación de lo bajo relativiza, a su vez, lo alto: el espíritu no puede continuar reinando de modo absoluto. Ha sido descendido, pero descendido por mor de una nueva relación con lo femenino, a causa de la posibilidad de una nueva unidad. Como Jung escribe: «El dogma de la Asunción (...) refleja los esfuerzos de la ciencia para llegar a una imagen unitaria del mundo» (§ 197).

Pero la imagen unitaria del mundo presagiada en el dogma de la Asunción puede que no encuentre su primera realización en el terreno de la ciencia y en una nueva imagen de la materia. La relación espíritu-materia y las dificultades de su armonía reflejan, desde un punto de vista psicológico, las previas dificultades en la armonía de esos opuestos a los que denominamos mente y cuerpo o, todavía más profundamente, masculino y femenino. Y es justo en la metáfora de lo femenino y de lo masculino en donde se sitúa el dogma religioso de la Asunción. Dicho de otra forma, la imagen unitaria del mundo dependerá de las imágenes masculinas y femeninas de la psique, porque incluso las imágenes del mundo son, en parte, fenómenos psicológicos.

Me gustaría plantear el problema todavía más psicológica y directamente. Está muy bien hablar de nuevas teorías de la materia, de la relatividad de la materia y del espíritu, del final del materialismo, de la sincronicidad, del *unus mundus*, y de la posibilidad de una nueva ciencia universal, en donde la materia y el espíritu pierdan su polaridad hostil; pero todo esto no son sino proyecciones del intelecto, a menos que se produzca un correspondiente cambio de actitud en relación con la parte material del hombre mismo, que, como Jung afirmó, en nuestra tradición ha estado siempre asociada a lo femenino. La transformación de nuestra visión del mundo necesita la transformación de la visión de lo femenino. La visión que el hombre tiene de la materia se modifica cuando se modifica su visión de lo femenino –«incluso el cuerpo humano de ella, la cosa más propensa a la grosera corrupción material»–, y esta transformación en lo que respecta a lo femenino no se refiere meramente a los derechos de la mujer, a la «píldora» o al matrimonio de los sacerdotes, sino a un movimiento de la consciencia en lo tocante al hombre corpóreo, a su materialidad y a su naturaleza instintiva. La imagen unitaria del mundo en metafísica requiere la previa unidad de la imagen de sí en psicología, la conjunción del espíritu y la materia representada por lo masculino y lo femenino. La idea de la inferioridad femenina es, por eso, paradigmática de un grupo de problemas que se manifiestan al mismo tiempo en las áreas psicológica, social, científica y metafísica. A estas ideas paradigmáticas que reverberan tan ubicuamente las llamamos ahora, siguiendo a Jung, arquetípicas. Pero con «arquetípico» no queremos decir *solamente psicológico*; el arquetipo no pertenece exclusivamente a la psicología o a la psique. El arquetipo es un fenómeno psic*oide*, en parte se encuentra radicalmente fuera de la psique. Influye sobre la psique y la psicología, por tanto, como influye también en otros campos y ciencias, como lo dado de modo primario. La psicología, comparada con otros campos, no tiene un acceso privilegiado al arquetipo ni a su conocimiento. La psique individual, sin embargo, posee una vía para el conocimiento de su naturaleza que no está al alcance de ningún campo, incluido el de la psicología; y esa vía exclusiva es su subjetividad reflexiva, sus propias aflicciones, patologías y fantasías, en donde el arquetipo puede tomar la palabra individual y directamente, en las cuales nuestra psicopatología se convierte en revelación, deviene gnosis.

Primero Adán, luego Eva

Para todo lo que respecta a la primacía masculina y a la naturaleza secundaria y derivada de la mujer, el *locus classicus* en nuestra cultura lo constituye la historia de Adán y Eva, contada en el mito de la creación del Génesis (Gn 2). Mientras que Adán fue hecho a imagen de Dios, Eva lo fue simplemente a partir de Adán. Todo lo que en Eva es divino le viene de segunda mano, a través de la sustancia de Adán. El motivo «primero Adán, luego Eva» puede desarrollarse, a partir de este relato, de muchas maneras. Primera: el varón es anterior temporalmente, porque fue creado primero. Segunda: el varón es superior, puesto que sólo de él se dice que fue creado a imagen de Dios. Tercera: el varón es superior en consciencia, porque Eva fue extraída del sueño profundo de Adán, de su inconsciencia. El sueño de Adán es considerado un estado de caída. Jacob Boehme, por ejemplo, creía que el Adán originario no tenía párpados, que estaba permanentemente despierto[227]. De su sueño resultó Eva; Eva es el «sueño» del hombre. Cuarta: Adán es sustancialmente superior, ya que Eva se encuentra preformada en Adán como la parte respecto al todo. Adán es perfecto desde el principio, es una imagen especular de la propia perfección de Dios. La existencia, la esencia y la sustancia material de Eva dependen de Adán. Él es su causa formal, porque ella está preformada en él; él es su causa material, puesto que ella está hecha de su costilla; y él es también su causa final, dado que el fin y el propósito de ella es el de servirle de ayuda. El varón es la precondición de la mujer y el fundamento de su posibilidad.

La metáfora de la superioridad es, además, física: la argumentación se sustenta en imágenes provenientes de la anatomía, de la fisiología, de la reproducción y de la embriogenia.

La historia psicológica de la relación hombre-mujer puede verse, en nuestra cultura, como una serie de glosas de la historia de Adán y Eva. Entre dichas glosas se encuentra el comentario renacentista de Sforno al Génesis, 2, 21, que equipara al hombre y a la mujer: ambos son lo mismo; solamente en el sexo la mujer difiere del hombre. (Una opinión bastante compartida: Berdiáiev, por ejemplo, sitúa lo sexual en la mujer; ella es la que trae la sexualidad al mundo; el hombre, por su parte, es menos sexual que ella. La diferencia principal entre el hombre y la mujer es sexual.) Si el sexo es el área específica de la diferencia, eso implica que el sexo es también el área específica para demostrar esta diferencia y la prioridad de Adán. La diferencia entre el hombre y la mujer se convierte, así, en la diferencia entre el macho y la hembra, esto es, en una diferencia sexual; la batalla entre el hombre y la mujer pasa a ser una batalla sexual; y la conjunción de los principios masculino y femenino se transforma en una unión sexual. Este curioso conjunto de demostraciones sobre la diferencia masculino-femenino, que comprende lo sexual, lo reproductivo y lo fisiológico, constituirá nuestro primer objetivo; y ello no sólo porque dicha diferenciación sea sumamente duradera y perniciosa para la posibilidad de conjunción, sino también porque en ella subyacen algunas de las cuestiones psicológicas más persistentes y refractarias. Precisamente aquí, «en el lado abismal del hombre corpóreo», la psique está enterrada en la *phýsis*, en el oscuro abrazo de la materia femenina, como habrían dicho los alquimistas; y ésta es la causa de que tendamos a ignorar que todas estas cuestiones sexuales, fisiológicas y embriogénicas son también psíquicas, y que en este «fango alquímico» reposan cuestiones psicológicas particularmente profundas que están esperando ser liberadas de siglos de concreción.

En su calidad de representante de lo femenino, lo físico continuará recibiendo proyecciones antifemeninas. Circunstancia que nos resulta bastante familiar a través de esa tradición –a menudo condensada en el adjetivo «maniqueo»– que mantiene que materia, mal, oscuridad y femenino son conceptos intercambiables. El aspecto material de lo femenino, «el cuerpo humano de ella, la cosa más propensa a la grosera corrupción material», tendrá un tinte *doblemente* negativo. Cuanto más material sea lo femenino, tanto más maligno será; cuanto más materializado sea lo femenino, tanto más oscuro será. Es sobre el cuerpo físico de la mujer donde las fantasías de la inferioridad femenina se hacen más floridas, pues justo aquí se constela «el lado abismal del hombre corpóreo, con sus pasiones animales y su naturaleza instintiva».

En lo que sigue, haremos bien en tener presente una observación de un eminente historiador de la medicina, Ludwig Edelstein, que dice así: «La teoría del cuerpo humano es siempre una parte de la filosofía». Toda teoría del cuerpo femenino forma parte, por tanto, de la filosofía. Y las investigaciones mismas no son meramente fisiológicas. Son filosóficas. A este respecto, Edelstein dice más adelante:

En la filosofía helenística (...), la teoría del cuerpo humano –que forma parte intrínseca de la filosofía– no es un objeto de investigación científica, es más bien una filosofía basada en las intuiciones de la ciencia. Los hechos se citan para demostrar la filosofía propia de cada escuela[228].

Galeno sostiene la misma idea:

El estudio de la función de las diversas partes del cuerpo resulta útil no sólo para el médico, sino mucho más para el filósofo, que persigue la adquisición de una comprensión de la naturaleza toda. A tal fin, todos los hombres, colectiva e individualmente, que adoran a los dioses deberían, en mi opinión, ser iniciados en este misterio[229].

También para Galeno «el estudio de la función de las diversas partes del cuerpo» es una actividad filosófica, una suerte de iniciación mistérica. En vista de lo cual, lo que vamos a realizar aquí no es una investigación académica, sino una especie de *theoría*, un rito psicológico, cuya finalidad es la transformación de la consciencia en lo relativo al objeto de estudio.

Podríamos decir, parafraseando la afirmación de Edelstein, que la teoría del cuerpo humano es siempre una parte de una imagen del mundo, si partimos de que tales imágenes están siempre conformadas por la fantasía, que constituyen –en otras palabras– un entramado fantástico, incluso cuando están separadas de su sistema referencial fantasioso y se formulan como abstracciones filosóficas. La teoría del cuerpo humano es siempre una parte de la *fantasía*. Es el misterio de nosotros mismos, de nuestra naturaleza, tal y como viene imaginada por la *memoria*, cuyas posibilidades de imaginación están gobernadas por patrones arquetípicos. La formación de teorías es, por ello, tan libre y fantástica como pueda serlo la imaginación; y posiblemente está menos limitada por los datos de observación que por los apriori arquetípicos dominantes en la imaginación, esas preformaciones de ideas que actúan como preconcepciones y que determinan el cómo y el qué tiene uno que observar.

La fantasía interviene especialmente allí donde falta el conocimiento exacto; y cuando la fantasía interviene, se hace especialmente dificultoso llegar a un conocimiento exacto. Se forma así un círculo vicioso y lo mítico usurpa la formación de teorías; es más, la fantasía es capaz incluso de encontrar pruebas de lo mítico en los datos de observación. Ver es creer, pero creer es ver. Vemos lo que creemos y demostramos nuestras creencias con lo que vemos. Dicha circunstancia resulta muy evidente cuando contemplamos las viejas creencias, como aquella que sostenía que la tierra era plana y que en torno a ella giraba el sol. Cuanto más nos remontamos en la historia, tanto más fácilmente reconocemos la influencia que la fantasía puede llegar a ejercer sobre la observación. Más difícil resulta percibir estas influencias en las observaciones más recientes. Volvemos a la historia, por tanto, para adiestrar la mirada, para tomar perspectiva. La historia nos permite ver a través de los hechos hasta llegar a las fantasías que subyacen en ellos. La historia proporciona una entrada a lo imaginal, es como una avenida descendente que nos permite contemplar lo arquetipal. Quedarse en lo histórico en sí, en los hechos y en las explicaciones, es el callejón sin salida del historicismo, esa fantasía de «lo que realmente sucedió», la búsqueda de la «realidad histórica». La historia no debe limitarse a un método para entender el pasado o el presente; para nosotros es principalmente una disciplina psicológica que posibilita adquirir una perspectiva arquetípica. Observando cómo actúan los factores arquetípicos en tiempos pretéritos, podemos llegar a captar más fácilmente el factor arquetípico activo en las teorías sobre la inferioridad femenina de nuestra propia época. Mirando retrospectivamente las teorías sobre la concepción y la embriología, advertimos que el factor fantástico incide no sólo sobre la formación de teorías, sino también sobre los datos de observación, sobre las pruebas recogidas por los sentidos. Permítaseme dar a continuación, como anticipo, algunos ejemplos de esas fantasías floridas:

1. Durante los siglos XVII y XVIII una serie de razonables hombres de ciencia (Dalepatius, Hartsoeker, Garden, Bourget, Leeuwenhoek, Andry), mientras estudiaban empíricamente los problemas de la fertilidad, la concepción y la embriología, «aseguraron haber visto, en los espermatozoides observados al microscopio, formas humanas extremadamente diminutas, con sus brazos, cabezas y piernas». Zypaeus y Du Hamel vieron minúsculos embriones en huevos no fecundados; Gautier observó un caballo diminuto preformado en el semen de un caballo y un gallo preformado en el semen de un gallo[230]. (Detalles de estas fantasías, con sus dibujos, se encuentran en la obra de Bilikiewicz.)[231]

2. El genial William Harvey, después de realizar sus famosas disecciones de los úteros de las gamas del rey Carlos, llegó a la «conclusión de que el semen no podía entrar en el útero y, por tanto, no era necesario para la concepción»[232]. Los experimentos de Buffon produjeron como principal resultado el imposible «descubrimiento» de esperma en el *liquor folliculi* de los ovarios de hembras animales no fecundadas[233]. ¡Las hembras producían incluso la semilla masculina!

3. En los exámenes de huevos realizados durante los siglos XVI y XVII se observó una tríada de vesículas, que fueron interpretadas como los esbozos del hígado, del corazón y del cerebro, siguiendo el modelo de la tríada platónica de las tres facultades de la psique. Pronto se formaron facciones que daban prioridad a uno o a otro de esos órganos nucleares. Los datos de observación se usaron entonces para sustentar posiciones filosóficas sobre la prioridad del corazón sobre el hígado, del cerebro sobre el corazón, etc.[234]

4. Según la teoría pneumática de la erección del pene, suscrita con diversas variantes por Aristóteles (*Hist. animal.* VII, 7), Galeno y los estoicos, el elemento aire no sólo emitía el semen, sino que también, en tanto *aura seminalis*, era la causa primera de la generación. Dicha teoría también estaba basada en pruebas: la erección se originaba en el elemento aéreo de la *imaginatio* del hombre como un movimiento de los «espíritus animales»; por eso, como dijo Galeno, había aire en los cuerpos cavernosos. Leonardo da Vinci, «el padre de la embriología considerada como una ciencia exacta»[235], realizó en sus cuadernos anatómicos dibujos en sección de *dos* conductos uretrales: uno para el fluido seminal y un segundo para el *pneuma* o *aura seminalis*[236]. Sus dibujos estaban basados en datos «observados» en disecciones reales.

En 1827, Karl Ernst von Baer publicó su descubrimiento del óvulo femenino (*De ovi mammalium et hominis genesi*, Leipzig), acabando así con siglos de ignorancia e inaugurando la nueva era de la embriología. Según los historiadores de la medicina, Von Baer era un pensador profundo y un observador meticuloso. La suya fue una «mente con una potencia intelectual equiparable a la de Darwin»[237]. Sin embargo, Von Baer no consideró la conjunción del óvulo y el esperma como necesaria para la concepción. Acuñó el término «espermatozoo», pero estuvo fuertemente influido por la teoría ovista de la generación (para la cual el embrión se desarrolla exclusivamente a partir del óvulo), pues continuó clasificando el esperma como un tipo de parásito diversiforme, inscribiéndolo bajo la categoría del *caos*, la misma rúbrica en donde también Linneo había agrupado a esos *animalculae*[238]. A pesar de que Prévost y

Dumas habían probado experimentalmente, algunos años antes, la tesis de Spallanzani sobre la necesidad del esperma para la fecundación, la consideración de Von Baer permaneció inalterable[239]. La demostración experimental final de que el esperma penetra en el óvulo y de que de esta conjunción resulta un nuevo individuo no se produjo hasta 1875 (O. Hertwig).

La idea fundamental de todas estas historias la podemos encontrar en Paracelso y en su afirmación de que la imaginación fertilizaba el embrión. Pero la imaginación, como hemos visto, fertiliza también las teorías sobre el embrión. Es importante tener presente lo tardíamente que se produce en la historia la comprensión científica del funcionamiento femenino. El óvulo humano no se descubrió hasta 1827 y no fue hasta el cambio de siglo cuando se estableció claramente la relación entre menstruación y ovulación. Es más: hace sólo unos pocos años todavía estaba en discusión el origen del exudado vaginal, cuya fuente se atribuía repetidamente de forma errónea en los manuales anatómicos más comunes a las glándulas de Bartholin y al cérvix[240]. La oscuridad femenina estimula la fantasía.

Dado su carácter de *lógos* de los comienzos, la embriología queda influenciada por los mitemas de la creación. Debido a que reflejan las diferencias y la unión de los opuestos, las teorías de la generación son también influidas por las fantasías de la *coniunctio*. Pero quizás más fundamentales para la embriología sean las fantasías sobre la mujer que afectan al hombre cuando éste es el observador y la mujer es el dato observado. Al recorrer la historia de la fisiología de la reproducción nos encontramos con una larga e increíble secuencia de desafueros teóricos y de errores de observación en la ciencia masculina. Tales teorías y observaciones fantásticas no son meras equivocaciones, esos habituales errores inevitables de todo progreso científico, son desaprobaciones recurrentes de lo femenino formuladas en el impecable lenguaje objetivo de la ciencia del período. El factor mítico se presenta una y otra vez, camuflado bajo las distintas pruebas sofisticadas aducidas en cada época.

Ya hemos visto uno de esos factores míticos: el «primero Adán, luego Eva» del Génesis. Pero hay otro factor que, no obstante ser menos conocido, es quizás más relevante. En *Las Euménides* de Esquilo (II, 658-663) este otro factor mítico aparece como el dios Apolo, que expone la siguiente teoría de la reproducción: «La madre no es la generatriz de aquello que se conoce como su hijo, sino sólo la nodriza de esa semilla que ha sido plantada en ella y que allí crece. El generador es el que la cubre (...). Puede haber un padre sin una madre»[241]. Este pasaje ha sido interpretado, siguiendo a Bachofen, como la afirmación del patriarcado sobre el matriarcado. Apolo representaría así el principio patriarcal de la paternidad. Pero el contexto histórico-social que podríamos intentar establecer y usar acto seguido para la interpretación está sujeto también a la fantasía. No sabemos por qué hizo Apolo este discurso o por qué Esquilo lo puso en sus labios. Pero lo que sí resulta claro es que se trata de la afirmación de una posición arquetípica que representa una imagen del mundo que puede ser atribuida a Apolo y que podría, por tanto, llamarse apolínea.

La fantasía apolínea de la reproducción y de la inferioridad femenina se repite asiduamente a lo largo de la tradición científica occidental. La denominamos «apolínea» porque este adjetivo –a diferencia de lo que ocurre con el de «adánico», que subraya al *Urmensch* natural, al hombre místico y al hombre andrógino– evoca la objetividad depurada y la claridad científica de la consciencia masculina. La visión apolínea de lo femenino es consustancial a esa estructura de la consciencia que ha producido los métodos con los cuales resulta supuestamente probada la fantasía. Uso el término «científico» para distinguir el material que vamos a examinar de ese otro ostensiblemente simbólico en relación con la bisexualidad que ya hemos tratado en los encuentros de Eranos en años previos[242]. Vamos a ir aquí por otro camino. Nos vamos a ocupar de las teorías sobre la embriogenia, la fisiología y la reproducción, explorándolas para establecer su contenido fisiológico y para ver cómo los mismos mitemas imaginales aparecen en el lenguaje científico. No resulta extraño, por lo demás, que Apolo se encuentre presente en el lenguaje de la ciencia médica, puesto que es el padre de Asclepio, dios de la medicina. Nuestro examen de las teorías médicas, de igual forma que el llevado a cabo con las ideas psiquiátricas en la segunda parte, pretende poner de relieve las actitudes típicas de la consciencia apolínea.

La simiente femenina

Si consideramos las teorías de la procreación como mitemas de la creación proyectados sobre el nivel de los procesos –en parte observados y en parte conjeturados– fisiológicos, veremos que la interacción entre la observación y la fantasía no se muestra en ningún otro sitio de forma tan clara y significativa como en una cuestión debatida por todos los escritores antiguos que, en la tradición occidental, se ocuparon de la embriogenia. Dicha cuestión es el tema sobre el cual declama Apolo: el papel que desempeña lo femenino en la reproducción; y puede expresarse de la siguiente manera: «¿Posee la mujer simiente?»[243]. Esta pregunta suscita problemas de índole ontológica; en ella resuenan esas dudas acerca de la mujer que aparecerán recurrentemente en los siglos cristianos posteriores bajo la fórmula: *Habet mulier animam?*

Las cuestiones en torno a la «simiente femenina» no se limitan, por otro lado, a la tradición occidental, pues la idea de la semilla femenina, su afirmación o su negación, aparece también en las primitivas teorías de la concepción, así como en el Rig-Veda y en las Leyes de Manu. En suma, puede decirse que, en nuestra tradición, cuando se concede la existencia de la simiente femenina, o cuando, todavía más raramente, se acepta que dicha semilla es necesaria para la reproducción, ésta es considerada comúnmente como inferior. El problema es considerable, porque numerosos filósofos se pronunciaron sobre la cuestión y a menudo la analizaron meticulosamente[244]. No se olvide que, en la antigüedad, el conocimiento sobre la concepción (Aristóteles dedicó a la generación el treinta y siete por ciento de sus escritos biológicos) era parte de la filosofía y no únicamente de una rama secundaria de la fisiología.

Desde el punto de vista de la antropología social, se podría suponer que las sociedades matriarcales y matrilineales se mostraran a favor de la simiente femenina. Pero las correlaciones entre el papel de la mujer en las teorías de la concepción y el papel de la mujer en la estructura social tienen todavía que establecerse. En todo caso, desde la perspectiva psicológica, es muy discutible que tales correlaciones, en caso de que se establecieran, permitiesen explicar la fantasía mediante el modelo social. Una teoría determinada acerca de la simiente femenina no es consecuencia, ni necesaria ni lógicamente, de un determinado tipo de sociedad. La fantasía no tiene que ser congruente con una doctrina colectiva, ni tampoco tiene necesariamente que compensarla. Hay, eso sí, muchos tipos de fantasías en nuestra tradición que muestran paralelismos con las nociones fantásticas de la concepción presentes en las sociedades no civilizadas.

Estas concomitancias a menudo casan más estrechamente las unas con las otras que con la estructura de predominio masculino o femenino de cada sociedad respectiva. El examen del trabajo de campo evidencia que las nociones fantásticas sobre la concepción son transculturales[245]. Una teoría como la ovista, por ejemplo, que pone de relieve lo femenino, fue una posición ampliamente extendida y defendida por la ciencia de los «padres» en nuestra sociedad occidental, de carácter predominantemente patriarcal. Similitudes con el ovismo asoman en muchas sociedades no civilizadas con una estructura social muy variada. Por consiguiente, la fantasía sobre la simiente femenina no se deriva directamente de las formas sociales. Podemos asumir, por el contrario, una relativa independencia de la fantasía, que proporciona estructura, contenido y *dýnamis* a las teorías. La sociología y la antropología no explican la imaginación.

La interrogación recurrente acerca de la simiente femenina en nuestra tradición es un claro trasunto de la duda recurrente sobre la esencia femenina. El problema fue, por eso, afrontado repetidamente y se tuvo que explicar de una u otra manera la semilla femenina a fin de mantener la imagen de inferioridad de la mujer. Es incompatible con una teoría de la inferioridad femenina afirmar la importancia o el valor de la simiente femenina. Esquilo, a través de Apolo, ya había precisado este extremo. Veamos cómo Aristóteles lo elaboró de manera más científica.

Aristóteles

Aristóteles ofrece a nuestra tradición el primer argumento cuidadosamente elaborado en favor de la inferioridad femenina. En su *Generación de los animales*, «el primer gran compendio de embriología»[246], establece claramente su posición: «La hembra no aporta semen a la generación», sino que contribuye con la sustancia catamenial [la menstruación] o con aquello que le es análogo en los animales sin sangre (*De gen. animal.* 727a-b). Además de demostrar su punto de vista con argumentos fisiológicos (el cese de la menstruación durante el embarazo, lo que indica que ese material se utiliza entonces para la creación del embrión), Aristóteles, de manera muy característica, lleva la cuestión a un nivel metafísico:

Tiene que ser necesario que aquello que genera y aquello de lo que se genera, incluso aunque ambos acaben por ser una misma cosa, sean distintos en cuanto a la forma y en cuanto a la esencia (...). Si, entonces, es el macho el que lleva a cabo lo efectivo y lo activo, y la hembra es a la que corresponde, en tanto hembra, lo pasivo, se deduce que con lo que contribuye la hembra al semen del macho no debe de ser semen, sino materia sobre la cual el semen actúa. Esto es lo que manifiestamente sucede, porque la catamenia es de naturaleza afín a la materia primordial[247].

La hembra proporciona la *prima materia*, el alimento y el lugar para que el embrión se desarrolle. Desempeña un papel necesario.

Pero el principio activo, formativo y generativo procede enteramente del padre. Suya es la mejor parte. Al parecer habría una equiparación entre lo femenino y lo masculino, en el sentido de un paralelismo o simetría funcional, pero si se mira un poco más en profundidad enseguida se ven los prejuicios en acción.

La contribución femenina es la sangre menstrual, que, después de todo, es considerada por doquier algo tabú, un desecho, o, en el mejor de los casos, una sustancia limpiadora. Su inferioridad con respecto al semen masculino queda explícitamente expuesta en la teoría aristotélica del semen[248]. El semen, según dicha teoría, es la forma superlativa de la sangre, una espuma altamente elaborada obtenida a partir de un proceso de transformación de la sangre denominado *pepsis* (digestión o cocción). La sangre con la que la hembra contribuye al proceso reproductivo no ha experimentado esa *pepsis* y no ha alcanzado esa forma superior de actualización. Y así debe ser, porque el femenino es el sexo frío, que carece del calor innato necesario para que, mediante la cocción, la sangre acceda a un estado superior. La contribución femenina es, por tanto, fisiológicamente inferior. Además, al estar privada de simiente, la hembra carece de *causa formalis* que pueda generar su propia esencia autónomamente. Su esencia es, por ello, dependiente del macho, en cuya esencia se encuentran tanto lo masculino como lo femenino. Al igual que sucedía en el mito del Génesis, en el varón se comprende la preformación de la hembra. Primero Adán, luego Eva.

La visión aristotélica, aparte de ser representativa de su tiempo, fue también la fuente fundamental para la ulterior concepción tomista. Con todo, la negación prototípica de la simiente femenina mediante argumentos fisiológicos, reflejada más adelante por aristotélicos y tomistas, procede posiblemente de Diógenes de Apolonia, uno de los últimos filósofos naturales jonios, perteneciente a la segunda mitad del siglo V a. C.[249]. En el cosmos de Diógenes, el elemento principal es el aire; y, en su teoría seminal, el aire también desempeña el papel principal. El aire es el elemento pneumático que, mediante la cocción, purifica la sangre hasta dar lugar al semen, que es más ligero, más blanco y con más alma que ésta. El aire es también la mente y la inteligencia. «El padre, y no la madre, produce la progenie.» La mujer, al carecer del elemento pneumático y al poseer una simiente inferior, tiene también menos alma y menos intelecto.

La demostración de la inferioridad biológica expuesta por Tomás de Aquino se basa en gran medida en la teoría aristotélica de la reproducción. Según santo Tomás, la mujer es *ignobilior* y *vilior* en relación con el hombre. Está en un plano por debajo. La mujer es, primero, biogenéticamente inferior, en el sentido aristotélico; segundo, la mujer es cualitativamente inferior porque no puede transformar la sangre en esperma y, en consecuencia, es incapaz de generar un ser humano; y, tercero, la mujer es funcionalmente inferior, porque proporciona solamente el principio pasivo uterino y alimenticio para el embrión[250].

Santo Tomás, con su característica concisión, lo expresa así: *Semen mulieris non est de necessitate conceptionis,* porque la semilla femenina *nihil facit ad generationem*[251]. El exudado femenino es un análogo imperfecto del semen masculino que, debido a la inherente debilidad e inferioridad femeninas, no ha podido ser «digerido» o elaborado hasta su total maduración. Durante el período escolástico, la determinación de la esterilidad femenina estaba basada completamente en esta teoría. La *impotentia generandi* de la mujer se admitía sólo cuando la sangre menstrual no podía ser dada al embrión[252]. Su contribución se reduce a este producto inferior.

En los escritos de los Padres de la Iglesia, la misoginia es particularmente virulenta cuando se trata del *cuerpo* de la mujer. María no había sido liberada todavía por el dogma de la Asunción y, por ello, el «lado abismal del hombre corpóreo, con sus pasiones animales y su naturaleza instintiva», se consideraba una parte del hombre que procedía de la mujer. Las visiones yahveísta y paulina de la mujer derivan especialmente de argumentos de índole fisiológica. La mujer está más cercana a la materia, y su inferioridad se describe como suciedad (véanse Juan Crisóstomo, *Ad Theodorum*; Tertuliano, *De cultu foeminarum* y *De virginibus velandis*; y las dos epístolas *De virginitate* atribuidas a Clemente Romano). Incluso Jerónimo, quien, de todos los Padres de la Iglesia, es considerado el más benevolente hacia la mujer y la compañía femenina, era violento cuando salía a colación el cuerpo femenino (véanse, a este respecto, sus *Epistulae* 22, 52, 54 y 107, y el *Contra Helvidium*).

La otra cara de esta represión está representada por la fascinación y la libidinosidad. Vesalio, en relación con esto, «alude a los teólogos escolásticos, entre los cuales –dice– se disputa más frecuentemente en torno a la generación que entre los propios médicos, y que acuden en gran número a sus lecciones siempre que en ellas son mostrados los órganos genitales»[253]. (Otra materia que fascinaba a las mentes pías de la Sorbona era el uso de jeringas para bautizar a los niños *in utero*.)

Blanco-rojo

En la cocción mediante la cual la sangre se transforma en semen se encuentra también el sustrato de otro contraste entre lo masculino y lo femenino basado en las fantasías de la fisiología, el cual se recoge muy claramente en la llamada *Obra maestra de Aristóteles*. Esta obra, que no fue escrita por Aristóteles, es un compendio de fisiología, ginecología y psicología popular, publicado originalmente en infolio en Venecia en 1503, y que gozó de una amplia difusión, especialmente en Inglaterra. Contiene una serie de tergiversaciones de Aristóteles, junto con añadidos tomados de Avicena, Galeno, Alberto Magno y otras «autoridades». La obra tiene todavía un considerable interés, por cuanto supone un documento muy revelador de la fantasía colectiva, como lo demuestran las sesenta y seis ediciones que se hicieron de ella a lo largo de los últimos cinco siglos. Las nociones se presentan en forma de catecismo:

P.: ¿Por qué es blanca la simiente del hombre y roja la de la mujer?
R.: En el hombre es blanca en razón de su mayor calor y de su digestión más rápida, pues se ha refinado en los testículos; en la mujer es roja porque el período corrompe la sangre no asimilada y la simiente toma su color.

La pareja rojo-blanco, como representación de lo masculino y de lo femenino, es muy común en la alquimia, pero en este último caso lo rojo es masculino. En la tradición judía podemos observar lo contrario: los huesos, los tendones, las uñas, el contenido de la cabeza y el blanco de los ojos del embrión proceden del padre, «quien insemina lo blanco»; la piel y las partes coloreadas derivan de la madre, «quien insemina lo rojo»[254].

La inferioridad femenina no se muestra siempre, por tanto, a través de la inferioridad del rojo con respecto al blanco, pues, como sucede con todos los colores, tanto el rojo como el blanco tienen valores ambivalentes, ninguno es siempre positivo o siempre negativo. Sin embargo, cuando entra en juego la idea de la cocción, como sucede en Aristóteles y en la *Obra maestra* a él atribuida, el rojo femenino es simplemente un estadio previo e incompleto del blanco masculino.

Maduro-inmaduro, esférico-ovoide, derecho-izquierdo

Antes de dedicarnos a Galeno, vamos a examinar algunas otras «pruebas» fisiológicas de la inferioridad femenina.

La esencial superioridad del semen blanco sobre la sangre roja radica en que aquél ha experimentado una cocción más completa. Es más seco y está más coagulado, lo que lo capacita para actuar como un coagulante sobre la sustancia femenina (un símil, que se remonta a Aristóteles, de lo que ocurre con el queso). Como se encuentra en un estado más avanzado, el principio masculino es, desde el inicio, más maduro que el femenino. Esa consideración de que el principio masculino era más activo, lo que le hacía requerir menos «tiempo de perfeccionamiento» (como lo llama Needham), influyó sobre las teorías de la determinación del sexo. El feto masculino se moverá antes, porque madura más rápido. En la medicina hipocrática se decía, por ejemplo, que los niños se formaban completamente en treinta días y las niñas en cuarenta y dos. El feto masculino era superior al femenino, ya que maduraba antes, requería menos «tiempo de perfeccionamiento»[255].

Plinio el Viejo afirmaba que el feto del niño se movía transcurridos cuarenta días y que el de la niña lo hacía en noventa días. Sostenía también que la madre sentía más pesadez en las piernas cuando llevaba un feto femenino. La mujer embarazada con un feto masculino, en cambio, tenía mejor color, en razón de la vivacidad, del calor o de la madurez del espíritu masculino que portaba en sí. La frecuencia con que estas ideas se repiten hace pensar que a nuestra tradición le eran especialmente caras. En 1859, un médico presentó un informe ante la Sociedad Obstétrica de Berlín, según el cual el pulso rápido en la madre indicaba un feto masculino; y, en 1878, fueron aducidos quince casos ginecológicos en apoyo de la idea de que la alegría, felicidad y lozanía en una embarazada eran signos diagnósticos del futuro nacimiento de un niño[256]. Tales eran, pues, los condicionamientos del nacimiento de una niña: ser concebida a partir de una sustancia inferior, ser llevada en el seno por una mujer pálida y apagada, y ser parida por una madre deprimida.

La superioridad masculina accedió al derecho canónico específicamente en relación con el tiempo que el embrión tardaba en empezar a moverse. Según este criterio, el alma masculina entraba primero: «El derecho canónico, tal y como cristalizó finalmente, reconoció en principio como el momento de la animación el cuadragésimo día para el varón y el octogésimo para la mujer, aunque más adelante el cuadragésimo día quedó establecido para ambos sexos». Esta idea perduró hasta que Goelicke demostró experimentalmente en 1723 su falta de fundamento[257].

Otro ejemplo gira en torno a la forma del huevo. La disyuntiva se presenta como esférico *versus* ovoide en relación con la forma del huevo de gallina. El examen de los huevos de gallina y del desarrollo del embrión de pollo ha sido siempre uno de los recursos de estudio principales utilizados por la embriología. Una tradición ininterrumpida, que empieza en el antiguo Egipto y se continúa en la ciencia griega y en la de la Inglaterra y la Italia renacentistas, empleó el huevo para sus estudios empíricos. Dado que el huevo tiene también una extraordinaria simbología, la observación fue presa fácil de la fantasía, la cual se acrecentaba además debido al carácter femenino, pasivo y silente, propio de este objeto de investigación.

Entre las numerosas fantasías surgidas del huevo, la más relevante para nuestro tema es la concerniente al valor comparativo de los huevos desde el punto de vista morfológico. Aristóteles sostenía que el pollo macho se desarrollaba a partir de los huevos más puntiagudos u ovoidales. El huevo más fiel a su naturaleza de huevo, el de forma más ovoide, el cual se realiza más perfectamente como huevo, produce obviamente un pollo macho.

En el sexto libro [de *De animalibus*], Alberto [Magno] contradice la opinión de Aristóteles de que el pollo macho se desarrolle a partir del huevo puntiagudo (...); prosigue diciendo que, (...) en realidad, Aristóteles estaba de acuerdo con Avicena y sostenía que los machos siempre se desarrollan de los huevos más esferoidales, porque la esfera es la más perfecta de las figuras de la geometría sólida[258].

Sea cual sea el tipo de razonamiento seguido, el huevo superior es siempre el huevo macho. Si la forma esférica es más perfecta, entonces el huevo esférico es masculino; si la ovoide es la más perfecta de las naturalezas del huevo, entonces el huevo ovoide es el del macho. Lo apolíneo prefiere la perfección y descubre la perfección en la forma. Horacio seguía el punto de vista aristotélico, pues en una de sus composiciones satíricas sobre gastronomía (*Sat.* II, 4, 12) se lee que los huevos alargados son los más dulces y blancos, y además son masculinos. Leonardo, por su parte, se alinea con Avicena y Alberto Magno; en sus cuadernos escribe: «Los huevos que tienen una forma redonda producen machos, los que tienen una forma alargada producen hembras»[259]. La controversia se prolongó hasta el siglo XVIII, cuando se descartó experimentalmente la idea de que la forma del huevo denotara el sexo de su habitante. Cualquiera que fuese la opinión mantenida –que al macho le correspondía la forma alargada o que, por el contrario, lo que le correspondía era la redonda– se acababa siempre con la demostración de que lo femenino era inferior. Incluso el huevo, el símbolo femenino por excelencia, tenía aspectos superiores e inferiores, y podía usarse para recalcar la inferioridad femenina.

Otro ejemplo lo constituye la pareja izquierdo-derecho. «A la derecha, los niños; a la izquierda, las niñas.» Esta frase, atribuida a Parménides, nos ha sido transmitida por Galeno y forma pareja con otra análoga de Anaxágoras transmitida por Aristóteles. Como afirma Lesky: «De todas las teorías sobre la concepción formuladas en la antigüedad, ninguna perduró tanto a través de los milenios como la creencia de que el macho surge del lado derecho y la hembra del izquierdo»[260].

También existe, desde luego, la habitual implicación de la inferioridad femenina en la teoría izquierda-derecha. En nuestra tradición, «el poder de la mano izquierda está siempre, de alguna manera, oculto y es ilegítimo; inspira terror y repulsión»[261]. Aristóteles formuló la inferioridad de lo femenino tras observar el dominio de la derecha en las pinzas de los cangrejos (*De part. animal.* IV, 8, 684a26), lo que le permitió mantener la siguiente posición metafísica (*De incessu animal.* 706a20, 706b14): «La derecha tiene un valor más alto que la izquierda». La superioridad del lado derecho y su masculinidad es una noción tan extendida y tan bien conocida que no necesitamos detenernos mucho en ella. Refleja un nivel profundo de la fantasía popular. La encontramos en Artemidoro, para quien los sueños en los que aparecen la mano o el ojo derechos se refieren a parientes masculinos, mientras que los que contienen la mano o el ojo izquierdos se refieren a los femeninos. La encontramos en la medicina antigua hindú, para la que los niños proceden del lado derecho del útero y las niñas del izquierdo. La encontramos en la Francia del XVIII, en donde los nobles solían atarse, e incluso extirparse, el testículo izquierdo a fin de asegurarse descendencia masculina[262].

La encontramos también en una época relativamente reciente en un trabajo de Seligson, publicado en 1895, titulado *Willkürliche Zeugung von Knaben und Mädchen [La generación a voluntad de niños y niñas].* Seligson intentó dar un base experimental a la antigua idea de «niños a la derecha, niñas a la izquierda», transmitida a través de la colección hipocrática de aforismos médicos. Seligson sostenía que todos los embarazos tubáricos mostraban un embrión masculino en la trompa derecha y uno femenino en la izquierda, y que podía determinar el sexo de la prole de los conejos mediante la castración unilateral. Todavía en 1913 se siguen presentando experimentos sobre la teoría izquierda-derecha de la concepción[263].

En su excelente y sucinto libro, *Left and Right in Science and Life*[264], Vilma Fritsch ha recogido una extensa documentación sobre el debate en torno a esta pareja básica. A pesar de Bachofen, cuyos denodados y brillantes esfuerzos elevaron la hipótesis al rango de verdad aceptada, la ecuación izquierda = femenino no es una ley universal. Los habitantes de las islas Andamán, por ejemplo, asocian lo izquierdo con lo masculino[265]. Tampoco es la inferioridad de la izquierda algo tan extendido como nosotros, que estamos dentro de una tradición de orientación diestra, pudiéramos pensar. Numerosos ejemplos al respecto se encuentran en Fritsch, en Granet para el caso de China[266], en la tradición mística judía e incluso en los indios delaware, para quienes «la izquierda es sagrada y la derecha impía»[267].

Las fantasías de la literalidad son quizás más complejas que aquellas de la pareja masculino-femenino, con las cuales han estado mezcladas. Pero no es éste el problema que nos interesa. Sin embargo, cuando se considera la literalidad –los argumentos y las pruebas tomados de la observación– sobre la equivalencia entre la inferioridad de la izquierda y la inferioridad femenina, haremos bien en recordar el aviso de Fritsch sobre «la frecuente preferencia, fomentada por los estudiosos, por el lado derecho»[268].

Esta línea de pensamiento que comienza con el Inicio (el Génesis) y con Apolo y que ha sido desarrollada por los hombres de ciencia y de razón ha tenido un efecto maniqueo sobre la investigación, tendiendo a inclinarla hacia la «derecha» en favor de la superioridad masculina. La consciencia es diestra, tiende a retorcerse hasta adquirir determinadas perspectivas que vienen prefiguradas en sus estructuras arquetípicas subyacentes. Vemos las cosas como las ven los dominantes. Nuestra visión refleja su visión unilateral de las cosas. Nuestra mirada, incluida la de la observación científica, no es fiable, y ello no sólo a causa de los sentidos y de su conocida capacidad para generar ilusiones sensoriales, sino también debido a las estructuras psíquicas en las cuales está basada. Detrás de la visión de los sentidos está la visión arquetípica; no somos fiables cuando perdemos la mirada interior –la introspección– dirigida a la percepción del factor subjetivo que influye en nuestras observaciones. No somos de fiar, pero no porque no seamos lo suficientemente «objetivos», sino porque somos impíos, porque hemos perdido «de vista» a los dioses y su influjo sobre el factor subjetivo de nuestras visiones.

Galeno

Parecería en principio que Galeno (129-199 d. C.), el siguiente en nuestra lista de científicos que han considerado lo femenino, vio a la mujer de forma diferente a como lo habían hecho sus predecesores. Galeno parece inaugurar una nueva tradición que pone a la mujer en un lugar fisiológicamente paritario en lo tocante a la generación. En primer lugar, mantuvo, en contra de la autoridad de Aristóteles, la existencia de una semilla femenina, que desempeñaba además un papel funcional en la generación. En segundo lugar, apoyándose en sus investigaciones anatómicas, sugirió una similitud morfológica, incluso una paridad, entre los órganos masculinos y femeninos. Al reconocer la simiente femenina, Galeno reconoció el potencial creativo de la mujer. Al establecer paralelos entre los sistemas generativos masculino y femenino, Galeno dio rango científico a la igualdad de lo femenino.

Pero si observamos más atentamente lo que dijo Galeno, descubrimos que sus opiniones no están tampoco libres de prejuicios misóginos. (Quizás sea necesario considerar también sus ideas dentro del contexto romano y del clima mental de la época de Marco Aurelio, de Cómodo y de Septimio Severo, los emperadores bajo los cuales vivió.) Comparada con la simiente masculina, la femenina es «más inconsistente», «más fría», «más viscosa», «más débil», «cuantitativamente menor» y, finalmente, de un «tono inferior»[269].

No solamente la simiente es inferior en la mujer, también lo es su entero aparato generador: «Todas las partes que están presentes en el varón pueden observarse también en el tracto genital femenino con una sola diferencia: los órganos femeninos se encuentran en el interior y los masculinos en el exterior de esa región descrita con el nombre de perineo» (Galeno, IV, 158).

En esta teoría, como Lesky señaló acertadamente, los genitales masculinos son una «extraversión» de los femeninos. Para Galeno, esta extraversión representa un estadio más avanzado, una realización más completa. Lo que en el hombre es una culminación, en la mujer existe solamente en forma primitiva. «Por eso, Galeno puede decir que el individuo masculino es perfecto, mientras que la mujer representa un estadio imperfecto.»[270]

La paridad entre lo masculino y lo femenino no es, así, verdaderamente tal. La investigación anatómica de Galeno descubrió que ambos órganos de la generación tenían una morfología análoga. Pero el modelo sobre el cual se establecía la analogía era el masculino. El masculino constituía el prototipo, el femenino el análogo. Primero Adán, luego Eva. Los ovarios son testículos inferiores; la simiente femenina es inferior a la masculina. La ontogenia se confunde aquí con la ontología, esto es, el hombre es el realizado, el perfeccionado, el actualizado. La mujer permanece siempre *in nuce*, dentro del perineo, meramente potencial, todavía inmadura. Ella no posee el calor innato necesario para llegar a la maduración, tanto de su anatomía como de su simiente. Más adelante retomaremos la idea de la lentitud femenina.

Freud

Hay sorprendentes similitudes entre Galeno y Freud. Ninguno de los dos parte de las nociones del pasado; pero este pasado, merced a la provechosa autoridad que se desprende de su gran corpus de palabras escritas, se refunde en ellos y da lugar a una nueva organización, de tal manera que lo viejo es mantenido en sus nuevos sistemas y los influye desde dentro. Observación e imaginación se mezclan y sus fronteras se tornan difusas. Se crea así un sistema integrado en relación con lo femenino que parte aparentemente de la observación; sin embargo, cuando es mirado de forma más cuidadosa, se percibe claramente que su fuente fundamental es la imaginación. Tanto en Galeno como en Freud resulta muy claro que «la teoría del cuerpo humano es siempre una parte de la filosofía». Por ello, la prueba principal que Freud aporta para sustentar la inferioridad femenina proviene, como en el caso de Galeno, de la anatomía comparada.

Entre sus numerosos maestros, Freud estuvo especialmente ligado a Wilhelm Fliess, que hizo las veces de espejo de la consciencia de Freud durante el período en que su autoanálisis fue más intenso (1887-1902). Fliess estaba muy interesado en la polaridad derecha-izquierda (tan interesado que se ha dicho que el tema del bilateralismo fue la causa del posterior alejamiento que se produjo entre ambos)[271]. Fliess creía que el lado izquierdo de una persona expresaba su lado contrasexual y que el sexo dominante se encontraba en el lado derecho. Siempre que «una mujer se asemeja a un hombre, o un hombre se asemeja a una mujer, encontramos una acentuación del lado corporal izquierdo»[272]. Fliess dio a la polaridad derecha-izquierda un giro sexual. Cuando el lado izquierdo se encuentra manifiestamente marcado, los rasgos del sexo contrario se hacen más evidentes. O, como él dice: «Dado que la degeneración consiste en un desplazamiento de las cualidades masculinas y femeninas, podemos comprender que haya tantos zurdos dados a la prostitución o a las actividades criminales»[273]. La idea genética de lo dominante contra lo recesivo, el contraste sexual de lo masculino contra lo femenino y la ética de la rectitud social contra la degeneración moral, se expresan conjuntamente en la polaridad derecha-izquierda. No resulta pues sorprendente que Fliess defendiera tan ardientemente su «descubrimiento». Estaba completamente embebido por un símbolo que aunaba múltiples elementos –biológicos, sociológicos, morales, sexuales– y que expresaba de forma metafísica la «guerra de los sexos». Por tanto, antes de dar su propia visión de la inferioridad femenina en sus teorías de la sexualidad infantil, Freud conocía, a través de Fliess, el sistema izquierda-derecha, que en último término apuntaba también a la inferioridad de la mujer. Un segundo grupo de ideas, que asociaba lo femenino con lo histérico, también le era familiar a Freud a través de otro de sus maestros, Charcot, y de las controversias en torno a sus teorías sobre la histeria.

En 1905, Freud publicó los *Tres ensayos sobre teoría sexual*, en los cuales, según Jones, «el acento recae, como a todo lo largo y ancho de sus escritos, en la importancia dada al impulso masculino». «Freud mantuvo –prosigue Jones– que la libido de la niña es más masculina que femenina, porque su actividad autoerótica se dirige predominantemente al clítoris. Sugirió incluso la oscura hipótesis de que quizás la libido –siendo, como todos los otros impulsos, de naturaleza activa– fuera esencialmente masculina.»[274] Esta sugerencia es devastadora para la mujer: si la fuerza vital, al ser activa, es principalmente masculina (siguiendo la vieja ecuación masculino = activo, ya presente en Aristóteles y Galeno), entonces la mujer es una *opus contra naturam*. Su envidia del pene refleja simplemente su carencia más fundamental, su fuerza vital deficiente y su innata inferioridad estructural.

El argumento principal de Freud en favor de la inferioridad femenina se basa, al igual que sucede con Galeno, en la morfología. El modelo básico para el ser humano es Adán. Con las propias palabras de Freud: «La hipótesis de que todos los seres humanos tienen la misma forma (masculina) de genitales es la principal de todas las teorías significativas y trascendentales postuladas sobre la sexualidad infantil»[275]. La observación –¿o se trata más bien de una fantasía?– de que las niñas consideran su forma genital como una carencia y como algo antinatural está en la base de todas las ideas posteriores de Freud sobre la mujer. En 1924, Freud escribió lo siguiente a propósito de la mujer: «La diferencia morfológica no puede por menos de reflejarse en la diferencia del desarrollo psíquico. Podríamos decir, parafraseando un dicho de Napoleón, que "la anatomía es el destino"»[276]. Los genitales mermados de la mujer son «el fundamento de su inferioridad». La diferencia anatómica tiene sus consecuencias psíquicas, como Freud demostró más adelante en un trabajo de 1925 dedicado a este tema[277]. Sobre esta idea volvería en uno de sus últimos trabajos, escrito cuando contaba ochenta y dos años, y que fue publicado póstumamente en 1940 con el título de *Compendio del psicoanálisis*:

> Como es obvio, la niña no tiene necesidad de temer la pérdida del pene, pero debe reaccionar sin embargo ante el hecho de no haber recibido ninguno. Desde el principio, envidia al niño su posesión; se puede decir que todo su desarrollo acaece bajo el signo de la envidia del pene. La niña (...) se esfuerza por compensar ese defecto, esfuerzos que pueden conducirla a la postre a la actitud femenina normal. Pero si durante la fase fálica la niña intenta obtener placer estimulando manualmente sus genitales como hace el niño, sucede a menudo que no logra una satisfacción suficiente y extiende entonces el juicio de inferioridad de su propio pene atrofiado a toda su persona[278].

Tanto Galeno como Freud asumen los genitales masculinos como prototipo. Asunción que en Galeno parte de la observación empírica en la disección de cadáveres y que en Freud surge de la observación empírica en el análisis de las fantasías. Ambos encuentran mediante dicha observación pruebas de la inferioridad de los órganos femeninos. La inferioridad es incontrovertible, porque se presenta en términos de morfología comparada; y es también irreversible, porque radica en la *phýsis* misma de lo femenino. La anatomía es el destino: ¡mira y verás lo que los sentidos observan! Sin embargo, la base real de las observaciones de ambos es sumamente inestable: no tenemos ninguna constancia de que Galeno hubiera disecado alguna vez el cuerpo de una mujer, ni tampoco de que Freud hubiera analizado alguna vez a alguna niña. Las conclusiones de Galeno sobre el cuerpo femenino fueron obtenidas de los animales y las conclusiones de Freud sobre los niños lo fueron del análisis de los adultos[279].

Nota bene: Nótese la mezcolanza de observación e imaginación. Las fantasías de Freud sobre la satisfacción sexual y las teorías sobre la anatomía de las niñas son presentadas como fruto de la observación. Lo mismo vale para las conclusiones de naturaleza supuestamente psicológica a las que estas niñas imaginarias llegarían a partir de su presuntamente insuficiente satisfacción. La fantasía de Freud *sobre* la mente de la niña se convierte en una fantasía freudiana *en* la mente de la niña. La fantasía fundamental de Freud –«la hipótesis de que todos los seres humanos tienen la misma forma (masculina) de genitales», su manera de formular la teoría de «primero Adán», que data de 1905– es introducida en la mente de los niños y pasa a ser considerada como la fantasía *propia de ellos*. El niño, al igual que la «horda primitiva» del pasado prehistórico, es una desconocida *tabula rasa* o *prima materia*, sobre cuya vaciedad se pueden proponer libremente, sin temor a ser contradichos o incluso a recibir respuesta alguna, las fantasías propias de cada cual. Cuando traemos a colación al niño, al primitivo, al animal o al pasado arqueológico –y, añadiría yo, al paciente– como *base* de observación para la psicología, con la finalidad de fundamentar una teoría radicándola en sus «orígenes», revelamos de forma manifiesta la fantasía arquetípica de la teoría que pretendemos justificar de este modo. El verdadero origen es la fantasía arquetípica misma, no la escena objetiva en donde la fantasía es «observada» como «hecho». El origen de la teoría está en la idea, en el cuerpo humano como parte de la filosofía, y no en el cuerpo humano como hecho. El verdadero origen está en el reino imaginal, que aparece cuando contemplamos la *tabula rasa*, ese campo desconocido y oscuro del primate, del primitivo, del prehistórico y del niño.

Sobre la debilidad
mental fisiológica de la mujer

Llegados aquí, es obligada la mención de Paul Julius Moebius, nacido en Leipzig en 1853, tres años antes que Freud. Moebius, como Freud, inició su carrera en el campo neurológico; se interesó, como Freud, por el cerebro y por el ojo; y, como a Freud, le fascinaron también los trastornos nerviosos y la sexualidad, que en el cambio de siglo constituían las áreas preferidas de la especulación psicológica.

Moebius escribió un influyente libro, publicado en 1900 (el año de *La interpretación de los sueños* de Freud), que alcanzó la séptima edición en 1905 (fecha de la aparición de los *Tres ensayos sobre teoría sexual*). Moebius murió en 1907 (a consecuencia de un cáncer de mandíbula), pero sus obras alcanzaron un éxito inmediato en esos primeros años de la nueva centuria, lo que añadió a su renombre en el terreno profesional una considerable notoriedad entre el gran público, muy superior a la que tuvo Freud, cuyo trabajo dedicado a *La interpretación de los sueños* no fue precisamente un éxito editorial, ya que se necesitaron algunos años para que se vendiese la exigua tirada de la primera edición. A Moebius se le recuerda en la historia de la medicina por la distinción, propuesta en uno de sus primeros trabajos, entre enfermedades mentales «endógenas» y «exógenas», por sus trabajos sobre la migraña y sobre el tiroidismo, y por otras importantes investigaciones neurológicas[280]. En la historia de la cultura se le conoce fundamentalmente por un libro: *Über den physiologischen Schwachsinn des Weibes [Sobre la debilidad mental fisiológica de la mujer]*. Unas palabras en relación con el título: Moebius llama a la mujer *Weib* y no *Frau* y justifica detalladamente este apelativo (págs. 11 y 44). La palabra natural es *Weib*, y si a las mujeres no les gusta es porque se creen más de lo que son. El equivalente natural de *Herr* es *Frau*, y el de *Mann*, *Weib*. La «debilidad mental fisiológica» que estudia Moebius se refiere principalmente a la anatomía cerebral. Ciertas partes del cerebro femenino son congénitamente inferiores comparadas con las correspondientes del cerebro masculino[281].

Su producción abarcó también las investigaciones sobre la diferenciación sexual, sobre la castración y una monografía titulada *Sexo y dimensiones craneales*, en cuyas conclusiones se podía leer lo siguiente:

> Las diferencias craneales entre los sexos, de igual forma que las que existen entre las razas, deben ser equiparadas a diferencias mentales. Es suficientemente claro que la relación entre el cerebro y el cuerpo no es la misma en los dos sexos. Un hombre normal, aunque sea de talla pequeña, necesita una circunferencia craneana de al menos cincuenta y tres centímetros, mientras que a una mujer para manejarse de forma satisfactoria le bastan cincuenta y un centímetros. Así, para llevar a cabo sus objetivos vitales, a la mujer le basta con un cerebro contenido en una cabeza de cincuenta y un centímetros. Pero para los objetivos vitales de un hombre esa capacidad no es suficiente. Con cincuenta y un centímetros se puede ser una mujer inteligente, pero no un hombre inteligente[282].

Moebius, con sus hallazgos, llevó «hacia arriba» la localización de la inferioridad fisiológica femenina, trasladándola del aparato sexual o de los «nervios» al área del cerebro. Del área cerebral precisamente, según Moebius, es de donde derivaría el mayor peligro de la mujer. Para Moebius, ese peligro se encarnaba en la moderna sufragista, esa mujer obstinada que reivindicaba educación, derechos políticos y reconocimiento social para sus capacidades mentales. Moebius se aprestó a combatirla. Empleando un tono médico y paternalista –cargado de condescendencia de la superioridad masculina hacia la inferioridad femenina– señala que, puesto que la inferioridad mental femenina es una necesidad fisiológica y un postulado (pág. 24), y dado que la mujer es una especie de «cosa intermedia entre el niño y el hombre en mucho aspectos, entre ellos el mental» (pág. 14), ésta debería ser liberada de sus ilusiones sufragistas, que superan su capacidad y sólo conducen a la degeneración de la especie, cuyo cuidado, en tanto esposa y madre, es su primer cometido. Esta «cosa intermedia» de Moebius recuerda la noción de Paracelso de las mujeres como *halbe Kreaturen* [semicriaturas].

Junto a Moebius, puede que no esté de más nombrar al menos a ese gran maestro de la misoginia literaria que es Strindberg y también a Otto Weininger, cuyo *Geschlecht und Charakter [Sexo y carácter]* (1903) apareció cuando su autor no contaba todavía los veintitrés años (cinco meses antes de su suicidio en la casa de Beethoven). Arnold Schoenberg rindió tributo a Strindberg y a Weininger en el prefacio de su *Harmonielehre [Teoría de la armonía]*, hecho que constituye ciertamente un motivo de reflexión, si se piensa, en primer lugar, en la «patografía» de ese compositor ficticio afectado por una enfermedad venérea, cuyo retrato trazó Thomas Mann en *Doktor Faustus* y que fue la causa del litigio entre Mann y Schoenberg, y, en segundo lugar, en el papel que desempeña la música en la consciencia apolínea. Pero estos senderos colaterales no pertenecen estrictamente a nuestro tema. Moebius fue un médico científico, y a nosotros nos interesa sobre todo la inferioridad femenina tal y como viene presentada a través de pruebas científicas. Sin embargo, fue posiblemente Weininger el que más influyó en el estado psicológico de Europa durante los dos primeros decenios de esta centuria. En él confluyen todos los temas sobre los que gira nuestra investigación: la carencia de alma por parte de la mujer, su materialismo sexual y su inferioridad mental. Además, su trabajo toca una serie de temas sobre los que pronto volveremos: la histeria y los paralelismos entre la histeria, la degeneración racial y la feminidad.

Primeras conclusiones

Hemos examinado las fantasías de la inferioridad femenina a través de los cambios históricos acaecidos en la consciencia. Hemos visto las mutaciones históricas que ha experimentado la idea de la inferioridad, pero la consciencia de la inferioridad como tal ha permanecido inmutable. La misma visión de la inferioridad femenina, basada en diferentes argumentos fisiológicos, se ha ido transmitiendo fielmente desde la Antigüedad hasta el psicoanálisis. La historia, por lo que se ve, no tiene efecto alguno sobre la estructura permanente de los arquetipos. Los cambios sólo afectan a los detalles; la sustancia de los argumentos permanece inalterable. Incluso cuando se afirma una superioridad femenina nominal y se la confirma con pruebas fisiológicas –como es el caso de los ovistas, que consideraban que todo embrión se producía a partir de pequeños embriones presentes en los óvulos no fecundados y que el papel masculino en la procreación era secundario[283]–, se trata sólo de una enantiodromia, de una repetición increíblemente unilateral de la misma incapacidad para imaginar la *coniunctio* como necesaria para la procreación de un nuevo individuo. Ya avanzado el siglo XIX aún no se aceptaba la unión real del óvulo y el esperma como imprescindible para la formación del embrión. Los empiristas podían decir que no podían aceptar esta unión porque no eran capaces de verla; otros podríamos decir que la incapacidad para ver era una consecuencia de la opacidad de la visión arquetípica interior, ya que en las experimentaciones alquímicas, que tuvieron lugar paralelamente a las de la ciencia, la *coniunctio* se presentaba como un requisito previo fundamental para la concepción del *homunculus* y para el nacimiento del nuevo ser. Evidentemente, la alquimia había sido conformada por otra estructura de consciencia. En la alquimia, la consciencia está *unida* a la materia desde el principio; se involucran mutuamente, de tal forma que la bisexualidad de la *coniunctio* está implícita en todo el proceso. En la ciencia, la consciencia *conoce* la materia, con lo que establece una «cisura», una frontera, entre sí misma y la materia. En la ciencia, la feminidad de la materia no puede realmente ser conocida nunca, de tal forma que el método científico queda derrotado por sí mismo. La ciencia no puede ver las cosas que ve la alquimia, a pesar de lo extraño que resulta el equipamiento alquímico, de la confusión de sus definiciones conceptuales y del secreto de sus resultados. Es como si a la ciencia, debido al tipo de consciencia que se requiere para el trabajo científico, le fuera imposible imaginar la igualdad de los sexos, especialmente cuando se trata de observaciones acerca de la mujer y sobre todo lo que la ciencia considera femenino.

Pero, al dirigirme al pasado, no ha sido únicamente mi propósito señalar una serie de errores, cuyas causas han sido ya explicadas por los historiadores en razón de las insuficiencias de las teorías, del conocimiento conceptual, de la técnica o del método de observación. Estos errores han tenido también un origen no histórico, que radica en esa amalgama de observación y fantasía en la cual el observador pierde de vista la estructura de su propia consciencia y las fantasías que ella produce. Los errores surgen, pues, no de las carencias de la ciencia, sino de una psicología inadecuada. De ahí que nuestro propósito sea conseguir una comprensión psicológica, o arquetípica, de dichos errores.

Desde este punto de vista psicológico, ha habido dos errores constantemente recurrentes: la fantasía del «primero-Adán-luego-Eva», que transforma toda investigación comparativa de los cuerpos masculino y femenino en descubrimientos misóginos de la inferioridad femenina; y la fantasía apolínea, con su distanciamiento de la materialidad, la cual niega a la feminidad cualquier tipo de papel en la propagación de la especie. La primera puede condensarse en la expresión de Oken (que podría haber sido dicha perfectamente por Freud): «Idealmente, todos los niños tendrían que ser varones». La segunda se deriva de una afirmación del mismo Apolo: «Puede haber un padre sin una madre». ¿No implica acaso la primera fantasía, la de Adán y Eva y la inferioridad femenina, una *coniunctio* disarmónica; y la segunda, la de Apolo y la *coniunctio* disarmónica, no supone, a su vez, la inferioridad de lo femenino? A pesar de que los opuestos son concebidos como simétricos –como independientes y distintos, pero necesarios el uno para el otro–, la *coniunctio*, a causa de la inferioridad femenina, estará desequilibrada. Dicho desequilibrio ha dado lugar a esa clase de *coniunctio* que en la alquimia recibía el nombre de *monstrum* (la desproporción de nuestra moderna consciencia, su visión de la feminidad como inferior, ya sea este componente femenino la psique o el cuerpo); y también ha producido la *necesidad de la psicoterapia a fin de desarrollar la inferior y débil feminidad.*

La imagen de la inferioridad femenina no ha cambiado por la sencilla razón de que esa imagen persiste en la psique masculina. Las teorías del cuerpo femenino están basadas predominantemente en las observaciones y fantasías de los hombres. Son afirmaciones que hace la consciencia masculina al quedar confrontada con su opuesto sexual. No es ninguna sorpresa que en la formación de teorías intervengan niveles inconscientes arquetípicos. Recuérdese que las pruebas en anatomía, como en cualquier otro campo de la ciencia, han sido en su mayoría recogidas por hombres; y recuérdese también que estas pruebas son una parte de su filosofía. No sabemos prácticamente nada acerca de la forma en que una consciencia femenina –o una consciencia que tuviera integrados sus aspectos femeninos– habría observado esos mismos datos[284]. Incluso aspectos como la determinación de los criterios de validez de los datos, los interrogantes que se plantean o la forma de mirar a través del microscopio están determinados por esa forma específica de consciencia que denominamos científica, occidental y moderna. Y esta forma de consciencia es el instrumento, extraordinariamente afilado a causa de su uso, de la mente masculina, la cual ha renunciado –llamándola «Eva», «femenina», «inferior»– a una parte de su propia sustancia. Hemos calificado a esta consciencia de apolínea, porque, como Apolo, pertenece a la juventud, mata a distancia (su distancia mata) y nunca se mezcla o se «casa» con el material que constituye su objeto de estudio, puesto que mantiene continuamente la cisura científica propia de la objetividad. Es una estructura de consciencia que guarda una relación extraña con lo femenino, interpretado en este contexto por nosotros como «el lado abismal del hombre corpóreo, con sus pasiones animales y su naturaleza instintiva y, en general, como la "materia"». La fantasía apolínea, sin embargo, no es exclusivamente masculina, no pertenece sólo al modo de pensar y de actuar masculino. En tanto estructura arquetípica, es independiente del género de la persona a través de la que actúa; de ahí que la integración de lo femenino sea una cuestión que corresponde tanto a los hombres como a las mujeres. Ademas, puesto que la estructura apolínea es arquetípica, la integración de la feminidad en ella también es un problema arquetípico que sobrepasa el nivel humano de las necesidades y desarrollos personales. Este modo de consciencia apolíneo (y sus inherentes limitaciones) viene impuesto por su estructura arquetípica, por eso nuestras fantasías y la percepciones que ellas gobiernan no pueden cambiar hasta que esa estructura no se modifique.

Las teorías del cuerpo humano son producidas por esta estructura como parte de una filosofía que garantiza la superioridad de la consciencia masculina y la inferioridad de cualquier opuesto con el cual tenga que conjuntarse. Y no hay posibilidad de elegir otro camino, porque la estructura yahveística o apolínea configura no sólo el pensamiento científico sino también *la noción misma de consciencia*. Una consciencia de este tipo, a pesar de lo mucho que pueda progresar y de lo fervientemente que crea en la Asunción de María (con todas las implicaciones andróginas que esto supone), a duras penas puede dar lugar a aquella imagen unitaria del mundo y a aquella nueva reconciliación de los opuestos, en cuya esperanza empezábamos el presente ensayo. Para este tipo de consciencia, la elevación del principio femenino y un nuevo reconocimiento psíquico de la corporalidad femenina parecen estructuralmente imposibles; está obligada a repetir las mismas visiones misóginas, siglo tras siglo, a causa de su base arquetípica. La recurrente misoginia presentada con justificación científica se debe a que el positivismo que caracteriza la aproximación científica está modulado por Apolo. Hasta que la estructura misma de la consciencia y *lo que consideramos como «consciente»* no se transformen en otra visión arquetípica –en otro modo de ser-en-el-mundo–, persistirá la imagen masculina de la inferioridad femenina y de la *coniunctio* desequilibrada en todos los terrenos del conocimiento. Hasta que la *Weltanschauung* masculina no sea sustituida; hasta que María no vuelva a Eva y Eva vuelva a Adán, hasta que María no asuma –en su propio cuerpo y dentro del cuerpo del hombre– un lugar en la consciencia misma, despojándose de lo abismal y de lo solamente pasional; hasta que la *coniunctio* no afecte a la consciencia misma; hasta que otra estructura arquetípica –u otro cosmos– no configure con otro espíritu nuestra visión de las cosas y nuestra idea de lo que significa «ser consciente»; hasta entonces continuaremos repitiendo sin fin y confirmado sin remisión, con observaciones científicas cada vez más sutiles, nuestras fantasías misóginas sobre la unión macho-hembra.

La histeria

Antes de proseguir con el problema de la consciencia, tenemos que detenernos un poco en la histeria, pues, como pronto veremos, tiene una relación muy significativa con nuestro tema.

La histeria fue el punto de partida para Freud y para Breuer. El psicoanálisis empezó como tratamiento para la histeria. El descubrimiento de lo inconsciente y el reconocimiento de la histeria son teórica e históricamente interdependientes. Recuérdese que la histeria, durante largo tiempo considerada una enfermedad exclusiva de la mujer, fue el trastorno que dio origen al psicoanálisis; y adviértase la peculiar interrelación, todavía hoy existente, entre mujer, histeria, fantasía sexual y análisis, lo que conlleva la preponderancia de la mujer en el análisis, el predominio de la mujer como fuente de «material clínico», la frecuente imagen conformada por el analista y sus «seguidoras», la consideración de las fantasías sexuales como presunta raíz de la histeria[285] y de las fantasías transferenciales como presunta raíz del psicoanálisis. ¿Qué arquetipo se encuentra detrás de la histeria? ¿Qué *Weltanschauung* de qué potencia sobrehumana estaba manifestándose allí, a finales de la pasada centuria, en esos acontecimientos denominados ausencia, trance, *arc de cercle*, erotismo religioso o conversiones somáticas de la psique; eventos todos que hicieron su aparición tan súbitamente como desaparecieron? Y ¿por qué fue la mujer la que cayó víctima de la histeria? (Incluso para los egipcios la histeria era una aflicción femenina.)[286] Como dijo Freud en su necrología sobre Charcot:

Esta enfermedad, la más enigmática de todas las enfermedades nerviosas, sobre la cual ningún médico había podido avanzar todavía alguna hipótesis con visos de verosimilitud, había caído en este momento en un descrédito que afectaba tanto a los enfermos que la padecían como a los médicos que la trataban. La opinión generalizada era que cualquier cosa podía suceder en la histeria; a los histéricos no se les volvía a conceder ningún crédito. La obra de Charcot restituyó a este problema su dignidad; poco a poco se abandonó aquella actitud burlona que la histérica encontraba siempre que contaba su historia; ya no fue más una enferma imaginaria[287].

Y ¿cuáles eran sus manifestaciones? «Emotividad dolorida, lágrimas, gritos, agitación violenta», como también dice Freud.

La palabra «histeria» aparece por primera vez en el tratado hipocrático titulado *Sobre las enfermedades de la mujer*. En una carta de Demócrito a «Hipócrates», citada todavía en el siglo XVII por Sydenham como apoyo de casos análogos, el útero es considerado como «la causa de seiscientos males e incontables sufrimientos»[288]. Sydenham afirmaba que una paciente de cada seis era histérica[289]. En tanto enfermedad del útero (*hystera*, en griego), la histeria podía tener lugar sólo en mujeres. Circunstancia que Platón explica de la siguiente manera:

Aquello que recibe el nombre de matriz o útero, una criatura viviente deseosa de portar hijos, si es dejado largo tiempo sin fruto, sobrepasándose el plazo debido, se aflige y se duele, errando a continuación por todo el cuerpo y ocluyendo los canales de la respiración, lo que lleva a aquella que lo sufre a las más grandes angustias y genera en ella todo tipo de desórdenes[290].

El útero se considera como algo semoviente, quizás autónomo, y, por tanto, una «criatura viviente» (Cornford) o un «animal» (Jowett y T. Taylor). La histeria era el efecto de un animal ansioso dentro de la mujer. Era una enfermedad en la cual el animal autónomo dominaba al ser humano, cortándole el *pneûma*, la respiración, el espíritu, y degradándole a la animalidad de su útero.

La primera obra inglesa sobre la histeria, impresa en 1603, se debe a Edward Jorden, un experto en cuestiones de brujería al servicio de Jaime VI de Escocia. Su libro, *A Brief Discourse of a Disease Called the Suffocation of the Mother*, traza una línea divisoria entre la antigua superstición llamada posesión y la nueva superstición llamada histeria. Jorden elevó el área de aflicción de la histeria, que pasó del útero al cerebro. Y, además, sacó la entera cuestión del ámbito religioso e irracional para llevarla al campo laico de la explicación. Pero, a pesar de todo, las siniestras implicaciones misóginas persistieron. Es obligado recoger aquí una cita del trabajo de la historiadora de la medicina zuriquesa Esther Fischer-Homberger titulado «Hysterie und Misogynie», el cual sigo en este capítulo: «Allí donde se diagnostica histeria, no anda lejos la misoginia». Cuando la histeria se convierte en un problema laico y científico, la inferioridad femenina da un nuevo giro. La bruja pasa a ser ahora una pobre paciente: no es mala sino que está mala, es una enferma. La protección psiquiátrica no elimina el mal, se limita a transcribirlo en términos laicos. La misoginia no cambia; aparece bajo nuevos ropajes. La naturaleza de la mujer sigue siendo la culpable, incluso pasa a ser todavía más culpable. La etiología no reside en las fuerzas satánicas, sino en su propio útero, en la estructura femenina en sí. Es en la fisiología femenina donde reside el defecto.

La bruja, después de todo, podía ser salvada por Dios. Su feminidad podía ser restaurada por la fe. De hecho, en el Medioevo, la histeria fue vista como una enfermedad fundamentalmente religiosa, como una crisis de fe. El *Malleus Maleficarum* (1494) hacía derivar la palabra *femina* de *fe* y de *minus*: la mujer se caracterizaba por tener menos fe que el hombre; lo cual nos lleva de nuevo al tema de la inferioridad femenina y a la recurrente pregunta de si la mujer tiene alma.

El diagnóstico de histeria ha conocido muchas vicisitudes que no procede recordar aquí, pero, a pesar de los cambios, «histérica» y «bruja» nunca perdieron su estrecha asociación. Así, por ejemplo, en la psiquiatría francesa decimonónica, se usaba en las demostraciones clínicas de histeria un antigua prueba para la identificación de las brujas: pincharlas con alfileres y agujas.

Aunque se reconocía también entre los hombres, la psiquiatría francesa concebía la histeria como una enfermedad principalmente femenina. Incluso cuando, con Georget y Broussais, pasó a verse como una afección del sistema nervioso y no tanto del útero, continuó siendo atribuida fundamentalmente a las mujeres. La inferioridad fisiológica fue de nuevo la culpable: «Solamente el sistema nervioso inmaduro y subdesarrollado, como el que se encuentra en las mujeres, es proclive a las reacciones histéricas»[291]. Mediante un argumento circular, la frecuencia de la histeria entre las mujeres se tomó como una evidencia más de esa unificación tan característicamente decimonónica entre las nociones evolucionistas y la teoría degenerativa de la inferioridad femenina, la cual culminó en Moebius. La debilidad de la fe del *Malleus Maleficarum* se había convertido ahora en una debilidad constitucional, en un defecto psicofisiológico innato, en una debilidad de la mente.

Este defecto constitucional se asociaba especialmente con la sexualidad de la mujer. Hace menos de un siglo, por los años en que Freud estudiaba con Charcot en París, el tratamiento de la histeria que utilizaba Richer en la Salpêtrière estaba centrado en los ovarios. Se inventaron unos cuantos instrumentos mecánicos para comprimirlos y para aplicarles hielo. En Alemania, Hegar (1830-1914) y Friedrich (1825-1882) usaban métodos todavía más radicales que incluían la ovariectomía y la cauterización del clítoris. La fuente de la histeria se seguía buscando, como en tiempos de Platón, en la matriz del cuerpo femenino, sobre el cual se llevaban a cabo los ataques quirúrgicos[292].

Durante el período que precedió a la Primera Guerra Mundial, tuvo lugar una batalla entre la psiquiatría francesa y la alemana con motivo de los datos estadísticos relativos a la frecuencia de la histeria[293]. La psiquiatría de lengua alemana se resistía a la idea de que la histeria fuera también una enfermedad masculina, presentando como prueba la baja tasa de episodios histéricos entre los varones. Si los franceses presentaban una frecuencia mayor entre los hombres, eso se debía a que los franceses eran más histéricos, lo que equivalía a decir que estaban menos adaptados para la supervivencia y que estaban, consecuentemente, más degenerados. Aunque Freud todavía en 1931 escribió que la histeria era «característicamente femenina»[294], se le atribuye a él el haber llevado de París a Austria la noción de la histeria masculina. Tradujo a Charcot y a Bernheim al alemán, lo cual no estaba exento de riesgos en una época en que la preocupación por la raza, la degeneración nerviosa[295] y el carácter nacional eran parte fundamental del *Zeitgeist*. Volveremos sobre este punto en breve.

A pesar de su conversión en enfermedad, la histeria siguió teniendo la imagen de un estado maligno, y sus descripciones psiquiátricas continuaron aludiendo a la inferioridad *moral* de la histérica. J. Falret, en 1866, consideraba la histeria como una locura moral: «En resumen, la vida de la histérica no es sino una perpetua falsedad»[296]. Griesinger escribe sobre la «inclinación al engaño y a la mentira, los rasgos de envidia manifiesta, la vileza más o menos pronunciada» de las histéricas[297]. En 1893, Kraepelin definió a la histérica como una «virtuosa del egoísmo» y completamente «despiadada». Y añadió que la histeria era una forma patológica propia de las almas cándidas e infradesarrolladas, y que, mientras que en un hombre representaba un desorden psicopático, «en la mujer la histeria se corresponde más bien con su dirección de desarrollo natural; en algunos aspectos supone quedarse en un nivel infantil»[298]. Como puede verse, Moebius no fue un caso aislado. Es posible que Kraepelin no se limitara a tomar de él las categorías de «exógeno» y «endógeno». (Moebius probablemente influyó de forma considerable en la concepción kraepeliniana de la histeria; en el manual de este último, la primera referencia en su nota sobre la literatura relativa a la histeria –que se encuentra en la página 1.547– es la de Moebius.) Asimismo, Dubois, en su manual aparecido en 1910, afirmaba que un hombre culto, un hombre de razón, no podía nunca ser un verdadero histérico; tan sólo los hombres que mostraban debilidad mental o emociones infantiles o femeninas podían serlo.

Este *excursus* sobre la histeria ha tenido dos finalidades. La primera es un aviso: *caveat emptor*. Sé precavido antes de adquirir un diagnóstico psiquiátrico: la histeria –al igual que el masoquismo, como vimos anteriormente– representa a este respecto un ejemplo señero. La influencia de Kraepelin no debe ser subestimada. Su psiquiatría no se explica sólo por la pertenencia a un determinado *Zeitgeist*; su diagnóstico es también un representante de esa gran tradición misógina que venimos examinando. En Kraepelin, la descripción de la histeria todavía tiene ecos de la descripción de la bruja. Además, lo que Kraepelin publicó en plena Primera Guerra Mundial, esos cuatro volúmenes de la octava edición de su manual –y el suyo fue el mayor libro de texto en lengua alemana a lo largo de treinta años, y posiblemente el mayor libro de texto psiquiátrico de toda la historia moderna de la psiquiatría–, muestra las huellas que el conflicto bélico dejó sobre la psiquiatría, pero también apunta ideas que pertenecen al siguiente período de la historia, al de nuestros tiempos y al de nuestras guerras. Escribe Kraepelin en su capítulo sobre la histeria:

> Se afirma con frecuencia que los pueblos eslavos y latinos muestran una tendencia mucho más marcada a los disturbios histéricos que la que tiene el pueblo alemán. Si se tiene en consideración la mayor excitabilidad y apasionamiento de los latinos y la clara debilidad emocional de los eslavos, en contraste con la disposición más calmada y sobria de los alemanes, este aserto no parece improbable. También los judíos tienen más tendencia a la histeria, acrecentada además por su alta tasa de consanguinidad[299].

La segunda razón de mi *excursus* sobre la histeria nos lleva al meollo de nuestro tema. Ya había hecho anteriormente las siguientes preguntas: «¿Qué arquetipo está dentro de la histeria? ¿Qué *Weltanschauung* de qué potencia sobrehumana se pone allí de manifiesto?». Si encontramos la clave de la histeria, podremos revelar el enigma de este síndrome y además seremos capaces de comprender por qué la histeria se encuentra tan estrechamente ligada a: a) la misoginia masculina; b) su necesario repudio por parte de la consciencia apolínea; c) el descubrimiento de lo inconsciente; y d) los fundamentos del psicoanálisis. Quizás la histeria sea ella misma la clave, como parece indicar el hecho de que esté tan crucialmente relacionada con todas estas cuestiones.

Si la histeria es a un tiempo enigma y clave, podremos adentrarnos en el enigma localizando la clave en su tipo de consciencia. Este camino lo mostró un médico renacentista dotado de una gran imaginación y de un considerable talento literario. En su *Pantagruel*, Rabelais puso de relieve una llamativa semejanza: se refirió a las histéricas como «tíadas báquicas en el día de sus bacanales», sugiriendo así una conexión entre las histéricas y las bacantes. Dioniso había sido evocado.

Dioniso y la consciencia bisexual

Conviene recordar que Dioniso es esencialmente un dios de las mujeres. Su culto era casi un coto vedado femenino. Aunque Dioniso es una figura masculina y fálica[300], no existe misoginia en la estructura de consciencia que le representa, ya que no se encuentra escindido de su propia feminidad. Dioniso, «en uno de sus epítetos, es "hombre y mujer" *en una misma persona*. Dioniso fue bisexual desde el principio, y no solamente en sus "afeminadas" representaciones tardías»[301]. Esta figura y el espíritu que le es propio pueden conformar la consciencia y hacer que ésta abandone finalmente esa ininterrumpida línea de pensamiento que hemos ido siguiendo desde Adán y Apolo. La imagen recurrente que hemos mostrado puede cambiar. Y el cambio indicado por Dioniso no consiste en añadir o integrar lo femenino en lo masculino; la imagen de Dioniso muestra una consciencia andrógina en donde lo masculino y lo femenino están ya unidos desde siempre. La *coniunctio* no es un resultado, sino un dato; no es una meta a perseguir, sino una posibilidad *a priori*, siempre presente para ser utilizada. De hecho, la *persecución* de la *coniunctio*, como la persecución de Dafne por Apolo, está destinada al fracaso, porque hiperactiva lo masculino, llevando a la psique a una regresión vegetativa, forzando a Dafne a transformarse en laurel.

Pero recapitulemos, porque estamos ya muy próximos a la conclusión. Hemos indicado que la histeria era esencial para el descubrimiento de lo inconsciente y para los orígenes de la psicología terapéutica. Rabelais fue el primero en sugerir que la misoginia con que veníamos considerando a las histéricas indicaba la presencia en la histeria de un impulso dionisíaco. Podemos elaborar ahora el impulso dionisíaco presente en la histeria de varias maneras: refiriéndonos a Dodds[302] y siguiendo cuidadosamente sus indicaciones para confrontar las escenas dionisíacas que se pueden reconstruir a partir de los testimonios de la antigüedad con la colección de descripciones de histéricas recopiladas por la psiquiatría francesa decimonónica; estudiando las curiosas estadísticas de Kraepelin, en las que la aplastante mayoría de histéricas eran campesinas solteras, entre quince y veintitrés años, que trabajaban en la ciudad en el servicio doméstico como camareras o cocineras (recuérdese la mujer de Tebas, que Dioniso liberó de sus obligaciones domésticas)[303]; prestando cuidadosa atención a una intuición de Freud contenida en un breve trabajo de 1908, titulado *Fantasías histéricas y su relación con la bisexualidad*, en donde se encuentra esta sorprendente declaración: «Un síntoma histérico es la expresión de una fantasía sexual inconsciente masculina y de otra femenina»[304]. (Curiosamente, «en Argos, la principal fiesta de Afrodita se llamaba Hysteria», y «conectada con esta misma forma de culto, estaba el extraño festival hermafrodítico [...] que llevaba el nombre especial de Fiesta del Libertinaje, en donde las mujeres se vestían como hombres y los hombres como mujeres, llegando al extremo de llevar velos» [Plutarco, *De virt. mul.* 245e])[305].

Freud insinuó que el síntoma histérico era la expresión de un mensaje proveniente de un arquetipo bisexual. Nosotros, avanzando en ese mismo sentido, decimos que todo síntoma histérico puede ser considerado una representación de lo hermafrodítico, y no meramente en el nivel que lo situaba Freud, en donde masculino significa sólo «activo» y femenino «pasivo», sino asumiendo al decirlo que en el síntoma tiene lugar la representación de la *coniunctio*. Puesto en este nivel, colocado dentro de este cosmos, el síntoma deviene una ofrenda votiva, algo que nos permite pagar las deudas contraídas con el dominante bisexual, con el dios de la propia bisexualidad de cada cual. Las cosas que hoy ofrendamos a los dioses son nuestros síntomas; en este sentido, los síntomas son sagrados, pues están dedicados a los dioses. Al concebirlos como sacrificios, los síntomas adquieren nuevos significados y reciben alma. Nuestras aflicciones y psicopatologías evocan la parte femenina como portadora, como sufridora, pero también como cuidadora del que sufre y como nodriza del Niño. El lado femenino nos proporciona un abandono gozoso a todos estos aspectos y también una liberación a su través. La consagración de las aflicciones les devuelve su conexión con los arquetipos, los cuales entran en contacto con nosotros merced a estos síntomas y psicopatologías. La aproximación dionisíaca, si podemos llamarla así por un momento, no separaría la bisexualidad del síntoma, ni buscaría obtener consciencia a partir del sufrimiento –extraer la luz masculina activa a partir del sufrimiento pasivo–, porque significaría dividir la totalidad bisexual y primar al macho que conoce en detrimento de la hembra conocida. Así, esta aproximación tendrá que renunciar a la terapia *analítica*, que intenta transformar la bisexualidad existente en los síntomas y fantasías. No analizará la ambivalencia interna de un complejo que, paradójicamente, implora la interpretación y, al mismo tiempo y con el mismo vigor, se resiste a ella. En otras palabras, una consciencia informada por la aproximación dionisíaca ofrece una perspectiva completamente distinta, no sólo de la histeria, sino también de la teoría y de la práctica de la psicología terapéutica que ha surgido de la histeria.

El punto de vista analítico tiende a separar lo consciente de lo inconsciente, la curación de la neurosis, la individuación de la colectividad, incluso el eros de la psique. La meta puede que sea la síntesis, pero los medios y el método son las divisiones. La consciencia dionisíaca procede de otra manera. Uno de los nombres de Dioniso era el de «el Indiviso», y una de sus principales imágenes le mostraba en forma de niño. El Niño representa la visión de la realidad que no está dividida. Platón (*Sofista* 249d) escribe: «Como el niño que pide "ambas" cosas, él tiene que declarar que la Realidad y la suma de todas las cosas son ambas a la vez». Una perspectiva dionisíaca de la terapia no excluiría al niño en nombre de la madurez, porque el Niño es la síntesis misma. Lo infantil no puede ser eliminado, sino que debe ser mantenido en la consciencia si se quiere que el «ambos» perdure. Una aflicción psíquica, por tanto, no debería ser dividida en un aspecto sano y otro enfermo, que hiciese requerir un sanador y un paciente. La aflicción no debería ser escindida de su propio potencial curativo y nutricio, constelado por el sufrimiento y la puericia. El sufrimiento lacerado y postrado, más que algo que debe ser curado por la medicina de Apolo, se convierte así en una iniciación al cosmos de Dioniso.

Pero otro dios no es simplemente otro punto de vista. Los dioses no son una serie de personas que reinan, cada una de ellas, sobre un sector determinado de la actividad humana. Los dioses son, como W. F. Otto afirma, modos en los cuales el mundo se revela[306]. Los arquetipos informan la consciencia, de tal manera que, a su través, se ilumina un mundo distinto. ¿La imagen unitaria del mundo, este motivo con el que se iniciaba este ensayo, requeriría por ello un cosmos de un solo dios? No lo creo.

Los diferentes cosmos, cada uno portador de un determinado dios, no se excluyen mutuamente; ni las estructuras arquetípicas de la consciencia, ni sus maneras de ser en el mundo, son recíprocamente excluyentes. Antes al contrario, se necesitan mutuamente, de la misma manera que cada dios llama en ayuda suya a los demás dioses. Todos ellos se completan y se complementan entre sí. Su interdependencia, además, es intrínseca a su naturaleza. A este respecto, Jung dijo en Eranos en 1934 lo siguiente: «El hecho es que los arquetipos individuales no están aislados (...), sino que se hallan en un estado de contaminación, en un estado caracterizado por la más completa y recíproca interpenetración y fusión»[307]. En esta afirmación junguiana se deja oír la tradición neoplatónica. Como dice Wind, «la implicación recíproca de los dioses constituía una genuina enseñanza platónica». Para Ficino, «es un error adorar a un único dios». Para Schiller, en el despertar religioso alemán, *Nimmer, das glaubt mir, erscheinen die Götter,/ Nimmer allein*[308]. Pertenecer a un único dios, a un único cosmos, a un único modo de ser en el mundo, es en sí mismo una especie de *hýbris* cuando comporta el rechazo de las exigencias recíprocas de los otros dominantes.

Pero la consciencia monoteísta implica esta *hýbris*. La psicología monoteísta ofrece un sólido apoyo a la psique egocéntrica, pero es también un obstáculo casi insalvable cuando se intenta cambiar la perspectiva del Yo en tanto centro único de la consciencia. Una psicología arquetípica que dé lo que es debido a cada uno de los muchos dominantes, que reconozca la interconexa realidad psicológica de los muchos dioses –y no solamente la de los más importantes: Yahvé, Zeus, el Yo o el Sí-mismo– y la legitimidad psicológica de cada cosmos, está forzada a cuestionar, e incluso a abandonar, el monoteísmo psicológico y la significación que éste otorga al eje «Yo-Sí-mismo», que es, a fin de cuentas, tan sólo el habitual monoteísmo judeoprotestante expresado en el lenguaje psicológico. Este lenguaje sitúa normalmente al Yo en una línea directa de confrontación y de pacto solemne con un único Sí-mismo, representado mediante imágenes de unidad (mandalas, cristales, esferas, hombres sabios y otros modelos de orden). Pero, según Jung, el Sí-mismo tiene muchas instancias arquetípicas. La enigmática relación entre el Sí-mismo y los arquetipos reproduce el antiguo enigma de los-muchos-en-el-uno y del uno-en-los-muchos. Para dar pleno valor a la diferenciada multiplicidad de las figuras divinas –los *daímones* y las criaturas míticas del mundo arquetípico–, así como al mundo fenoménico de nuestras experiencias, en donde la realidad psicológica es enormemente complicada y multiforme, debemos dirigir intensamente nuestra atención sobre la *pluralidad* del Sí-mismo, sobre los muchos dioses y las muchas modalidades existenciales de sus efectos. Tenemos que dejar a un lado las fantasías teológicas de totalidad, de unicidad y de otras imágenes abstractas de esa meta llamada Sí-mismo.

El abandono del monoteísmo religioso es un acto radical. No sólo hace saltar por los aires el gobierno del viejo Yo; es también una reflexión en la *psyché* sobre el hecho de que, en cierto sentido, Dios haya muerto, pero no los dioses. Cuando toma en serio los arquetipos, la psicología es llevada indefectiblemente a liberar la consciencia de sus ligaduras con un solo dominante, y a reflejar en la teoría el hecho empírico de que la consciencia se mueve como Hermes, el guía de almas, a través de una multiplicidad de perspectivas y de modos de ser. Si la psique es, como Jung la describió, una estructura de múltiples *scintillae*, ¿no reflejará entonces la psique muchos dioses? Una psicología conforme con esta visión arquetípica de la estructura psíquica debe reflejar esa multiplicidad de centros y afirmar un politeísmo psicológico. Esta declaración de politeísmo psicológico es el necesario preámbulo para una evocación de Dioniso. Evocarlo sólo a él y dejarlo únicamente a él en la consciencia para que la penetre sería cometer el error de Nietzsche, que tomó un dios y puso todo a sus pies, perpetuando de este modo, a pesar de sus intenciones, la tradición que intentaba abandonar.

El Dioniso equivocado

La evocación de Dioniso levanta un revoloteo de sombras. Dichas sombras suscitan angustia y la angustia se aplaca mediante la racionalización que la convierte en prejuicios. De esta manera, un bloqueo psicológico nos impide examinar este dominante. Nuestra angustia y nuestros prejuicios nos dan una idea de la fuerza con la que el Yo resiste y con la que está ligado a su propia estructura apolínea. Después de todo, Nietzsche proclamó a Dioniso frente a Cristo, al mismo tiempo que anunciaba la muerte de Dios. (Swinburne, ahora caído en el olvido, percibió esta cuestión de una forma distinta y opuso Apolo a Cristo.) De todas estas sombras, no es la menos significativa la producida por la toga académica. Se suele tachar de aficionado en las materias mitológica y griega a todo el que contrasta lo apolíneo con lo dionisíaco. Pero nosotros no estamos hablando aquí de los griegos o de su religión, ni tampoco de las fantasías académicas en torno a los griegos y a su religión. Estamos hablando de la psique de la gente de hoy en día, de nosotros mismos y de las posibilidades que lo dionisíaco ofrece a la psicología terapéutica. Después de todo, Dioniso era *el* dios de la locura; es más, era el dios loco. ¿Por qué esta estructura dionisíaca no podría ofrecer entonces, desde dentro de su propia consciencia, un modo de adentrarse en el cosmos de la locura? Este dominante arquetípico es seguramente el *sine qua non* de cualquier psicología profunda que quiera ser terapéutica. Y, puesto que a este loco Dioniso se le atribuye el origen de la tragedia, ¿no será también este dominante imprescindible para cualquier psicología profunda que busque ser un humanismo cultural? Podemos hacer caso omiso a las inhibiciones académicas, porque nuestra contraposición de lo apolíneo y lo dionisíaco no procede de una equivocada interpretación de los testimonios griegos, propia de alguien situado fuera de los círculos académicos. Nuestra aproximación es psicológica. Si me veo obligado a usar nombres míticos para denominar estructuras de la psique, es a causa de la afinidad que ésta tiene con las expresiones míticas de las realidades arquetípicas. Si la polaridad «Apolo *versus* Dioniso» es tan sólo una fantasía romántica a los ojos de la ciencia académica, para la psicología la validez de estos términos reside justamente en esta fantasía. A la edad de veintiocho años, Nietzsche había elaborado ya estas denominaciones para establecer dos tipos de consciencia, recogiéndolas en lo que Cornford ha llamado «un trabajo de una intuición imaginativa tan profunda que dejó atrás a la ciencia filológica de toda una generación»[309]. Desde entonces, la precisión psicológica de su intuición ha quedado comprobada por su recurrencia, aunque la psicología tenga todavía que tomar nota de sus implicaciones.

Lo mítico es el *speculum* de lo psicológico, su reflejo más allá de lo personal. El mito proporciona el aspecto objetivo que tienen los significados subjetivos de los aconteceres psíquicos. Sin el mito, todo quedaría circunscrito a los límites de mi caso personal. El mito se sitúa detrás de la psique, actuando como la lámina de azogue tras los espejos que permite la reflexión objetiva. La mitología no puede evitar convertirse en metapsicología, indispensable para cualquier descripción ontológica de la psicología. Cuanto más profundamente piensa la psicología en su propio ser, tanto más mítica se vuelve, tanto más descansan sus explicaciones sobre infraestructuras míticas, hecho sobre el que Freud llamó tempranamente la atención y sobre el que continuó trabajando el resto de su vida[310]. Así, cuando hablamos de una imagen mítica como Dioniso, no la traemos a colación como podríamos haber traído cualquier otra cosa, ni tampoco tomamos un préstamo de la filología clásica y de la historia de las religiones a modo de referente extraño utilizado como ejemplo o metáfora. Antes al contrario, obramos dentro de la tradición de la psicología profunda, la cual se conoce a sí misma a través del mito y cuya base objetiva externa no es ni biológica, ni empírica, ni tampoco reside en ninguna de las ciencias positivas, sino que toma su antropología, su estudio del hombre, de la existencia de éste como ser mítico, cuya vida es la demostración de su fantasía y su fantasía un producto de su reino imaginal.

La segunda sombra evocada por Dioniso es más oscura. Cuando se nombra a Dioniso, en la moderna mentalidad de la Europa del norte, de la cual todos tenemos una parte, se concita el espectro de Wotan, y con él los demonios, el frenesí pagano y la destrucción de la cultura. Nuestras nociones de Dioniso provienen principalmente de estudiosos de los siglos XIX y XX que trabajaban en idioma alemán (con algunas importantes excepciones inglesas y escandinavas); es decir, de gente en cuyos substratos hubo un tiempo en que Wotan surgía amenazante. Dioniso está contaminado con Wotan, y el miedo a Dioniso se confunde con el justificable terror a esa Sombra primordial germánica que es Wotan. La perspectiva wotánica distorsiona la descripción dionisíaca de las cosas y el tipo dionisíaco de consciencia. Como dice Kerényi: «En lo que concierne a la imagen de Dioniso, los investigadores y los académicos han sucumbido a la influencia de la filosofía alemana en un grado mucho más elevado del que están dispuestos a admitir»[311]. Jung, tomando a Nietzsche como ejemplo, subraya una y otra vez la mezcolanza germánica entre Dioniso y Wotan: «En la biografía de Nietzsche se encuentran pruebas irrefutables de que el dios al que se refería originariamente era Wotan; pero, como era un filólogo que vivía en los años setenta y ochenta del siglo XIX, le llamó Dioniso». Sin embargo, en la frase siguiente, con la cual concluye el párrafo, Jung cae a su vez víctima de la misma amalgama: «Puestos uno frente al otro, los dos dioses tienen mucho en común»[312]. En otro sitio, llama incluso a las ménades «una especie de tropas de asalto femeninas»[313]. Obviamente, contemplada desde el cosmos de la moderna consciencia del norte de Europa, los dos dioses tienen en común la inconsciencia, comparten «lo inconsciente», por así decir, como sus señores. Como escribe Jung: «La *Weltanschauung* cristiana, al reflejarse en el océano de lo inconsciente (alemán), adquiere lógicamente los rasgos de Wotan»[314]. Estas dos figuras –transalpina una, cisalpina la otra– se conjugan de manera indistinguible en la Sombra de nuestra tradición. Pero entre ellos, entre Dioniso y Wotan, entre el culto y la consciencia de uno y el culto y la consciencia de otro, entre la compleja sacralidad de Ariadna y la elemental fertilidad de Frigg-Jord, entre la locura vinífera del uno –con sus sátiros y sus mujeres– y la salvaje locura cazadora del otro –con sus heroicos guerreros–, se interponen diferencias de tamaño no inferior al de los Alpes. ¿Cómo podríamos conjuntar estas figuras, si no es mezclándolas en nuestra Sombra y reuniéndolas en el demonio único de nuestras proyecciones? Aunque tengan rasgos o emblemas específicos en común, eso no los hace afines. Todos los dioses tienen atributos comunes, porque los arquetipos están «en un estado de (...) interpenetración recíproca». Wotan tiene rasgos en común también con Apolo (el lobo y el cuervo de la profecía), con Hermes-Mercurio y con Ares. Pero no son los rasgos sino la estructura de consciencia a la cual estos rasgos pertenecen –su función en el mito considerado globalmente, el modo en el cual actúan– lo que revela el tipo de consciencia. Desde esta perspectiva, Wotan y Dioniso comparten la Sombra de la «locura» desechada por nuestra consciencia adánico-apolínea; pero eso no es óbice para que no difieran entre sí y para que la consciencia y la locura de cada uno deban mantenerse separadas.

Junto al presunto amateurismo académico y la proyección wotánica, hay una tercera sombra que concita la evocación de Dioniso. Su culto pertenece principalmente a las mujeres. Las mujeres, como *sabemos* por nuestra inamovible imagen de la inferioridad femenina, son inestables, mentalmente débiles y de una sustancia inferior. Su dios, consecuentemente, no puede por menos que ser inferior. W. F. Otto ha mostrado cómo las interpretaciones de Dioniso realizadas por la filología clásica de finales del siglo XIX, que acaecen paralelamente a la configuración de la psiquiatría clásica kraepeliniana, dejan traslucir, al igual que aquella psiquiatría, una clara misoginia. Ambas disciplinas humanísticas (la psiquiatría y los estudios clásicos) tendían en aquel tiempo a presentarse como ciencias positivas y objetivas, y estaban influenciadas por el distanciamiento riguroso y el formalismo propios de una consciencia excesivamente apolínea. Describiendo esta escuela filológica antidionisíaca, Otto escribe:

> El hecho de que las mujeres tengan un papel dominante en el culto a Dioniso, es precisamente a lo que Rohde y sus seguidores se aferran, considerándolo la prueba de mayor valor para sus consideraciones. Todo el mundo sabe lo excitables que son las mujeres, con qué facilidad se deja espantar su imaginación y lo inclinadas que son a seguir sin cuestionarse nada. Estas fragilidades del carácter femenino explicarían supuestamente lo inexplicable: que un pueblo como los griegos pudiera caer víctima de un frenesí religioso[315].

Otto sigue citando a continuación a Rohde y a Wilamowitz, confirmando a través de sus textos su tesis de que la baja estima de lo dionisíaco iba pareja con la baja estima de lo femenino. Dicho con otras palabras, el escaso valor atribuido a lo dionisíaco ha determinado nuestra visión de la histeria. La psiquiatría y la filología clásica descansaban recíprocamente la una sobre la misoginia de la otra[316].

Dioniso reimaginado

También nosotros nos dirigiremos ahora a la interrelación entre psicopatología y mitología, a su mutua dependencia. Si quisiéramos modificar nuestra consciencia en relación con lo femenino, deberíamos cambiar también nuestro punto de vista sobre la histeria y lo dionisíaco y escribir de nuevo sus descripciones.
A este respecto, nos dice Nilsson:

Ha sido dicho que la historia debe volverse a escribir con cada generación a fin de hacerla comprensible a las personas que la componen. Lo mismo es válido para la historia de las religiones. Toda síntesis, toda opinión, depende de los horizontes espirituales de los escritores y de los lectores y es concebida y elaborada en consecuencia.

Guthrie comparte este parecer, particularmente a propósito de Dioniso: «La perspectiva personal del escritor o el espíritu de su época influenciarán su exposición del culto, aunque sólo sea en la elección del punto de partida, que, inevitablemente, da preeminencia a algunos aspectos y relega otros a posiciones secundarias»[317]. Incluso el conservador Nilsson entendería la necesidad de reescribir la descripción de Dioniso y de elaborarla de acuerdo a los horizontes espirituales actuales. Dichos horizontes no están ya exclusivamente delimitados por los datos filológicos; la psique y sus fantasías sobre Dioniso también tienen algo que decir. Después del dogma de la Asunción y de la idea de la *coniunctio*, Dioniso debe necesariamente ser visto de otra manera. Las concepciones y las elaboraciones nuevas en torno a su figura reflejarán la psique en la cual los eventos formulados por dichos conceptos –por la Asunción y la *coniunctio*– resultan operativos.

Kerényi, Dodds, Linforth y, especialmente, W. F. Otto han comenzado ya a hacer la nueva descripción. La consciencia dionisíaca está siendo despojada de la distorsión psiquiátrica, que aparece con Rohde y continúa, por ejemplo, con el importante trabajo del francés Jeanmaire[318]. Apoyándose sobre todo en la visión de la histeria de Charcot y su escuela (de la misma forma que Rohde fue influenciado por la interpretación médica que J. F. K. Hecker hizo de las epidemias populares), Jeanmaire ve en el culto a Dioniso un ejemplo más de posesión frenética, diluyendo su especificidad al equiparlo con los desvaríos de un hombre de la Edad de Piedra, de un abisinio en trance *(zar)*, de un chamán, de un campesino renano afecto del baile de san Vito, de un hasid, de una monja de clausura medieval con delirios eróticos, de un siciliano que escucha la tarantela o de una paciente de un hospital parisino. La específica cualidad de lo dionisíaco se pierde en la erosión de categorías que lleva a cabo Jeanmaire. Hecker, el padre del moderno abordaje histórico de la enfermedad, inventó la disciplina de la patología histórica[319]. Aplicando a lo religioso y a lo psiquiátrico la metodología de la sociología comparada decimonónica, vio la histeria en el culto a Dioniso, mientras que nosotros estamos intentando ver el culto a Dioniso en la histeria. La distorsión sociopsiquiátrica explica al dios y a sus adoradores por medio de la histeria; en nuestra consideración, es la histeria la que se explica mediante el culto de un dios, en tanto arquetipo que ha sido reprimido y disociado y que, debido a ello, informa la consciencia de un modo en cierta medida distorsionado. En la histeria se nos presenta un ejemplo clásico del «retorno de lo reprimido» (Freud).

Si el dios retornó efectivamente de esta manera, entonces la histeria revela una consciencia latente que insiste en hacerse percibir. Las mujeres que importunaban a Mesmer, que se desmayaban para Charcot, que asustaban a Breuer y que exasperaban a Freud, todos estos «casos» desesperadamente forzados obligaron al reconocimiento de otra estructura de consciencia (llamada inconsciente). Tales casos son los verdaderos originadores de la psicología profunda, porque la vuelta del dios reprimido trajo consigo un modo nuevo de consciencia y a partir de ese momento se produjo la luz en las sombras, hasta entonces impenetrables, de la locura. Y, con esta luz, también se hace necesario volver a escribir ahora la locura dionisíaca. Linforth establece una serie de precisiones que Rohde no hizo. No todo lo dionisíaco es loco, ni todo lo que es llamado loco es alienado. La locura entusiástica ritual tiene que separarse claramente de la enfermedad y de la alienación. Esta locura es, según Platón, no sólo benéfica sino incluso admirable. Linforth, retomando a Platón, habla de «la benigna figura de la Locura misma, que todavía hoy, como en el pasado, dispensa al hombre sus bendiciones»[320].

«Dioniso tiene todavía devotas o víctimas –dice Dodds– aunque ahora se llaman de otra manera.»[321] Un nombre para estas víctimas es el de «histéricas», pero más que víctimas de Dioniso lo son de una psiquiatría secular que también es responsable del menadismo «equivocado» o «negro»[322]. El tipo de devoto «blanco» indicaría una «histeria domesticada y puesta al servicio de la religión»[323]. Pero no podemos dominar la histeria de este modo a no ser que reconozcamos primeramente al dios en el síndrome y veamos la histeria como una manifestación de su imaginación. No tenemos el menadismo correcto, la adecuada locura teléstica o ritual[324], porque no tenemos al dios. Nuestra consciencia misógina y apolínea lo ha sustituido por un diagnóstico. Así, sin iniciación a la consciencia dionisíaca, tenemos solamente ese Dioniso que nos llega a través de la Sombra, a través de Wotan y del Diablo del cristianismo. Cuando no se es consciente de lo arquetípico en el comportamiento, que es lo que da sentido a la locura, no queda nada salvo los *nomina* seculares de la psiquiatría y de la sociología comparada.

Dodds afirma que, cuando se aborda lo dionisíaco, «el primer paso debe ser *despensar todo esto*: olvidar las pinturas de Tiziano y de Rubens, olvidar a Keats (...), recordar que las *órgia* no son orgías sino actos de devoción, y que *bacheuein* no quiere decir "irse de juerga" sino tener un tipo particular de experiencia religiosa»[325]. Nosotros podemos llevar el «despensar» todavía más lejos, incluyendo en este «despensar» también un aspecto de Dodds mismo, quien, con su extraordinaria amplitud de criterios y su interés por lo excepcional, a veces «da preeminencia a algunos aspectos», como la exagerada irracionalidad de esta experiencia religiosa y la posesión patopsicológica y parapsicológica, «y relega otros a posiciones secundarias», como la quietud, el alma y la muerte, el vino, el matrimonio, el teatro, la música y la danza, la naturaleza vegetativa y el instinto animal –con sus prudentes leyes de autorregulación– y el flujo vital presente en los acontecimientos comunales. Pero, sobre todo, no debemos olvidar que Dioniso es el Hijo de Zeus, la renovación del dios soberano a través de su hijo más físico y, sin embargo, también más psicológico, en el centro de cuyo culto se encuentra, desde los tiempos más remotos, el *Niño*, ese misterio del cuidado –del amamantamiento– de una consciencia renacida, ese misterio del renacimiento psicológico a través de las profundidades del inframundo.

Si, como sostiene Guthrie, cuando se aborda lo dionisíaco es necesario tener un punto de partida en algún lugar, ¿por qué no partir del propio punto de partida del dios, de su infancia? «La infancia de Dioniso ocupa un considerable espacio en sus mitos, y ningún otro dios puede comparársele a este respecto, ni siquiera Zeus.»[326] Nilsson muestra en este punto cómo en los misterios dionisíacos de la Italia de la antigüedad tardía «el niño ocupa un puesto central en las representaciones del culto, de los misterios y de los mitos báquicos de la época»[327]. Allí eran «iniciados» niños pequeños, incluso recién nacidos. Y, volviendo al Dioniso más antiguo, al de Creta, Kerényi encuentra en esta isla a Dioniso representado como la fuerza divina de la naturaleza viviente *(zôé)* y como la dominación de esa naturaleza[328]. Compulsión e inhibición van juntas, como vimos previamente en nuestro análisis de Eros. La vida animal, nos recuerda Dodds, no es potencia sin control, sino autorregulación. Tiene sus límites, tanto territoriales como conductuales. En Dioniso, los límites *unen* aquello que habitualmente creemos separado por esos límites. El filósofo es también un amante; Sócrates es un Sileno bebedor; el disoluto Dioniso tiene una sola mujer: Ariadna. Dioniso nos sitúa ante los fenómenos límite, de tal manera que no podemos decir si está loco o sano, excitado o sombrío, si es sexual o psíquico, masculino o femenino, consciente o inconsciente. Kerényi dice que, siempre que Dioniso aparece, el «límite» se hace manifiesto de una u otra forma. Dioniso gobierna sobre las tierras fronterizas de nuestra geografía psíquica[329]. Es en estos confines donde tiene lugar la danza dionisíaca, ese baile que origina la ambivalencia y la anulación de los límites, y que al mismo tiempo hace percibir que, donde surge la ambivalencia, allí puede aparecer la consciencia dionisíaca.

La *zôé* es otro modo de expresar esa ambivalencia. Podíamos llamarla también *durée*, que era la fantasía que Harrison tenía de Dioniso en relación con el flujo vital de Bergson[330]. La *zôé*, como el niño, se halla todavía sin esas específicas características que aporta la biografía y la identificación con una estructura masculina o femenina.

La fuerza vital, como todo niño, necesita ser cuidada, nutrida, amamantada. La experiencia dionisíaca no transforma a las mujeres en histéricas frenéticas y rebeldes, sino en *nodrizas*[331]. Se convierten en cuidadoras de lo natural, en amamantadoras de toda forma de vida, de toda *zôé*, manteniendo la vida de lo animal y del niño, nutriendo al «animal» y al «niño», a través del ritual de comer carne y de dejar correr su leche misericordiosa. La obsesión con los aspectos espantosos del culto nos ha impedido considerarlo en todas sus ramificaciones y como una *totalidad*; es posible, además, que esos aspectos horribles tengan que ser puestos en duda. Nilsson se pregunta si «la *omophagia* llegó a ser alguna vez, incluso en casos excepcionales, una comida caníbal»[332]. Reflexionando sobre estas cuestiones, debemos recordar que no hay que tomar *literalmente* lo que tiene que ver con un mito o un ritual. ¿Puede creerse realmente que los griegos despedazaran y se comieran a los niños? Trasladando esta fantasía a nuestros tiempos, equivaldría a decir que la hostia de la comunión constituye un sustituto residual de un canibalismo históricamente real.

Tales referencias tienen un sentido, pero no en el nivel positivo de los hechos históricos, sino en el nivel imaginal. Son expresiones simbólicas. Los acontecimientos dionisíacos, como todas las expresiones míticas, adquieren sentido cuando son vistos a través de una hermenéutica psicológica, como reflejos de sucesos psíquicos, que es la forma en la que Jung nos ha enseñado a considerar el mito. No se deberían emprender interpretaciones separadas de este o aquel aspecto específico de lo dionisíaco, ni tampoco se debería uno dejar obstaculizar, en la búsqueda de su significado central, por aquellos aspectos patopsicológicos que cobran sentido solamente en relación con la unidad que aporta dicho significado central. Poner el horror en el centro significaría seguir con la distorsión psiquiátrica, equivaldría a reducir Dioniso a la histeria.

Según Rohde, el sentido central de Dioniso radica en su relación con el inframundo del alma: Dioniso es el Señor de las Almas. «La peculiaridad característica del movimiento dionisíaco –afirma Nilsson– es su misticismo.»[333] Consecuentemente, los fenómenos horribles tienen que ser comprendidos desde la consciencia psíquica o desde la consciencia mistérica. Tienen un papel especial en el proceso del alma. Lo horrible en el culto puede compararse con el papel que juegan lo grotesco, lo obsceno y lo horrible en el arte de la memoria. Estos aspectos patopsicológicos son medios especialmente eficaces para conectar con los arquetipos. Evocan el nivel emocional e instintivo de la psique. Pero no deben tomarse al pie de la letra, sino como «historias de miedo» situadas dentro de la totalidad del proceso psíquico. A esto se refería Heráclito (fr. 15, Diels-Freemann) cuando afirmaba que la obscenidad y la locura del culto a Dioniso se explican, e incluso se justifican moralmente, por la identificación de Dioniso con Hades, con el principio invisible de la existencia psíquica que se encuentra «subyacente» al mundo visible. Así, el «horror» está en función del alma, cuyos dominantes subconscientes (los señores del inframundo) son Hades, Dioniso y Perséfone.

Todos los aspectos que tanto nos espantan han de ser vistos sobre su trasfondo psíquico adecuado, no a fin de hacerlos menos sobrecogedores o menos insensatos, sino para situar el espanto y la locura en su adecuado contexto. Por supuesto que no podemos recuperar íntegramente aquellos contextos de la *órgia* y del *entheos* antiguos. Pero, mediante el proceso de «despensar» el sesgo misógino y psiquiátrico, podemos al menos salvarnos de la identificación con Penteo, subido allí en lo alto de su árbol, mirando hacia abajo y viendo desde fuera lo que el iniciado ve desde dentro de forma harto distinta. (Por otra parte, incluso en la horrible descripción de las *Bacantes*, encontramos la consciencia racional de Penteo, que constela el menadismo negro del sufrimiento dionisíaco: lo Extraño [Dioniso] es «sereno y digno».)[334]

En tanto dionisíacas, las *Bacantes* de Eurípides nos introducen forzosamente en la naturaleza de la locura, sugiriéndonos la inquietante sospecha de que los antagonistas del dios y de su consciencia puede que estén más locos que sus secuaces. Brown propone, como única «vía de escape» de la locura del menadismo negro, la «construcción de un yo dionisíaco»[335]; pero al partir, en el establecimiento de este yo, de su bagaje de estudios clásicos, hace hincapié también en lo orgiástico (en el violento sentido moderno), lo que le conduce a la «izquierda freudiana» y a las tonterías de Marcuse. Brown relega a una posición secundaria, u omite del todo, la inevitable conclusión de que cualquier yo modulado sobre esta estructura dionisíaca está abocado a reflejar la interioridad psíquica de su figura como Señor de las Almas, y no solamente como «Resurrección del Cuerpo». Pero el ánima se halla ausente del libro de Brown. Por otro lado, el nuevo yo por el que clama debe reflejar la feminidad de Dioniso, esas cualidades psíquicas descritas en la primera parte de este libro y esa interioridad de imaginación señalada en su segunda parte. El yo dionisíaco tiene que expresar la bisexualidad.

La imagen bisexual de la consciencia ideal aparece bajo muchas formas. La encontramos en los conceptos místicos del hombre andrógino y del Adán andrógino. La encontramos en la *coniunctio* alquímica de Jung. La encontramos, también, en las descripciones biológicas que Portmann hace del organismo en su estado germinal como hermafrodítico y sexualmente indiferenciado[336]. ¿No recuerda acaso todo esto a la descripción que Kerényi hace de la *zôé*, de Dioniso y del niño en tanto «origen» y renovación de la consciencia? En otro trabajo Portmann propone a Sancho Panza como ejemplo del tipo humano ideal[337]. El componente femenino se encarna especialmente bien en el tipo pícnico, a causa de su constitución físicamente rotunda y psíquicamente cíclica. Portmann se refiere de esta manera a lo que, desde otra perspectiva, venimos proponiendo como consciencia dionisíaca.

La interioridad de la vida animal descrita por Portmann nos permite llevar más lejos la *zôé* de Kerényi. La *zôé* podría concebirse entonces no sólo como la fuerza que conduce la sangre verde de la naturaleza, el *élan vital* de la vida vegetativa, sino también como la interioridad de esa fuerza, personificada en Dioniso. Si Dioniso es el Señor de las Almas, él es también el alma de la naturaleza, su interioridad psíquica. Su «desmembramiento» es el esparcimiento de los fragmentos de consciencia por todo aquello que vive, por todas las zonas erógenas y plexos de nuestros cuerpos psíquicos. En él la pareja bisexual se encuentra unida. Como eros, la *zôé* es la libido universal, y, como la psique, es la reflexión en el interior de la libido.

La *zôé* como libido bisexual cambia radicalmente la visión de Freud, tal y como Jones la ha presentado. Freud consideraba la libido como masculina y activa, una función de Eros, un movimiento vital. El principio femenino era pasivo y masoquista, de tal manera que la mujer, por un lado, era un *opus contra naturam* y, por otro, su principio estaba arraigado, no en Eros, sino en la muerte. Brown modificó esta consideración de la libido presentada por Freud y Jones: la libido, para él, tiene una doble naturaleza (como Dioniso), con un componente pasivo y otro activo. La bisexualidad combina no sólo lo masculino y lo femenino, lo activo y lo pasivo. Conjuga también la vida y la muerte. Dioniso es destruido una y otra vez, y una y otra vez renace. Y esto no es, además, una mera sucesión: un aspecto de la vida tiene que ser hendido para que el otro aspecto –el psíquico, el llamado «muerte»– pueda alcanzar la consciencia.

Existe una figura griega que combina la vida y la muerte como forma de consciencia: Tiresias. Sólo él «mantiene el juicio en la Casa de Hades»[338]. Tiresias lleva a cabo un importante papel en muchos mitos –en los de Edipo, Penteo, Narciso y Ulises–, como aquel que puede ver la muerte a través de la vida[339]. Tiresias participa de ambos sexos, lo que implica que únicamente su tipo de consciencia puede penetrar en el mundo invisible de Tánatos y en todos aquellos componentes psíquicos de la naturaleza humana que derivan de la muerte y que sólo se dejan comprender a la luz de la única certeza del alma: la de la muerte. Dicho más claramente y también más enigmáticamente: la aproximación al hermafrodita es una experiencia de muerte; el movimiento que conduce a la muerte procede a través de la bisexualidad. La muerte y la consciencia bisexual pertenecen intrínsecamente a Dioniso.

Para reimaginar a Dioniso, hemos necesitado previamente liberar el *mito* de Dioniso, sustrayéndolo de esas interpretaciones fijas y terroríficas en las que el siglo pasado lo había confinado. La imagen de la liberación del dios ya la utilizó Plutarco (*de E.* 389c, *de Is.* 378f); es un rito de primavera.

Volver a entrar en la consciencia dionisíaca

Recapitulemos una vez más: Dioniso representa un cambio radical hacia una consciencia en donde la bisexualidad viene dada, *a priori*, con este dominante arquetípico. Esta nueva estructura permite poner fin a la misoginia. La histeria nos ha permitido redescubrir la relevancia de Dioniso para el desarrollo histórico de nuestro campo. Hemos expuesto los prejuicios con que era considerado. Dichos prejuicios nos han impedido entrar en este nuevo tipo de consciencia, obligándonos a permanecer y a interpretar inadecuadamente no sólo aquello que sucede en los materiales dionisíacos examinados por la filología, sino también aquello que acontece en los materiales dionisíacos de lo inconsciente analizados por la terapia. «Entrar» significa «ser iniciados», y el culto dionisíaco requiere iniciación. Sin embargo, nos es imposible aproximarnos siquiera a lo que fue la antigua *órgia*; y, por otro lado, no resulta deseable acceder a ella mediante el retorno de lo reprimido bajo la forma de menadismo negro.

Quizás haya otra vía. ¿Podríamos volver a entrar en la consciencia dionisíaca mediante el tema de la inferioridad femenina? Quizás la consciencia pueda transformarse a través de lo femenino, dada su proximidad a este dominante arquetípico. Ésta es la perspectiva que la psicología puede ofrecer a la propuesta de Nilsson de reescribir nuestras concepciones de Dioniso en relación con las experiencias contemporáneas. El cambio de consciencia de lo apolíneo a lo dionisíaco no sería entonces un acto de voluntad, una conversión, una inmersión iniciática en «el otro lado»; la entrada en nosotros de la otra consciencia ocurriría simplemente al aproximarnos a nuestra propia bisexualidad.

Al comienzo de este ensayo habíamos dicho que una serie de problemas psicológicos particularmente profundos esperaban ser liberados de siglos de concreción en el fango alquímico de la inferioridad femenina. La mujer corpórea ha recibido tradicionalmente la proyección del lado abismal del hombre corpóreo. Para dar la vuelta a todo esto y restaurar lo femenino, necesitamos primero reconocer y después *liberar el aspecto psíquico* de estas concreciones.

La vía a la otra consciencia comienza, por tanto, con la recuperación de esos aspectos femeninos de la unión primordial, con el retorno a nuestra bisexualidad primaria. Eso significa retomar esos aspectos femeninos de los que hemos sido despojados y a los que hemos dado el nombre de feminidad. Nuestra consciencia comenzaría entonces a despensar su prolongada identificación con las cualidades solamente masculinas y a desprenderse de esa línea de pensamiento que desde Apolo, pasando por Aristóteles y Galeno, llega finalmente a Freud y Moebius. Las cualidades *fisiológicas* que han sido declaradas inferiores y específicas de la feminidad devendrían ahora cualidades *psicológicas* apropiadas tanto para el hombre como para la mujer. La inferioridad dejaría de ser algo solamente femenino, porque pasaría a ser vista como una parte de la consciencia humana conjunta; y lo femenino dejaría de ser algo inferior, porque pasaría a pertenecer a la estructura de la consciencia humana general. Esta estructura conjunta es lo que el dominante arquetípico de Dioniso significa para la consciencia unificada y la imagen unitaria del mundo. Esta estructura conjunta es lo que la Asunción de María significa para el proceso de vivir: la recuperación para la psique de lo que se consideraba propio del cuerpo, la recuperación de siglos de misoginia, la recuperación para la consciencia de lo físico, lo femenino, lo inferior. Ésta es la redención de lo que Jung llamaba «la tierra, la oscuridad, el lado abismal del hombre corpóreo, sus pasiones animales y su naturaleza instintiva y, en general, la "materia"».

¿Cuáles eran esas cualidades fisiológicas que ahora devendrían psicológicas, esas cualidades supuestamente inherentes a la naturaleza femenina que se convertirían ahora en parte de la consciencia humana general, válida para el hombre y la mujer? Reexaminémoslas.

Una de las facetas fundamentales de la inferioridad femenina era su estado incompleto e imperfección. Consecuentemente, la experiencia de esta nueva consciencia permanecería también parcialmente irrealizada, incapaz de alcanzar la perfección. Con ella se tendría la experiencia de la pasividad y de la incapacidad para ir demasiado lejos en contra de la naturaleza. Percibiríamos entonces un defecto básico, una laguna, en nuestra consciencia, que se acompañaría de un sentimiento de dependencia con respecto a algo, a ese algo de donde proviene precisamente la consciencia. Esta laguna propia del vacío femenino no puede superarse, rellenarse o completarse. Y, sin embargo, puede que ese vacío sea en sí mismo la perfección, en tanto que la laguna podría devenir lugar de reflexión, el lugar de la consciencia psíquica, y podría ofrecer el espacio necesario para llevar y para abarcar. La laguna en tal caso no es otra cosa que la psique misma.

Esta nueva consciencia proporcionaría, recordando a los escolásticos, la necesaria sangre nutricia y sería capaz de alimentarse a sí misma a partir de los procesos que genera dentro de su matriz imaginal. La consciencia dejaría de ser un *aura seminalis* masculina, abandonaría esa naturaleza instigadora y propagadora. La rubefacción *(rubedo)* de que habla la alquimia y la autoalimentación –representada por la figura del pelícano– constituirían las imágenes del nuevo modelo.

Otra faceta fundamental es la introversión de la fémina (recuérdense las razones aducidas por Galeno para constatar la inferioridad del sistema reproductivo femenino). La nueva consciencia aportaría, así, la experiencia del replegamiento o de la interioridad, de las cosas que no alcanzan fructificación final en formas exteriorizadas. Su movimiento sería más lento, más triste, más frío, «más pesado de piernas», requeriría un «tiempo mayor de perfeccionamiento» e incorporaría también lo izquierdo en sus diversos sentidos simbólicos; aspectos todos, como vimos, atribuidos al cuerpo femenino.

De Moebius podríamos retomar la «reducida capacidad craneana», esa persistente identificación de lo masculino con lo mental. La consciencia dejaría de identificarse de este modo únicamente con los rasgos primarios y manifiestos, con lo que es grande, visible y se dirige hacia delante y, recordando el Génesis, podría también tomar de Eva su naturaleza «secundaria»: no tanto la voluntad de vencer cuanto la de sobrevivir, no tanto el sentimiento de la creatividad cuanto el de haber sido creada, de la «creaturalidad».

De Freud proceden otras dos facetas fundamentales: la castración y la pasividad. La nueva consciencia nos haría percibir así la ausencia de un cierto impulso o, si se prefiere, nos haría darnos cuenta de la inoperancia básica de la compulsión fálica. Con el retorno de la pasividad a la consciencia, la inercia de la depresión y el desamparo del sufrimiento adquirirían una cualidad nueva. La depresión y el sufrimiento pertenecerían a la consciencia, serían parte de sus componentes y cesarían de ser aflicciones que llegan a ella inconscientemente, convirtiéndola en inconsciente, empujándola hacia fuera y hacia abajo, bajando su nivel. La depresión no sería más un signo de inferioridad y dejaría de ser sentida como una derrota.

La depresión en el modelo dionisíaco difiere de las nociones que se tienen usualmente de ella. Como señala Otto, Dioniso es el dios por excelencia de las idas y las venidas[340]. El movimiento de la libido que representa Dioniso va y viene. El Yo no puede controlar esos movimientos. La consciencia heroica del Yo sigue una vía ascendente. Puede hacer digresiones, encontrar obstáculos, incluso descender al inframundo, pero su curso de progreso ascendente pone un signo negativo sobre las digresiones y los descensos. Por ejemplo, la inmersión en el mar, desde la perspectiva heroica, es un «viaje nocturno marino» a través de un monstruo-madre, del cual se emerge habiendo obtenido una intuición, una integración o una virtud. La inmersión es soportada porque aporta una serie de ventajas aprovechables para la prosecución del sendero del desarrollo lineal. Se mantiene el fuego encendido y se tiene el cuchillo a mano para que todo salga bien. También la depresión cristiana es heroica: la noche de la desesperación es necesaria para obtener, al cabo de los tres días, la recompensa de la resurrección y la ascensión desde la oscuridad. Sufrir es un medio para obtener. Pero Dioniso tiene su «hogar» en el mar. La libido desciende allí en busca de refugio cuando es acosada por las demandas excesivas de Licurgo, la ciega tiranía de la voluntad de dominio ejemplificada por ese mítico rey en la *Ilíada*. Dioniso es un dios de la humedad[341], y el descenso busca conseguir la humidificación. La depresión en estas profundidades no es sentida como una derrota (puesto que Dioniso no es un héroe), sino como un movimiento hacia abajo, como una nigrefacción *(nigredo)* alquímica, como un devenir agua. (Una de las principales recomendaciones alquímicas rezaba: No des comienzo a ninguna operación hasta que todo se haya convertido en agua.) Los movimientos de la libido son sucesos míticos en los cuales participamos y, en tanto tales, son objetivos. Cuando el Yo se olvida de eso y toma las desapariciones en sentido personal, origina la depresión al identificarse con el dios. Allí donde Dioniso aparece, allí hay goce y celebración; su desaparición conlleva el invierno del descontento. Creer que *nosotros* provocamos estos movimientos, que podemos controlarlos o que tenemos la culpa de la inflación o de la depresión, es *hýbris*. El dios viene y va; nosotros no podemos manipularlo. Asumir estos movimientos dentro del Yo como responsabilidad suya supone colocarse al borde de la *folie circulaire*, del ciclo maníaco-depresivo. Conectar el flujo de la libido a un dominante arquetípico confiere a la depresión un cariz religioso. La depresión puede ser una crisis del ánimo y de la energía, pero también es una crisis de creencias. Creyendo en el dios y creyendo que éste, al igual que siempre parte, siempre retorna, los movimientos pueden ser considerados como naturales y necesarios para la libido misma.

Dado que las cualidades de las que estamos hablando han sido atribuidas a la mujer en tanto *cuerpo*, esta nueva consciencia repercutiría también sobre el cuerpo mismo. Daría lugar a una consciencia corpórea que proporcionaría la experiencia de una percepción somatizada del Sí-mismo en cada concreto comportamiento fáctico. La cual, a su vez, acabaría con esa vieja frustración que es la separación entre reflexión y acción, desde la cual la consciencia se concibe preponderantemente como palabra e intelecto y lo inconsciente queda relegado al cuerpo y a sus «puestas en escena». El cuerpo dejaría así de ser solamente el reino del abismo y de la pasión, y se completaría con la lentitud y la interioridad. Podrían recordarse a este respecto aquellas antiguas imágenes de Dioniso, en donde se le representa vistiendo una larga túnica, sin ningún atributo heroico, sombrío, silencioso y suave: una figura de la vegetación y de las reacciones vegetativas de la psique.

La consciencia dionisíaca nos permitiría aprender nuevas cosas a partir de la histeria. La clásica histeria de conversión transforma los significados psíquicos en demostraciones somáticas: la idea central es escenificada, los relatos inteligibles de las cosas se reconvierten en *drōmenon* ritual, los sucesos psíquicos devienen sucesos corpóreos; el significado, en suma, entra en el comportamiento. Si nuestra meta consiste en liberar los eventos psíquicos del cuerpo, si se considera que «hacer consciente» significa básicamente expresarse con un orden inteligible, la histeria será juzgada indefectiblemente como algo regresivo y los síntomas histéricos no supondrán otra cosa que un *abaissement du niveau mental*. Pero si nuestra finalidad ha cambiado gracias al cambio operado en nuestra consciencia, entonces el descenso del nivel mental se transforma en una ganancia de valor. Ahora las reacciones histéricas son también intentos de reencontrar la naturaleza, pueden ser vistas como intentos desesperados para reencontrar el cuerpo, para encarnarse, para encontrar una iniciación en la vida. Esas jóvenes criaturas parisinas y vienesas, llamativamente frígidas, bobaliconas, livianas y excitables, en las que la psiquiatría decimonónica descubrió la histeria, no se inventaron sus comportamientos. Y estos comportamientos tampoco fueron fantasías privadas de Charcot o de Freud. Las «histéricas» actuaban, ciertamente, pero en el sentido de la *mímesis*, es decir, en el de poner en escena los dominantes que gobernaban sus psiques. Su vacuidad indicaba el vacío dejado por el dios y que estaba esperando su retorno. A la postre, su frenético histrionismo trajo el reconocimiento de Eros y de Dioniso, no directamente en ellas, ya que eran simples sujetos experimentales, sino indirectamente, a través de la teoría psicoanalítica de las neurosis. Esta teoría dio una formulación conceptual a la constelación Eros-Dioniso-Afrodita-Príapo. ¿No habríamos tenido quizás otra constelación arquetípica y, consecuentemente, otra teoría completamente distinta de las neurosis y de lo inconsciente, si el punto de partida de Freud hubiera sido la depresión y la melancolía en vez de la histeria? Jung, por su parte, empezó con la esquizofrenia; su obra muestra, por tanto, la impronta de la constelación Mercurio-Hermes-Pícaro, con su énfasis en las dualidades, tanto en su teoría como en su estilo psicológicos.

Si, como Freud sugirió, las reacciones histéricas son una bisexualidad prodrómica, entonces dichas reacciones pueden ser comprendidas hoy como indicaciones de la necesidad femenina de iniciación al cuerpo, a la vida y al amor, siguiendo los dominantes que gobiernan la histeria. «Femenino» no se refiere aquí solamente a las muchachas entre quince y veintitrés años, o a las mujeres en las cocinas o en las labores caseras de Tebas, sino especialmente a la joven y voluble ánima «histérica» analizada en la primera parte de este libro. ¿Qué lugar ocupa este componente en la consciencia apolínea? ¿Qué posibilidad tiene de entrar en la vida, de iniciarse al cuerpo y al amor? Recuérdense las persecuciones de Apolo y las muchachas en fuga. ¿No continúa su fuga en las reacciones del ánima ante la consciencia apolínea? En contraste con las fallidas tentativas de conjunción de Apolo, Dioniso atrae lo femenino, lo suscita, actuando como la savia de las plantas, como el vino, como la leche que fluye en su nacimiento.

Finalmente, estas transformaciones de la consciencia masculina mediante un grupo de cualidades, previamente consideradas femeninas e inferiores, nos permitiría ahora percibir la inferioridad misma desde el interior de esta nueva estructura de consciencia. Hasta ahora habíamos hablado siempre de la inferioridad desde una perspectiva masculina, científica y apolínea. Lo inferior era una parte de una polaridad en la cual lo masculino tenía reservada la posición superior. Pero ¿cómo aparecería esta inferioridad vista desde dentro? Puede que esta nueva estructura de consciencia conjunta sea menos jerárquica y no tenga polaridades que tiendan a la autosegregación. Quizás pueda concebirse sin recurrir necesariamente a los esquemas de niveles espaciales al modo de la *Schichtentheorie* (este modelo estratificado de la psique, en el que se establecen habitualmente tres capas, aparece recurrentemente dentro de esa línea de pensamiento que nace con Platón y Aristóteles y continúa ininterrumpidamente hasta el ello, el yo y el superyó de Freud). Los modelos jerárquicos requieren la inferioridad de las posiciones más bajas. Pero nosotros podemos experimentar y concebir la consciencia por medio de otras imágenes. Por ejemplo, en lugar de los niveles superpuestos, podríamos hablar de policentralidad, de circulación y rotación, de los vaivenes de un flujo. En esta estructura todas las posiciones son de vez en cuando inferiores y ninguna lo es, sin embargo, de forma definitiva. Con este tipo de estructura acabaría definitivamente la inferioridad en el sentido antiguo. La verdadera inferioridad para la psicología arquetípica consiste en la concentración sobre un solo centro, tanto da que éste sea el Yo, el Sí-mismo o un Dios, ya que, por definición, un solo centro no puede representar el piélago de las formas arquetípicas.

Conclusión: el fin del análisis

Paso ahora a reconsiderar mi tesis y a presentar una conclusión adicional. El tema, relativamente simple, de la inferioridad femenina nos ha llevado a tocar un gran número de cuestiones, algunas de ellas sumamente profundas. Hemos pasado revista a su línea de pensamiento, la cual posee una estela histórica considerable. Hemos visto que los comienzos de la psicología terapéutica con la histeria, y el consecuente «descubrimiento de lo inconsciente», se sitúan en esta misma línea. Y es posible que esta misma línea nos conduzca también hasta el fin de la psicología terapéutica. «Fin» significa aquí su *télos* o su *causa finalis*, la consecución de su propósito o meta, «de aquello para lo que» ha nacido. Pero, además, con el «fin del análisis» entiendo también aquí su terminación en el tiempo: la psicología terapéutica como actividad conclusa y finalizada.

Dada su consideración de lo femenino como carencia, el psicoanálisis se encuentra también dentro de esa estructura de consciencia que hemos rastreado hasta los mitemas de Adán y Apolo. Que el psicoanálisis descansa en estas mismas bases arquetípicas se demuestra por sus fantasías: su abordaje del cuerpo femenino produjo una serie de fantasías acerca de su inferioridad, que las observaciones científicas se encargaron de elaborar a continuación en forma de teoría misógina. La estructura apolínea de su *Weltanschauung* ha determinado que, desde sus inicios, la psicología terapéutica se orientara en la dirección de la ciencia. Habida cuenta de que esta querencia hacia la ciencia está gobernada por el mismo trasfondo arquetípico que el de la tradición misógina, nos vemos obligados a considerar con la máxima cautela todo intento de hacer resurgir la ciencia en nuestra psicología. Cualquier movimiento que haga retornar nuestra psicología a la ciencia recorrería en sentido inverso el camino andado por Freud y Jung, dirigido a conducir la consciencia a la bisexualidad mediante su implicación con lo dionisíaco. Cualquier dirección científica de nuestra psicología tendría repercusiones negativas, dado el aspecto femenino de la terapia psicológica profunda y de la psicosomática. Y, ademas, la dirección científica, a causa de su misoginia arquetípica, excluiría la *coniunctio*. La materia, el cuerpo y lo femenino –y también la psique–, puestas en las manos de la ciencia, tienden cada vez más a ser dejadas aparte, a ser colocadas «fuera», para ser conocidas mediante los métodos objetivos apolíneos. Lo apolíneo, como subrayó Otto, «no desea el alma, sino el espíritu». «Apolo (...) se olvida del valor eterno del individuo humano y del alma individual.»[342] Sin embargo, el alma sola constituye el fundamento, y su individuación la meta, de nuestra ocupación psicológica. «Hacer alma», como se describió en la primera parte, y «hacer consciente», en el sentido apolíneo de «más luz», parecen ser inconmensurables.

Recuérdese que la psicología profunda surge de la histeria. La sustancia original de nuestro campo radica en el problema de lo femenino y en el de un inconsciente cuya descripción pone de relieve su potencial preponderantemente dionisíaco. A pesar de eso, la psicología profunda describe la consciencia de una manera estrictamente apolínea. Incluso Jung, que estaba particularmente abierto a una nueva visión de la consciencia, la formula de la siguiente manera: «Un alto grado de consciencia (...) se caracteriza por una elevado discernimiento, una preponderancia del comportamiento volitivo, orientado y racional, y una ausencia casi total de determinantes instintivos». Y, consecuentemente, como Jung continúa diciendo: «Lo inconsciente tiene que encontrarse entonces en un nivel específicamente animal (...). Un estado extremo de inconsciencia se caracteriza por el predominio de procesos instintivos compulsivos»[343]. Una definición apolínea de consciencia da lugar a un inconsciente nietzscheano o, en el mejor de los casos, un territorio de la Gran Madre. La identificación de la consciencia con su forma heroico-apolínea lleva a Neumann al absurdo de escribir lo siguiente: «Pero una cosa, aun cuando pueda parecer paradójica, puede ser establecida como ley fundamental: incluso en la mujer, la consciencia tiene un carácter masculino. Las correlaciones "consciencia-luz-día" e "inconsciencia-oscuridad-noche" permanecen como verdaderas, menos en el sexo (...). La consciencia, como tal, es masculina, incluso en la mujer»[344]. A partir de aquí, Neumann se vio obligado en sus restantes trabajos a elaborar la consciencia femenina desde la Gran Madre (que es el polo opuesto al héroe y a la definición heroica de consciencia). Pero ¿y las otras diosas: Atenea, Deméter, Afrodita, Artemisa y Psique? ¿No son ellas modos de consciencia reflejados en la existencia de la mujer?

Parece poco justificable dar el nombre de «consciencia» a esa reseca condición de la psique abrasada por el sol en la cual hay una «ausencia casi total de determinantes instintivos». ¿No hablaríamos con mayor precisión si, siguiendo las sugerencias que se planteaban en el segundo ensayo de este libro, abandonáramos los términos «consciente» e «inconsciente» en la evaluación de las formas de comportamiento? Debería hablarse más apropiadamente de estructuras arquetípicas de comportamiento y de fantasía, cada una de las cuales tendría distintos niveles de perceptibilidad y discernimiento, sin ser por ello unos mejores (más «conscientes») que otros, dado que están determinados por el mismo dios o por la misma diosa. Lo que durante todos estos años hemos estado llamando «consciencia» no es en realidad más que su modalidad apolínea, que el héroe ha cincelado hasta darle la forma de un «Yo fuerte» y que ha predeterminado la naturaleza de lo dionisíaco conforme a sus propias inclinaciones.

La psicología terapéutica tiene, así, una contradicción intrínseca: su método es apolíneo, su sustancia dionisíaca. Intenta analizar la colectividad, las idas hacia abajo, la humedad de las fantasías libidinales, el niño, la teatralidad, los niveles vegetativos y animales

–la «locura», en una palabra– de lo dionisíaco por medio de la distancia, la cognición y la claridad objetiva de la estructura apolínea. Su método y su objetivo concuerdan esencialmente con las palabras de san Agustín sobre el itinerario del alma: *ab exterioribus ad interiora, ab inferioribus ad superiora* (desde lo externo a lo interno, desde lo inferior a lo superior)[345]. Una psicología terapéutica que pretenda transformar lo inconsciente (lo dionisíaco) en consciencia (lo apolíneo) continúa moviéndose, por muy imaginativamente sofisticado que sea su método, dentro de la línea principal de nuestra tradición. Puede llegar, incluso, a alentar la experiencia dionisíaca, pero, cuando esto sucede, lo hace en función de la consciencia. La emoción se produce por mor de la reflexión llevada a cabo en tranquilidad. La experiencia (mística, erótica, depresiva) permanece como algo que se «tiene», como algo extraño a la vida habitual, como una danza bailada en los confines desde donde se vuelve a la consciencia normal de la luz solar. A despecho de las intenciones programáticas sobre la «integración de la Sombra» y la «conjunción de los opuestos», el análisis está abocado indefectiblemente a arrojar nuevas sombras sobre la materia, sobre el cuerpo y sobre lo femenino, porque son áreas de lo exterior y de lo inferior (es decir, lo que se conoce como inconsciente proyectado sobre lo que se denomina vida). La histeria tenderá siempre a ser el paradigma de una psique exteriorizada e inferior.

Esta misma contradicción intrínseca, que contrapone lo dionisíaco a lo apolíneo, determina también nuestra noción de curación. Al esforzarnos en integrar lo femenino en lo masculino, lo único que hacemos es perpetuar la enfermedad que estamos intentando curar. De esta manera, el tratamiento no es, en realidad, sino una parte más de la enfermedad misma y continúa contribuyendo a su desarrollo. El análisis, como método *analítico*, parece incapaz, a causa de su idea arquetípica de consciencia, de realizar aquello que es su fin: la unión de la consciencia con lo físico, lo femenino y lo natural en un *unus mundus*. La *coniunctio* se aplaza y se deja como una meta a conseguir con el paso del tiempo. Lo que ahora no es posible lo será en el futuro, mediante un proceso. La *coniunctio* se lleva a un *télos* utópico, que nunca puede realizarse de hecho, ya que este proceso no puede tener un término final a menos que abandone el viejo método analítico. El análisis expande continuamente la consciencia sólo en relación con el desarrollo del Yo, un proceso que tiene lugar a costa de la inferioridad femenina y que, por eso, no puede tener fin. Todo lo cual hace que el análisis, tal y como lo conocemos hasta ahora, sea interminable.

Freud reconoció este dilema mejor que nadie. Ya alcanzada la senectud, en su último trabajo estrictamente psicoanalítico, Freud reflexionaba, con su característico pesimismo, sobre el fenómeno que él mismo había hecho aparecer en el mundo. Tituló este ensayo, publicado durante su último año en Viena, *Die endliche und unendliche Analyse [Análisis terminable e interminable]*. En él suscitaba la siguientes preguntas: «¿Existe una cosa tal que podamos denominarla el fin natural de un análisis? ¿Hay alguna posibilidad de llevar el análisis a un fin de esta índole?»[346]. Más de treinta páginas más adelante, Freud concluía afirmando que se alcanza el «suelo firme», el lugar donde se puede decir que el análisis está concluido, cuando se ha llegado a afrontar con éxito, tanto en el hombre como en la mujer, el «repudio de lo femenino». En la mujer, este repudio de lo femenino se muestra en una intratable envidia del pene; en el hombre, dicho repudio trae consigo el que no se someta y el que no se comporte pasivamente frente a otros hombres. Freud afirma que el repudio de lo femenino es un «rasgo significativo de la vida psíquica de los seres humanos»; lo considera como un hecho biológico y, consecuentemente, un «suelo firme» para el campo psíquico[347].

Si este repudio es el suelo firme del análisis, eso significa que es también la raíz de la represión y de la neurosis. La inferioridad femenina deviene entonces la aflicción fundamental de la consciencia, el factor etiológico específico que origina nuestros disturbios psíquicos, pero también el método de análisis que tiene por objeto estos disturbios. Sin embargo, este método es incapaz de realizar su objetivo, de llegar a su propio fin, ya que adolece de ese mismo repudio de lo femenino. De hecho, sólo podríamos considerarnos curados realmente cuando dejáramos de ser tan sólo masculinos en la psique, independientemente de que seamos biológicamente hombres o mujeres. Pero el análisis no puede constelar esta cura hasta que logre dejar de ser, él también, psicológicamente masculino. *El fin del análisis coincide con la aceptación de la feminidad.* Nuestro tema nos ha conducido de esta forma a la cuestión crucial de la psicología terapéutica: su propósito último.

La idea central de mi trabajo ha sido demostrar que la inferioridad femenina no es algo biológico y que la misoginia no tiene un origen biológico sino psicológico. La misoginia parece surgir de la consideración de los aspectos biológicos de la mujer, como si lo apolíneo constelara la consciencia con una especial fuerza cuando ésta aborda el lado abismal del hombre corpóreo, cuando se sitúa frente a la naturaleza corruptible del hombre. El suelo firme de la misoginia es psicológico; la misoginia descansa sobre una forma arquetípica de consciencia que es transpersonal. Así, la psicología terapéutica ha de afrontar una situación difícil, que Freud, una vez más, captó mejor que nadie. El suelo firme de la psicología terapéutica –su arquetipo apolíneo– explica tanto sus quejas referentes a que la «psicología no puede resolver el enigma de la feminidad»[348] como su pesimismo acerca de la terminación del análisis. El análisis no puede terminar a no ser que abandone su propio basamento arquetípico, su visión de las cosas basada en el «primero-Adán-luego-Eva», que requiere un proceder analítico de interpretación apolíneo, *sinngebend und formgebend* [interpretativo y formativo]; un egocentrismo objetivo e independiente; un proceder heroico de desarrollo, de demanda y de búsqueda; y, sobre todo, una consciencia como su luz, la estructura del «Yo-Sí-mismo» como su portador y el análisis como su instrumento. Si nuestro objetivo es el de «más luz», ¿podemos llegar a alcanzar alguna vez el fin implícito en la Asunción de María, esa unión con la oscura materialidad y con el abismo?

En el lenguaje de Jung, la psicoterapia consigue su última meta en la totalidad de la conjunción, en la bisexualidad de la consciencia, lo cual significa también una bisexualidad consciente, esa encarnación de una debilidad resistente y de una fuerza no heroica que se encuentra en la imagen de Dioniso. Tener consciencia bisexual significa también en este contexto llevar la experiencia de la psique a toda la materia, ejercer la fantasía en todo lo literal y ver lo literal, a su vez, como fantasía. La consciencia bisexual significa un mundo no dividido en espíritu y materia, en imaginal y real, en cuerpo y consciencia, en loco y sano. Como señaló Jung, el dogma de la Asunción de María pone fin al repudio de lo femenino, pues la Asunción supone la consciencia de la bisexualidad en la imagen de Dios. No puede haber más separaciones en diferentes componentes, más divisiones en componentes positivos y negativos que den lugar a una polaridad de opuestos. La desaparición de las separaciones significa también, en consecuencia, el fin del análisis. De hecho, el término del análisis coincide en Freud y en Jung con el fin de la misoginia. Acaece cuando llevamos a Eva de retorno al cuerpo de Adán; cuando nos abandona la certeza sobre lo que es masculino y femenino, lo que es inferior y superior, lo que es exterior e interior; cuando asumimos y asimilamos todas esas cualidades no femeninas *per se*, pero que hasta ahora habían sido proyectadas, declaradas inferiores y dejadas caer desde nosotros al cuerpo físico de la mujer, y, una vez concretadas allí, observadas por la fantasía científica, al haber perdido toda su realización psicológica, como «hechos» biofísicos. La recuperación de esta «inferioridad» libera a lo femenino y a su cuerpo –y a la materia misma– de su menosprecio apolíneo y de su compulsiva fascinación. La recuperación de esta «inferioridad» ha sido la razón por la que nos hemos adentrado en esas regiones corpóreas despreciadas y desdeñadas, que tan atrayentes resultan, sin embargo, para los filósofos: hemos buscado las cualidades psicológicas esenciales imprescindibles para la consciencia bisexual.

No podemos evitar llegar a la conclusión de que el análisis como psicología terapéutica acaba por volverse contra sí mismo. Su contradicción intrínseca le impide realizar su fin. En vista de lo cual, habría que diferenciar el análisis tal y como lo hemos venido conociendo de aquello que debe entenderse generalmente por una psicología terapéutica, y empezar a buscar, acto seguido, otros procedimientos terapéuticos adecuados al tipo de consciencia nuevo que hemos descrito. La experiencia de muchas personas ya nos señala esta otra dirección. Aunque el análisis haya sido apolíneo en la teoría, en la técnica y en la interpretación, basadas en el Yo y en su vida, ha resultado para muchos dionisíaco en la experiencia: una prolongada humidificación, una vida en el Niño, unas tentativas histéricas de encarnación mediante los síntomas, una compulsión erótica dirigida a hacer alma.

El final del viejo análisis como psicología terapéutica para el individuo conduce al fin del análisis como fenómeno colectivo. Al término de este ensayo, aparecen ya nítidamente algunos indicadores que señalan hacia una era postanalítica, los cuales han ido tomando forma a lo largo de estas páginas. Así, una consciencia que no requiera psicoterapia en el viejo sentido debería tener su suelo firme en la bisexualidad; una bisexualidad en donde esas realidades de la psique llamadas «femenino» y «cuerpo» sean parte integrante de la consciencia. Esto conlleva la sumisión del espíritu a su propia inferioridad, implica un espíritu limitado por la feminidad de su realidad psíquica. La noción de lo colectivo también tendría que revisarse, lo que puede hacer que aparezcan nuevos significados de este término, sentidos que no serían posibles sin las perspectivas de hacer alma fomentadas por Dioniso, el Señor de las Almas.

Uno de estos significados, el objetivo terapéutico de la *coniunctio*, sería ahora experimentado como un debilitamiento de la consciencia más que como un incremento de la misma, merced a la «integración» del ánima, en el antiguo sentido de esta noción. La *coniunctio* sería ahora algo sobrenatural y espantoso, una experiencia de horror y de muerte, que incluiría la psicopatología. Entonces retomaríamos nuestra enfermedad, sin estar ya seguros sobre lo que es enfermo y lo que es sano, sin seguir más la medicina de tipo apolíneo que separa la psicopatología de la psicología, sin tener ya más necesidad ni de pacientes del alma ni de doctores del alma. Todo esto es lo que significa Tiresias y el sacrificio del ojo luminoso de la mente, llevado a cabo para poder ver las imágenes de la caverna de la *memoria*. Pero la *coniunctio* conllevaría todavía más, también supone una feminización, en el sentido de soltarse, de abandonarse, de olvidarse; una regresión a la semicriatura infantil de que hablaban Moebius y Paracelso; un permanente «reblandecimiento del cerebro»; una auténtica pérdida de lo que hemos considerado largo tiempo como la más preciosa de las pertenencias humanas: la consciencia apolínea.

Una terapia que se dirigiera hacia esta *coniunctio* se vería obligada a moverse siempre dentro de la confusión de la ambivalencia, inmersa en los vaivenes de la libido, dejando que el movimiento interior reemplazase la objetividad y que el Niño de la espontaneidad psíquica sustituyera la acción literalmente correcta.

Sería posible asimismo observar con otros ojos el viejo enigma de la necesidad, por un lado, de individuación y, por otro, de simultánea pertenencia a la colectividad. Si Dioniso significa el indiviso, entonces su modalidad de consciencia remite al antiguo sentido de la palabra consciencia: «conocer con». El término latino *conscientia* significó originariamente un «conocimiento en común» entre varias personas y también una confidencia, una complicidad, un conocimiento compartido como un secreto por unos pocos[349]. De la misma forma que no podemos proceder solos, así tampoco podemos conocer solos. Nuestra consciencia no puede escindirse del otro. Un otro es necesario, no sólo a causa de que el alma no pueda existir sin el «otro» lado, sino también porque la consciencia en sí misma tiene un componente erótico, dionisíaco, que tiende a la participación. Llevada hasta sus últimas consecuencias, esta línea de pensamiento significa que sólo somos conscientes en tanto seamos capaces de establecer algún tipo de participación vinculante, y que el hombre, cuando está solo o reflexiona o se hace consciente o se individualiza, quizás lo que en realidad esté haciéndose entonces es más inconsciente. Dioniso puede ser un extraño solitario, incluso sombrío y deprimido, que habita en lo profundo de los bosques o en las cimas de las montañas, pero su séquito indica un estilo en el que la consciencia es una misma y sola cosa que la vida vivida en común con otros.

Hace ya tiempo que el análisis ha reconocido la existencia en la psique de una serie de presiones internas que la abocan a la vida colectiva. Cuando el análisis se intensifica, se produce un movimiento hacia los otros: los freudianos lo denominan puesta en escena *(acting out)*; y los junguianos, filtración del vaso hermético. Dioniso es el dios de la representación y de la humedad. Forma parte de su naturaleza filtrarse y fluir hacia la comunión. La *manía* teléstica pertenecía a Dioniso; hacía referencia al entremezclarse de las almas igualitario y democrático, como el que acontece en la ebriedad del vino y de la danza. La consciencia analítica ha impuesto la inhibición del impulso de la psique hacia la participación, así como ha favorecido al individuo solitario y aristocrático, refrenando sus inclinaciones colectivas. Dioniso ha sido puesto nuevamente al servicio de Apolo[350].

La necesidad de participación puede satisfacerse mediante las turbas y los tropeles. Pero a la masa turbulenta, aunque sólo sea por el peligro que conlleva, no debería confundírsela con la expresión de esa necesidad, ni darle el valor que sólo le corresponde a la necesidad misma. Tenemos prejuicios contra toda consciencia colectiva –es decir, contra todo «conocer en común»– porque muchas de sus formas son en efecto amenazadoramente wotánicas. Pero, con todo, la conciencia dionisíaca requiere un *thyasos*, una comunidad; y esta comunidad no es meramente exterior, con otra gente, sino que es un fluir común con los distintos complejos, un entremezclarse de la consciencia con las «otras» almas y sus dioses, una consciencia que se encuentra siempre infiltrada por sus complejos y que fluye conjuntamente con ellos.

Cuando observamos retrospectivamente los últimos setenta años o, yendo todavía más atrás, nos representamos esas mujeres de los hospitales de París o de Nancy, vemos cómo la psique va en la terapia en busca del eros. No hemos hecho otra cosa que buscar amor para el alma. Esto es el mito del análisis. Hemos estado yendo al análisis durante este siglo para hacer alma. Y justificadamente, porque ¿en qué otro lugar se tomaba al alma seriamente? Pero, desgraciadamente, a lo que tenía lugar entre el eros y la psique no le fue dado toda la significación que merecía. El eros que inevitablemente se constelaba en la consulta del analista no estaba muy de acuerdo con el tipo de consciencia que informaba al análisis. La consciencia no estaba suficientemente abastecida de mito. Las metáforas de la psicología habían perdido la memoria y la imaginación. Por eso, a este eros se le denominó transferencia, y las reacciones psíquicas frente al eros fueron llamadas neurosis de transferencia y, como tales, sometidas a análisis. Habíamos ido allí para hacer alma y nos encontramos con que el proceso erótico que realmente hace alma quedaba negado por el lenguaje psicológico. Freud insistió, con razón, en que el análisis de la transferencia era crucial para el resultado del tratamiento. Pero este análisis de la transferencia significó en realidad la sumisión de Eros a la estructura apolínea de la consciencia, a su fin último de distanciamiento de la emoción, a la ecuación psique = consciencia. Además, también el proceso imaginal de la *memoria* fue puesto al servicio de ese fin apolíneo. La imaginación erótica y dionisíaca, ahora llamada ello o inconsciente, debía ser analizada y elaborada. Por medio de la imaginación activa, la libertad de lo imaginal se ligaba al Yo y se disciplinaba a fin de «devenir consciente». Los resultados están ahí: un cúmulo de expertos analistas, dotados de una «consciencia» superior, pero que son auténticas nulidades en el terreno imaginal.

En la primera parte hemos puesto de manifiesto que el fin de la transferencia –y fin significa también aquí finalidad– es el de hacer alma a través de la relación eros-psique. En la segunda parte hemos expuesto el fin de lo inconsciente –también en el sentido finalista, de aquello a lo que está determinado– como un movimiento progresivo en la dirección de la consciencia imaginal. El propósito de «lo inconsciente» ha sido hacer posible el redescubrimiento de lo imaginal. Ahora, en la tercera parte, nos encontramos con que el propósito de las neurosis, ese suelo firme sobre el cual se había levantado el análisis, era la integración de la inferioridad femenina. La transferencia, lo inconsciente y la neurosis, tres problemas a los que previamente se consideraba de forma literal, dotados de una solidez conceptual, se han disuelto en parte en sus fantasías subyacentes a través de su consideración desde la perspectiva metafórica del mito arquetípico. Llegados a la conclusión del libro, la perspectiva metafórica continúa informando nuestra visión. El asalto destructivo llevado a cabo sobre el viejo análisis y las indicaciones constructivas en favor de una nueva terapia constituyen un reflejo de Eros y de su ardor.

La fuerza creativa de Eros y el impulso de Dioniso no pueden dejar tranquila la psique. Son los dominantes, en el sentido terapéutico, de su desarrollo y, por tanto, presionan al alma hacia una psicología en donde ocupan pleno espacio y en donde se aporta una perspectiva arquetípica a los problemas anímicos. El efecto de los dioses sobre la psique es el de una *re-visión de la psicología desde el punto de vista de los dioses mismos*. Bajo la compulsión de los dominantes no reconocidos, la psique crea esos problemas humanos, como son la transferencia, la neurosis, la histeria y los síndromes mencionados en la segunda parte, los cuales resultan insolubles si se permanece exclusivamente en el nivel humano. La psique es así constreñida por los dioses a desarrollar una psicología arquetípica que le permita hacer frente a sus necesidades, una psicología no basada en lo «humano» sino en lo «divino». Esta psicología arquetípica considera que toda fantasía, todo sufrimiento y todo comportamiento tienen una importancia arquetípica, en tanto constituyen una oportunidad de descubrir los dioses que acogen y provocan todo suceso del alma humana.

Hemos comenzado a movernos hacia el fin del análisis. Para ello hemos «despensado», primero, lo que había sido dado por sentado sobre el eros en el análisis; a continuación, hemos «despensado» el lenguaje que había herido la imaginación; y, finalmente, hemos «despensado» lo que hasta ahora (y por las razones expuestas) había sido considerado –de forma errónea, irreverente y blasfema– como dionisíaco. Resulta tan difícil imaginar, concebir y experimentar la consciencia fuera de sus viejas identificaciones, del suelo firme de su misoginia, que apenas puede entreverse lo que este dios bisexual puede suponer para la regeneración de la vida psíquica.

Notas

[1] De una carta de Keats dirigida a su hermano George, en *The Letters of John Keats*, H. Buxton Forman (ed.), Londres 1895, pág. 326 [*Cartas*, Juventud, Barcelona 1994]; el pasaje se encuentra citado en su totalidad en Ward, A., *John Keats: The Making of a Poet*, Nueva York 1963, pág. 276.

[2] *Collected Works*, vol. XVI, § 454.
Nota: *The Collected Works of C. G. Jung*, traducidos al inglés por R. F. C. Hull, están publicados en la *Bollingen Series* XX, por la Bollingen Foundation y la Princeton University Press. A partir de ahora nos referiremos a *The Collected Works* como *CW*.

[3] El término inglés *pattern* (modelo, patrón) es un doblete de *patron* (patrón, patrono), del que no se diferenció hasta el año 1700 aproximadamente (cf. *Oxford English Dictionary*).

[4] Cf. Philippson, P., *Genealogie als mytische Form [La genealogía como forma mítica]*, Zúrich 1944.

[5] «Lo inconsciente colectivo –en la medida en que nos es posible decir algo sobre ello– parece consistir en motivos mitológicos o imágenes primordiales, razón por la cual los mitos de todas las naciones son su exponente fidedigno. De hecho, la totalidad de la mitología puede considerarse como una especie de proyección de lo inconsciente colectivo (...). Podemos, por tanto, estudiar lo inconsciente colectivo de dos maneras: en la mitología o en el análisis del individuo» (*CW*, VIII, § 325; cf. *CW*, IX, i, § 260 y *CW*, XI, § 557).

[6] Algunos de los efectos negativos de la tragedia de Edipo para la psicología han sido examinados en Stein, R. M., «The Œdipus Myth and the Incest Archetype», en *Spectrum Psychologiae*, C. T. Frey (ed.), Zúrich 1965.

[7] Cf. Harding, R. E. M., *An Anatomy of Inspiration*, Cambridge 1942, pág. 20: «La idea obsoleta de que el genio innato se basta a sí mismo sin una sólida base de conocimiento es la razón por la cual Reynolds, Constable y otros se mostraron contrarios al uso de este término y recomendaron a sus alumnos que se guardaran de usarlo. Sin la roca del conocimiento, el genio carecería del basamento ne-

cesario para ser duradero». El papel del conocimiento en Shakespeare es un buen ejemplo.

[8] *CW*, XV, § 159.

[9] Existe, claro es, el genio universal que, a la manera del hombre del Renacimiento o del Barroco, puede crear en varios campos, pero esas excepciones no hacen sino confirmar la regla.

[10] *Suicide and the Soul*, Londres y Nueva York 1964, págs. 43-47.

[11] Onians, R. B., *The Origins of European Thought*, Cambridge 1954, págs. 23-44, 93-96; Cassirer, E., «The I and the Soul», en *The Philosophy of Symbolic Forms*, trad. ingl. de R. Manheim, New Haven 1955, vol. II [*Filosofía de las formas simbólicas*, FCE, México 1994].

[12] *CW*, XVI, § 237.

[13] Freud, S., *The Cocaine Papers*, trad. ingl. de S. A. Edminster *et al.*, Spring Publications, Zúrich y Nueva York 1963 [*Escritos sobre la cocaína*, Anagrama, Barcelona 1980].

[14] Freud, S., *The Origins of Psycho-Analysis: Letters to Wilhelm Fliess; Drafts and Notes, 1887-1902*, ed. de M. Bonaparte, A. Freud y E. Kris, trad. ingl. de E. Mosbacher y J. Strachey, Londres 1954 [*Los orígenes del psicoanálisis*, Alianza, Madrid 1995].

[15] Kris, E., «Introduction», *ibid.*, pág. 4.

[16] *CW*, XVI, § 444, 1.ª ed.

[17] Taylor, I. A., «The Nature of the Creative Process», en *Creativity*, P. Smith (ed.), Nueva York 1959.

[18] Bédard, R. J., *Creativity in the Arts, Literature, Science, and Engineering: A Bibliography of French Contributions*, Educational Testing Service, Princeton 1959.

[19] Bédard, R. J., *Creativity in the Arts, Literature, Science, and Engineering: A Bibliography of Italian Contributions*, Educational Testing Service, Princeton 1960.

[20] Stein, M. y S. Heinze, *Creativity and the Individual*, Glencoe, Ill., 1960.

[21] Golann, S. E., «Psychological Study of Creativity», en *Psychological Bulletin*, LX, n.º 6, 1963, págs. 548-565.

[22] Koestler, A., *The Act of Creation*, Nueva York 1964.

[23] «Explicar» significa etimológicamente quitar los pliegues, las complicaciones, dejando las cosas planas y sencillas. A la explicación le cuadran más los modelos bidimensionales, mientras que los modelos complejos, como los de la psicología analítica, no se prestan a explicaciones satisfactorias.

[24] «La definición dice lo que algo es y señala dónde ese algo está separado de lo que no es, excluyendo lo que no le es pertinente (...). Como el alma es ambigua y el conocimiento sobre ella es todavía bastante incompleto, y puede que permanezca siempre así, las definiciones nítidas en lo relacionado con ella resultan intempestivas. Los principales problemas que se llevan al análisis son los cotidianos: el amor, la familia, el trabajo, el dinero, las emociones, la muerte; y el cuchillo que busca definir estas cuestiones, más que liberarlos de lo que les

circunda, lo que hace es mutilarlos. Las definiciones son, seguramente, más apropiadas para la lógica y la ciencia natural, donde debe observarse una serie de estrictas convenciones sobre los términos y en donde las definiciones están al servicio de sistemas de operaciones cerrados. La psique no es un sistema cerrado de esta índole. La definición aquí, al fijar demasiado, produce desazón. A la psique le es más provechosa la amplificación, porque permite indagar en su naturaleza más allá de los rígidos esquemas del conocimiento habitual. La amplificación confronta la mente con las paradojas y las tensiones; revela la complejidad. Nos aproxima a la verdad psicológica, que siempre tiene un aspecto paradójico llamado "inconsciente". El método de la amplificación es bastante similar al método de los estudios humanísticos y de las artes. Se amplifica exhaustivamente un problema dando vueltas y más vueltas vigilantemente en torno suyo. Esta actividad es como una prolongada meditación, como las variaciones de un tema musical, como las figuras trazadas en la danza o como las pinceladas de un cuadro (...). Permite que se revelen diferentes niveles de sentido en los problemas abordados; y se corresponde con el modo en que el alma misma expone sus demandas, ese continuo retornar a los complejos básicos para elaborar una nueva variación y provocar su acogida en la consciencia» (cf. mi *Suicide and the Soul*, págs. 147-148, de las cuales este pasaje, con leves modificaciones, ha sido tomado).

[25] *CW*, VIII, §§ 232-262.

[26] «Aunque, en general, el instinto es un sistema de tractos establemente organizado que, consecuentemente, tiende hacia una repetición ilimitada, el hombre tiene, con todo, el poder específico de crear algo nuevo en el sentido real del término; de la misma forma que la naturaleza, en el transcurso de largos períodos de tiempo, consigue crear nuevas formas. Aunque no podemos clasificarlo con un alto grado de precisión, el *instinto creativo* es algo que merece una mención especial. No sé si "instinto" es la palabra exacta. Usamos la expresión "instinto creativo" porque este factor se comporta, al menos dinámicamente, como un instinto. Como cualquier instinto, es compulsivo; pero, por otro lado, no es común, ni tampoco es una organización heredada fija e inevitablemente. Por tanto, prefiero designar al instinto creativo como un factor psíquico de naturaleza similar a la de los instintos, en estrecha conexión con ellos, pero sin ser idéntico a ninguno de ellos. Sus conexiones con la sexualidad son un problema muy discutido, y tiene, además, mucho en común con el impulso de la actividad y con el instinto reflexivo. Pero también puede reprimirlos o llevarlos hasta el punto de ponerlos al servicio de la autodestrucción del individuo. La creación es tanto destrucción como construcción» (*CW*, VIII, § 245).

[27] Lorenz, K., *Das sogenannte Böse [El llamado mal]*, Borotha-Schoeler Verlag, Viena 1963, págs. 128-133.

[28] Véase, por ejemplo, *Tipos psicológicos* (*CW*, VI) y «Sobre la relación de la Psi-

cología Analítica con la obra de arte poética», «Ulises», «Picasso» y «Psicología y poesía» (todos en *CW*, XV).

[29] Por toda la obra de Jung encontramos pasajes en donde se dice, explícita o implícitamente, que el desarrollo de la personalidad, la individuación o la autorrealización es *el* objetivo creativo del hombre, sea como impulso ectopsíquico que no puede ser negado sin neurosis o algo peor, sea como objetivo último de la psicoterapia, al menos en su concepción y práctica junguianas, pues tanto la freudiana como la adleriana están dirigidas principalmente a la elaboración de otros instintos. Para una breve y excelente recopilación de estos pasajes, véase la sección titulada «The Development of Personality», en *Psychological Reflections*, J. Jacobi (ed.), Harper Torchbooks, Nueva York 1961, págs. 265-283.

[30] «Como ya habíamos mencionado, mandala significa "círculo". Hay innumerables variantes del motivo aquí presentado, pero todas ellas están basadas en la cuadratura del círculo. Su motivo básico es la premonición de un centro de la personalidad, una especie de punto central dentro de la psique, con el cual todo se relaciona, por el cual todo se ordena y que es en sí mismo una fuente de energía. La energía del punto central se manifiesta en una irresistible compulsión y coacción a *convertirse en lo que uno es*, de idéntica manera que todo organismo es impelido, cualquiera que sean las circunstancias que se den, a asumir la forma que es característica de su naturaleza. Este centro no es sentido o pensado como el yo sino como, si puede expresarse así, el *Sí-mismo*» (*CW*, IX, i, § 634). «El impulso más fuerte y más ineluctable de todos los seres, a saber, el impulso a la autorrealización... El deseo y la compulsión a la autorrealización es una ley de la naturaleza y tiene, por consiguiente, una invencible potencia, aunque sus efectos, al principio, sean insignificantes e improbables» (*CW*, IX, i, § 289).

[31] Su insistencia en la finalidad en relación con la libido, en el punto de vista finalista en la consideración de todo fenómeno psíquico y en la función prospectiva del sueño, ha tenido siempre como base una psicología creativa.

[32] *CW*, XVI, § 83.
[33] *CW*, XVII, § 206.
[34] *CW*, VIII, § 245.
[35] *Suicide and the Soul*, págs. 56-94.
[36] Cf. la sección titulada «Awareness and Creative Living», en *Psychological Reflections*, J. Jacobi (ed.), págs. 163-187; Neumann, E., «Der schöpferische Mensch und die grosse Erfahrung» [«La persona creativa y la gran experiencia»], *Eranos Jahrbuch*, XXV, Zúrich 1957.

[37] Este punto de vista modificaría estos versos de Yeats: «El intelecto del hombre está forzado a elegir/ Perfección de la vida o de la obra» («The Choice», en *The Collected Poems of W. B. Yeats*, 2.ª ed., Londres 1950). El *alma* del hombre no fuerza ninguna elección. Cuando el alma es el *opus*, vida y obra no son alternati-

vas. Para el psicólogo, tanto la vida como la obra son áreas para hacer alma; desde la perspectiva del alma, la vida es la obra y la obra es la vida.

[38] *CW*, XI, § 906.

[39] «El modo en el cual el hombre se representa internamente el mundo es todavía, no obstante las numerosas diferencias de detalle, tan uniforme y regular como sus acciones instintivas (...); para explicar la uniformidad y regularidad de nuestras percepciones, hemos tenido que recurrir a un concepto: el de un factor determinante del modo de comprensión. Es precisamente a este factor al que llamo arquetipo o imagen primigenia. La imagen primigenia podría ser descrita adecuadamente como la *percepción del instinto por sí mismo*» (*CW*, VIII, § 277).

[40] Una elaboración más extensa del padre primordial como *senex* puede encontrarse en mi «Senex and Puer», en *Eranos Jahrbuch*, XXXVI, Zúrich 1968.

[41] Cf. «Senex and Puer».

[42] Cf. Schmid, K., «Aspects of Evil in the Creative», en *Evil, Studies in Jungian Thought*, Northwestern University Press, Evanston 1967.

[43] Karl Kerényi llama al acto prometeico «el robo inevitable» (*Prometheus: Archetipal Image of Human Existence*, trad. ingl. de Ralph Manheim, Bollingen Series LXV, vol. I, Nueva York 1963, pág. 79).

[44] Ejemplos al respecto los encontramos en Jaques, E., «Death and the Mid-Life Crisis», en *International Journal of Psychoanalysis*, XLVI (1965), págs. 502-514. Este autor investiga el modelo de transición Niño-Yo-Padre, en el que el despojarse de la actitud pueril se experimenta como una «muerte». Este trabajo no menciona otros modelos y sus problemas, como la *destructividad* como psiquización a través de la Sombra o la *esterilidad* como psiquización a través del Padre.

[45] No sorprende, así, encontrar, en las observaciones que Jung hace sobre lo creativo, pasajes aparentemente contradictorios, que en realidad no son sino nociones derivadas de diferentes modos arquetípicos de percepción. Por ejemplo, en relación con la Sombra: «La vida creativa siempre está fuera de las convenciones. A esto se debe el que, cuando predomina la simple rutina de la vida bajo la forma de la convención y la tradición, se produzca necesariamente una irrupción destructiva de energía creativa» (*CW*, XVII, § 305); con el Niño: «La creación de algo nuevo no se logra mediante el intelecto sino a través del instinto lúdico que actúa desde la necesidad interior. La mente creativa juega con los objetos que ama» (*CW*, VI, § 197); «...sabemos que toda buena idea y toda obra creativa son el resultado de la imaginación y tienen su fuente en lo que a uno le complace llamar fantasía infantil. No sólo el artista, sino todo individuo creativo, cualquiera que sea su campo, debe lo más grande de su vida a la fantasía. El principio dinámico de la fantasía es el *juego*, algo característico de los niños» (*ibid.*, § 93); y con la Madre: «La psicología de lo creativo es realmente psicología femenina, lo que se constata en el hecho de que el trabajo creativo provenga de las profundidades inconscientes, de la región de las madres» («Psychology and Poe-

try», en *Transition*, París 1930. Para la creatividad y la *persona*, véase *CW*, VII, §§ 237 y ss.

[46] Golann, «Psychological Study of Creativity», pág. 557.

[47] *CW*, IX, i, § 114.

[48] *Ibid.*, § 119.

[49] Onians, *The Origins of European Thought*, págs. 93-122, 168-173.

[50] Para más ejemplos de las imágenes del ánima y de las emociones, así como de sus significados psicológicos, véase Jung, *CW*, IX, i («Sobre el arquetipo con especial consideración del concepto de *anima*» y «Acerca del aspecto psicológico de la figura de la Core»); *CW*, IX, ii («The Syzygy: Anima and Animus»); *CW*, XIV *(Mysterium Coniunctionis)*. Véanse también Jung, E., *Animus and Anima*, trad. ingl. de C. F. Baynes y H. Nagel, Spring Publications, Nueva York 1969; Baynes, H. G., *The Mitology of the Soul*, Londres 1940; Brunner, C., *Die Anima als Schicksalsproblem des Mannes [El ánima como problema del destino del hombre]*, Zúrich 1963; Hillman, J., «Inner Femininity: Anima Reality and Religion», en *Insearch*, Scribner, Nueva York 1967; Whitmont, E. C., «The Anima», en *The Symbolic Quest*, Putnam, Nueva York 1969; y Belford Ulanov, Ann, *The Feminine in Jungian Psychology and in Christian Theology*, Northwestern University Press, Evanston 1971. Consúltense también los trabajos de Linda Fierz-David, Frances Wickes y Esther Harding.

[51] Los paralelos con la psicología femenina son evidentes. El ánimus es frecuentemente un vagabundo, un soldado, un prisionero, alguien cojo, débil o demasiado joven, o un borracho o un conductor torpe, que resulta ineficaz o «demasiado eficaz», como una amenaza sexualizada primitiva o como una figura heroica colectiva antes de que le sea ofrecido el amor de una mujer.

[52] Los románticos –de forma particular en Inglaterra y especialmente John Keats– proporcionan un buen ejemplo de lo creativo percibido a través del ánima, lo cual conduce a describir lo creativo como Eros. Se produjo, así, un extraordinario desarrollo de las intuiciones psicológicas durante el período romántico, especialmente en Keats, quien vivió sólo veinticinco años (véase Ward, A., *John Keats: The Making of a Poet)*. En Keats se muestran todos los signos del vínculo con el ánima: preocupación por la belleza, la imaginación, la tradición antigua y la naturaleza. Fue justamente acusado por un crítico de su época por atenerse «a ese abominable principio de Shelley, el de que el amor sensual es el principio de las cosas» (Ward, pág. 141). Mediante su propia imaginación creativa sintió que podía «penetrar en la identidad de otros seres» y descubrir así la belleza verdadera. La «belleza esencial» del alma de todas las cosas (el *anima mundi*) se revelaba a través del amor, a través de la participación o «camaradería con la esencia» (*ibid.*, pág. 160). Su *Oda a Psique*, poema comparativamente tardío, fue escrito después de su lectura del relato de Apuleyo. Su veneración de lo femenino (en la persona de Fanny) le hizo correr el peligro de una identificación con Eros (Endimión, Hiperión o, como le llamaba Shelley, Adonais), pero al mismo

tiempo fue el primero en percibir la importancia de la fábula de Psique para la consciencia moderna: «Tras meditar profundamente sobre esta historia, Keats llegó a considerar a Psique la figura que "de toda la desaparecida jerarquía del Olimpo" tenía un mayor significado para un mundo moderno que no pensaba ya que los dioses frecuentasen la naturaleza. La religión sagrada era ahora (...) la mente del hombre (...). Psique, la mujer que había debido someterse a las pruebas de "un mundo de Circunstancias" antes de que su propia alma quedara formada, fue su diosa tutelar» (*ibid.*, págs. 279-280). Blake es otro ejemplo. Como Kathleen Raine afirma: «Eros (...) es a veces descrito en los términos más elevados, como el "creador" y el "hacedor" del alma» (*Blake and Tradition*, Princeton 1968, vol. I, pág. 204; véase también el capítulo de esta obra «Blake's Cupid and Psyche»). Cf. Enscoe, G., *Eros and the Romantics*, La Haya y París 1967; y Robb, N. A., *Neoplatonism of the Italian Renaissance*, Londres 1935, especialmente la última sección, dedicada a la comparación de las perspectivas romántica y platónica en torno a Eros. Véase también Bush, D., *Mythology and the Romantic Tradition in English Poetry*, Cambridge, Mass., 1937.

[53] Neumann, E., *Amor and Psyche*, trad. ingl. de R. Manheim, Nueva York 1956. Mi aproximación a esta fábula se basa en la interpretación de Neumann. Referencias a otras interpretaciones del relato son recogidas por este autor en el epílogo. R. Merkelbach (*Roman und Mysterium in der Antike [Novela y misterio en la Antigüedad]*, Múnich y Berlín 1962, págs. 6-7) añade más referencias; la tesis de este autor, desarrollada de forma cuidadosa y con autoridad, es que el cuento es un texto mistérico, que Psique es Isis, y que el relato en su conjunto se incardina en el contexto de la iniciación ritual, es decir, que el texto se refiere a la realidad del alma.

[54] Binder, G. y R. Merkelbach, *Amor und Psyche [Amor y Psique]*, Darmstadt 1968.

[55] Cf. la interpretación de M.-L. von Franz, *A Psychological Interpretation of «The Golden Ass» of Apuleius*, Spring Publications, Seminar Series 3, Nueva York 1970.

[56] Para alarma de moralistas y sociólogos, el modelo de familia del siglo XIX se está desintegrando. Cuando el problema de la familia se concibe exclusivamente a través del mito de Edipo, no sólo se transforma en algo sabido y aburrido, también sucede que el complejo familiar se convierte en insoluble y la vida familiar se torna insoportable, haciéndose necesario el mito del héroe, cuyo viaje hacia la consciencia le lleva lejos de casa. Pero nosotros no podemos volver a casa, ni siquiera como pródigos arrepentidos. Ni podemos, nosotros los modernos, con nuestra consciencia caracterizada por la falta de raíces, por el exilio y por una tendencia «antifamiliar», intentar restaurar el modelo de familia del siglo pasado repitiéndolo en nuestras propias vidas. La reconstrucción de la familia no puede basarse ni en la vieja metáfora del padre y del hijo ni en la nueva de una familia «democráticamente» funcional. Para recrear la familia en nuestra generación, el eros y la psique han de tener la oportunidad de encontrarse dentro de la casa fa-

miliar; esto favorecería el hacer alma y daría una perspectiva totalmente distinta a las relaciones familiares. Esta perspectiva considera menos las conexiones jerárquicas entre padre e hijo y los problemas de la primera infancia, de la autoridad y de la rebelión, y más las relaciones del alma, las relaciones entre hermano y hermana. Madre-hijo (Edipo) y padre-hija (Electra) exponen, respectivamente, sólo la mitad de la conjunción dual; sin embargo, el interés por el alma es más englobante, se parece más a una relación de pareja como la que existe entre hermano y hermana. Comparemos lo que acabamos de decir con la *soror* en la alquimia y con los apelativos de «hermano» y «hermana» en las comunidades religiosas. Comparémoslo también con las interrelaciones simbólicas en el *I Ching*, en donde seis de los ocho hexagramas son «hijos» e «hijas», es decir, hermanos y hermanas unos respecto de otros. La libido parental, que, como señaló Jung, está detrás del fenómeno del incesto, quedaría encauzada mediante el modelo hermano-hermana hasta desembocar en la reciprocidad de hacer alma, en vez de dirigirse regresivamente hacia los padres. Como ha afirmado J. E. Harrison (*Prolegomena to the Study of Greek Religion*, Cambridge 1922, pág. 655), Eros es también la danza, y la danza no es un fenómeno jerárquico. Se lleva a cabo entre compañeros. Las implicaciones de esta perspectiva para la psicoterapia del problema familiar son obvias: si el objetivo consiste en hacer alma, la igualdad que existe en la relación hermano-hermana es algo crucial, pues si no se da, el eros y la psique no pueden constelarse. El paternalismo y el maternalismo se convierten en clínicamente inadecuados cuando la meta es hacer alma. Los clínicos siguen manteniendo todavía una inconsciente predilección por el viejo modelo de familia, cuya necrología fue escrita a comienzos de siglo por Galsworthy y Proust, y por Mann en *Los Buddenbrook*. Un indicio del nuevo modelo familiar se encuentra en la obra de J. D. Salinger. En la familia Glass, las relaciones hermano-hermana tienen una importancia primaria, y el interés apasionado y la devoción que muestran cada uno por la vida psíquica del otro nos proporcionan un buen ejemplo –y en *Franny y Zooey* un ejemplo terapéutico incluso– de hacer alma mediante la constelación del eros y la psique en el ámbito doméstico. Además, un modelo familiar en el que el eros pueda encontrar a la psique ofrece una nueva oportunidad a la mujer que no puede reproducir aquel modelo de maternidad, propio del siglo pasado, que amamanta, nutre y consuela. La mujer de hoy, a la que a veces se ha considerado perteneciente al tipo de ánima, *puella* o *hetaira*, advierte que su interés natural reside en las relaciones con su familia en tanto sujetos individuales, precisamente porque este interés le lleva a constelar el eros y la psique.

[57] Antes que Neumann, Beatrice Hinkle, una de las primeras discípulas de Jung, ya indicó esta dirección en su trabajo titulado *The Re-Creating of the Individual*, Harcourt, Brace, Nueva York 1923. Esta autora identificó el *daímon* creativo con la figura divina del *puer aeternus* que, tanto en el hombre como en la mujer,

debe unirse con el alma femenina, en el «coito psíquico», para que acaezca la creatividad psicológica.

⁵⁸ Cf. Dafnis y Cloe en el cuento de Longo, así como las fábulas recopiladas por H. von Beit, *Symbolik des Märchens [El simbolismo de los cuentos]*, vol. II, «Die gegenseitige Erlösung der Geschwister» [«La redención mutua de los hermanos»], Francke Verlag, Berna 1956.

⁵⁹ El «complejo materno de Eros» se representa por medio de las figuras maternas que se encuentran en las distintas variantes del mito de Eros. En la versión de Apuleyo, Afrodita está celosa de Psique e intenta apartar a Eros de ella. Porque el hecho de que Eros se entregue a Psique significa el final de «ese querido niño travieso» que recorre el mundo, del gozoso mensajero de su madre. La madre de Eros en el *Banquete* es Penia, «la necesidad». Cuando es negativa, esta necesidad es la voraz y egoísta exigencia de amor; nunca se encuentra satisfecha, siempre está «vacía». Cuando es positiva, esta misma necesidad se convierte en la potente fuerza motivadora de todo desarrollo psicológico, el impulso fáustico. Como dijo Jung: «Sin necesidad nada se mueve, y la personalidad humana menos que cualquier otra cosa, ya que es tremendamente conservadora, por no decir tórpida. Sólo la más aguda necesidad es capaz de despertarla. La personalidad que se desarrolla no obedece a ningún capricho, a ninguna orden, a ninguna intuición, tan sólo a la necesidad pura y dura; necesita la fuerza motivadora de la fatalidad interna o externa» (*CW*, XVII, § 293). El impulso de la individuación que sacude a la personalidad de su inercia y la incita a su desarrollo no es otro que Eros, el hijo de Penia, la necesidad, la acuciante necesidad.

⁶⁰ Cf. Jung y Kerényi, «The Myth of the Divine Child», en *Introduction to a Science of Mythology*, trad. ingl. de R. F. C. Hull, Nueva York y Londres 1951.

⁶¹ Para una comparación entre el Eros freudiano y el platónico, véase Gould, T., *Platonic Love*, Routledge & Kegan Paul, Londres 1963. F. M. Cornford («The Doctrine of Eros in Plato's *Symposium*», en *The Unwritten Philosophy*, Cambridge 1950 [*La filosofía no escrita*, Ariel, Madrid 1974]) observa que «las posiciones finales de Platón y de Freud parecen ser diametralmente opuestas». En Platón, Eros es desde sus inicios una energía espiritual y solamente «cae» hacia abajo, mientras que para Freud se sublima hacia arriba.

⁶² Kunstmann, J., *The Transformation of Eros*, Oliver & Boyd, Edimburgo y Londres 1964.

⁶³ El intento de suicidio de Psique mediante ahogamiento puede interpretarse también en función de los elementos asociados con los dos tipos de amor: sumergirse en el agua podría significar el retorno a Afrodita, que había nacido del mar y a la que se adoraba junto con Poseidón (mientras que Eros, por el contrario, es ígneo). «Es muerte para las almas convertirse en agua», afirmaba Heráclito (fr. 68, Burnet); y para el pensamiento neoplatónico esto significaba que las almas húmedas descendían más y más profundamente hasta alcanzar el principio

generativo último, hasta su disolución en la naturaleza primordial, en donde reina la diosa del amor, de la sexualidad y de la fertilidad. Si la salvación depende del ascenso del alma, eso indica que el idealizador impulso hacia lo alto del Eros masculino (cuyos elementos son el aire y el fuego) es también necesario. Las metáforas del fuego sirven frecuentemente para describir a Eros (véase Bachelard, G., *The Psychoanalysis of Fire*, trad. ingl. de A. C. M. Ross, Routledge & Kegan Paul, Londres 1964 [*Psicoanálisis del fuego*, Alianza, Madrid 1966]). Un abordaje psicológico de la analogía eros-fuego, de su común potencial destructivo-creativo, constituiría una aportación muy valiosa, y sólo puede mencionarse aquí de pasada. El fuego alquímico, que es la base de la totalidad del proceso de transformación, sus estadios y su manejo, adquiere significados adicionales cuando pasa a ser entendido desde su analogía con Eros, la cual se expresa con suma claridad en la afirmación apócrifa de que Jesús en tanto Amor es también Fuego. En relación con nuestro tema principal, la unión eros-psique, la «humedad» del alma se convierte en un aspecto significativo en relación con dicha unión. El alma no debe ser demasiado húmeda, como subrayó Heráclito; pero tampoco demasiado seca e inflamada por el deseo, para evitar una conflagración apasionada, «porque yo era lino y él llamas de fuego».

[64] Plotino, *Enéadas* III, 5.1.
[65] *Ibid.*
[66] Kerényi, K., *Hermes der Seelenführer [Hermes, el guía de las almas]*, Rhein Verlag, Zúrich 1944, pág. 70.
[67] Robin, L., *La Théorie platonicienne de l'amour*, tesis doctoral, París 1908, cap. III.
[68] Kerényi, *Hermes*.
[69] Grimal, P., «Die Bedeutung der Erzählung von Amor und Psyche» [«El significado del cuento de Amor y Psique»], en Binder y Merkelbach, *Amor und Psyche*, pág. 10.
[70] Véase Rougemont, D. de, *Love Declared*, trad. ingl. de R. Howard, Random House, Nueva York 1963, en donde se aborda el fenómeno «Tristán» en nuestro amar, según el cual Eros tiende siempre al más allá y no puede así realizarse en el aquí y ahora.
[71] La teoría del orgón de W. Reich es la recapitulación más reciente de la idea arquetípica que intenta unir, por medio de Eros, la energía cósmica con la sexualidad humana.
[72] Kerényi, K., *Der grosse Daimon des Symposion [El gran daímon del Banquete]*, Pantheon, Amsterdam y Leipzig 1942, pág. 18.
[73] Dodds, E. R., *The Greeks and the Irrational*, Beacon Paperbacks, Boston 1957, págs. 2-18 [*Los griegos y lo irracional*, Alianza, Madrid 1994]. El *De genio Socrates [Sobre el signo o el daímon o el genio de Sócrates]* de Plutarco es el principal texto posplatónico que presenta una fenomenología psicológica de la «intervención psíquica».

[74] Onians, R. B., *The Origins of the European Thought*, págs. 44-65.
[75] Dodds, E. R., *The Greeks and the Irrational*, págs. 213-214.
[76] Friedländer, P., *Plato*, trad. ingl. de H. Meyerhoff, Bollingen Series LIX, Nueva York 1958, vol. I, *Demon and Eros*, pág. 34 [*Platón*, Tecnos, Madrid 1989].
[77] Broch, H., «Introduction» a R. Bespaloff, *On the Iliad*, trad. ingl. de M. McCarthy, Bollingen Series IX, Nueva York 1947, pág. 15.
[78] Cornford, *The Unwritten Philosophy*; Gould, *Platonic Love*; Dugas, *L'Amitié antique*, París 1894; Friedländer, *Plato*, vol. I.
[79] Friedländer, *Plato*, vol. I, pág. 44.
[80] Gould, *Platonic Love*, pág. 23. Gould sigue aquí a M. Ficino, quien escribió (*Commentaire sur le «Banquet» de Platon*, VII, 2, ed. R. Marcel, París 1956) [*De amore. Comentario a* El Banquete *de Platón*, Tecnos, Madrid 1986]: «...cuando Platón retrata a Eros, es el retrato de Sócrates el que pinta, y es mediante la persona de Sócrates como describe la figura del dios, como si amor y Sócrates fueran absolutamente similares».
[81] *Banquete* 177d; cf. *Téages* 128b; *Lisis*, 20b.
[82] Friedländer, *Plato*, vol. I, pág. 44.
[83] La hipótesis de que la compulsión y la inhibición son componentes polares de un mismo complejo funcional la he elaborado en relación con la masturbación y su inhibición natural mediante la fantasía y la conciencia moral («Towards the Archetypal Model for the Masturbation Inhibition», *Journal of Analytical Psychology*, XI, 1966). Este modelo puede ser provechoso para considerar el fenómeno de la ambivalencia. Sin embargo, las compulsiones en psicopatología muestran a menudo otro modelo, en el cual los impulsos motores e inhibidores se encuentran colocados los unos en torno a los otros. En tales condiciones, la inhibición –en vez de actuar como una realización ritual mediante la elaboración lateral y ralentizada del extremo compulsivo del instinto y la transmutación de su energía– se convierte en un mero obstáculo, en una prohibición carente de imaginación. En lugar de ser un factor para la reflexión de la compulsión, la inhibición se presenta bajo la forma de pensamientos obsesivos, en cuya raíz no es raro encontrar fantasías de «muerte». Entra dentro de lo probable que la dificultad de la relación entre la compulsión y la inhibición sea, en último término, de orden erótico. Las parejas lleno-vacío (Platón), *accessum-recessum* (estoicos y escolásticos), diástole-sístole (románticos), así como la reacción todo-nada, expresan la dinámica fundamental de los arquetipos. Al estar estructurados con dos lados, es inevitable que sus dinámicas sean ambivalentes.
[84] Lorenz, K., *Das sogenannte Böse*.
[85] Friedländer, *Plato*, vol. II, pág. 152.
[86] Onians, *The Origins of European Thought*, págs. 162 y ss. (Sin embargo, entre los romanos, el *genius* parece haber ascendido desde el diafragma a la cabeza.)

⁸⁷ Cf. *Conscience*, ed. por el Curatorium del Instituto C. G. Jung (Zúrich); *Studies in Jungian Thought*, Northwestern University Press, Evanston 1970.

⁸⁸ Cook, A. B., «Orphic Theogonies and the Cosmogonic Eros», en *Zeus*, Cambridge 1914-1940, II, ii, pág. 1.045. Cf. Wind, E., «Amor as a God of Death», en *Pagan Mysteries in the Renaissance*, Peregrine, Harmondsworth 1967, págs. 152-170 [*Misterios paganos del Renacimiento*, Alianza, Madrid 1998].

⁸⁹ Friedländer, *Plato* («Téages»), vol. II, pág. 148; véase también Platón, *Teeteto*, 151a.

⁹⁰ Friedländer, *Plato*, vol. I, pág. 196.

⁹¹ *Ibid.*, «Lisis», pág. 104.

⁹² Jaeger, W., *Paideia*, trad. ingl. de G. Highet, Oxford 1944, vol. II, pág. 40 [*Paideia: los ideales de la cultura griega*, FCE, México 1990]. Cf. Platón, *Protágoras* 313a; *Apología* 29d-30b; *Gorgias* 464b; *Laques* 185e.

⁹³ Según mi traducción de la versión de Duga en *L'Amitié antique*, pág. 58.

⁹⁴ F. Lasserre, en *La figure d'éros dans la poésie grecque* (tesis doctoral), Lausana 1946, págs. 220 y ss., examina la tradición de las figuras aladas en los mitos griegos y relaciona las de Eros con la velocidad (Homero), con la noche, con las arpías y, sobre todo, con los vientos (Eos, Bóreas, Céfiro). Allí donde las alas se identifican con el viento, la exaltación de la experiencia del eros asume una cualidad peligrosa: la euforia de ser arrastrado por un irresistible demonio. Así, Lasserre habla de las alas del amor, no en el sentido moderno de la ascensión angélica por un espíritu impotente, sino en el de una energía «monstruosa» y «tempestuosa».

⁹⁵ Para un tratamiento más extenso del Eros ascendente, véase Nygren, A., *Agape and Eros*, trad. ingl. de P. S. Watson, S. P. C. K., Londres 1953.

⁹⁶ Gould, *Platonic Love*, pág. 24.

⁹⁷ Taylor, A. E., *Plato*, 5.ª ed., Methuen, Londres 1948, pág. 65.

⁹⁸ «La experiencia muestra que los procesos instintivos de cualquier índole a menudo adquieren un extraordinario grado de intensidad por un aflujo de energía, cualquiera que sea su origen. Esto es válido no sólo para la sexualidad, también para el hambre y la sed. Un instinto puede perder su potencial temporalmente en favor de otro, y esto es válido para la actividad psíquica en general.» *CW*, V, § 199. Cf. *Tipos psicológicos* (*CW*, VI, § 690), definición 8: «Todo instinto, toda función, puede quedar subordinado a otro o a otra. El instinto del Yo, también llamado instinto de poder, puede hacer de la sexualidad su sirviente o, a su vez, la sexualidad puede explotar el Yo».

⁹⁹ «La "reflexión" no debería entenderse como un simple acto mental, sino sobre todo como una actitud (...). Como nos dice la propia palabra ("reflexión" significa literalmente "volverse hacia atrás"), la reflexión es un acto espiritual que va en sentido contrario al curso de la naturaleza; es un acto por el cual nos inmovilizamos, traemos algo a la mente, formamos una imagen y la relacionamos y la

ponemos en contacto con aquello que hemos visto. Debería ser entendida, por tanto, como un acto de *devenir consciente*» (*CW*, XI, § 158, nota 9). Aun cuando Jung señala aquí la importancia de la reflexión para la consciencia, *no* identifica las dos cosas. La reflexión es *uno* de los modos, «un acto» del proceso de devenir consciente, que ciertamente requiere de otros actos (hacer, sentir, tener sentimientos) aparte de la reflexión. Además, el miedo y la inhibición del *daímon* suponen un momento reflexivo dentro del eros mismo, de tal manera que tanto la creatividad como el «devenir consciente» pueden derivarse sólo del impulso del eros, sin tener en cuenta la reflexión psíquica. Esto es evidente en los productos altamente conscientes del arte, la política y la ciencia, que pueden no comprender reflexiones de naturaleza psicológica y ser sin embargo creativos (aunque no sean *psicológicamente* creativos).

[100] «Predestinación, determinación por los arquetipos e idealismo pertenecen a Eros (...). Visto desde el mundo de las posibilidades, Eros, a pesar de su naturaleza abarcante, aparece limitado: algo así como un hijo, idealista y bastante alocado, de Hermes.» Kerényi, *Hermes der Seelenführer*, págs. 69-70.

[101] El amor es una unidad que induce a la unidad. Cf. la definición que Freud da de Eros: «Instintos sexuales o vitales que podemos comprender mejor bajo el nombre de *Eros*; su propósito consistiría en conformar la sustancia vital en unidades cada vez mayores, de tal forma que la vida pudiera prolongarse y llevarse a los desarrollos más altos» (*The Libido Theory*, 1922, en *Collected Papers*, ed. de J. Strachey, Hogarth Press, Londres 1950, vol. V, pág. 135. Y también Tillich: «El amor es el impulso hacia la unidad de lo separado (...). El amor manifiesta su poder más grande allí donde supera la separación más grande». «La ontología del amor conduce al aserto fundamental de que el amor es uno.» La cualidad *erótica* del amor, afirma este autor, «impulsa a una unión con aquello que es portador de valores a causa de los valores que encarna» (*Love, Power, and Justice*, Oxford Paperbacks, Nueva York 1960, págs. 25-30). Véase también *Aurora Consurgens* (atribuido a Tomás de Aquino), ed. de M.-L. von Franz, Nueva York y Londres 1966, en donde pueden encontrarse pasajes semejantes a algunos de Tomás de Aquino en los que se afirma que «la unión es la obra del amor».

[102] La importancia de la reacción de respuesta para el desarrollo del amor es uno de los temas favoritos de las representaciones pictóricas de Eros y Anteros (contendiendo por una palma, luchando con una cuerda, etc.). Temistio (siglo IV a. C.) recoge una vieja leyenda según la cual «Venus estaba preocupada porque Amor, su hijo, no crecía; y se le dijo que sólo un hermano podría curarlo. Este hermano fue Anteros, al cual se colocó frente a Amor como su par». Véase al respecto Guy de Tervarent, «Eros and Anteros or Reciprocal Love in Ancient and Renaissance Art», en *Journal of the Warburg and Courtauld Institutes*, XXVIII, 1965. Pausanias refiere que en un templo de Afrodita en Megara había estatuas de Eros, Hímeros y Potos. Según Harrison (*Prolegomena*, pág. 638), no puede hablar-

se de una verdadera trinidad, aun cuando esta autora examina incluso otro ejemplo de una pintura de un jarrón con las tres figuras. Era evidentemente difícil, como lo sigue siendo ahora, separar a Eros en distintos aspectos, por la sola razón de que Eros por naturaleza obra en favor de la totalidad y es un hacedor de totalidad. La diferenciación del amor en tipos y «caras» es un ejercicio que, aunque practicado por la mayoría de los escritores que han abordado este tema, no hace sino distraernos de la *unidad* fundamental del eros, sobre la que tanto hincapié hacía Sócrates. Platón (*Crátilo* 420) distingue, es cierto, las caras del amor, pero irónicamente y mediante un juego etimológico, el cual finalmente termina mostrando que la verdad no reside en estos tipos de distinciones. El poderoso demonio que es Eros no se presenta ante el alma con un único rostro, sino como una unidad compleja que, por sí misma, favorece la unidad.

[103] Gould, *Platonic Love*, pág. 47.

[104] Cf. Friedländer, *Plato*, vol. I, pág. 46 (Jenofonte, *Banquete* IV, págs. 27 y ss.).

[105] Las citas están tomadas de Gould, *Platonic Love*, pág. 48; Taylor, A. E., *Plato*, pág. 309; Robin, *La Théorie platonicienne de l'amour*, pág. 167 (cf. san Agustín: «No hay nadie que no ame», *Sermo* XXXIV); y Friedländer, *Plato*, vol. I, pág. 194.

[106] A la luz de la ecuación del *Fedro*, filósofo = amante, puede comprenderse desde otra perspectiva una frase apócrifa de Jung que fue recogida por Lewis Mumford (*The New Yorker*, 23 de mayo de 1964, pág 162): «Cuando muera –dijo Jung sonriendo a un amigo mío– probablemente nadie se dé cuenta de que el viejo del ataúd fue una vez un gran amante».

[107] Kerényi, *Hermes der Seelenführer*, pág. 66: «Poros, el hijo de Metis (que significaría algo así como el hijo de la inteligencia de nombre "camino")».

[108] Sobre la cuestión del amor como revelación del Sí-mismo, cf. Ortega y Gasset, J., *On Love*, trad. ingl. de T. Talbot, Meridian Books, Nueva York 1957, págs. 82 y ss.: «En su elección de los amantes, tanto el hombre como la mujer revelan su naturaleza esencial» [*Estudios sobre el amor*, Revista de Occidente, Madrid 1952].

[109] Panofsky, E., «Blind cupid», en *Studies on Iconology*, Oxford 1939, Nueva York 1962 [*Estudios sobre iconología*, Alianza, Madrid 1998]; Wind, E., «Orpheus in Praise of Blind Love», en *Pagan Mysteries of the Renaissance*, págs. 53-80.

[110] Como R. Reitzenstein señaló en 1911, el sufrimiento es mutuo: si el alma es atormentada por el eros, éste, por su parte, también sufre. Véase su análisis de esta imagen en *Das Märchen von Amor und Psyche bei Apuleius*, Leipzig 1912, págs. 9 y ss.

[111] Collignon, M., *Essai sur les monuments grecs et romains relatifs au mythe de Psyche*, tesis doctoral, París 1877.

[112] La versión de Apuleyo omite esos aspectos relativos a la tortura que estaban presentes en las versiones más antiguas de la fábula, por eso Neumann los menciona sólo en la nota final.

[113] Praz, M., «Profane and Sacred Love», en *Studies in Seventeenth-Century Imagery*, 2.ª ed., Roma 1964, especialmente las págs. 151 y ss.

[114] *El árbol filosófico*, en *CW*, XIII, §§ 439 y ss.

[115] Cf. la transformación del eros en la alquimia, en particular la domesticación de *cupido* –su aspecto compulsivo– mediante la unión con la «sal» del sufrimiento; véanse también los escritos de Jung sobre la «rubefacción» *(rubedo)* y sobre el «azufre» en *El árbol filosófico* (*CW*, XIII) y en *Mysterium Coniunctionis* (*CW*, XIV).

[116] Sobre la domesticación del amor mediante la castidad y su correspondiente imaginería, véase Panofsky, E., «Der gefesselte Eros» [«El Eros encadenado»], en *OUD-Holland*, L, 1933, págs. 193-217.

[117] Merkelbach, R., *Roman and Mysterium*, pág. 50.

[118] Grimal, «Die Bedeutung der Erzählung von Amor und Psyche», pág. 12.

[119] La expresión procede de Neumann, *Amor and Psyche*, pág. 138, pero nuestro modo de considerar el «amor imposible» debe distinguirse particularmente de dos distorsiones habituales, la primera de las cuales es la interpretación freudiana de que tal tormento tiene su origen en el fundamental masoquismo de lo femenino, y la segunda es la noción romántica de que los estados subjetivos de pasión intensificada son preferibles a la realización del amor. Cf. Praz, M., *The Romantic Agony*, trad. ingl. de A. Davidson, Fontana, Londres 1960; y Rougemont, D. de, *Passion and Society*, trad. ingl. de M. Belgion, Faber & Faber, Londres 1956.

[120] Ficino, M., *Banquet de Platon*, I, iii. Para un análisis en profundidad de Caos en su antiguo contexto mítico, véase Fontenrose, J., *Python*, University of California Press, Berkeley 1959, págs. 217-273.

[121] Citado por Lévi-Strauss, C., *The Savage Mind*, Londres 1966 [*El pensamiento salvaje*, FCE, México 1964], que lo toma de Simpson, G. G., *Principles of Animal Taxonomy*, Nueva York 1961.

[122] Denis de Rougement (*Passion and Society* y *Love Declared*), llama al componente *pothos* complejo de Tristán, considerándolo permanentemente opuesto al de Don Juan, que sería la realización concreta del deseo físico *(himeros)*. En la antigüedad, antes de que Tristán y Don Juan hubieran hecho su aparición, *pothos* e *himeros* no se encontraban tan escindidos el uno del otro, aun cuando la tendencia a polarizar a Afrodita en aspectos celestiales y terrenos le parezca a alguien una recurrente necesidad arquetípica. Los neoplatónicos renacentistas intentaron restaurar la interrelación original entre *pothos* e *himeros* para no caer presa del complejo de Tristán del hombre medieval.

[123] Cf. Plotino, *Enéadas* I, 6, 9, para el pasaje clásico en el que se describe el despertar y el desarrollo del alma como un proceso en la belleza. Sin embargo, nuestra fábula nos recuerda que la belleza natural de Psique no es suficiente, porque como tal es sólo naturaleza, sólo al servicio de Afrodita. Las pruebas que soporta Psique representan la transformación de la belleza del alma natural en la belleza de un alma consciente y amante. El cuento pone de relieve el destino que todo aspecto bello de la psique tiene que soportar en su proceso de iniciación y redención.

[124] Merkelbach, *Roman und Mysterium*, pág. 53, nota 2.

[125] Cf. el análisis de Voluptas que lleva a cabo Neumann en su *Amor and Psyche*, págs. 140 y 144; véase también Wind, E., *Pagan Mysteries*, págs. 50 y ss., 55, y 66 y ss. Para una interpretación diferente de la caja de la belleza, de Voluptas y del Olimpo al final de la fábula de Eros y Psique, véase Franz, M.-L. von, *A Psychological Interpretation of «The Golden Ass»*, caps. VII y VIII, donde se atribuyen valores psicológicos negativos a estos tres motivos, interpretando *voluptas* como «lujuria», la caja de la belleza como una estetización antipsicológica del ánima, y el matrimonio santificado en el Olimpo como una ascensión que conduce fuera de la vida de la realidad mortal. Esta autora relaciona la fábula con la presunta psicología personal del héroe-autor (Lucio-Apuleyo) y su proceso de individuación, proceso que, a causa de estos motivos finales y la interpretación que de ellos hace la autora, debe ser considerado fallido; este fracaso da entonces origen a los ulteriores esfuerzos que se relatan a continuación en *El asno de oro*, del que la fábula de Eros y Psique no es sino una secuencia.

[126] Plotino, *Enéadas* VI, 9, 9; VI, 7, 33-36. Sobre la concepción neoplatónica de la *voluptas*, véase Wind, *Pagan Mysteries*, págs. 50 y ss., 68 y ss., y 273 y ss.

[127] Jung, C. G., y A. Jaffé, *Memoires, Dreams, Reflections*, trad. ingl. de R. y C. Winston, Collins and Routledge & Kegan Paul, Londres 1963, págs. 325-326 [*Recuerdos, sueños, pensamientos*, Seix Barral, Barcelona 1966]. Este reconocimiento de Eros en el casi penúltimo pasaje de su autobiografía puede compararse, por su colocación, con la referencia a Eros y al mitologema Psique-Eros que se encuentra en las *Enéadas* (VI, 9, 9; es decir, la antepenúltima sección), donde Plotino afirma que «el alma (...) necesita amor».

[128] *CW*, XVI, § 357, n. 14.

[129] *Ibid.*, § 358.

[130] *Ibid.*, § 454.

[131] *Ibid.*, § 361.

[132] *Ibid.*, § 465.

[133] Freud, S., *New Introductory Lectures on Psycho-Analysis*, trad. ingl. de W. J. H. Sprott, Hogarth Press, Londres 1933, pág. 380.

[134] *CW*, VIII, §§ 242-243.

[135] *CW*, VI.

[136] Véase la nota 127.

[137] *CW*, V.

[138] E. Jones, en su *Life and Work of Sigmund Freud*, Hogarth Press, Londres 1955, vol. II, pág. 350 [*Vida y obra de Sigmund Freud*, Anagrama, Barcelona 1999], escribe que la distinción de Freud entre dos sistemas de funcionamiento mental constituye su principal contribución teórica: «En esta distinción reside el principal motivo de la fama de Freud; incluso el descubrimiento del inconsciente se subordina a ella».

[139] En G. T. Fechner (1801-1887) encontramos un ejemplo extremo de los dos lenguajes y de los dos modos de expresión presentes en la misma persona. Mientras allanaba el camino para el avance de la psicología científica de la percepción y abría el área de la psicofísica a las leyes abstractas y a la investigación experimental, Fechner hablaba simultáneamente, empleando una de sus expresiones favoritas, el lenguaje del «lado nocturno» del alma. Mientras escribía y traducía obras de química, física y electricidad, también escribía, bajo el seudónimo de Dr. Mises, estudios acerca de la parapsicología, del alma de las plantas y de lo sobrenatural. Se dedicó a la metafísica oriental, especialmente al *Zend-Avesta*, presagiando a Nietzsche. Su lucha interna entre los dos modos de percepción desembocó en un colapso mental que duró tres años y que le afectó particularmente a la vista (se quedó casi ciego). Cuando se recuperó y volvió al trabajo –todavía abarcando esos dos niveles– tuvo, en estado de duermevela (mientras yacía en la cama en la mañana del 22 de octubre de 1850), la visión de la integración de los caminos paralelos, el de la observación sensorial y el de la visión intuitiva, lo que le permitió «percibir» un mundo en el que se unificaban pensamiento, espíritu y materia, y que conjuntaba sus gemelos internos. Véase al respecto Lasswitz, K., *Gustav Theodor Fechner*, Fromann, Stuttgart 1902. El filósofo alemán Wilhelm Dilthey (1833-1911), a quien debemos sobre todo la elaboración de las diferencias de método y lenguaje entre la explicación y la comprensión, soñó, durante un período crítico de su vida (1894) con la Escuela de Atenas, en cuyo interior un abismo parecía separar para siempre a los filósofos de los científicos.

[140] Freud, S., «Analysis of a Case of Chronic Paranoia», en *The Standard Edition of the Complete Psychological Works of Sigmund Freud* (en adelante *SE*), trad. ingl. bajo el cuidado de James Strachey, Hogarth Press, Londres 1953, III, pág. 184.

[141] Para un conciso y minucioso examen de la literatura sobre historia de la psiquiatría y de la psicología profunda, véase Mora, G., «The History of Psychiatry: A Cultural and Bibliographical Survey», en *Psychoanalytic Review*, LII (1965), págs. 154-184. Para un análisis de los problemas teóricos y metodológicos de la historia de la psiquiatría, véanse Mora, G. y Brand, J. L. (eds.), *Psychiatry and Its History: Methodological Problems in Research*, III, Springfield 1970, una colección de excelentes trabajos, escritos por algunos de los principales expertos en la materia. En el artículo de B. Nelson, perteneciente a este volumen y que lleva por título «Psychiatry and Its Histories», se presentan seis abordajes distintos de la historia de la psiquiatría: 1) la conmemoración y el elogio de los Grandes Hombres; 2) el historicismo evolutivo progresivo, es decir, el presente como algo mejor que el pasado; 3) la historia de las ideas o historiosofía (de la cual Ackerknecht, en el mismo volumen, hace una crítica de sus carencias); 4) la historia social y cultural; 5) la historiografía o estudio crítico de la historia de la psiquiatría; y 6) la esperanza del propio Nelson en una aproximación más novedosa e integradora. Como primer paso hacia ese abordaje más integrador, haremos uso aquí de una perspec-

tiva arquetípica hacia la historia. Confiamos en que dicha aproximación dé más relevancia a la historia, al conferirle una repercusión psicológica, en línea con nuestra consideración de que la historia de la *psicología* forma parte de la *psicología* y debería servir, en tanto tal, para hacer alma.

[142] La primera obra que recogió el término «psicología» en su título se atribuye a Rudolf Goclenius (1547-1628), natural de Marburgo, cuya *Psychologia, hoc est de hominum perfectione* apareció en 1590. Esta obra fue seguida de la *Psychologia Anthropologica* en 1594. Una utilización anterior del término ha sido recientemente descubierta por K. Kristić en Yugoslavia, en un manuscrito perteneciente a la obra de Marco Marulić (1450-1524) y que lleva en un título la palabra *psichiologia*. Véase el análisis de Kristić, en inglés, en *Acta Inst. Psychol. Univ. Zagreb*, XXXVI (1964), págs. 7-13. Cf. Boring, E. G., «A Note on the Origin of the Word Psychology», en *Journal of the History of The Behavioral Sciences*, vol. II (1966), pág. 167. Quizás la primera aparición de «psychology» sea la que se encuentra en el «Discourse of James de Back», traducción al inglés de un original latino que fue publicada en el *De Motu Cordis* de Harvey, aparecido en Londres en 1653, como parte integrante de este libro. El pasaje que da a nuestro campo posiblemente su primera definición en inglés reza como sigue: «La *psychologie* es una doctrina que indaga el alma del hombre y sus efectos; ésta es la parte sin la cual un hombre no puede consistir» (cit. por Cranefield, P. F., «"Psychology" as an English Word», en *American Notes and Queries*, IV [1966], n.º 8, pág. 116).

[143] Barfield, O., *History in English Words*, Faber Paperbacks, Londres 1962, pág. 165.

[144] Herbart, J. F., *Lehrbuch zur Psychologie* [*Tratado de psicología*], Voss, Hamburgo 1816, tercera parte, págs. 152-153; trad. ingl. de B. B. Wolman en «The Historical Role of Johann Friedrich Herbart», en *Historical Roots of Contemporary Psychology*, B. B. Wolman (ed.), Harper, Nueva York 1968. La visión del alma de Herbart iba a perdurar, y estamos obligados a considerarla como representativa, a pesar de las controversias a lo largo de todo el siglo sobre «die Seelenfrage» [la cuestión del alma] (véase Merz, J. T., *European Thought in the Nineteenth Century*, Blackwood, Edimburgo 1912, vol. III). La posición contraria a Herbart la representa su contemporáneo J. Heinroth (1773-1843), cuyo libro sobre psicopatología apareció en 1818 (el de Herbart, en 1816). Heinroth, que había completado los estudios de medicina y teología, fue un convencido defensor del alma y atribuyó a sus pecados todos los estados coactivos, como, por ejemplo, los desórdenes psíquicos. Desde esta perspectiva, la psicopatología es, en última instancia, una declaración de la culpabilidad del alma. (Compárese la reciente confusión ingenua entre pecado y psicopatología de O. H. Mowrer en *The Crisis in Psychiatry and Religion*, Nueva York 1961.) A Heinroth, dicho sea de paso, se le ha atribuido la invención del término «psicosomática» y la mención impresa más antigua de la palabra «psiquiatría» (1818), cuya primera utilización correspondería a unas lec-

ciones dadas por Reil en 1808. La difusión de dicha palabra es todavía más tardía (1845); se la debemos a Ernst von Feuchtersleben (1806-1849), el médico vienés, amén de poeta y reformador académico, que además introdujo «psicosis» y «psicopatía» en su sentido actual. Véase la traducción inglesa realizada por H. E. Lloyd y B. G. Babbington de su obra *The Principles of Medical Psychology*, Sydenham Society, Londres 1847; cf. también W. Leibbrand y A. Wettley, *Der Wahnsinn [La locura]*, Alber, Múnich y Friburgo 1961, págs. 493 y 666, así como R. Hunter, y I. Macalpine, *Three Hundred Years of Psychiatry*, Oxford University Press, Oxford 1963, pág. 952.

[145] Las lecciones de Esquirol fueron escritas en 1817 y publicadas en su obra titulada *Des Maladies mentales*, París 1838, págs. 159-202. Cf. Paulus, J., *Le Problème de l'hallucination et l'évolution de la psychologie d'Esquirol à Pierre Janet*, Facultad de Filosofía y Letras, Lieja 1941. La definición de Esquirol dice así: «Un homme qui a la conviction intime d'une sensation actuellement perçue alors que nul objet propre à exciter cette sensation n'est à portée de ses sens, est dans un état d'hallucination: c'est un visionnaire» [Un hombre que tiene la íntima convicción de una sensación realmente percibida sin que se halle ningún objeto apropiado al alcance de sus sentidos está en un estado de alucinación, es un visionario]. (También es de utilidad T. R. Sarbin y J. B. Suárez, «The Historical Background of the Concept of Hallucination», en *Journal of the History of the Behavioral Sciences*, vol. III, 1967, págs. 339-358.) Mientras que Esquirol y la psiquiatría francesa iluminaban el lado nocturno del alma con diagnósticos y categorías clínicas, los magnetizadores y los mesmeristas fomentaban las producciones irracionales mediante la hipnosis, el trance y el sonambulismo. A la par que Esquirol daba sus lecciones clínicas, el jesuita portugués abate Faria intentaba demostrar con sus conferencias públicas la existencia del magnetismo (1813) y publicaba un folleto sobre dicha cuestión en 1819.

[146] Debido a que la «revolución *puer*» se basa en gran medida en el uso de alucinógenos, la alucinación se ha convertido en estandarte de su causa. A pesar del ruido que los circunda, los acontecimientos que protagoniza el *puer* son siempre portadores de un nuevo espíritu debido a la naturaleza arquetípica del *puer* (elaborada en mi «*Senex* and *Puer*», en *Eranos Jahrbuch*, XXXVI [1967], Rhein Verlag, Zúrich 1968). Esto nos obliga a considerar el sentido de los alucinógenos. Quizás se trate de un deseo de «salvar fenómenos» que han sido durante tanto tiempo declarados aberraciones, de readmitir los modos de percepción desterrados y de acoger, conjuntamente con ellos, otra *Weltanschauung* y otra teoría de lo real basadas en una nueva teoría de la percepción. Esto cuestionaría la epistemología y la ontología tradicionales con las cuales el hombre occidental se ha identificado al menos desde Descartes, e identificado hasta el punto de ser casi totalmente inconsciente de la posibilidad de otra teoría de la percepción. Es una pena que esta cuestión metafísica esencial tenga que estar ofuscada por los complejos de la

relación padres-hijos y por la lucha *senex-puer* sobre la legalidad, la autoridad o el orden. La cuestión, en última instancia, no son las drogas, sino la admisión de una visión no materialista de lo real, de la realidad del conocimiento privado y, finalmente, de la realidad del alma.

[147] Bentham, J., «A Table of the Springs of Action», en *The Works of Jeremy Bentham*, J. Bowring (ed.), Edimburgo 1843, vol. I, pág. 205.

[148] Everett, C. W., *The Education of Jeremy Bentham*, Nueva York 1931, pág. 6. Para una reciente y cuidadosa exposición de las pioneras, aunque olvidadas, contribuciones de Bentham a la psicología, véase McReynolds, P., «The Motivational Psychology of Jeremy Bentham», en *Journal of the History of the Behavioral Sciences*, vol. IV (1968), págs. 230-244 y 349-364, con bibliografía. Para la visión positivista-materialista de Bentham sobre el lenguaje, véase Barfield, O., *Speaker's Meaning*, Wesleyan University Press, Middletown, Conn. 1963, pág. 52.

[149] Bentham, J., «A Table of the Springs of Action», pág. 219. Comparable a la posición de Heinroth contra el racionalismo de Herbart en la psicología alemana es la posición de Coleridge contra la corriente dominante del racionalismo en Inglaterra representada por Bentham. El *Kubla Khan* de Coleridge, publicado en 1816, permanece todavía –aunque rozando lo «alucinatorio»– como el testimonio ejemplar del espontáneo poder creativo del alma imaginal. En 1817 Coleridge publicó su *Biographia Literaria*, en la cual se encuentran las definiciones modernas de «subjetivo», «objetivo» e «intuición», así como la distinción entre «delirio» y «manía» y entre *fancy* [imaginación falsa, que puede ser bien ingenua y superficial o bien dogmática y literal] e *imagination* [imaginación verdadera o fecunda]. El impacto de Coleridge sobre nuestro lenguaje psicológico, sobre todo el ejercido a través de sus conferencias públicas y de sus relaciones personales, no ha sido todavía investigado en profundidad. J. S. Mill, en 1838, confrontó por primera vez a estos dos personajes en tanto prototipos de opuestos fundamentales, considerándolos como «las dos grandes mentes generatrices de la Inglaterra de la época» (*Mill on Bentham and Coleridge*, Chatto and Windus, Londres 1950). Véase también Barfield, O., *What Coleridge Meant?*, Wesleyan University Press, Middletown, Conn., 1971. En el mismo bando que Coleridge, aunque especialmente en el terreno del lenguaje, estuvo Thomas Taylor, quien sin ninguna ayuda tradujo al inglés todas las obras de los principales filósofos griegos. Durante este período (1816-1821), publicó las traducciones de Plotino y Proclo y escribió sobre el mito, la alquimia, los misterios griegos y el neoplatonismo. Su enemigo era, particularmente, el materialismo sin alma, que él vio condensado en el «Imperio» (la creciente potencia mercantil británica), al que denunció con el mismo fervor que Blake lo hizo con Locke. (Entre 1804 y 1820 Blake estaba trabajando en su *Jerusalem*.) Para la oposición de Blake a Locke, cf. Raine, K., *Blake and Tradition*, Princeton University Press, Princeton 1968, vol. II, cap. 20, «The Sensible World».

¹⁵⁰ Zilborg, G., *A History of Medical Psychology*, Norton, Nueva York 1941, págs. 383-384, enumera una cincuentena de tales revistas, cuya fecha de aparición va de 1818 a 1893. Previamente a las revistas recopiladas por este autor, existía la *Magazin für psychische Heilkunde*, fundada en 1805 por J. C. Reil y continuada por su discípulo F. Nasse, un infatigable redactor y promotor de publicaciones profesionales. Sin embargo, el mérito de haber fundado la primera publicación periódica verdaderamente psicológica corresponde a Karl Philipp Moritz (1756-1793), quien, en asociación con Moses Mendelssohn, Marcus Herz y Solomon Maimon, puso en marcha un programa de meticulosa introspección, cuyo resultado fue una revista dedicada al «conocimiento empírico del alma». La *Magazin zur Erfahrungsseelenkunde* se publicó en Berlín durante diez años a partir de 1783. Sus contenidos cubrían una gama amplísima de materias, inabarcables hoy conjuntamente dentro de una sola y única revista que quisiera ser calificada de «seria». Filosofía moral, lingüística, semántica, anormalidad sexual, educación infantil y parapsicología, así como psicoterapia y psicopatología, formaban parte de las materias consideradas. En el breve lapso de treinta y siete años este pionero de la psicología llevó a cabo un recorrido intelectual sorprendente. En Moritz quedó recapitulada la historia de una época en el alma de un hombre. Comenzó como pietista, del mismo modo que las nuevas revistas psicológicas se originaron en parte en los más de cincuenta semanarios moralistas y pietistas que aparecieron en Alemania en la segunda mitad del siglo XVIII. El pietismo proporcionó un fundamento religioso al método introspectivo que Moritz iba a desarrollar. Su programa necesitaba de un estudio de la psique basado en un exacto autoexamen diferenciado de la especulación metafísica. La obsesiva reflexión sobre los estados del alma fue la contribución del pietismo a los comienzos de la introspección empírica, aun pesar de que tales reflexiones tendieron a permanecer intrapsíquicas (una suerte de reflexión sobre la reflexión llevada a cabo sin el eros). Moritz tomó las ideas sobre el sentimiento que estaban en el ambiente (las teorías de Rousseau, Goethe, Tetens, Herder y Mendelssohn, las nociones de «sentimentalismo» y «sensibilidad») y, empezando consigo mismo, las aplicó con una estricta metodología que rechazaba las categorías y los nombres diagnósticos en favor de la experiencia concreta. Otorgó a los sueños un papel relevante, escribió sobre los estados de ánimo y sobre la fantasía, y se preocupó siempre por el problema del lenguaje. Enfermizo, obsesivo, compulsivo, lleno de ideas y de sentimientos, Moritz, en los años previos a su muerte, descubrió la importancia del mito, como si su interés por las profundidades de la psique le hubiera conducido a sus estratos arquetípicos. En su *Götterlehre, oder mythologische Dichtungen der Alten [Doctrina de los dioses o poesías mitológicas de los antiguos]*, Berlín 1791, intuyó la relación íntima entre la mitología clásica y la fantasía humana. Cf. Hinsche, G., *K. Ph. Moritz als Psychologe*, Halle 1912.

¹⁵¹ Trélat, U., *Aliénation mentale: recherches historiques*, París 1827; Friedreich, J. B.,

Versuch einer Literargeschichte der Pathologie und Therapie der psychischen Krankheiten [Bosquejo de una historia literaria de la patología y de la terapia de la enfermedades psíquicas], Würzburg 1830. Es también de interés Deleuze, J. P. F., *Histoire critique du magnétisme animal*, 2 vols., París 1813.

[152] La expresión inglesa *moral insanity* se atribuye al psiquiatra y antropólogo cuáquero James Cowles Prichard (1786-1848), que definió este estado en su *Treatise on Insanity*, aparecido en 1835 (su primera publicación sobre este tema fue en 1833); sin embargo, J. C. A. Grohmann (1769-1847) había ya descrito la *moralische Insanie* como síntoma en 1819 (Wettley, A., *Von der «Psychopathia sexualis» zur Sexualwissenschaft [De la «psychopathia sexualis» a la sexología]*, Enke Verlag, Stuttgart 1959, pág. 57).

[153] Barfield, *History in English Words*, pág. 174.

[154] *Ibid.*, pág. 177.

[155] Jung, C. G., *CW*, VI, § 837; véase también White, V., *God and the Unconscious*, Harvill Press, Londres 1952, pág. 37 [*Dios y el inconsciente*, Gredos, Madrid 1955].

[156] Para una sucinta exposición de la posición de Jung sobre lo sexual y lo imaginal, cf. Jung, C. G., *Tipos psicológicos* (*CW*, VI, §§ 372-374). La intuición de Freud sobre el factor sexual de las neurosis surgió, en parte, de tres experiencias improvisadas muy similares que Freud (según Jones, *The Life and Works of Sigmund Freud*, vol. I, pág. 273) tuvo con Breuer, con Charcot y con Chrobak. En todas ellas, la *chose génitale* (Charcot) fue considerada como básica para la causa y la curación de las neurosis. Freud tomó literalmente esta suposición etiológica común en el lenguaje de entonces. No vio con suficiente claridad que la *chose génitale*, como las psiconeurosis, tenía dos aspectos: uno literal y otro imaginal.

[157] Krafft-Ebing, R. von, *Psychopathia sexualis*, Stuttgart 1886, trad. ingl., 12.ª ed., Pioneer, Nueva York 1946, pág. 132. El original alemán dice así: «Anlass und Berechtigung, diese sexuelle Anomalie "Masochismus" zu nennen, ergab sich mir daraus, dass der Schriftsteller Sacher-Masoch in seinem Romanen und Novellen diese wissenschaftlich damals noch gar nicht gekannte Perversion zum Gegenstand seiner Darstellungen überaus häufig gemacht hatte. Ich folgte dabei der wissenschaftlichen Wortbildung "Daltonismus" (nach Dalton, dem Entdecker der Farbenblindheit)».

[158] Bernardo de Claraval, *Sermones in Cantica Canticorum*, 61, 8, en Auerbach, E., *Literary Language and Its Public in Late Latin Antiquity and in the Middle Ages*, Routledge & Kegan Paul, Londres 1965, págs. 70-71 [*Lenguaje literario y público en la Baja Latinidad y en la Alta Edad Media*, Seix Barral, Barcelona 1969].

[159] Buenaventura, *De perfectione vitae ad sorores*, 6; cf. Auerbach, *Literary Language and Its Public*, págs. 76-77.

[160] Encontramos aquí una curiosa repetición de la psicología sensacionista, que se extiende desde Locke, pasando por Cabanis, Herbart, Fechner y Bentham, hasta Freud. El que todos ellos resalten de una forma tan similar la sen-

sación y la polaridad dolor-placer, que se resuelve inevitablemente en un hedonismo materialista, sugiere que esta línea de pensamiento está influenciada por un modelo arquetípico. Podría llamársela «sensacionismo apolíneo» (sobre el término «apolíneo», véanse los capítulos de la parte tercera titulados «Primero Adán, luego Eva» y «El fin del análisis»), porque, aunque destaca la sensación, siempre se aleja de lo concreto para acabar, mediante formulaciones elaboradas, en leyes, principios y fórmulas matemáticas. Difiere totalmente de la intuición poética de los románticos, como Keats o Blake, y como Moritz o C. G. Carus en psicología, quienes desconfiaban de las abstracciones y para quienes la sensación era directamente vívida, la sustancia y el contenido del conocimiento que surge de la imaginación. La sensación experimentada mediante la imaginación y formulada por ella es completamente diferente de la sensación al servicio de la razón.

[161] Para una análisis más detallado de la «experiencia de muerte» y del «prejuicio patológico», véase mi *Suicide and the Soul*, Hodder & Stoughton, Londres 1964, cáps. IV y IX.

[162] Marcus, S., *The Other Victorians*, Bantam, Nueva York 1967; y Taylor, G. R., «Sex Denied», en *Sex in History*, Ballantine, Nueva York 1954.

[163] Praz, M., *The Romantic Agony*, trad. ingl. de A. Davidson, Fontana Paperbacks, Londres 1960 [*La carne, la muerte y el diablo en la literatura romántica*, Monte Ávila, México 1969].

[164] Cf. Schwarz, H. R., *Die medizinische Flagellation [La flagelación médica]*, tesis doctoral, Zúrich 1963. Sobre el desollamiento y la tortura, véanse también *Las visiones de Zósimo* y *El árbol filosófico* de C. G. Jung (*CW*, XIII); y, sobre el sacrificio, su *El símbolo de la transformación en la misa* (*CW*, XI). Jung dio un cambio radical de sentido al fenómeno del «sadomasoquismo», que, siguiendo el modelo de la alquimia, pertenecería al *opus*.

[165] Ackerknecht, E., «Contributions of Gall and the Phrenologists to Knowledge of Brain Function», en *The Brain and Its Functions*, F. N. L. Poynter (ed.), Basil Blackwell, Oxford 1958, pág. 150. Nuestra noción actual de «función» se deriva en gran medida de la frenología (término acuñado en 1815 por T. Foster), esto es, de la idea de que una sección localizada del cerebro lleva a cabo un fin específico o gobierna el funcionamiento de rasgos específicos. Véase Bakan, D., «The Influence of Phrenology on American Psychology», en *Journal of the History of the Behavioral Sciences*, vol. II (1966), pág. 207.

[166] Cf. Leibbrand y Wettley, *Der Wahnsinn*, págs. 654-655, donde se seleccionan dieciséis referencias de entre los numerosos tratados pertenecientes a la literatura científica en los que se discuten los problemas suscitados por la decapitación entre 1796 y 1811. Para la fisiología de Görres, véanse Rothschuh, K., *Geschichte der Physiologie [Historia de la fisiología]*, Berlín 1953, y Leibbrand, W. *Die spekulative Medizin der Romantik [La medicina especulativa del Romanticismo]*, Claassen, Hamburgo

1956, págs. 121 y ss. (El año del nacimiento de Görres unas veces aparece como 1776 y otras como 1777.)

[167] Ackerknecht, E., *Medicine at the Paris Hospital*, Johns Hopkins University Press, Baltimore 1967, págs. 111-112.

[168] Lallemand, M., *Des Pertes séminales involontaires*, Béchet Jeune, París 1836-1842. La principal figura en relación con las advertencias sobre la pérdida seminal y sus efectos sobre el cerebro fue S. A. A. D. Tissot; cf. mi «Towards the Arquetypal Model for the Masturbation Inhibition», en *Journal of Analytical Psychology*, XI (1966).

[169] Mirabeau (1749-1791) perteneció a esa extraordinaria generación nacida en la década de 1740 a 1750. Para sus escritos lascivos, véanse sus *Letters to Sophie, Erotica Biblion* y *Ma Convertion*. Sobre su muerte, véanse el breve informe de Cabanis, *Journal de la maladie et de la mort de Mirabeau*, París 1791.

[170] Cf. «Broussais», en Ackerknecht, *Medicine at the Paris Hospital*. Para las implicaciones de esta impetuosa aproximación médica a la psiquiatría y para el desarrollo del concepto del Yo, véase «Broussais and Griesinger: The Introduction of Ego-Psychology into Psychiatry», en M. Altschule, *Roots of Modern Psychiatry*, Grune & Stratton, Nueva York 1957. Como el alma de Herbart, el Yo de Broussais estaba localizado en la cabeza: «El *moi* depende de un cerebro perfecto, bien desarrollado y adulto» (*ibid.*, pág. 28). Esta concepción tendrá, como veremos más adelante, una ulterior elaboración en Moebius, sobre todo en lo que respecta a la comparación entre los cráneos masculino y femenino.

[171] A propósito, es a Franklin a quien debemos los términos «positivo» y «negativo», fundamentales para los modelos eléctricos de polaridad usados en la psicología.

[172] Se dice que Cabanis influyó incluso sobre las ideas filosóficas de Thomas Jefferson (1743-1826), quien «mientras estaba en Francia había seguido con gran interés las lecciones de Cabanis». En una carta a John Adams (1825), Jefferson le habla de las nuevas investigaciones sobre las localizaciones cerebrales. «En el pensamiento de Jefferson, que era altamente representativo del dominante entre los intelectuales de su tiempo, existía una íntima relación entre la democracia y la concepción racional-materialista de la naturaleza del hombre» (Bakan, «The Influence of Phrenology on American Psychology», pág. 201). La hoja de la guillotina fue un testimonio ejemplar de esta filosofía. Su impersonalidad mecánica la convertía en el instrumento democrático por excelencia. Bajo su filo, todos eran iguales. De otro lado, Jefferson, aun siendo abolicionista, tenía sus prejuicios raciales, consecuencia posiblemente de la excesiva identificación de la naturaleza humana con el «poder del cerebro», es decir, con el Yo. La cabeza desempeñó un importante papel en los comienzos de la antropología física. Se tornó en el foco simbólico de interés para la nueva «ciencia de la raza», un tema que preocupó especialmente a los filósofos alemanes y a los escritores románticos. Es-

ta «ciencia» de las distinciones –y de las jerarquías– raciales, que se basaba fundamentalmente en las medidas y en la morfología del cráneo en el supuesto de que el continente determinaba el contenido, iba a tener una inmensa influencia a lo largo de todo el siglo XIX sobre las teorías de la degeneración en la psiquiatría, sobre la delincuencia en la sociología y sobre la justificación racional de la esclavitud, del colonialismo y de las conquistas militares. La diferencia entre pueblos superiores e inferiores venía principalmente «de la cabeza», al modo en el que ésta se concebía por una filosofía especulativa de la estética que consideraba que de la forma y el tamaño del cráneo podían extraerse conclusiones sobre las distintas cualidades de los cerebros y sobre los valores de las psiques. Schelling (1775-1854) invirtió el orden materialista (el cráneo determina la psique; el continente determina el contenido) y, comparándolo con el caracol, concibió el cráneo como una concha cuyos rasgos específicos reproducían los primarios del cerebro, y éstos, a su vez, los de la naturaleza de su psique innata. Véase Blome, H., *Der Rassengedanke in der deutschen Romantik [El pensamiento sobre la raza en el Romanticismo alemán]*, Múnich y Berlín 1943.

[173] Voltaire, *Philosophical Dictionary*, trad. ingl. de P. Gay, Basic Books, Nueva York 1962, vol. I, págs. 276-279, s. v. «Folie» [*Diccionario filosófico*, Akal, Madrid 1987].

[174] Eisler, R., *Kant-Lexicon*, Berlín 1930, s. vv. «Kopf» [«Cabeza»], «Psychosen» [«Psicosis»].

[175] Véase Jung, «Rotundum, Head and Brain», en *CW*, XIV, §§ 626-628 y sus notas.

[176] «Normal» procede del latín *norma*, escuadra de carpintero, un instrumento para hacer los ángulos. En inglés, *normal* significa «ángulo recto». La locución *squaring with a norm* y los conceptos de *normality* y *normalcy* entraron en la lengua inglesa en 1828 (*Oxford English Dictionary*).

[177] *Enéadas*, II, 2, ii.

[178] Sigerist, H., «Psychopathologie und Kulturwissenschaft» [«Psicopatología y ciencia cultural»], en *Abhandlungen aus der Neurologie, Psychiatrie, Psychologie und ihren Grenzgebieten*, n.º 61 (1930); véanse también Ackerknecht, E., «Psychopathology, Primitive Medicine and Primitive Culture», en *Bulletin of the History of Medicine*, XIV (1943), págs. 30-67, y Edelstein, L., «The History of Anatomy in the Antiquity», en *Ancient Medicine: Selected Papers of Ludwig Edelstein*, O. y C. L. Temkin (eds.), Johns Hopkins University Press, Baltimore 1967. La mayor demostración en estos últimos años de la necesidad de relacionar una cultura y su definición de locura corresponde a Foucault, M., *Histoire de la folie*, París 1961 (trad. ingl. de R. Howard, *Madness and Civilization*, Nueva York 1965) [*Historia de la locura en la época clásica*, 2 vols., FCE, México 1979]. Este libro, que termina con Pinel, Tuke y la Revolución Francesa, proporciona un conocimiento muy útil de los antecedentes de la psicopatología del siglo XIX, que es nuestra área de reflexión.

[179] La historia como reflexión: «En 1934, el vienés Manfred Sakel publicó su método para tratar las psicosis, consistente en la producción de un coma mediante la inyección de insulina. Ese mismo año, Laszlo Joseph Meduna, de Budapest, publicó su método para producir ataques convulsivos a través de la inyección de cardiazol. En 1935, el lisboeta Egas Moniz describió su primera leucotomía (lobotomía prefrontal), introduciendo de este modo la cirugía en el campo psiquiátrico y creando la nueva especialidad de la psicocirugía. Y, en 1938, Ugo Cerletti y L. Bini, de Roma, demostraron su técnica del electroshock» (Marti-Ibáñez, F., *Centaur*, MD Publications, Nueva York 1958, pág. 444). Estos cuatro métodos técnicos de tratamiento, físicamente radicales –por no decir violentos–, para (¿contra?) la locura aparecieron juntos en ese preciso período (mediados de los años treinta) en que Europa (y especialmente Austria, Hungría, Portugal e Italia) se encontraba sumida en el problema del fascismo.

[180] *CW*, XVI, §§ 195-196.

[181] Cf. Fischer-Homberger, E., «Eighteeth-Century Nosology and Its Survivors», en *Medical History*, XIV, n.º 4 (1970), págs. 397 y ss.

[182] Según Parke, H. W., *Greek Oracles*, Hutchinson, Londres 1967, pág. 87, la fórmula más empleada para interrogar al oráculo de Delfos, al cual uno se acercaba en los momentos críticos, era: «¿A qué dios o héroe debo dirigir mis plegarias u ofrecer mis sacrificios para conseguir mi propósito?».

[183] Cf. Mora, G., «Vincenzo Chiarugi (1759-1820): His Contribution to Psychiatry», en *Bulletin of the Isaac Ray Medical Library*, II, n.º 2 (1954), págs. 51-104. Chiarugi no sólo estuvo a la vanguardia como reformador y como inaugurador de una institución modelo para los locos; también, en consonancia con su época, estudió sistemáticamente cerebros en exámenes *post mortem*. Su trabajo principal fue *Della pazzia in genere, e in specie*, Florencia 1793-1794.

[184] «El primero al que Pinel se dirige es al más anciano en ese lugar de miseria; es un capitán inglés del que nadie conoce su historia, y que está ahí, encadenado, desde hace cuarenta años. Se le considera el más terrible de todos los alienados; (...) Pinel entra solo en su celda y le aborda con calma. –"Capitán, le dice, si os hago quitar vuestros hierros y si os doy la libertad de pasearos por el patio, ¿me prometeríais ser razonable y no hacer daño a nadie?" –"Te lo prometo, pero te burlas de mí; todos me tienen miedo y tú también." –"No es cierto, yo no os temo, porque tengo seis hombres para hacerme respetar, si es que hace falta. Pero, creed mi palabra, sed confiado y dócil; os daré la libertad, si me dejáis poneros este chaleco de tela en vez de esas cadenas tan pesadas."

»El capitán, levantando los hombros y sin articular palabra, se presta de buen grado a todo lo que se le exige. En unos pocos minutos queda liberado completamente de sus hierros, y todos se retiran dejando la puerta de su celda abierta. Se levanta de su asiento y vuelve a caer varias veces, pues después de tanto tiempo sentado ha perdido el uso de sus piernas; por fin, pasado un cuarto de hora, consigue mantener el equilibrio y, desde el fondo de su oscura celda, avanza con paso inseguro hacia la puerta. Su primer movimiento es el de mirar el cielo, y exclama extasiado: "¡Qué bello!". Durante todo el día no para de correr, de subir y bajar las escaleras, diciendo siempre: "¡Qué bello!"». Semelaigne, R., *Aliénistes et philanthropes*, Steinheil, París 1912, págs. 46-47.

[185] He aquí algunos de los muchos acontecimientos significativos para nuestro campo que aparecieron en esos años de transición (1911-1913): la última edición revisada de los *Grundzüge der physiologischen Psychologie [Fundamentos de psicología fisiológica]* de Wundt (1911); el número final del *Virchow's Journal* (1913); las muertes de Alfred Binet, Francis Galton y Hughlings Jackson (1911); y las publicaciones de O. Bumke (1912) y G. Genil-Perrin (1913), que, según Ackerknecht, representan el epitafio de la teoría degeneracionista del siglo XIX (véase *A Short History of Psychiatry*, trad. ingl. de S. Wolff, Hafner, Nueva York y Londres 1968, pág. 58). Fue finalmente probado que la sífilis era la causa de la parálisis general (Noguchi y Moore, 1913). En Francia, Semelaigne, con sus biografías, dio una perspectiva histórica a la psiquiatría del XIX (*Aliénistes et philanthropes*, 1912) y A. Marie compiló la suma total del conocimiento humano sobre psicopatología en su *Traité international de la psychopathologie*, contrapesada por la monumental crítica de la psicopatología elaborada por Jaspers (1913). La esquizofrenia entretanto llegó al centro de la escena psiquiátrica con la *Dementia Praecox oder Gruppe der Schizophrenien [La demencia precoz o el grupo de las esquizofrenias]* de E. Bleuler (1911) y con su conferencia «Autistic Thinking», dada con ocasión de la inauguración de la Phipps Clinic en Baltimore (1912); la aplicación de la teoría psicoanalítica a las psicosis mediante la publicación por Freud del caso Schreber (1911); y las *Wandlungen und Symbole der Libido [Transformaciones y símbolos de la libido]* (1912) de Jung. También fueron importantes: la descripción de Bonhoeffer de la reacción exógena aguda (1912); la asignación al Boston Psychopathic Hospital en 1913 del primer «asistente social psiquiátrico», una mujer, y la consiguiente invención de esta disciplina; la ley de 1913 con la que el Parlamento británico, al reconocer oficialmente la idiocia como una clase diferenciada de trastorno psiquiátrico, abrió el camino al interés del nuevo siglo por el retraso mental; la fundación del Instituto Jean-Jacques Rousseau en Ginebra (1912); y el importante trabajo de Thorndike, *Animal Intelligence* (1911), que dio un empuje a la pedagogía, sobre todo en relación con la educación y la teoría del aprendizaje. Los estudios experimentales de M. Wertheimer sobre la percepción del movimiento señalaron el punto de partida de la teoría de la Gestalt. En 1911, Pavlov adquirió la Torre de los Reflejos de Leningrado para garantizar a su método experimental una independencia todavía mayor de las «influencias psíquicas», y tal aislamiento del sujeto animal en relación con el experimentador y de ambos con respecto del mundo exterior inauguró una época de radical materialismo conductivista en psicología. En 1912, McDougall definió la psicología como «la ciencia del comportamiento humano»;

varias publicaciones sostuvieron ese punto de vista: M. Meyer, *Fundamental Laws of Human Behavior* (1911), J. B. Watson, *Psychology as the Behaviorist Views It* (1913) y M. Parmalee, *The Science of Human Behavior* (1913). Los años de 1911 a 1913 vieron la crisis del círculo de Freud y las consiguientes defecciones de Jung, Adler y Steckel, lo que supuso también la extensión del movimiento psicoanalítico tanto en la terapia como en áreas más amplias de la cultura (O. Rank y H. Sachs, *Die Bedeutung der Psychoanalyse für die Geisteswissenschaften [La significación del psicoanálisis para las ciencias humanas y sociales]*, 1913, y *Tótem y Tabú* de Freud, 1913). Un influjo indirecto sobre la psicología, la psicopatología y el «discurso» del nuevo siglo lo ejercieron la primera exhibición del grupo Blaue Reiter, en 1911, y la música –fragmentaria, intensamente abreviada, discontinua– escrita entre 1911 y 1913 por Webern, Berg y Schoenberg. También lo ejercieron la *Phänomenologie* de Husserl (1913), *Themis* de Jane Harrison (1912), la teoría de la relatividad general de Einstein y la aparición en 1913 de *Hijos y amantes* de D. H. Lawrence, *La muerte en Venecia* de Mann y de la primera parte de *En busca del tiempo perdido* de Proust.

[186] *CW*, III, *El contenido de las psicosis*. El alemán original, *Der Inhalt der Psychose* (1908), fue incrementado en 1914 con un prefacio que enfatizaba ulteriormente el contenido psicológico de las aberraciones mentales en tanto procesos autónomamente significativos, independientes de sus correlatos anatómicos cerebrales.

[187] Tertuliano, *De testimonio anima* I (trad. ingl. en *Ante-Nicene Christian Library*, XI, I, Clark, Edimburgo 1869.

[188] Cf. Dodds, E. R., *Pagan and Christian in an Age of Anxiety*, Cambridge 1965, pág. 54 n. [*Paganos y cristianos en una época de angustia*, Cristiandad, Madrid 1975]; Porfirio, citado por Jámblico, *De myst.* 2, 3 (trad. ingl. de T. Taylor, *On the Mysteries*, 3.ª ed., Watkins, Londres 1968, págs. 85 y ss.).

[189] Jung (*La estructura del alma*, *CW*, VIII) analizó «la disociabilidad de la psique» (págs. 173 y ss.), lo cual, a su vez, le proporcionó el fundamento de su hipótesis de lo «inconsciente como consciencia múltiple» (págs. 190 y ss.).

[190] White, V., *Soul and Psyche*, Collins & Harvill, Londres 1960, pág. 244.

[191] Cf. Raine, *Blake and Tradition*, vol. II, cap. XXIV, «Jesus the Imagination».

[192] Debo estas referencias de san Agustín al padre Frederick Copleston.

[193] *CW*, V, § 38.

[194] Fenichel, O., *The Psychoanalytic Theory of Neurosis*, Norton, Nueva York 1945, pág. 19.

[195] Agustín, *Confesiones* X, 17, trad. ingl., Sheed & Ward, Nueva York 1943. Para otros pasajes sobre la *memoria* en Agustín, véanse *Confesiones* X, 8-19; *De Trinitate* XIV y XV; *De musica* VI, 2-9; y *Retractiones* I, 4, 4.

[196] Gilson, E., *History of Christian Philosophy in the Middle Ages*, Sheed & Ward, Londres 1955, pág. 594, n. 32.

[197] Whyte, L. L., *The Unconscious before Freud*, Basic Books, Nueva York 1960.

Cf. Carus, C. G., *Psyche*, parte primera, trad. ingl., Spring Publications, Nueva York y Zúrich 1970, con mi introducción: «C. G. Carus – C. G. Jung».

[198] Cf. Franz, M.-L. von, *Zahl und Zeit*, Stuttgart 1970.

[199] Está fuera de los límites de este trabajo establecer las diferencias entre *memoria*, *phantasía*, imaginación, fantasía, reminiscencia y otros conceptos relacionados. Estas ideas han estado sujetas a una constante revisión a lo largo de la historia de la psicología. Para una excelente y minuciosa revisión de estas cuestiones, véase Bundy, M. W., «The Theory of Imagination in Classical and Mediaeval Thought», en *University of Illinois Studies in Languages and Literature*, XII, Urbana 1927. En nuestro contexto, su diferenciación conceptual es menos urgente para la psicología contemporánea que el reconocimiento de su similitud básica con el concepto de «inconsciente» y de la relevancia que posee como substrato suyo. De la misma manera que lo «inconsciente» ha sido en general considerado peyorativamente en comparación con lo «consciente», así también, como Bundy muestra, el reino imaginal fue declarado moralmente sospechoso y ontológicamente inferior por la tradición racional occidental. Esta tradición no solamente ha asociado lo imaginal con las pasiones y las ilusiones de los sentidos corporales, sino que además, desde Platón (*Sofista* 265a-b), lo imaginal y la «vía de la opinión» han sido vistos como una misma cosa. La actitud predominante ante lo imaginal, sostenida en casi todos los períodos y por casi todos los autores es el miedo. Cualquier psicología que se base primariamente en lo imaginal debe esperar encontrarse con este mismo miedo y la consiguiente resistencia. La escasa acogida dispensada a las teorías de Freud y de Jung por parte del racionalismo académico constata la actitud antiimaginal intrínseca de la psicología filosófica occidental, orientada hacia el intelecto y hacia la «vía de la verdad». Las disputas entre las facultades académicas reflejan el conflicto entre las facultades del alma, entre la imaginación y el intelecto. La psicopatología es solamente un episodio más de la campaña recurrente que la voluntad y la razón mantienen contra la imaginación. «Cuando se está intentando determinar la actitud hacia la fantasía durante un período particular, se ha de tener siempre en cuenta el miedo casi universal que el poder del ámbito religioso ha tenido frente a ella, un miedo que el reconocimiento de su libertad para formar nuevas combinaciones con los materiales de la experiencia no hace sino acentuar» (Bundy, pág. 273). La psicopatología se ha convertido en un arma moral y en un refugio para el moralismo; es un modo indirecto de denunciar el comportamiento: «erróneo» ha quedado convertido en «enfermo» o «anormal», con la consiguiente erosión de las categorías de la verdadera enfermedad.

[200] Yates, F. A., *The Art of Memory*, Routledge & Kegan, Londres 1966 [*El arte de la memoria*, Taurus, Madrid 1974].

[201] *Ibid.*, pág. 66.

[202] *Ibid.*, pág. 44.

[203] *Ilíada* XIV, 259; XI, 241; XVI, 853; Hesíodo, *Teogonía* 211-212; Cicerón, *De natura deorum* III, 17.

[204] «Why "Arquetypal" Psychology?», en *Spring 1970*, Spring Publications, Zúrich y Nueva York 1970, pág. 216.

[205] Agustín, *Confesiones* X, 8. Cit. según Yates, *The Art of Memory*, pág. 46.

[206] Yates, *The Art of Memory*, pág. 95.

[207] Cf. Taylor, T., notas a *Pausanias*, Richard Priestley, Londres 1824, vol. III, pág. 302.

[208] Durante la Contrarreforma, los jesuitas se sirvieron de los dioses paganos como *emblemata* destinados a la edificación moral. Cf. Seznec, J., «Theories Regarding the Use of the Mythology», en *The Survival of the Pagan Gods*, Harper Torchbooks, Nueva York 1961, pág. 275.

[209] *CW*, XVI, § 207.

[210] Casi todos los clasicistas y mitógrafos se han extendido, antes o después, sobre la importancia del regreso a la mitología griega y romana para volver a encender la imaginación. Véanse, por ejemplo, el prefacio de M. Grant a su *Myths of the Greeks and Romans*, World, Mentor Books, Nueva York 1962, y también Snell, B., *The Discovery of the Mind*, Harper Torchbooks, Nueva York 1960, págs. 258-263. Las razones del retorno no son históricas, tampoco se hallan en la imitación del pasado o en su culto ni en la búsqueda de las raíces culturales. Las razones radican en que los mitos griegos y romanos ofrecen, de un modo explícito y con sutiles diferenciaciones, los modelos arquetípicos de nuestra existencia occidental. Y, como dice Snell, «estamos permanentemente obligados a retornar a los arquetipos del pensamiento griego».

[211] Tourney, G., «Freud and the Greeks: A Study of the Influence of Classical Greek Mythology and Philosophy upon the Developement of Freudian Thought», en *Journal of the History of the Behavioral Sciences*, I, n.º 1 (1965).

[212] Yates, *The Art of Memory*, pág. 10.

[213] *Ibid.*, pág. 11.

[214] *Ibid.*, pág. 96.

[215] *Ibid.*, pág. 74.

[216] *Ibid.*, pág. 113.

[217] *Ibid.*, pág. 104.

[218] *Ibid.*, pág. 110.

[219] *Ibid.*, pág. 109.

[220] *CW*, XIV.

[221] Véase el trabajo de Kathleen Raine, «Poetic Symbols as a Vehicle of Tradition», en *Eranos Jahrbuch*, XXXVII, Rhein Verlag, Zúrich 1970, págs. 373 y ss., donde analiza la noción de Coomaraswamy según la cual los símbolos arquetípicos de la *memoria* no necesitan traducción, puesto que son «intrínsecamente inteligibles».

[222] Otto, W. F., «Die Sprache als Myhtos» [«El lenguaje como mito»], en *Mythos und Welt [Mito y mundo]*, Klett, Stuttgart 1962, págs. 279 y 285.

[223] Aristóteles, *De anima* III: «El intelecto especulativo no piensa nada que sea práctico y no hace aserciones sobre lo que se debe evitar o sobre lo que se debe procurar».

[224] Wind, E., *Pagan Mysteries in the Renaissance*, Peregrine, Harmondsworth 1967, pág. 196 (la expresión procede de la *Hypnerotomachia* o *El sueño de Polífilo*). Compárese con las siguientes palabras de Jung (*CW*, IX, I, § 80) sobre los arquetipos: «Los principios fundamentales del inconsciente, los *archaí*, aunque reconocibles, son, debido a su riqueza de referencias, indescifrables. Naturalmente, el intelecto discriminante siempre se esfuerza en establecer *una univocidad de sentido*, perdiendo con ello de vista lo esencial» (la cursiva es mía).

[225] Orwell, G., *1984*, Penguin Books, Londres 1954, pág. 45 [*1984*, Destino, Barcelona 1997].

[226] *CW*, IX, i, §§ 148-198.

[227] Boehme, J., *Von den drei Principien Göttlichen Wesens [De los tres principios de la esencia divina]*. Véase Benz, E., *Adam, der Mythus vom Urmenschen [Adán, el mito del hombre primordial]*, Múnich 1955, págs. 16, 56 y ss.

[228] Edelstein, L., «The History of Anatomy in Antiquity», en *Ancient Medicine: Selected Papers of Ludwig Edelstein*, O. y C. L. Temkin (eds.), Johns Hopkins University Press, Baltimore 1967, pág. 265.

[229] Galeno, *De usu partium* XVII, I.

[230] Needham, J., *Chemical Embryology*, Cambridge 1931, 2.ª ed., 1959, vol. I, págs. 169, 199 y 201.

[231] Bilikiewicz, T., *Die Embryologie im Zeitalter des Barock und des Rokoko [La embriología del Barroco y del Rococó]*, Leipzig 1932.

[232] Meyer, A. W., *The Rise of Embryology*, Stanford University Press, Stanford 1939, pág. 163.

[233] *Ibid.*, pág. 150.

[234] Adelmann, H. B., *Marcello Malpighi and the Evolution of Embryology*, Cornell University Press, Ithaca 1966, pág. 755; sobre el análisis que A. von Haller hace de esta controversia, véase Needham, *Chemical Embryology*, vol. I, pág. 194.

[235] Nedham, *Chemical Embryology*, vol. I, pág. 110.

[236] O'Malley, C. D. y J. B. de C. M. Saunders, *Leonardo da Vinci on the Human Body*, Schuman, Nueva York 1952.

[237] Oppenheimer, J. M., *Essays in the History of Embryology and Biology*, Cambridge, Mass., 1967, pág. 223.

[238] Meyer, *The Rise of Embryology*, pág. 152.

[239] Brunner, V., *Der Genfer Artz Jean-Louis Prévost (1790-1850) und sein Beitrag... [El médico ginebrino Jean-Louis Prévost (1790-1850) y su contribución...]*, tesis doctoral, Zúrich 1966.

[240] Masters, W. y V. Johnson, *Human Sexual Response*, Little, Brown, Boston 1966, pág. 69.

[241] *The Eumenides*, trad. ingl. de R. Lattimore, en *Complete Greek Tragedies*, R. Lattimore y D. Grene (eds.), University of Chicago Press, Chicago 1953, vol. I.

[242] Véase la nota 227. Sobre la bisexualidad en el mito, el ritual y la religión «primitivos», véase Baumann, H., *Das doppelte Geschlecht [El doble sexo]*, Berlín 1955.

[243] Gerlach, W., «Das Problem des "weiblichen Samens" in der antiken und mittelalterichen Medizin» [«El problema de la "semilla femenina" en la medicina antigua y medieval»], en *Sudhoffs Archiv für Geschichte der Medizin und der Naturwissenschaften*, XXX (1938), págs. 177-193.

[244] Balss, H., *Die Zeugungslehre und Embryologie in der Antike [Las teorías de la generación y la embriología en la antigüedad]*, Berlín 1936.

[245] *Human Relations Area Files*, n.º 842 (Conception). Véase Ford, C. S., *A Comparative Study of Human Reproduction*, Yale University Publications in Anthropology, n.º 32, New Haven 1945. Ford escribe (pág. 44) que ocho sociedades sostienen la creencia de que el útero es un simple contenedor y que las secreciones sexuales femeninas no tienen la más mínima importancia; la sustancia esencial es el semen masculino. De esas ocho sociedades, dos son matrilineales y el resto patrilineales. Otras sociedades creen que tanto las secreciones femeninas como las masculinas tienen un papel importante en la concepción. De esas sociedades, unas son patrilineales, otras matrilineales, otras duales, otras bilaterales y otras son patrilineales en los grupos y matrilineales en la regulación matrimonial. Paralelos del ovismo extremo pueden encontrarse entre los arunta y los trobriandeses, que ignoran la paternidad fisiológica; véanse Ford, pág. 34, y también Ashley-Montagu, M. F., «Ignorance of Physiological Paternity in Australia», en *Oceania*, XII, n.º 1 (1941), e «Ignorance of Physiological Paternity in Secular Knowledge and Ortodox Belief among The Australian Aborigines», en *Oceania*, XI, n.º 1 (1940); Austen, L., «Procreation among the Trobriand Islanders», en *Oceania*, V (1934-1935). Un paralelo de la idea del «primero Adán, luego Eva» se encuentra en Diodoro Sículo, que dejó constancia de que «los egipcios piensan que el padre es el único autor de la generación»; también los indios del Gran Chaco (toba, mataco) consideran que el recién nacido se forma únicamente por el padre (véase Ford). De forma similar a la idea aristotélica, «los habitantes de Bahía Este creen que la concepción es similar a la siembra de semillas en la tierra. El semen es la semilla que contiene todo el material a partir del cual se desarrollará el feto. El útero, a su vez, es el suelo del cual el organismo que se desarrolla obtiene el alimento»; Davenport, W., «Sexual Patterns and Their Regulation in a Society of Southwest Pacific», en *Sex and Behavior*, F. A. Beach [ed.], Nueva York 1965.

[246] Needham, *Chemical Embryology*, vol. I, pág. 61.

[247] Aristóteles, *De gen. animal.* 729a22.

[248] Lesky, E., «Die Zeugungs- und Vererbungslehren der Antike und ihr Nachwirken» [«Las teorías de la generación y de la herencia en la antigüedad y sus consecuencias»], en *Akademie der Wissenschaften und der Literatur, Abhandlungen der Geistes- und Sozialwissenschaftlichen Klasse*, XIX (1950), pág. 120.

[249] Freeman, K., *The Pre-Socratic Philosophers*, Oxford 1946, pág. 282; Lesky, «Die Zeugungs- und Vererbungslehren der Antike», págs. 121-122.

[250] Lesky, «Die Zeugungs- und Vererbungslehren der Antike», pág. 134 (siguiendo a A. Mitterer).

[251] *Sent. lib.* III, d. 5, q. 2, a. 1; véase Löffler, J., «Die Störungen des geschlechtlichen Vermögens in der Literatur der autoritativen Theologie des Mittelalters» [«Las perturbaciones de las facultades sexuales en la literatura teológica señera del medioevo»], en *Akademie der Wissenschaften und der Literatur, Abhandlungen der Geistes- und Sozialwissenschaftlichen Klasse* (Wiesbaden), VI (1958), pág. 39.

[252] Löffler, «Die Störungen des geschlechtlichen Vermögens», pág. 77.

[253] Vesalius, *De humani corporis fabrica* V, 15 (cit. según Thorndike, L., *A History of Magic and Experimental Science*, Nueva York 1941, vol. V, pág. 526).

[254] Needham, *Chemical Embryology*, vol. I, pág. 93. Un paralelo «primitivo» se encuentra en los Barenda del África oriental, que creen que los elementos blancos del embrión derivan del padre y los rojos de la madre. El rojo y el blanco han sido usados también, dentro del folclore europeo, en la determinación del sexo del feto. Una receta al respecto rezaba: «Recoge la orina de la mujer embarazada durante unos cuantos días; si las partículas que forma son rojas, dará a luz un niño, y si son blancas, una niña»; Forbes, R. T., «The Prediction of Sex: Folklore and Science», en *Proceedings of the American Philosophical Society*, CIII, n.º 4 (1959).

[255] Needham, *Chemical Embryology*, vol. I, pág. 199; Graham, H., *Eternal Eve: A History of Obstetrics*, Heinemann, Londres 1950.

[256] Forbes, «The Prediction of Sex», pág. 539.

[257] Needham, *Chemical Embryology*, vol. I, págs. 91-92.

[258] *Ibid.*, pág. 99.

[259] O'Malley y Saunders, *Leonardo da Vinci on the Human Body*, pág. 506, véase el dibujo 213.

[260] Lesky, «Die Zeugungs- und Vererbungslehren», págs. 39, 41 y 53.

[261] Hertz, R., «The Pre-Eminence of the Right Hand», en *Death and the Right Hand*, Cohen & West, Londres 1960, pág. 105; cf. Baumann, *Das doppelte Geschlecht*, págs. 293-310.

[262] Graham, *Eternal Eve*, pág. 41. Graham relata también otra práctica dolorosa en extremo: «Todavía hoy, ciertos campesinos indios practican asiduamente una técnica basada en esta creencia. En el momento de la eyaculación, la mujer agarra el testículo izquierdo del marido y lo estruja con todas sus fuerzas» para evitar la descendencia femenina.

[263] Lesky, «Die Zeugungs- und Vererbungslehren», pág. 69.

[264] Fritsch, V., *Left and Right in Science and Life*, Barrie & Rockliff, Londres 1968.
[265] Forbes, «The Prediction of Sex», pág. 538.
[266] Granet, M., *La Pensée chinoise*, libro III, cap. II, «Le Microcosme», París 1934.
[267] Fritsch, *Left and Right*, pág. 38.
[268] *Ibid.*, pág 36.
[269] Lesky, «Die Zeugungs- und Vererbungslehren», pág. 180; Gerlach, «Das Problem des "weiblichen Samens"», pág. 188.
[270] Lesky, «Die Zeugungs- und Vererbungslehren», págs. 184 y ss.
[271] Freud, S., *The Origins of Psycho-Analysis: Letters to Wilhelm Fliess; Drafts and Notes, 1887-1902*, M. Bonaparte, A. Freud y E. Kriss (eds.), trad. ingl. de E. Mosbacher y J. Strachey, Londres 1954, pág. 241 n.
[272] Fliess, W., *Der Ablauf des Lebens [La terminación de la vida]*, 1.ª ed., 1906, 2.ª ed., Leipzig y Viena 1925; citado en Fritsch, *Left and Right*.
[273] *Ibid*. Sobre Freud y lo zurdo, véase también, Jones, E., *The Life and Work of Sigmund Freud*, Londres 1955, vol. II, págs. 389 y 496.
[274] Jones, *Sigmund Freud*, vol. II, pág. 326; cf. Freud, *SE*, VII, págs. 219-221.
[275] Freud, *SE*, VII, pág. 195.
[276] Freud, *The Disssolution of the Oedipus Complex* (1924), en *SE*, XIX, pág. 178.
[277] Freud, *Some Psychical Consequences of the Anatomical Distinctions between the Sexes* (1925), en *SE*, XIX, págs. 243 y ss. Véase, además: *Female Sexuality* (1931), en *SE*, XXI, págs. 223 y ss.
[278] Freud, *SE*, XXIII, págs. 193-194.
[279] «La anatomía de Galeno fue el modelo seguido durante siglos, pero fue impreciso en muchos aspectos, lo cual se debió, aparte de a las imperfecciones e inexactitudes técnicas, al hecho de que estaba basada únicamente en las disecciones de animales» (Riese, W., *Galen on the Passions and Errors of the Soul*, Ohio State University Press, Columbus 1963, pág. 14). Véase, además, Sarton, G., *Galen of Pergamon*, University of Kansas Press, Lawrence 1954, págs. 39-60. Las conclusiones sobre los seres humanos basadas en los animales fueron durante mucho tiempo una cuestión espinosa. Tomás de Aquino y Spinoza se opusieron violentamente a esta tendencia (cf. mi *Emotion*, Northwestern University Press, Evanston 1964, pág. 106 n.). En relación con Freud y el análisis de los niños, Jones escribe (*Sigmund Freud*, vol. III, pág. 145): «Tuve con él a continuación varias conversaciones acerca del análisis precoz, pero mis logros al respecto no pasaron de hacerle admitir que no tenía una experiencia personal que le sirviera de guía». Su famoso caso clínico de análisis infantil fue el de un *niño*, el «pequeño Hans», sobre el que escribió en 1909 las siguientes palabras (Jones, *Sigmund Freud*, vol. II, pág. 294): «Nunca he penetrado con una perspicacia mayor en el alma de ningún otro niño». Pero este *niño* de cinco años fue en realidad analizado por su padre; Freud entrevistó al chico directamente tan sólo una vez (*ibid.*, pág. 289). Jones dice más adelante (*ibid.*, pág. 292): «Los brillantes éxitos obtenidos a continuación

en el terreno del análisis infantil –que de hecho se inauguró con el estudio de este caso– pusieron de relieve que aquí la perspicacia de Freud no había estado a su altura habitual. Resulta curioso constatar que el hombre que exploró la mente del niño con una profundidad como nunca se había alcanzado hasta entonces siempre conservó ciertas inhibiciones a la hora de establecer contacto íntimo con el niño (...), y mostró hasta el final de su vida algunas reservas sobre los límites de lo que era posible conseguir en el análisis infantil. Si Freud no elaboró su teoría exclusivamente a partir de los datos empíricos, entonces, como ha sugerido M. D. Altschule (*Roots of Modern Psychiatry*, Grune & Stratton, Nueva York 1957), es posible que estuviera influido por las creencias populares sobre la inferioridad genital femenina, las cuales habían penetrado en el pensamiento anatómico del siglo XIX a través de aquella familia de eminentes médicos e influyentes anatomistas que fueron los Meckel; cf. Callisen, A. D. P., *Medizinisches Schriftstellerlexicon [Diccionario de autores médicos]*, Copenhague 1843, vol. XXX. J. F. Meckel (1781-1833) «concluyó sobre la base de sus estudios que la mujer, en contraposición al hombre, era un organismo humano sexualmente indiferenciado» (Altschule, *Roots of Modern Psychiatry*, pág. 113). Su hermano, Albrecht Meckel (1790-1829), presentó, cuando tenía veinte años, su tesis doctoral sobre *La analogía entre los genitales y los intestinos*, una fantasía sobre el «lado abismal del hombre corpóreo» que todavía hoy puede encontrarse con cierta frecuencia en las historias clínicas de la psicoterapia. Con todo, no hay ninguna necesidad de trazar pormenorizadamente el substrato *histórico* de la perspectiva freudiana, siempre que se acepte la influencia *arquetípica* de la fantasía sobre la teoría anatómica, ya sea en el caso de Galeno, en el de los Meckel o en el de Freud.

[280] Zilboorg, G., *A History of Medical Psychology*, Norton, Nueva York 1941, pág. 442; Garrison, F. H., *An Introduction to the History of Medicine*, 4.ª ed., Saunders, Philadelphia 1967. En *Der Grosse Brockhaus*, empero, sólo su obra sobre la mujer se menciona con su título correspondiente. Freud tenía en gran estima los escritos psiquiátricos y neurológicos de Moebius. Sobre sus relaciones, véase Jones, *Sigmund Freud*, vol. I, pág. 323 n.

[281] Moebius, P. J., *Über den physiologischen Schwachsinn des Weibes*, 7.ª ed., Halle 1905.

[282] Moebius, P. J., «Geschlecht und Kopfgrösse» [«Sexo y dimensiones craneales»], en *Beiträge zur Lehre von den Geschlechts-Unterschieden*, n.º 5, Halle 1903, pág. 47 (la traducción es mía). Tras la publicación de estos hallazgos, Moebius recibió muchas cartas de mujeres, que añadió como apéndice a la 7.ª ed. de su *Über den psysiologischen Schwachsinn des Weibes*. En estas cartas, las mujeres alemanas le daban las gracias por haberlas liberado de la carga del esfuerzo mental; se habían aferrado a la ilusión de la igualdad, pero ahora sabían, merced a su investigación fisiológica, que este esfuerzo iba contra las aptitudes naturales del cerebro femenino. Las mujeres suecas, sin embargo, protestaban airadamente en sus misivas. En la *Subjection of Women*, 2.ª ed., Longmans, Green, Londres 1869, John Stuart

Mill anticipa el argumento de Moebius sobre el tamaño cerebral como demostración de la inferioridad femenina: «Dejando aparte la diferencia abstracta de calidad, cosa difícil de verificar, la eficiencia de un órgano depende, como es sabido, no solamente de su tamaño sino también de su actividad» (pág. 121). Moebius fue un tardío pero incondicional secuaz de Gall y perteneció a la «psiquiatría cerebral» del siglo XIX (véase el capítulo titulado «Psique = mente, mente = cabeza»), con su ecuación cráneo = cerebro = mente = psique. La vida personal de Moebius, por otra parte, bien pudo ser objeto de una patografía, ese tipo psiquiátrico de biografía que él mismo inventó y que aplicó al genio de Rousseau, Goethe, Nietzsche y Schopenhauer. Su mujer era diez años mayor que él; el matrimonio fue aparentemente infeliz y sin hijos. Fue abstemio desde los treinta años hasta su muerte. Su último trabajo llevó por título *Sobre la desesperanza de toda psicología*. Véanse Buchheim, L., «P. J. Moebius», en *Neue Zeitschrift für ärztliche Fortbildung*, XLIX, n.º 7 (1960); *Münchener Medizinischen Wochenschrift*, 5 de marzo de 1907, pág. 447; Jentsch, E., *Zum Andenken an Paul Julius Moebius [En memoria de Paul Julius Moebius]*, Marhold, Halle 1907.

[283] Needham, *Clinical Embryology*, vol. I, pág. 200. El papel secundario del macho en la procreación se describía de las siguientes maneras: el macho abría simplemente el pasaje; la función del macho consistía en atraer el óvulo fuera del reservorio femenino (Meyer, *The Rise of Embryology*, pág. 163, recoge ambos argumentos del informe de una discusión en la Royal Society en 1672); el macho aporta el fluido líquido para el óvulo (Spallanzani); el semen masculino sirve solamente para prevenir la coagulación mediante su movimiento vital; el semen masculino es útil únicamente para la fermentación; etc. Lo importante de todo esto es que la controversia en torno a la *coniunctio* disarmónica lleva a los investigadores a pronunciarse a favor del óvulo o del esperma (el ovismo y el animalculismo). La división en la consciencia de los observadores se refleja en la postulación de estas dos teorías contrarias y en la neta división existente entre sus inflexibles secuaces.

[284] A este respecto, en esta rama de la ciencia médica que estamos examinando, hay algunas notables excepciones. Una figura significativa –médica y también «histérica»– es Hildegard von Bingen, la cual nos hace vislumbrar lo que una fantasía femenina más desarrollada podría hacer para nuestro campo, como se pone de relieve en su visión de la concepción, según la cual serían tres las fuerzas que tomarían parte en ella: la mujer, el varón y la divinidad (*Liber Scivias* [*Scivias, conoce los caminos*, Trotta, Madrid 1999]; véase Singer, C., «The Visions of Hildegard of Bingen», en *From Magic to Science*, Dover, Nueva York 1958). Curiosamente, muchos de los trabajos que he utilizado para hacer esta investigación han sido escritos por mujeres: Erna Lesky, Ilza Veith, Jane Oppenheimer, Vilma Fritsch, Liselotte Buchheim, K. F. Lander y Esther Fischer-Homberger, quien fue la primera en señalarme que eran las mujeres las que habían hecho la mayoría

de las investigaciones históricas sobre la histeria. El trabajo de Elizabeth Gasking, *Investigations into Generation, 1651-1828*, Baltimore 1966, me llegó demasiado tarde para poder ser incluido aquí. La cuestión central no es si la investigación ha sido hecha por un hombre o por una mujer como si la consciencia del investigador deja sitio suficiente para esos aspectos llamados «femeninos». Un ejemplo en donde esto *no* sucede es el trabajo de Virginia Johnson, coautora con W. Masters de *Human Sexual Response*. El énfasis otorgado al orgasmo femenino y a la «libertad» de la mujer mediante los contraceptivos y el aborto son los nuevos ropajes en los que el dogma de la inferioridad femenina se presenta en el momento actual. El prototipo de esa sexualidad libre y sana es masculino. Mediante la tecnología del orgasmo, la legalización del aborto y el perfeccionamiento de los anticonceptivos orales, lo que hace la mujer, en último término, es aproximarse a los modelos sexuales masculinos.

[285] Pierre Janet, en todos sus escritos, se opuso a la idea de basar la histeria en los fenómenos erótico-sexuales, pues, en su opinión, carecían de significación etiológica; véase su *The Mayor Symptoms of Hysteria*, Nueva York 1929, reeditado en 1965. Janet, junto con Charcot y Freud, fue uno de los principales escritores modernos sobre la histeria. Su intento de liberar la histeria de la misoginia se inició al relegar el componente erótico a un papel secundario y meramente sintomático (a diferencia de Freud, que lo llevó al primer plano). Sin embargo, dado que consideró la histeria como un *abaissement du niveau mental* (descenso del nivel mental), ésta siguió teniendo en su sistema el carácter de una inferioridad de funcionamiento, aun cuando no fuera una inferioridad típicamente femenina. Jung, que tomó algunas ideas de Janet, menciona especialmente con cierta frecuencia la idea del *abaissement du niveau mental* y los aspectos funcionales inferiores. En estos estados mentales, que algunos llaman histéricos, habría, para Jung, una *participation mystique* con el ambiente y con lo inconsciente colectivo. Desafortunadamente, en el análisis junguiano, tal y como ahora se practica generalmente, el *abaissement* y la inferioridad se asocian con el extremo rojo del espectro arquetípico –con la emoción y con la vida colectiva y física– y los aspectos funcionales inferiores son considerados inferiores en el sentido del valor.

[286] Veith, I., *Hysteria: The History of a Disease*, Chicago University Press, Chicago 1965, págs. 2-7. Para un análisis más profundo de las teorías sobre la histeria en la Ilustración, véase Foucault, M., *Madness and Civilization*, trad. ingl. de R. Howard, Pantheon, Nueva York 1965, págs. 136-158.

[287] Freud, S., *Collected Papers*, Hogarth, Londres 1953, vol. I, págs. 18-19. Para una visión menos favorable de Charcot dada por otro de sus discípulos, véase Munthe, A., *The Story of San Michele*, Nueva York 1929, págs. 302-313 [*La historia de San Michele*, Juventud, Barcelona 1990].

[288] Véase Fischer-Homberger, E., «Hysterie und Misogynie – Ein Aspekt der Hysteriegeschichte» [«Histeria y misoginia: un aspecto de la historia de la histe-

ria»], en *Gesnerus*, XXVI (1969), págs. 117 y ss. En la raíz *hyster* se encuentra una curiosa asociación de lo femenino con lo inferior. *Hystera* significa en griego «útero», y también puede referirse a los ovarios (como en el caso de la *Historia de los animales* y de la *Generación de los animales* de Aristóteles). *Hysteros* significa «que está detrás» y, entre sus numerosas acepciones, se refiere a la posición posterior en el espacio (estar detrás), en el tiempo (lo que viene a continuación o lo que es secundario) o en la cualidad (inferior). El *Greek-English Lexicon* de Liddell y Scott, 9.º ed., Oxford 1968, asigna una larga entrada a *hysteros*, dando cuenta de la variedad de sus formas, que incluyen los significados de llegar «demasiado tarde», quedarse «atrás», cometer un «fallo», exhibir algún tipo de «carencia», «deficiencia», «necesidad» o «inferioridad». Según Liddell y Scott, Platón conocía esta doble posibilidad cuando, en el pasaje sobre el útero del *Timeo* 91c, hace un juego de palabras con «segunda mujer». El *Lexicon* considera que la raíz etimológica común de ambas ideas (de útero y de inferioridad) reside en el sánscrito *úd*, «en alto», con sus correspondientes formas comparativas «más elevado» y «superior» (en el sentido de «que está detrás»), posiciones que, si se toman en un sentido fisiológico, se refieren a la matriz, al útero, al vientre (que también derivan de esa raíz sánscrita).

[289] Szumowski, W., *Névroses et psychoses au Moyen Âge...*, París 1939, pág. 9.

[290] Platón, *Timeo* 91c; véase también Cornford, F. M., *Plato's Cosmology*, Londres 1937.

[291] Fischer-Homberger, «Hysterie und Misogynie», pág. 122: cf. Altschule, «Venus Ascendant», en *Roots of Modern Psychiatry*; Bruttin, J.-M., *Différentes théories sur l'hystérie dans la première moitié du XIXe siècle*, tesis doctoral, Universidad de Zúrich, 1969.

[292] «Die Hysterie» [«La histeria»], en *Ciba Zeitschrift*, CXX (1950), págs. 4.418 y 4.423.

[293] Fischer-Homberger, E., comunicación verbal de material todavía no publicado.

[294] Freud, S., «Female Sexualitity», en *Collected Papers*, vol. V, pág. 254.

[295] Steiner, A., *Das nervöse Zeitalter [El espíritu nervioso de una época]*, tesis doctoral, Zúrich 1964.

[296] Falret, J., *Folie raisonnante ou folie morale*, citado en Veith, *Hysteria*, págs. 210-211.

[297] Griesinger, W., *Pathologie und Theraphie der psychischen Krankheiten [Patología y terapéutica de las enfermedades psíquicas]*, Stuttgart 1861; véase también Fischer-Homberger, «Hysterie und Misogynie», pág. 122.

[298] Kraepelin, E., *Psychiatrie*, 8.ª ed., Leipzig 1915, pág. 1.647.

[299] *Ibid.*, pág. 1.657. Debo a la Dra. Fischer-Homberger la indicación de este pasaje.

[300] Otto, W. F., *Dionysus: Myth and Cult*, trad. ingl. de R. Palmer, Bloomington 1965, págs. 164-165 [*Dioniso. Mito y culto*, Siruela, Madrid 1997].

[301] Kerényi, K., «The Primordial Child in Primordial Times», en *Introduction to Science and Mythology* (con C. G. Jung), Londres 1951, pág. 3. Algunos de sus sobrenombres eran *Gynnis* (el mujeril), *Arsenothelys* (el mujerilmente hombre), *Dyalos* (el híbrido) o *Pseudanor* (el hombre sin verdadera virilidad); cf. Kerényi, K., *The Gods of the Greeks*, Thames & Hudson, Londres 1951, pág. 73.

[302] Dodds, E. R., «Menadismo», en *The Greeks and the Irrational*, Beacon Paperbacks, Boston 1957; Dodds, «Introduction to the *Bacchae*», 2.ª ed., Oxford 1960, pág. XVI, nota 2, y págs. XXXIII y ss.; Bourneville, M. y P. Regnard, «Iconographie photographique de la Salpêtrière», en *Progrès médical*, París 1877-1880; Meige, H., «Les possédés des dieux dans l'art antique», en *Nouvelle iconographie de la Salpêtrière*, París 1894. Véanse también Jeanmaire, H., *Dionysos*, Payot, París 1951, págs. 9-10 y 489-491, para la comparación iconográfica, y la bibliografía de Blackmann, E. L., *Religious Dances*, trad. del sueco de E. Classen, Allen & Unwin, Londres 1952. Además de las exageraciones para y patopsicológicas usualmente resaltadas (por ejemplo por Oestereich, T. K., *Possession*, trad. ingl. de D. Ibberson, Kegan Paul, Londres 1930), en la histeria están presentes otros «signos dionisíacos». Por ejemplo: 1) Su *comienzo y terminación son abruptos*: «Las manifestaciones activas sobrevienen repentinamente y, tras durar algún tiempo, habitualmente desaparecen» (diagnóstico diferencial en Savill, T. D., *Lectures on Hysteria* [1909], cit. en Veith, *Hysteria*, pág. 243). Dioniso es el dios epifánico por excelencia, llega de improviso y de improviso desaparece, dice Otto, *Dionysus*, págs. 79-80. 2) Su *sugestionabilidad* pertenece a esa forma de manía llamada «teléstica», que es regida por Dioniso. La «locura» dionisíaca es una experiencia compartida comunalmente. Dioniso libera de los confines de la propia individualidad. Como dice Dodds, «hace posible, durante un breve tiempo, que *se deje de ser uno mismo*» (*The Greeks and the Irrational*, pág. 76). Cf. Janet, *Major Symptoms of Hysteria*, pág. 322, donde se define la histeria como una «enfermedad de la *síntesis personal*» y se la caracteriza como «*una tendencia a la disociación y a la emancipación de los sistemas de ideas y funciones que constituyen la personalidad*» (cursiva en el original). Uno de los sobrenombres de Dioniso era «aquel que desata». Era enemigo de los tiranos y su culto producía cambios sociales (véase Jaeger, W., *The Theology of the Early Greek Philosophers*, Gifford Lectures, 1936, Oxford Paperbacks, Nueva York 1967, págs. 57-58 [*La teología de los primeros filósofos griegos*, FCE, México 1997]), lo cual, a nivel psicológico, puede entenderse como la emancipación de la tiranía de la personalidad usual, dominada por el Yo habitual. 3) La histeria *imita* otros desórdenes y enfermedades, presentándose frecuentemente bajo múltiples disfraces, su diagnóstico resulta difícil a causa de su inabarcable mimetismo y su definición imposible (Lasègue). Dioniso, según Plutarco (*de E*, 388f), «experimenta transformaciones en su persona, y unas veces su naturaleza se inflama y prende fuego a todo lo demás, y otras sufre toda clase de cambios en su forma, en sus emociones y en sus poderes». 4) La *teatralidad* de la histeria es característica y toma muchas for-

mas: las *actitudes pasionales*; el mimetismo, o capacidad de la histeria para imitar muchos tipos de desórdenes psíquicos; el *clownismo*; la *belle indifférence* de Janet, que no indica ni propensión a la mentira ni insinceridad moral, como sería visto por el Yo, sino más bien que aquello que está sucediendo es un acto, una escena que se está representando, en la cual los sentimientos son superficiales y descomprometidos, en parte por razones de defensa. El teatro, que es un terreno afín a Dioniso, tiene un papel de excepcional importancia en la investigación científica de la histeria. Munthe, *The Story of San Michele*, pág. 302, describe las lecciones de los martes de Charcot como «representaciones en el escenario de la Salpêtrière ante el público del *tout Paris*». Se llevaban a cabo en un anfiteatro, el clásico lugar de las demostraciones médicas, pero también la escena clásica del teatro griego. Las jóvenes pacientes «estaban siempre listas para *piquer une attaque* de la clásica *grande hystérie* de Charcot, con el *arc-en-ciel* y todo el resto, o para exhibir los famosos tres estadios del hipnotismo: letargia, catalepsia y sonambulismo, todos inventados por el maestro y casi nunca observados fuera de allí (...). Algunas olían con deleite una botella de amoníaco cuando se les decía que era agua de rosas, otras comían un pedazo de carbón cuando se les presentaba como chocolate. Otra se ponía a cuatro patas sobre el suelo, ladrando furiosamente, cuando se le decía que era un perro» (todo esto trae el recuerdo de la madre de Penteo, en las *Bacantes*, cuando llevaba abrazada la cabeza ensangrentada de su hijo, creyendo que era la de un león). Los más importantes de entre los jóvenes psiquiatras de aquel período (Freud, Janet) asistían a aquellos espectáculos semanales y aprendían a conocer la histeria a partir de las enseñanzas de Charcot y de las actuaciones de sus actrices.

[303] Kraepelin, *Psychiatrie*, págs. 1.648-1.649. Según Otto, *Dionysus*, págs. 134-135, otras mujeres, aparte de aquellas de Tebas, también fueron llamadas por Dioniso. «Así, las hijas de Minia, quienes deseaban permanecer fieles a sus obligaciones domésticas y atender a sus maridos, fueron llevadas por Dioniso (...). También de las mujeres argivas se dice que fueron presas de la locura dionisíaca y que dejaron sus hogares. En Nono encontramos repetidas veces la figura de la mujer que huye de la vida doméstica y de las labores de Atenea, para correr con los cabellos despeinados a las danzas corales de Dioniso.» (Más ejemplos en Guthrie, W. K. C., *The Greeks and Their Gods*, Londres 1968, págs. 166 y ss.) Las visiones que proporcionaba Dioniso a las mujeres que dejaban los cometidos de Atenea y sus matrimonios de Hera eran una «locura», es decir, las capacitaba para ver la locura en los cometidos del mundo sano cotidiano. El conflicto femenino entre la llamada de Dioniso y los deberes de Hera y Atenea se refleja de nuevo en las figuras de María y Marta. Hay un conflicto en relación con aquello a lo que debe servirse: o bien a las instituciones domesticadas y civilizadas de la sociedad (Hera y Atenea), o bien a la consciencia dionisíaca de la «naturaleza», es decir, al espontáneo ir y venir de la libido y su reflejo psíquico en la fantasía.

[304] Freud, S., *Collected Papers*, vol. II, pág. 57.
[305] Hastings, J. (ed.), *Encyclopaedia of Religion and Ethics*, vol. I, col. 605b, «Aphrodisia». Liddell y Scott, *Greek-English Lexicon*, pág. 1.906, contemplan la llamada «Hysteria» con cierta sospecha, inclinándose por considerarla como un juego de palabras con *mysteria*, sugiriendo que no debe dársele demasiado valor. Pero la yuxtaposición de los dos eventos mediante un juego de palabras significa psicológicamente algo más que un mero dato lingüístico. Además, hay varias cosas oscuras en esta mención de Hastings. Argos estaba consagrado principalmente a Hera, y sin embargo era un festival de Afrodita el que se celebraba allí. Se sacrificaban cerdos, y sin embargo el cerdo no era un animal consagrado normalmente a Afrodita, sino a Deméter y a Hécate. (Véase también Pauly-Wissowa, *Real-Encyclopädie der classischen Altertumswissenschaft*, vol. I, Stuttgart 1894, col. 2.738-2.739, «Aphrodite»). Aunque este festival no ha sido descrito hasta la fecha de forma precisa, recuerda la relación mitológica de afinidad existente entre Dioniso y Afrodita. En algunas fábulas, ella era su «Madre», en otras su «Esposa»; entre los dos generan a Príapo, que, recuérdese, fue considerado, tanto por Charcot como por Freud, la cura específica para la histeria (cf. la nota 156). Sobre la conexión Dioniso-Afrodita, véase Kerényi, *The Gods of the Greeks*, pags. 176 y 270-272. Tanto Dioniso como Afrodita eran bisexuales: véase la Afrodita «barbuda» en la referencia anterior de Pauly-Wissowa. Para las imágenes escultóricas asociadas a Afrodita, Eros y lo dionisíaco, cf. Vermeule, C. C., «Aphrodisiaca: Satyr, Maenad, and Eros», en *Essays in Memory of Karl Lehmann*, L. F. Sandler (ed.), Locust Valley, Nueva York 1964.
[306] Otto, W. F., *Theophania*, Hamburgo 1956, págs. 76-79.
[307] Jung, C. G., «Los arquetipos y lo inconsciente colectivo», *CW*, IX, i, § 80.
[308] «Nunca, creedme, aparecen los dioses, / nunca solos», Schiller, *Dithyrambe*, citado en Wind, E., *Pagan Mysteries in the Renaissance*, Peregrine, Harmodsworth 1967, pág. 168.
[309] Cornford, F. M., *From Religion to Philosophy*, Harper Torchbooks, Nueva York 1957, pág. 111 n. Un antiguo contraste entre Apolo y Dioniso puede encontrarse en Plutarco, *De E*, 389.
[310] *CW*, IX, i, §§ 7 y ss. y 261 y ss.; VIII, §§ 325 y ss. Véase también Tourney, G., «Freud and the Greeks: A Study of the Influence of Classical Greek Mythology and Philosophy upon the Development of Freudian Thought», en *Journal of the History of the Behavioral Sciences*, I, n.º 1 (1965).
[311] Kerényi, K., «Dionysos le Crétois», en *Diogène*, XX, París 1957, pág. 4.
[312] *CW*, X, § 44.
[313] *CW*, X, § 386. Jung se refiere aquí probablemente a la legendaria invasión de la India por parte del «ejército de Dioniso», del cual las ménades constituían un contingente. Pero esta leyenda también refleja aconteceres psíquicos en los que todos esos componentes –«India», «ejército», «invasión»– tienen más bien un significado simbólico que histórico.

[314] *CW*, IX, i, § 442.

[315] Otto, *Dionysus*, pág. 126.

[316] Moebius ofrece un buen ejemplo de cómo la psiquiatría toma como referencia a la filología clásica. En su estudio *Über das Pathologische bei Nietzsche [Sobre lo patológico en Nietzsche]*, Wiesbaden 1902, pág. 50, escribe: «Dioniso es en realidad el dios de la histeria (...). Lo que se deja ver en el hecho de que [en este culto] la mujer *[Weiber]* se encuentra situada en primer plano, justo lo contrario de lo que es la costumbre común griega. Así, Nietzsche, sin darse cuenta, elige al patrón de la histeria como su santo». Aquí Moebius cita a Rohde para apoyar sus postulados con referencias clásicas, completando de esta forma el círculo, pues Rohde cita a su vez referencias tomadas de la psiquiatría para apoyar los suyos, por ejemplo a J. F. K. Hecker, *Die Tanzwuth [La locura de las danzantes]*, 1832 (trad. ingl. de B. G. Babbington, *The Epidemics of the Middle Ages*, Londres 1846 y 1888).

[317] Nilsson, M. P., «Second Letter to Professor Nock on the Positive Gains in the Science of Greek Religion», en *Harvard Theological Review*, XLIV (1951), pág. 151; W. K. C. Guthrie, «Dionysos», en *The Greek and Their Gods*, pág. 145.

[318] Jeanmaire, H., *Dionysos*, págs. 106 y ss.

[319] Hecker, *Die Tanzwuth* (1832). El primer volumen de la fundamental e innovadora obra de Hecker, *Geschichte der Heilkunde [Historia de la medicina]*, apareció en 1822, cuando contaba veintisiete años. Hecker, junto con los que luego han continuado en esa línea de descripciones comparativas sociológicas o antropológicas, percibió el trasfondo arquetípico de los fenómenos de la danza y el desvarío, considerando que eran estados afectivos excepcionales, numinosos tanto para el espectador como para el participante y omnipresentes en muchas épocas y culturas. Pero lo que ni Hecker ni sus secuaces vieron es que lo arquetípico es algo más que una «categoría» que permite agrupar fenómenos semejantes. Ni Hecker ni sus seguidores conservaban ya la fe o la creencia en un *spiritus rector*, en un dominante transpersonal, en la realidad del dios. Pero resulta que este dios *sí* es experimentado como causal y real; y las categorías no son nunca ni causales ni reales.

[320] Linforth, I. M., «Telestic Madness in Plato, *Phaedrus* 244d-e», en *University of California Publications in Classical Philology*, n.º XIII (1946), pág. 172; «The Corybantic Rites in Plato», *ibid.* Véase también Matz, F., «Dionysos als Mysteriengott» [«Dioniso como dios de los misterios»], sección II de «Dionysiaki-Teleti», en *Akademie der Wissenschaften und der Literatur, Abhandlungen der geistes- und sozialwissenschaftlichen Klasse* (Wiesbaden), XIV (1963).

[321] Dodds, «Maenadism», en *The Greeks and the Irrational*, pág. 278.

[322] La falta de distinción entre el menadismo «negro», descrito por los Mensajeros, y el menadismo «blanco», descrito por el Coro, ha originado muchos malentendidos acerca de las *Bacantes, ibid.*, pág. 279, nota 18.

[323] *Ibid.*, pág. 272.

[324] Sobre la locura teléstica, véase Dodds, *The Greeks and the Irrational*, págs. 75 y ss., que incluyen notas y bibliografía; Rosen, G., *Madness in Society*, Londres 1968, págs. 78 y ss. y 135-136; Linforth, «Telestic Madness in Plato».

[325] Dodds, «Introduction to the *Bacchae*», pág. XII (las cursivas son mías).

[326] Nilsson, M. P., «The Dionysiac Mysteries of the Hellenistic and Roman Age», en *Skrifter Utgivna Svenska Institutet i Athen* (Lund), VIII (1957), pág. 111.

[327] *Ibid.*, pág. 106.

[328] Kérenyi, K., *Der frühe Dionysos [El antiguo Dioniso]*, Eitrem-Vorlesungen, Oslo y Bergen 1961.

[329] De un modo todavía más decidido, Kerényi («Die Herkunft der Dionysosreligion...» [«La procedencia de la religión dionisíaca»], en *Arbeitsgemeinschaft für Forschung des Landes Nordrhein-Westfalen*, LVIII, Colonia 1956), pretende rescatar el culto de su interpretación salvaje, insistiendo en su origen cretense, desde donde pasó a Grecia a través de las civilizadas regiones del sur; mientras que, según la hipótesis al uso, Dioniso habría descendido del norte bárbaro de la Tracia o procedería del orgiástico y excesivo oriente del Asia Menor. El lugar de origen de Dioniso depende sobre todo de dónde «situemos» nosotros esta estructura de consciencia, puesto que los datos históricos a favor de uno y otro lado se refutan recíprocamente y acaban por disolverse en meras conjeturas.

[330] Harrison, J. E., «Introduction», en *Themis*, Cambridge 1927, pág. XIII: «Comprendí por qué Dioniso, el dios-misterio, que es la expresión y la representación de la *durée*, es el único dios entre todas las divinidades griegas constantemente acompañado de un tirso, un material cardinal para la comprensión de su naturaleza. El dios-misterio surge de esos instintos, emociones y deseos que acompañan a la vida y constituyen su expresión; pero esas emociones, instintos y deseos, en tanto que religiosos, suponen la aparición de una consciencia grupal más que de una individual». La autora sitúa a continuación a Dioniso con la Madre y establece una polaridad entre «vida» (Dioniso) e inteligencia consciente (los Olímpicos). La típica división de la psique propia de nuestra filología occidental aparece aquí como una afirmación sobre los dioses. Se acepta de nuevo que Dioniso –como lo «inconsciente»– carece de inteligencia y que sus misterios son sobre todo excesos incontinentes de la tosca plebe.

[331] Kerényi, «Dionysos le Crétois», pág. 27.

[332] Nilsson, M., *The Minoan-Mycenaean Religion and Its Survival in Greek Religion*, 2ª ed. revisada, Gleerup, Lund 1968, pág. 580. Sobre la fantasía acerca de la devoración de niños como parte del ritual de los cultos secretos, véase Robertson, J. M., *Christianity and Mythology*, Watts, Londres 1910, págs. 208 y ss., con notas y bibliografía; véase también Dodds, E. R., *Pagan and Christian in an Age of Anxiety*, Cambridge 1965, pág. 112. También a los judíos se les acusó del asesinato ritual de niños «para comer su sangre mojada en pan ácimo»; véanse las «pruebas» y refutaciones al respecto en Strack, H. L., *The Jew and Human Sacrifice*, Cope & Fen-

wick, Londres 1909, págs. 169-235. Lo psicológicamente significativo en estas discusiones no es el «hecho» en sí (si los niños fueron o no realmente comidos y su «demostración» antropológica), sino que las imágenes espantosas y horribles –es decir, las fantasías psicopatológicas espontáneas– desempeñan un papel central en el misterio de la transformación de la psique. La necesidad arquetípica de esta fantasía hace que los motivos del asesinato y la devoración de niños reaparezcan en relación con los cultos mistéricos a despecho de los datos históricos en pro o en contra. (El sacrificio humano fue practicado en relación con el culto a Saturno en el norte de África, culto que no era griego sino romano y africano, no dionisíaco sino saturnino.) Para los argumentos que sostienen la presencia de sacrificios humanos en el culto a Dioniso (*omadios* = comedor de carne cruda), véase Schwenn, F., *Die Menschenopfer bei den Griechen und Römern [Las víctimas humanas entre los griegos y los romanos]*, Giessen 1915. Sobre la cuestión, véase también el refinado «Symbol of a Symbol» de A. Brelich, en Kitagawa, J. M. *et al.* (eds.), *Myths and Symbols: Studies in Honor of Mircea Eliade*, Chicago 1969. Brelich examina los imprecisos datos históricos y a partir de ahí establece que los ritos homicidas de la antigüedad griega eran actos de carácter simbólico más que vestigios reales de prácticas ancestrales. La verdad y la ubicuidad del tema arquetípico del «sacrificio humano» no tienen necesidad alguna de puestas en escena históricas. Véase, además, Saxl, F., «Revived Belief in Human Sacrifice», en «Pagan Sacrifice in the Italian Renaissance», en *Journal of the Warburg Institute*, II, Londres 1938-1939, págs. 364 y ss.

[333] Rohde, E., *Psyche*, trad. ingl. de W. B. Hills, 8.ª ed., Routledge & Kegan Paul, Londres 1925, págs. 168 y 271 [*Psique: la idea del alma y de la inmortalidad entre los griegos*, FCE, México 1994]; Nilsson, *The Minoan-Mycenaean Religion*, pág. 576.

[334] Dodds, «Introduction to the *Bacchae*», págs. XXVIII, XLIII y ss.

[335] Brown, N. O., *Life against Death*, Londres 1959, págs. 174 y ss., 308 y ss. Desde la publicación de este libro, la posición de Brown ha avanzado psicológicamente, dejando atrás a Marcuse en literalismo político. Véase su discusión en Marcuse, H., *Negations*, Londres 1968, págs. 227-247.

[336] Portmann, A., «Dualität der Geschlechter: Einheit und Vielfalt» [«La dualidad de los sexos: unidad y multiplicidad»], en *Eranos Jahrbuch*, XXXVI, Zúrich 1968.

[337] Portmann, A., *Don Quixote und Sancho Panza*, Basilea 1964.

[338] Rose, H. J., *A Handbook of Greek Mythology*, 6.ª ed., Londres 1958, pág. 195.

[339] Roscher, W. H., *Ausführliches Lexikon der griechischen und römischen Mythologie*, Teubner, Leipzig 1924-1937; reeditado en G. Olms, Hildesheim 1965, *s. v.* «Tiresias».

[340] Otto, W. F., *Dionysus*, págs. 73 y ss.

[341] *Ibid.*, págs. 160 y ss.

[342] Otto, W. F., *The Homeric Gods*, trad. ingl. de M. Hadas, Pantheon, Nueva York 1964, pág. 78.

[343] *CW*, VIII, § 249.
[344] Neumann, E., *The Origins and History of Consciousness*, trad. ingl. de R. F. C. Hull, Nueva York y Londres 1954, pág. 42.
[345] Agustín, *Enarratio in Ps.* 145, 5. Cf. Jung, *CW*, VI, § 566, apartado de los *Tipos psicológicos* que trata sobre la histeria y la extraversión: «La histeria es, en mi opinión, la más frecuente, con mucho, de todas las neurosis del tipo extravertido».
[346] Freud, *SE*, XXIII, pág. 219.
[347] *Ibid.*, págs. 250, 252.
[348] Freud, S., *New Introductory Lectures on Psycho-Analysis*, trad. ingl. de W. J. H. Sprott, Hogarth, Londres 1957, pág. 149.
[349] Lewis, C. S., «Conscience and Conscious», *Studies in Words*, Cambridge 1967.
[350] Dodds, *The Greeks and the Irrational*, pág. 76: «Apolo se movió sólo en las clases elevadas, desde los tiempos en que era el protector de Héctor hasta los días en que canonizaba a la aristocracia de los atletas; sin embargo, Dioniso fue siempre un *demotikós*, un dios del pueblo».

Índice onomástico

Ackerknecht, E., 13, 159, 171
Adán, 279, 301
   andrógino, 319
   da nombre a los animales, 165
   primero Adán, luego Eva, 249, 250, 256, 264, 280, 288, 336
   y Apolo, 331
   y Eva, 276, 288, 291, 337
Afrodita, 85, 86, 122, 163, 221, 333
   como ánima, 73
   como estructura de consciencia, 70
   en el mito de Eros, 84, 86
   en la neurosis, 329
   en la sexualidad, 163
   festival de, 302
Agustín, san, 102, 190, 192-194, 214, 222, 334
Alberto Magno, 105, 201, 202, 267, 271
Alcibíades, 83, 117
Anaxágoras, 271
ánthropos, 218
Apolo, 27, 201, 227, 256, 310, 324, 329, 331, 332, 334, 340
   como factor mítico, 256
   como fantasía, 308
   como imagen divina, 82
   en el mito dionisíaco, 304, 307
   en la estructura de la consciencia, 290, 301
   en la superioridad masculina, 273, 291
   en los mitemas de creación, 259
   y la inferioridad femenina, 261, 289
   y la semilla femenina, 261
Apuleyo, 72, 75, 113, 132, 133
Ares, 221, 310
Ariadna, 310, 317
Aristófanes, 119
Aristóteles, 20, 254, 267-269, 270, 275, 278, 330
   sobre la inferioridad femenina, 259, 261, 263, 272
   y la consciencia, 199, 324
Artemidoro, 272
Asclepio, 27, 29, 257
Atenea, 70, 221, 333
Atmán, 236
Avicena, 105, 267, 271

Babel, 188, 189
Bacantes, 319
   Véase también *Ménades*
Bach, J. S., 61
Bachofen, J. J., 256, 273
Baer, K. E. von, 254, 255
Balzac, M., 65

Bayle, A. L., 158, 161, 171
Beard, G., 161
Beethoven, L. van, 285
Bell, C., 172
Beneke, F. E., 153
Bentham, J., 156, 157, 163, 166, 184, 198, 203, 222
Berdiáiev, N., 250
Bergson, H., 62, 317
Bernard, Cl., 159
Bernardo de Claraval, 165, 166
Bichat, X., 161, 171
Billod, E., 161
Blake, W., 190
Bleuler, E., 140
Bloch, I., 161, 163
Boehme, J., 249
Bowdler, T., 158
Brahmán, 236
Bridges, R., 75
Broussais, F. J. V., 173, 296
Brown, N. O., 319, 320
Bruno, G., 201
Buda, 86
Buenaventura, 167
Buffon, G. L. C., 253

Cabanis, P. J. G., 172-174, 198
Cabiros, 82
Cannon, W., 100
Carter, R. B., 161
Carus, F. A., 152, 153
Casanova, 173
Casmann, O., 152
Centauros, 82
Charcot, J. M., 38, 227, 278, 293, 296, 297, 314, 328
Chardin, T. de, 62
Cibeles, 84
Cicerón, 146, 202
Circe, 76

Clemente Romano, 266
Coleridge, S. T., 145
Collignon, M., 113
Cómodo, 275
Confucio, 240
Corbin, H., 207, 210
Cornford, F. M., 92, 294, 308
Cristo, 166, 307
    Véase también *Jesús*

Dafne, 301
Dalepatius, 253
Dalton, J., 165
Darwin, C. R., 254
Da Vinci, Leonardo, 254
Deméter, 333
Demócrito, 294
Descartes, R., 20
Desdémona, 120
Destino, 212
Diógenes de Apolonia, 264
Dioniso, 82, 84, 221, 227, 299, 303, 304, 307, 310, 313, 317, 321, 323, 329, 340
    como arquetipo, 308
    como dios de las mujeres, 301, 311
    e histeria, 301, 314, 315
    en politeísmo psicológico, 306
    infancia de, 316
    y alma, 318, 320
    y consciencia, 324, 339
    y depresión, 327
    y el análisis, 338
    y mujeres, 329
    y psicología terapéutica, 342
    y sexualidad, 337
    y Wotan, 309, 310
    y Yo, 319, 326
Diotima, 83, 121, 180
Dodds, E. R., 89, 94, 302, 314-316
Doktor Faustus, 285
Dominicos, 201

Dugas, L., 92

Edelstein, L., 251
Edipo, 32, 77, 78, 83, 115, 180, 321
Edison, T., 65
Eleusis, 228
Eliot, T. S., 58
Ellis, H., 163
Eros, 81, 82, 84, 87, 92, 101, 102, 109, 119, 121, 132, 228, 233, 342
  como arquetipo, 329
  en la consciencia psicológica, 77
  y amor, 85
  y el ánima, 77
  y libido, 320
  y Psique, 79, 80, 86, 91, 113, 125, 130, 135
Eschenmeyer, A., 153
Esquilo, 256, 261
Esquirol, J. E. D., 155, 156, 165
Euménides, 256
Eurípides, 319
Eva, 23, 130, 290, 291, 326, 337

Falret, J., 161, 297
Falstaff, 67
Fanes, 84, 95
Fénelon, F. de S. de L. M., 39
Ficino, M., 123, 124, 304
Fischer-Homberger, E., 295
Fliess, W., 42, 277, 278
Freud, S., 18, 28, 34, 35, 58, 76, 134, 140, 155, 158, 192, 194, 198, 280, 283, 293, 296, 297, 324, 330, 332, 336
  e histeria, 314, 328
  e imaginación, 204
  e inconsciente, 199
  e infancia, 163
  e inferioridad femenina, 277-279
  y análisis, 42, 335, 337
  y análisis infantil, 80

y bisexualidad, 302
y castración y pasividad, 326
y lenguaje, 180
y libido, 320
y masoquismo, 165
y memoria, 191
y mito, 33
y mito de Edipo, 32, 68
y mitología griega clásica, 223, 308
y neurosis, 329
y proyección, 151
y psicología, 227
y sexualidad, 82
y sueño, 212
y transferencia, 129, 341
Frey, 63, 84
Freyja, 84
Friedländer, 92, 94, 96
Friedrich, C. D., 296
Frigg, 63
Frigg-Jord, 310
Fritsch, V., 161, 273
Fulgencio, 75

Galeno, 38, 163, 251, 254, 267, 269, 271, 275-280, 324, 325
Gall, F. J., 171, 172
Ganser, S. J. M., 149
Georget, E. J., 161, 296
Gide, A., 63
Gilson, E., 194
Goclenius, R., 152
Goelicke, A. O., 270
Goethe, J. W. von, 37, 156, 172, 184
Gooch, R., 158
Görres, J., 172
Gould, T., 92, 108
Gran Madre, 67, 104, 214, 221, 333
Granet, M., 273
Griesinger, W., 160, 297
Groddeck, G., 192

Grohmann, J. C. A., 158
Guillotin, J., 171, 173, 174
Guthrie, W. K., 313, 316

Hades, 78, 122, 175, 212, 318, 321
Harrison, J. E., 317
Hartmann, E. von, 160, 161
Hartsoeker, N., 253
Harvey, W., 253
Haydn, J., 172
Hebe, 70, 86
Hecker, E., 161
Hecker, J. F. K., 314
Hegar, A., 296
Heinroth, J. C. A., 153
Helena de Troya, 130
Hera, 86
Heráclito, 42, 318
Herbart, J. F., 152-155, 178, 198
Hércules, 76, 221, 227
Hermes, 82, 84, 87, 109, 306, 310, 329
Héroe, 66
Hertwig, O., 255
Hesíodo, 119
Hipnos, 212
Hipócrates, 294
Hitzig, E., 161
Hobbes, T., 61, 175
Homero, 89, 94
Hume, D., 154
Huntington, G., 161
Horacio, 271
Hysteria, 302

Ignacio de Loyola, 39
Ishtar, 84
Isis, 115

Jackson, H., 162
Jaeger, W., 96
Jahn, O., 113

Jaime VI de Escocia, 295
Janet, P., 161
Jaspers, K., 159
Jauregg, W. von, 161
Jefferson, T., 184
Jesús, 82, 84, 190, 212
Jones, E., 278, 320
Jones, K., 159
Jorden, E., 295
Jowett, B., 294
Juan Crisóstomo, 265
Jung, C. G., 28, 32, 34, 42, 51-53, 58, 61,
    65, 68, 69, 71, 76, 102, 135, 155, 164,
    181, 187, 188, 190, 192, 193, 196, 198,
    199, 207, 208, 210, 212, 217, 218, 246,
    306, 309, 310, 324, 336, 337
  creatividad de, 35
  sobre el alma, 235
  sobre el amor, 115, 126
  sobre el arquetipo de la madre, 245
  sobre creatividad, 54, 57
  sobre dualidad, 140
  sobre el instinto, 133, 332
  sobre el miedo, 100
  sobre esquizofrenia, 329
  sobre imaginación activa, 213
  sobre lo inconsciente colectivo,
    194
  y alquimia, 77, 319
  y arquetipos, 304, 305
  y el concepto de ánima, 70, 72
  y el mito, 318
  y la psicopatología, 227

Kama, 84
Kant, I., 61, 153, 174, 198
Keats, J., 42, 75, 315
Kerényi, K., 83, 87, 309, 314, 316, 317,
    320
Klein, M., 164
Koch, R., 159

Korsakov, S., 149
Kouroi, 82
Kraepelin, E., 158, 160, 297, 298, 302
Krafft-Ebing, R. von, 163-165, 170
Kṛṣṇa, 84
Kuan-Yin, 84
Kundalini, yoga, 83, 95

Lallemand, M., 173
Lasègue, E. C., 163
Lavater, J. C., 171
Lawrence, D. H., 126
Laycock. T., 161
Leeuwenhoek, A. van, 253
Leibniz, G. W., 153, 200
Lesky, E., 271, 276
Lévi-Strauss, C., 119
Lewis, C. S., 75
Licurgo, 327
Linforth, I. M., 314, 315
Linneo, C., 61, 254
Locke, J., 157, 172, 175, 198
Lombroso, C., 162
Lope de Vega, 65
Lorenz, K., 52, 94
Lucifer, 31
Lucrecio, 81, 121
Luna, 201, 227

Maine de Biran, M. F. P. G., 152, 153
Malraux, A., 95
Mann, Th., 58, 285
Marco Aurelio, 275
Marcus, S., 169
Marcuse, H., 82, 319
María, 84, 291
    Asunción de, 245, 246, 265, 290, 313, 314, 324, 336, 337
María Antonieta, 171
Marx, K., 62
Matisse, H., 58

Maudsley, H., 160
Ménades, 309
    Véase también *Bacantes*
Mercurio, 310, 329
Merkelbach, R., 75, 115, 123
Mesmer, F. A., 38, 174, 314
Miguel Ángel, 65
Mill, J. S., 157
Mirabeau, H. G. R., 157, 172, 173
Moebius, P. J., 161, 283-285, 296, 297, 324, 326, 339
Moisés, 212
Musas, 202

Napoleón, 172, 279
Narciso, 180, 321
Needham, J., 269
Neisser, A., 159
Neumann, E., 57, 75, 76, 78, 114, 135, 161, 333
Nietzsche, F., 104, 192, 306-309
Noche *(Nyx)*, 212

Oken, L., 172, 289
Onians, R. B., 94
Órfico, 74, 119
Orwell, G., 239
Otelo, 120
Otto, W. F., 236, 304, 310, 311, 314, 326, 332

Pablo, san, 212
Pan, 82, 84, 101, 219
Paracelso, 105, 255, 285, 339
Parkinson, J., 158
Parménides de Elea, 139, 271
Pasteur, L., 159
Pedro de Rávena, 225, 226
Penélope, 76
Penia, 115
Penteo, 319, 321

Perséfone-Coré, 70, 122, 227, 228, 318
Pícaro, 219, 329
Pico della Mirandola, G., 123
Pigmalión, 132
Pinel, Ph., 38, 145, 171, 184, 185
Platón, 87, 91, 93, 121, 150, 180, 192, 195, 202, 294, 296, 303, 315, 330
Plinio el Viejo, 269
Plotino, 44, 87, 123, 177, 180, 210
Plutarco, 321
Porfirio, 188
Poros, 109
Portmann, A., 13, 94, 320
Potemkin, G. A., 157
Praz, M., 170
Prévost, J. L., 254
Príapo, 82, 84, 329
Proclo, 92
Psique, 69-71, 101, 235, 333
    como psicología, 233
    y Eros, 73, 75, 76, 123, 227, 241

Rabelais, F., 299, 301
Ray, I., 161
Reich, W., 82
Reil, J. C., 159, 172, 173
Reitzenstein, R., 113
Richer, P., 296
Ridevall, J., 224
Robin, L., 87, 92
Rohde, E., 311, 314, 315, 318
Rolando, L., 172
Rostan, L., 173
Rubens, P. P., 315
Rudra, 63
Rush, B., 173

Sakel, M., 161
Sander, W., 161
Sátiros, 82
Saturno, 219, 228

Schiller, F., 304
Schoenberg, A., 285
Scott, W., 65
Seligson, E., 272
Semelaigne, R., 185
Septimio Severo, 275
Seznec, J., 223
Shakespeare, W., 158
Shelley, P. B., 124
Sigerist, H., 179
Sileno, 82, 317
Simpson, G. G., 119
Sims, J. M., 163
Śiva, 63
Sócrates, 73, 83, 91, 92, 94, 95, 107, 108, 317
Sofía, 130
Spallanzani, L., 255
Strindberg, A., 285
Sutton, T., 158
Swinburne, A. C., 307
Sydenham, Th., 294

Tácito, 146
Tammuz, 84
Tánatos, 95, 101, 180, 212, 321º
Taylor, A. E., 294
Taylor, I. A., 47
Tertuliano, 188, 234, 265
Tíadas, 299
Tiedemann, F., 172
Tiresias, 321, 338
Tissot, S. A. A. D., 161, 164
Tiziano, 315
Tomás de Aquino, santo, 201, 202, 225, 265
Trollope, A., 65
Tussaud-Grosholz, M., 171

Ulises, 76, 321

Vejez, 212
Venus, 86, 133, 175, 201
    Véase también *Afrodita*
Vering A. M., 161
Vesalio, 266
Virchow, R., 159
Virgen María, 84, 130
    Véase también *María*
Voltaire, 65, 174
Voluptas, 123

Wilamowitz, V. von, 311
Weininger, O., 285
Wernicke, C., 161
Wesley, J., 65
Whyte, L. L., 194
Wind, E., 223, 304
Wotan, 63, 309, 310, 315

Yahvé, 305
Yates, F., 200, 202, 214, 224, 225
Yocasta, 33, 121

Zeus, 82, 87, 175, 221, 305, 316

BIBLIOTECA
DE ENSAYO

Serie Mayor

Colli
Filosofía de la expresión
Traducción de Miguel Morey

Zambrano
Persona y democracia

Sacks, Kevles, Lewontin, Gould y Miller
Historias de la ciencia y del olvido
Traducción de Catalina Martínez Muñoz

Heidegger
Estudios sobre mística medieval
Traducción de Jacobo Muñoz

George Steiner
Pasión intacta
Traducción de Menchu Gutiérrez y Encarna Castejón

François Jullien
Elogio de lo insípido
Traducción de Anne-Hélène Suárez

Ignacio Gómez de Liaño
El círculo de la Sabiduría (vols. I y II)

James Hillman
Re-imaginar la psicología
Traducción de Fernando Borrajo

María Zambrano
Los sueños y el tiempo

François Jullien
Tratado de la eficacia
Traducción de Anne-Hélène Suárez

Alessandro Baricco
El alma de Hegel y las vacas de Wisconsin
Traducción de Romana Baena Bradaschia

Harald Weinrich
Leteo
Traducción de Carlos Fortea

Ignacio Gómez de Liaño
Filósofos griegos, videntes judíos

James Hillman
El mito del análisis
Traducción de Ángel González de Pablo

I.S.B.N.: 84-7844-534-X
Depósito legal: M. 37.193-2000
Impreso en Anzos, S. L.